U0895730

管理信息系统
开发与管理

雷　鸣　主编
陈　妮　副主编

经 济 科 学 出 版 社

图书在版编目（CIP）数据

管理信息系统开发与管理／雷鸣主编．—北京：经济科学出版社，2012.1（2016.2 重印）

ISBN 978－7－5141－0203－1

Ⅰ.①管… Ⅱ.①雷… Ⅲ.①管理信息系统－系统开发②管理信息系统－系统管理 Ⅳ.①C931.6

中国版本图书馆 CIP 数据核字（2011）第 246934 号

责任编辑：周国强
责任校对：徐领柱
版式设计：代小卫
责任印制：邱 天

管理信息系统开发与管理

雷 鸣 主 编

陈 妮 副主编

经济科学出版社出版、发行 新华书店经销

社址：北京市海淀区阜成路甲 28 号 邮编：100142

总编部电话：010－88191217 发行部电话：010－88191522

网址：www.esp.com.cn

电子邮件：esp@esp.com.cn

天猫网店：经济科学出版社旗舰店

网址：http://jjkxcbs.tmall.com

固安华明印业有限公司印装

710×1000 16 开 22 印张 400000 字

2012 年 1 月第 1 版 2016 年 2 月第 3 次印刷

ISBN 978－7－5141－0203－1 定价：39.80 元

（图书出现印装问题，本社负责调换。电话：010－88191502）

前　言

当前，信息革命席卷全球，我国全面启动了国民经济和社会信息化建设，各种类型的管理信息系统在组织管理中得到了迅猛的发展，其在社会经济组织中的重要地位日益凸显。管理信息系统并非只是计算机在组织中的简单应用，它是一个人—机组成的系统。管理信息系统与管理有机配合，才能充分发挥二者的功效，提升管理的水平，提高组织的竞争能力。管理信息系统的建设是一个复杂、大投资的、长周期的社会过程，受组织的体制、观念、技术等诸多因素的影响，因此，管理信息系统的建设需要科学、艺术的管理。另外，信息时代的管理，要求管理者用更科学的手段、更有效地掌控资源进行决策，因此，管理需要管理信息系统的支持。

本教材是在参阅了多种教程的基础上编写而成的，不仅从技术的角度，而且结合管理和决策的观点探讨计算机技术的应用与组织管理的融合。编写本书的目的在于使读者能够更好地掌握管理信息系统开发的基本原理，提高系统分析、设计及管理能力，更好地满足工商管理类学生的需求。本书在每章最后都对本章的内容进行小结，并附有习题。通过每章的小结和练习，方便读者对每一章内容进行总结，以加深对基本概念的理解和掌握。

本书共分十章，第一章中首先介绍了管理、信息及系统三个基本概念，并由此引出管理信息系统的概念，并对管理信息系统的起源、演化、功能、特点、分类和结构等内容进行详细的介绍。第二章主要介绍了管理信息系统的建设所涉及的信息技术，包括计算机系统、计算机网络技术与数据库技术三方面的内容。第三章到第七章主要介绍了管理信息系统的开发原理。首先在第三章介绍了几种常见的信息系统开发方法以及这些方法的基本思想、开发过程和各自的优缺点，并对这些开发方法进行了比较。在这些开发方法中，结构化生命周期法是目前最成熟、应用最广泛的方法。按照管理信息系统的生命周期，本书从第四章到第七章介绍了管理信息系统的开发过程。第四章主要介绍了管理信息系统的规划思想以及信息系统规划的内容、步骤和常用的方法等。第五章介绍了管理信息系统分析的任务，包括系统的详细调查、组织结构与功能分析、业务流程分析、数据与数据流程分析和新系统逻辑方案的建立等内容。第六章主要介绍了管理信息系统的系统设计，根据系统设计的内容逐一展开，详细介绍了管理信息系统模块结构设计、计算机物理系统配置方案设计、代码设计、数据库设计，以及输入输出设计。第七章主要介绍了管理信息系统的系统实施工作，包括物理系统的实施、程序设计、系统调试、人员培训、系统切换和交互使用，以及其系统评价与验收等问题。结合当前信息技术和信息系统发展的状况，第八章主要介绍了信息系统发展处理的新的应用分支，包括决策支持系统、企业资源计划、电子商务和数据仓库与数据挖掘。第九章主要针对管理信息系统的开发过程，介绍了系统开发的项目管理，就项目进度、成本、质量、文档、人员和风险几个方面的管理进行详细说明。第十章主要介绍了管理信息系统投入使用阶段，组织的管理应如何配合，包括构建信息系统的组织管理平台、信息系统安全管理、战略管理以及设立 CIO 等内容。

管理信息系统是一门实践性很强的课程，由于缺乏实际工作经验，学生往往对于实际开发信息系统感到困难，针对这一问题本书在介绍管理信息系统的开发原理时，结合案例说明，所选取的案例简单易懂。

编著中，笔者参考或引用了一些教材、专著以及论文，书后列出了其中的部分，在此对原作者一并致谢。书中引用了相关的图表资料，多为学科的基本原理方法，往往也是多种文献资料中共同引用的，根据本书的逻辑结构和教学的具体需要对一些内容进行了再创造。

由于各种原因，书中存在着错误与不妥，恳请读者提出宝贵意见，以利于我们进一步改进和提高。

编者

2010 年 11 月

目　　录

第一章　管理信息系统的基本概念 ………………………………… 1
第一节　管理、信息与系统 ………………………………… 1
第二节　管理信息系统 ………………………………… 8
第三节　管理信息系统的分类 ………………………………… 12
第四节　管理信息系统的结构 ………………………………… 15
本章小结 ………………………………… 22
习题 ………………………………… 22

第二章　管理信息系统的技术基础 ………………………………… 23
第一节　计算机系统 ………………………………… 23
第二节　计算机网络技术基础 ………………………………… 27
第三节　数据库技术基础 ………………………………… 36
本章小结 ………………………………… 50
习题 ………………………………… 50

第三章　管理信息系统开发方法 ………………………………… 51
第一节　管理信息系统开发的概述 ………………………………… 51
第二节　管理信息系统开发方法 ………………………………… 56
本章小结 ………………………………… 71
习题 ………………………………… 72

第四章　管理信息系统的系统规划 ………………………………… 73
第一节　管理信息系统规划概述 ………………………………… 73

第二节　信息系统规划的模型与方法 …… 77
第三节　业务流程重组 …… 94
第四节　系统可行性研究 …… 103
本章小结 …… 106
习题 …… 106

第五章　管理信息系统的系统分析 …… 107
第一节　系统分析概述 …… 107
第二节　系统详细调查 …… 110
第三节　组织结构与功能分析 …… 114
第四节　业务流程分析 …… 117
第五节　数据与数据流程分析 …… 121
第六节　建立新系统的逻辑方案 …… 137
本章小结 …… 141
习题 …… 141

第六章　管理信息系统设计 …… 143
第一节　管理信息系统设计的概述 …… 143
第二节　管理信息系统模块结构设计 …… 147
第三节　计算机物理系统配置方案设计 …… 158
第四节　代码设计 …… 161
第五节　数据库设计 …… 167
第六节　输入输出设计 …… 176
第七节　系统设计报告 …… 185
本章小结 …… 186
习题 …… 187

第七章　管理信息系统实施 …… 188
第一节　管理信息系统实施阶段的任务 …… 188
第二节　物理系统的实施 …… 190
第三节　程序设计 …… 192
第四节　系统调试 …… 195
第五节　人员培训 …… 202
第六节　系统的切换和交付使用 …… 204
第七节　系统评价与验收 …… 215

本章小结 …… 219
习题 …… 220

第八章　管理信息系统的发展与应用 …… 221
第一节　决策支持系统 …… 221
第二节　企业资源计划 …… 231
第三节　电子商务 …… 254
第四节　数据仓库与数据挖掘 …… 264
本章小结 …… 271
习题 …… 271

第九章　管理信息系统开发的项目管理 …… 273
第一节　项目管理 …… 273
第二节　项目进度管理 …… 274
第三节　项目成本管理 …… 278
第四节　项目质量管理 …… 282
第五节　文档管理 …… 287
第六节　人员管理 …… 291
第七节　风险管理 …… 296
本章小结 …… 300
习题 …… 300

第十章　管理信息系统的使用与企业管理 …… 301
第一节　信息系统的组织管理平台 …… 301
第二节　信息系统安全管理 …… 305
第三节　战略管理 …… 312
第四节　信息系统与 CIO …… 320
本章小结 …… 326
习题 …… 326

附录　案例分析——库存管理信息系统的分析与设计 …… 327
参考文献 …… 338

第一章

管理信息系统的基本概念

第一节　管理、信息与系统

信息技术革命推动着知识经济的发展，随着经济全球化的不断深入、产业经济形态的改变以及组织自身的变革，基于计算机的信息系统成为当代各种类型组织生产、服务提供和组织管理的关键要素。在反复的探索中信息系统逐渐形成了自己的研究方向和发展分支，并建立了独特的理论体系和结构框架。如果从系统的角度来研究信息系统开发的规律，我们必须先了解管理信息系统的定义、概念、结构等基本知识。

一、管理

管理活动自古即有，但什么是“管理”，从不同的角度出发，可以有不同的理解，至今仍未得到公认和统一。管理普遍存在于任何类型的组织，包括营利组织和非营利组织。管理是在特定的环境下，对组织所拥有的资源进行有效的计划、组织、领导和控制，以便达成既定的组织目标的过程。管理工作要通过综合运用组织中的各种资源来实现组织的目标，这涉及效率和效益两个方面。知识经济背景下，信息技术将给组织管理带来巨大的冲击，如何利用先进科学手段组织资源（人力、财务、实体、信息），开展管理活动（包含规划、决策、组织、领导和控制），使组织以更有效率的方式达成组织目标，是当代管理研究的焦点之一。

二、信息

管理活动离不开信息，信息概念的重要性在于，它是一切社会活动的一个基本条件。随着社会经济的发展，经济结构从以物质与能源为重心转变为以信息为重心。信息化推动国民经济的发展，管理、科学技术计算和生产控制等方面大量应用信息技术，其中又以管理最为突出，管理方面应用信息技术已经发展成为专门的管理信息系统。信息的重要性越来越清晰地被人们认识到，它已逐渐成为人类赖以生存和发展的战略资源之一。

（一）信息

1. 信息的定义。

"信息"一词有着很悠久的历史，早在两千多年前的西汉，即有"信"字的出现。作为日常用语，"信息"经常是指"音讯、消息"的意思。信息是信息论中的一个术语，常常把消息中有意义的内容称为信息。至今，信息还没有一个公认的定义。信息系统中常用的信息定义为：信息是经过加工后的数据，它对接收者的行为能产生影响，它对接收者的决策具有价值。该定义明确了两点：①信息仍然属于数据的范畴，区别在于是经过加工后的，有含义的；②信息具有价值，是有用的。

处理、传递和交流信息是一个组织管理信息的核心目标。为实现这个目标，在信息系统中运用了信息和通信技术。因此，信息的概念是设计信息系统的基础。

2. 信息与数据、知识的区别。

（1）数据是描述现实世界事物的符号记录。现代计算机系统中的数据，包括数字、文字、符号、图形、声音、图像与影视等。数据经过处理之后仍然是数据，只有经过解释后才能成为信息，而信息则是数据的含义，它能更直接、明确地反映客观事物的本质，是对客观世界产生影响的数据。如汽车行驶中的里程表上的数据不一定成为信息，只有当司机看完后决定加速还是减速时才是信息。数据和信息是不可分割的两个术语，但它们又有一定的区别。

（2）知识是人对事物运动规律性的认识，是人类长期社会实践经验的总结的成果，也是人的大脑通过思维重新组合的、系统化的信息集合，更是人类智慧的结晶。知识是以某种方式把一个或多个信息关联在一起的信息结构，是客观世界规律性的总结。

总之，数据、信息和知识可以看作是对客观事物感知的三个不同阶段。数据是根据某种测度而给出的事实。信息是经过组织的有结构的数据，从而具有了意义。知识则更进一步，它能够预测，给出因果关系，并指导进一步要做什么。

3. 信息的基本特征。

（1）客观性。客观性是信息的核心价值。不符合事实的信息不仅没有价值，而且可能其价值为负。由于人们在认知能力上存在差异，对于同一信息，不同的人可能会有不同的理解；或者由于传递过程中的失误，都可能产生伪信息。伪信息带来社会信息污染，具有极大的危害性。所以客观性是信息收集时最应当注意的性质。

（2）价值性。信息是经过加工并对生产经营活动产生影响的数据，是劳动创造的，是一种资源，因而是有价值的。例如利用大型数据库查阅文献所付费用就是信息价值的部分体现。信息的价值，随着时间的推移可能耗尽，必须及时转换。

（3）时效性。时效性是指从信息源发送信息，经过接收、加工、传递、利用，所经历的时间间隔及其效率。时间间隔愈短、使用信息愈及时、使用程度愈高，则时效性愈强。在市场瞬息万变、企业竞争日益激烈的今天，企业的生产经营活动和外部环境都是不断变化的，管理信息也会随着时间的推移而发生老化，失去它原有的价值。一般地说，随着时间的推移，大多数信息的价值越来越低，只有少数如历史记载等小部分信息随时间的推移而价值增加。

因而，收集、利用信息要及时，反之，依据过时的信息进行决策就不能适应环境的变化，会贻误工作。

（4）扩散性。信息的扩散是其本性，信息的浓度越高，信息源和接收者之间的梯度越大，信息的势态越高，信息的扩散力度越强。信息的扩散具有两面性：一方面有利于知识的传播，所以我们有意识地通过各种手段，加快信息的扩散；另一方面扩散可能造成信息的贬值，不利于保密，可能危害国家和企业利益，不利于保护信息所有者的积极性。因此，在推动信息有利扩散的同时，我们不但要利用各种人为的手段建立起信息壁垒，来阻止信息的不利扩散。还要制定各种相应的法律、法规和制度，以保护信息拥有者的权力和利益不受到侵害。

（5）可压缩性。信息的可压缩性是指人们可依据各种特定的需要，对信息进行筛选、整理、概括和归纳，使其变得精炼、浓缩，并且保留信息的本质与内涵，不丧失其基本应用价值。人们可以把无用的、不重要的以及冗余的信息去掉，这样可以提高信息在传输、存储、加工、输出等过程中的效率，节省存储空间和费用。

（6）传输性。信息的传输性指可以通过多种渠道、采用多种方式向外传输信息。周代，人们用烽火台上的狼烟传递敌人入侵的信息。当今，通过电话、电报、电子邮件等进行国际国内通信，传输的形式有数字、文字、图形和图像、声音等。信息的传输既快捷又便宜，我们应当尽可能地用信息的传输代替物质的传输，利用信息流减少物流。

（7）共享性。信息的共享性表现为同一则信息可以为众人所利用，而信息的拥有者不会因数将信息告诉别人而失去对这则信息的了解或记忆，这是信息区别于物质的一个显著特点。信息的共享性有利于信息成为企业的一种资源，使企业提高效率，创造效益。严格地说只有达到企业信息的共享，信息才能真正成为企业的资源，才能很好地利用信息进行企业的计划与控制，从而有利于企业目标的实现。

（8）可加工性。信息可以通过一定的手段进行加工，如扩充、压缩、分解、综合、抽取、排序等。加工的方法和目的反映信息接收者获取和利用信息的特定要求。首先，信息从一种形态转换为另一种形态。如自然信息可转换为语言、文字和图像等形态，也可转换为电磁波信号和计算机代码。其次，信息可以加工提炼，人们对信息进行整理、归纳、去伪存真，从而获得更有价值的信息。例如天气预报的产生，一般要经过多个环节：首先要对大气进行探测，获得第一手大气资料；然后进行一定范围内的探测资料交换、收集、汇总；最后由专家对各种气象资料进行综合分析、计算、研究得出结果。

（9）不完全性。从人类认识规律看，关于客观事实的知识是不可能全部得到的；从效益观念看也没有必要全部得到（因信息处理成本太高而得不偿失）；另外，不同的人由于感受能力、理解能力和目的性不同，从同一事物中获得的信息也不相同，即实得信息量是因人而异的。因此，人们面对的信息肯定是不完全的。面对浩如烟海的信息，必须坚持经济的原则，以够用为标准，合理地舍弃和选择信息。

（二）管理信息

企业管理中应用的信息十分广泛，它已经与人、财、物等资源一样，成为企业的一种基本资源，它既包括企业内部的信息，也包括企业外部的信息。

1. 管理信息的定义。

管理信息是组织在管理活动过程中采集到的、经过加工处理后对企业生产经营活动、管理决策产生影响的各种数据的总称。它是组织的一项重要的资源，其相关的信息资源与信息活动的管理，直接关系着组织的效率与效益。管理信息的表现形式有报告、报表、单据及进度图，此外，还有计划书、协议、标准及定额等，类似于报告的形式。

在企业管理中，管理信息被定义为：管理信息是对企业生产经营活动中收集的数据进行加工处理、给予分析解释、明确意义后，对企业经营管理活动产生影响的数据。管理信息都是专门为某种管理目的和管理活动服务的。

2. 管理信息的特征。

（1）等级性。信息既有有效性和共享性，但是管理信息又是分级的，同时处在不同级的管理者对同一事物所需要的信息也不同，就是同一单位不同层次的管理者对信息的需要也存在明显差异，从信息需要的重要性上可分区战略级、战术级和作业级。不同层次的信息具有不同的特征，如表 1 –1 所示。

表 1 –1　　　　不同层次信息的特征

属性类型	来源	加工方法	使用频率	加工精度	保密要求	寿命
战略级	大多外部	灵活	低	低	高	长
战术级	内外都有	较灵活	中	中	中	中
作业级	大多内部	固定	高	高	低	短

（2）经济性。信息存在着投入产出的问题，对于信息的投入是必要的，但也要重视费用效益的分析，要求花费的成本尽可能少而获取的信息数量和价格量尽可能大，这就要求管理者既要重视对信息部门的经济投入，强调它们对于管理的重要性，健全信息管理组织和人员配备，又要注意信息的经济性和实用性。

（3）处理方法的多样性。信息处理的绝大部分工作是逻辑处理，方法比较简单，主要有检索、核对、分类、合并、总计、转录等，但随着企业管理水平的提高，必然要应用现代数学方法，采用一些比较复杂的优化模型，如网络优化模型、线性规划模型、系统仿真模型等比较复杂的算法。

3. 管理信息的分类。

为了科学地管理和合理地使用信息，必须按不同的标准将管理信息进行科学的分类。

（1）按管理信息的来源不同，可以将其分为内生信息和外生信息。

①内生信息。这是指组织内部所产生的信息，它反映组织内部所拥有的资料状况、资料的利用水平和能力。

②外生信息。外生信息来自组织外部，是对组织业务活动有影响的外部环境各因素的信息。

（2）按组织不同层次的要求，可以将管理信息分为战略信息、战术信息和作业信息。

①战略信息。这种信息与最高管理层的计划工作任务有关，即与决定该组织在一定时期内的目标、制定战略和政策、制定规划、合理分配资料有关的信息。这类信息主要来自组织外部环境，诸如当前和未来的经济形势的分析预测资料，市场竞争对手情况，国家的政策、法律、法规颁布情况及变动。

②战术信息。这是组织的中层管理部门为了实现组织的经营目标而对生产经营活动各环节进行监督、控制所应有的信息。战术信息来自组织内外部，要求比

较详细具体。

③作业信息。这种信息与组织的日常管理业务活动有关，大多反映企业生产经营的日常业务活动，用以保证基层管理部门切实地完成具体作业。这类信息主要来自组织内部。基层主管人员是该类信息的主要使用者，其信息要求明确、具体、详细。

（3）按产生时间的不同，可以将管理信息分为历史性信息、实时性信息和预测性信息。

①历史性信息。这是指在过去就已经发生的信息。这类信息一般已被使用过，但是具有帮助主管人员从历史条件中找到借鉴和启发的意义，因而仍具有利用价值，仍需将其以资料文档的形式予以保存。

②实时性信息。这是指反映组织当前活动情况及外部环境特征的信息。该类信息的时效性很强，往往是企业信息工作的重点，对于指导和控制组织正在进行的活动具有非常重要的作用。

③预测性信息。这是指在掌握和利用以上两种信息的基础上，通过运用科学的预测方法或主管人员的经验判断，据此对组织未来进行预先描述所得到的信息。这类信息对于高层主管人员及时决策，尽早做出相应的准备措施有重大意义。

（4）按管理信息的稳定性划分，可以将其分为固定信息和流动性信息。

①固定信息。是具有相对稳定性的信息，在一段时间内可以在各项管理任务中重复使用，不会发生质的变化。以企业为例，固定信息主要包括定额标准信息，计划合同信息和查询信息。

②流动性信息。又称为作业统计信息，它是由组织的营运活动所产生的，反映生产经营活动实际进程和状况的信息，并且随着生产经营活动的进展而不断变化。例如企业的库存量情况，产品的生产进度、企业的设备损耗情况等。由于该类信息不断变化，因而其时效性非常重要，及时收集这一类信息，并与计划进行比较分析，是评价企业生产经营活动，揭示和克服薄弱环节的重要手段。

三、系统

（一）系统

1. 系统的概念。

系统是客观世界中的一种普遍现象，不同的环境和场合，对系统的理解不同，国际标准化委员会对系统的定义是：能完成一组特定功能的，由人、机器及各种方法构成的有机集合体。系统论的奠基人 L. V. 贝塔菲将系统解释为相互作用诸要素的综合体。

系统是一组相互关联、相互作用、相互配合的部件为完成特定的目标、按一定的结构组成的总体。我们在这里所说的系统不指自然系统，而是指人为系统，即有人参与、有目的、有组织的系统。如工业企业，由人、设备和各种规章制度构成了一个系统。

2. 构成系统的条件。

要构成一个系统，必须具备三个条件。

（1）有两个以上的组成成分；

（2）组成成分之间要相互联系、相互作用；

（3）组成成分之间的联系与作用必须产生整体功能。

（二）信息系统

1. 信息系统的概念。

信息系统就是一个以加工处理信息为主的人造系统，它由人、硬件、软件和数据资源组成，目的是及时、正确地收集、处理、存储、传输和提供信息，实现组织中各项活动的管理和调节。信息系统有广义和狭义之分。广义上讲，任何进行信息加工处理的系统都可视为信息系统，如：生命信息系统、企业信息系统、文献信息系统、地理信息系统等。狭义上看，是基于计算机、通信技术等现代化信息技术手段且服务于管理领域的信息系统，即计算机信息管理系统。当代的信息系统是由于计算机的出现而产生的。

2. 信息系统的功能。

计算机的诞生改变了人们的传统观念，促使人们进一步研究信息处理、信息系统、信息资源充分利用的规律性。信息系统的定义概括了信息系统的基本功能。

（1）数据的采集功能。数据采集就是把分布在各部门、各处、各点的有关信息收集起来。数据采集过程中，首先，需要解决的问题就是采集哪些属性作为有用的数据；其次，需要确定采集的范围，太大或太小的范围都会给采集工作带来困难；最后，还要保证数据的质量，采集的数据须用某种方法进行认真的检验。

（2）处理功能。处理功能是将数据加工转换为有用的信息。数据处理工具有基于数据仓库技术的联机分析处理（OLAP）和数据挖掘（DM）技术。

（3）存储功能。存储功能指的是系统存储各种信息资料和数据的能力。由于数据的采集和传输都需要时间，这就使得数据处理工作表现为一个持续的过程。另外，在加工的工作中不仅要用到当前的数据，而且也要用到过去一段时间得到的数据。还有处理加工后得到的信息也需要保存，所以必须采用一定的方法来保存有关的数据和信息。

(4) 管理功能。对构成系统的各种信息处理设备进行控制和管理，对整个信息加工、处理、传输等环节的数据要进行统一管理，制定多项必要的规章制度。

(5) 检索功能。存储在各种介质上的庞大数据要让使用者便于查询，即查询方法简便，易于掌握，响应速度满足用户要求。

(6) 传输功能。因为数据处理工作的各个环节并不一定是在同一个地点进行。所以，数据需要经过传输，送到指定的地方去。传输是数据处理工作不可缺少的环节。

3. 信息系统与管理。

管理需要信息，有效的管理要求对与组织活动及其环境状况有关的信息进行全面的收集、正确的处理和及时的利用，因而管理需要信息系统的支持。

随着科学技术的发展，生产社会化程度不断提高，企业组织规模进一步扩大，使得管理变得越来越复杂，需要的信息量大，时间性强。现代管理方法的运用，需要数学模型的支持，涉及大量的计算工作。很显然，传统的手工系统已无法应付现代管理对信息的需要，基于计算机的信息系统由于其处理速度快、存储量大等特点，正发挥着越来越大的作用。信息系统的完善程度已成为衡量现代企业管理水平的一个重要标志。

从广义的角度，管理信息系统是一种集业务数据处理、管理和决策为一体的立足整个企业管理的信息系统，管理信息系统集作业级、战术级、战略级信息系统的功能于一体，通过管理信息系统能够辅助企业的低、中、高层管理的作业级、战术级和战略级的活动。

第二节　管理信息系统

一、管理信息系统的概念

20 世纪 50 年代，西蒙提出了管理依赖于信息和决策的概念。50 年代后期，人们开始尝试用计算机为各种管理功能提供信息服务（如将计算机用于会计工作），管理信息系统（Management Information System，MIS）的概念随之问世。1961 年，加拉格尔（J. D. Gallagher）提出了以计算机为主题，信息处理为中心的系统化了的综合性管理信息系统的设想，第一次提出了管理信息系统这个词。1970 年，瓦尔特·肯尼万（Walter T. Kennevan）从经营管理者的立场出发，给它下了定义：“以书面或口头的形式，在合适的时间向经理、职员以及外界人员提供过去的、现在的、预测未来的有关企业内部及其环境的信息，以帮助他们进行决策。”

随着人们对管理信息系统的认知逐步加深，对管理信息系统的定义也逐渐发展和成熟，管理信息系统定义有很多种，研究者们从各自的角度出发给出了不同的定义。

1. 1985 年，MIS 的创始人——明尼苏达大学卡尔森管理学院教授高登·戴维斯（Gordon B. Davis）给出 MIS 一个较完整的定义：“它是一个利用计算机硬件和软件，手工作业，分析、计划、控制和决策模型，以及数据库的用户—机器系统。它能提供信息支持企业或组织的运行、管理和决策功能。”这个定义全面地说明了 MIS 的目标、功能和组成，反映了 MIS 当时已达到的水平，说明了 MIS 在高、中、低三个层次上支持管理活动。

2. MIS 一词在我国出现于 20 世纪 70 年代末 80 年代初，在《中国企业管理百科全书》中，MIS 是“一个由人、计算机等组成的能进行信息的收集、传递、储存、加工、维护和使用的系统。管理信息系统能实测企业的各种运行情况；利用过去的数据预测未来；从企业全局出发辅助企业进行决策；利用信息控制企业的行为；帮助企业实现其规划目标”。这个定义强调了 MIS 的功能和性质，强调了计算机只是 MIS 的一种工具，MIS 不仅仅是一个技术系统，而且也是一个把人包括在内的人机系统，是一个社会系统。

3. 管理信息系统是一个具有高度复杂性、多元性和综合性的人机系统，它全面使用现代计算机技术、网络通信技术、数据库技术以及管理科学、运筹学、统计学、模型论和各种最新技术，为经营管理和决策服务。

4. 20 世纪 90 年代后，支持管理信息系统的一些环境和技术有了很大的变化，因而对管理信息系统的定义的描述也有一些变化。一些学者试图以别的名词和内容代替管理信息系统（如决策支持系统、信息技术和信息管理），但没有成功。没有管理信息系统提供足够的信息支持，决策支持系统难以发挥作用。信息技术过分强调技术的变革，削弱了管理信息系统的系统性和综合性，不利于管理信息系统的发展。港台地区对信息管理这个名词接受的多一些。国外的学者认为信息系统就是管理信息系统，他们的理解更偏重于管理而不是计算机。

因此管理信息系统的定义可以这样描述：一个以人为主导，利用计算机硬件、软件、网络通信设备以及其他办公设备，进行信息的收集、传输、加工、存储、更新和维护，以获取企业战略竞争优势、提高效益和效率为目的，支持企业高层决策、中层控制、基层运作的集成化人机系统。

这个定义也正说明了管理信息系统不仅仅是一个技术系统，而且也是把人包括在内的人机系统，所以它是一个管理系统，是一个社会系统。

二、管理信息系统的演化

信息系统和信息处理在人类文明开始就已存在，但直到电子计算机问世、信息技术的飞跃以及现代社会对信息需求迅速增长之时，才发展起来。自从电子计算机问世以来，信息系统经历了由单机到网络，由低级到高级，由事务处理到管理信息系统，再到决策支持系统，由数据处理到智能处理的过程。我们可以把管理信息系统的发展分为三个阶段。

（一）事务处理系统阶段（Transaction Processing System，TPS）

1954 年，美国通用电气公司开始应用计算机处理商业数据，标志着最原始的事务处理系统（EDPS）的诞生。事务处理系统是操作层的系统，是一个处理发生在组织内部事务的系统。它收集组织日常工作的数据，对数据进行加工，或者对数据进行各种转换，增加数据的可应用性。如会计数据处理系统，采集企业财务活动的数据，将数据加工、转换成信息，使企业其他信息子系统能使用这些信息。它支持企业业务中例行的、常规性的事务和业务活动。

从发展阶段来看，事务处理阶段可分为单项数据处理和综合数据处理两个阶段：

1. 单项数据处理阶段（20 世纪 50 年代中期到 60 年代中期）。

这是事务处理的初级阶段，主要是用计算机部分地代替手工劳动，进行一些简单的单项数据处理工作，如计算工资、管理库存、编制报表等。这个时期公用的数据库技术还没有出现，所以计算机的处理对象都是相应的具有单一内容的文件。事务处理系统的重点在于数据、数据流的存储和处理。人们主要关心的是如何提高数据处理的效率，统一信息的格式，减轻各种统计工作强度，降低费用成本等问题。

2. 综合数据处理阶段（20 世纪 60 年代中期到 70 年代初期）。

这一时期的计算机技术有了很大发展，出现了大容量直接存取的外存储器。此外一台计算机能够带动若干终端，可以对多个过程的有关业务数据进行综合处理。这时各类信息报告系统应运而生。

（1）生产状态报告系统。该系统的代表是 IBM 公司的公用制造信息系统。它的生产组织方式是各厂生产好规定的部件，约好同时送达用户，在用户处组装。这种方式，生产装配和安装十分复杂。为了保证其正常进行，在原有管理系统上增加人、设备都几乎无效，所以要求用一个以计算机为基础的状态报告系统。生产一台计算机整个活动要 6 ~ 12 个月，状态报告系统在此期间内监视每一部件生产的进展。IBM 公司在 1964 年建立了先进管理系统，它能进行 450 个业务如订货登记、送货计划、工资、会计收入等。在 1968 年 IBM 公司又建立了公用制造信息系统，运行很成功。

（2）服务状态报告系统。该系统用于监视存货行情，不仅反映存货的数量，而且有时间变量，保存有最近的“指标/要价”数据。医院、酒店、宾馆等服务性部门往往广泛地应用服务状态报告系统监视设备、场地和人员情况，以便于统一计划安排工作。例如，美国 Share 航空预订票系统可掌握 1008 个预约点，76000 个座位和 27000 个飞行记录。

（3）研究状态报告系统。该系统旨在帮助企业家和科学家掌握未来。它的主要资料来自技术理论文章和科学报告。为进行这种服务美国各部均建立了一些信息系统提供资料服务。1972 年就有了 35 个系统，包括农业部、商业部、国防部、航空部等。1973 年政府完成了 300000 份研究报告的自动化管理系统。它可以通过国家信息服务系统查找，及时有效地提供服务。

（二）管理信息系统阶段

20 世纪 70 年代初，随着数据库技术、网络技术和科学管理方法的发展，计算机在管理上的应用日益广泛，管理信息系统逐渐成熟起来。

管理信息系统是一种向组织的管理者提供定期和预定报告的系统，这些报告汇总了数据库中的信息，可以帮助管理者了解组织运营现状以便进行高效的控制。它的目的是向管理者提供信息支持有效的决策和每日业务反馈，为公司的上下运作提供支持。

MIS 所提供的信息处理功能包括通过分析性的处理创建信息并将信息传递给任何需要它的人。MIS 也常被称为管理警报系统，因为它“警告”人们问题或机遇的存在（或潜在）。这正是 MIS 与其他支持管理工作的系统之间的重要区别。MIS 的主要目标是概括发生的事情并把人们引向存在的问题和机遇。由 MIS 产生的报告很少告诉人们存在问题和机遇的原因，也很少提供解决方案。

在一些案例中，MIS 报告能够帮助人们决定何时、何地采取行动。如，你负责产品库存，并收到一份显示哪些产品库存已降低到需补充的日报表，那么你将采取订购更多产品的行动，以保证不发生缺货。报告上不需知道为什么存货减少了，但你知道了将采取什么行动。通常，这类问题是结构化的，无须更多的分析。

（三）决策支持系统阶段

20 世纪 70 年代，西方管理信息系统的发展遇到了很大的挫折。人们发现，耗费大量投资建立起来的计算机系统并没有像人们所期望的那样，提高企业管理工作的效率，给企业带来可观的收益。为此，国际上展开 MIS 失败原因的讨论，人们认为，早期 MIS 的失败并非由于系统不能提供信息。实际上，MIS 能够提供大量报告，但经理很少去看，大部分被丢进废纸堆，原因是这些信息并非经理决策所需。当时，美国的史考特（Michael S. Scott）在《管理决策系统》一书中首次提出了“决策支持系统”（Decision Support Systems，DSS）的概念。

决策支持系统不同于传统的管理信息系统，MIS 主要为管理者提供预定的报告，而 DSS 则是在人和计算机交互的过程中帮助决策者探索可能的方案，为管理者提供决策所需的信息。

综上所述，TPS、MIS 和 DSS 各自代表了信息系统发展过程中的某一阶段，但至今它们仍各自不断地发展着，而且是相互交叉的关系。TPS 是面向业务的信息系统，MIS 是面向管理的信息系统，DSS 则是面向决策的信息系统。DSS 在组织中可以是一个独立的系统，也可以作为 MIS 的一个高层子系统而存在。

管理信息系统是一个不断发展的概念。20 世纪 90 年代以来，决策支持系统与人工智能、计算机网络技术等结合形成了智能决策支持系统（Intelligent Decision Support Systems，IDSS）和群体决策支持系统（Group Decision Support Systems，GDSS）。又如，事务处理系统、管理信息系统和办公自动化技术在商贸中的应用已发展成为电子商贸系统（Electronic Business Processing System，EBPS）。这种系统以通信网络上的电子数据交换（Electronic Data Interchange，EDI）标准为基础，实现了集订货、发货、运输、报关、保险、商检和银行结算于一体的商贸业务，大大方便了商贸业务和进出口贸易。此外还出现了不少新的概念，诸如总裁信息系统、战略信息系统、计算机集成制造系统和其他基于知识的信息系统等。

第三节　管理信息系统的分类

管理信息系统是一个广泛的概念，为了加深对管理信息系统的理解，我们从以下几个方面进行分类。

一、按系统所使用的技术分类

1. 手工系统。最简单，也最原始。系统中的所有信息处理工作全部由人工完成，不仅工作量大、效率低下，而且难以保证准确率。

2. 机械系统。对手工系统做了改进，系统中由一些机械装置（如打字机、收款机、自动记账机等）来代替手工进行信息处理工作。机械装置的使用加快了数据处理的速度，使系统工作的效率得到了提高。

3. 电子系统。计算机成了主要的信息处理工具。电子计算机具有极高的运算速度、海量的存储能力以及准确的计算和逻辑判断能力，极大地提高了工作效率和工作质量，能够快速而又准确地为各级管理人员提供决策所需要的信息，产生了巨大的经济效益和社会效益。

二、按信息处理方式分类

1. 脱机系统。

它的处理方式是按照一定的时间间隔，将收集到的数据成批送入中央处理机进行处理，是最简单的一种系统。因此，脱机系统中的机器工作时效率比较高，但是由于在数据处理之前，有数据收集的时延，故系统中的数据不一定是最新的。系统对设备要求不高，普通的计算机即可胜任。

2. 联机系统。

联机系统是由一台中央计算机连接大量的地理位置分散的终端而构成的计算机系统。输入数据可以从数据源直接输入计算机进行处理，输出数据即处理结果又可直接传送给用户。使用联机系统，从源记录到最后处理之间无须人员介入而只由计算机进行操作。

3. 实时系统。

实时系统与联机系统相似，它们进行信息处理时共同的特点是把各个终端和中央处理机相连接，实时系统中一旦外界产生了一个新的数据，马上将其输入终端，交由中央处理机进行处理，减少了数据收集所带来的时延。这样，系统中的信息始终保持在最新状态，并时刻准备接受外界的数据。这类系统的实时性强，然而对设备的要求较高，设计和建立过程都比较复杂。

三、按信息服务对象分类

1. 宏观信息系统。

就是我们通常说的经济信息系统，主要服务于国家宏观管理部门，是一种综合性的信息系统。宏观信息系统收集、分析和处理与宏观经济活动有关的各种经济信息，为国家政府管理和调控宏观经济以及制定经济政策等活动提供信息依据和处理手段。它纵向联系各省市、各地区、各县直至重点企业的经济信息系统，横向联系诸如外贸、能源、交通等各行业信息系统，形成一个纵横交错、覆盖全国的综合经济信息系统。

2. 微观信息系统。

企业管理信息系统面向工厂、企业，如制造业企业、商业企业、建筑企业等，主要进行管理信息的加工处理。它是最复杂的管理信息系统，一般具备对工厂生产通过监控、预测和决策支持的功能。大型企业的管理信息系统的功能都很强大，“人、财、物”、“产、供、销”以及质量、技术有关的信息应有尽有，其技术要求很复杂，如运用各种数学模型等。因此，人们通常以企业管理信息系统作为代表来研究管理信息系统。常见的企业管理系统有物料需求计划、制造资源规划、计算机集成制造系统、企业资源规划、决策支持系统、群体决策支持系统、专家系统、智能决策支持系统、总裁信息系统等。

微观信息系统在为决策提供辅助支持时，需要收集外部信息，这些信息往往源于宏观信息系统的输出，而宏观信息系统的原始输入数据常常是由多个微观信息系统的输出所组成的。所以说这两类信息系统既相对独立，又相互联系。

四、按系统实现的功能分类

随着组织职能的不断扩充，要求新的管理信息系统为其提供相应的信息服务。在这种情况下，系统的功能也被细分，出现了许多专门的管理信息系统。

1. 数据统计系统。

根据数据之间的相关性，应用统计将数据分为相关组和不相关组，然后对其进行处理，处理过程一般不考虑数据内部的性质。统计处理并没有将数据转化为有用的信息，产生的结果既不能用于控制也不能用于预测。因此，数据统计系统是一种比较低级的管理信息系统。

2. 数据更新系统。

主要功能是根据外界情况的变化，对系统中的数据进行更新。在现实生活中，有许多企业的日常运营中要接触到大量的数据，并且根据业务的需要必须随时对数据做出修改。比如，一个航空公司的订票系统，要记录该公司每一条航线上的每一航班的座位订购情况。一旦座位被预订或是顾客取消了订座，系统都要及时地更新数据库中的数据，以便顾客能够随时查询某一航线的航班还有没有空座位。这样的系统就是一个简单的数据更新系统，它的日处理数据流量以数十万计，操作也非常复杂。但是数据更新系统不能进行预测和控制，也无法改变系统的行为，就好比前面提到的订票系统无法告诉公司，以目前的售票速度何时能将票售完。所以数据更新系统也属于低级的管理信息系统。

3. 数据处理系统。

当今企业管理的日常事务活动中，有80%以上涉及数据处理。随着企业生产规模的扩大和生产技术的发展，各种分工越来越细，企业所面对的数据种类和数量也越来越多，因此数据处理系统已成为支持企业日常运行所必不可少的主要系统。主要类型有：

（1）生产系统。具有调度、采购、运输/接收、工程运行等功能；包括材料资源计划、采购订单控制、工程计划控制等子系统。

（2）销售系统：具有销售管理、市场研究、供销计划、新产品定价等功能；包括销售订货、市场研究、定价报价等子系统。

（3）财务系统：具有编制预算、总账管理、支票管理、成本会计等功能；包括总账、应收/应付账款、财务预算、基金管理等子系统。

（4）人事系统：具有档案管理、业绩评价、报酬计算、劳动关系管理、培训等功能；包括人事管理、招聘、培训、薪酬、绩效等子系统。

4. 办公自动化系统。

人们的工作方式由体力工作为主转向以脑力工作为主的方式。在这一全新环境下，脑力工作者需要一种新的工具来支持他们的工作。办公自动化系统就是为这种需要而开发的，使用办公自动化系统可以提高工作效率和办公质量，对改进服务水平具有重要意义。同时，办公自动化系统的广泛运用也为办公活动的组织机构、办公制度及办公环境的变革带来了可能性，使其更能适应未来信息社会的需要。办公自动化系统的典型功能包括：文字处理、电子日程表和备忘录、电子邮件系统、语音处理与图形图像处理等。

除了上述4种系统外，还包括状态报告系统和决策支持系统，这两种类型的系统在本章前述内容中有较详细的说明，此处不再赘述。

第四节 管理信息系统的结构

对管理信息系统的结构描述目前尚无统一的模式。管理信息系统是组织信息系统的核心，它并不与组织的其他信息系统相分离，而是贯穿于组织管理的全过程，同时又覆盖了管理业务的各个层面，其结构是一个包含各种子系统的广泛结构。本节将从各个角度，对管理信息系统的结构加以阐述。

一、管理信息系统的基本模式

管理信息系统是一个人—机系统，它的基本模式如图1－1所示。

在管理信息系统的基本模式中，机器包含计算机硬件和软件，各种办公机械和通信设备；人员包括高级管理人员、中级管理人员和基层业务人员。管理信息系统是由这些人和机器组成的一个和谐的人—机系统。管理信息系统有自己功能完善的数据库管理系统，管理着数据的组织、输入、存取，使数据为多种用户服务。中央数据库的数据信息来源于并服务于各种业务信息系统。

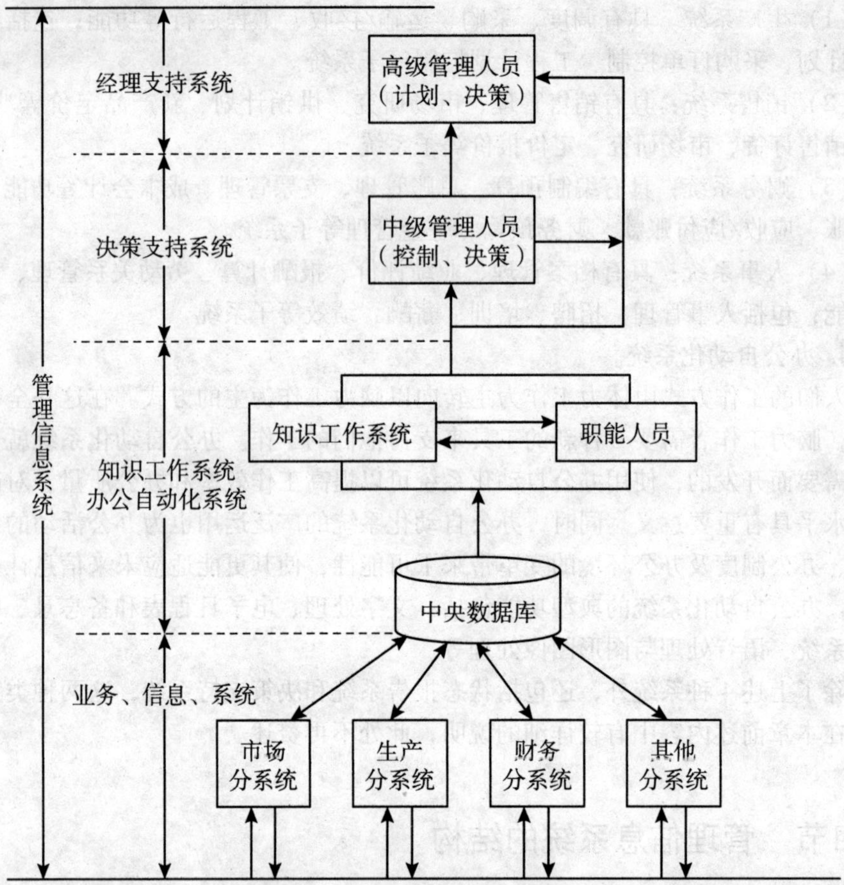

经理支持系统
高级管理人员
（计划、决策）
决策支持系统
中级管理人员
（控制、决策）
管理信息系统
知识工作系统
职能人员
知识工作系统
办公自动化系统
中央数据库
业务、信息、系统
市场
分系统
生产
分系统
财务
分系统
其他
分系统

图 1－1　管理信息系统的基本模式

二、管理信息系统的概念结构

管理信息系统的总体概念结构主要由 4 大部分组成，如图 1－2 所示：其中数据源（数据的来源）是 MIS 的基础，是 MIS 处理的对象；信息处理器的任务是对数据进行收集、存储、加工、传输和维护；信息用户是 MIS 的服务对象，他应用信息进行决策；信息管理者负责信息系统的设计、实施、运行与维护。

信息管理者
数据源
信息处理器
信息用户

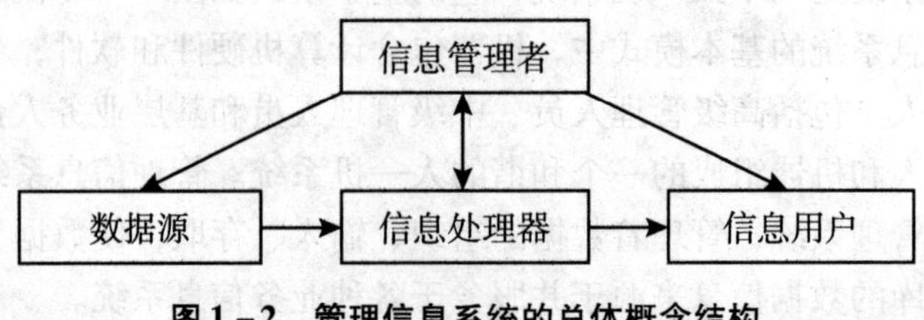

图 1－2　管理信息系统的总体概念结构

按照总体概念结构的四大部件之间的联系可分为开环和闭环结构。开环结构又称无反馈结构，系统在执行决策的过程中不收集外部信息，并且不根据信息情况改变决策，直至产生本次决策的结果，事后的评价只供以后的决策作参考，如图 1－3 所示。

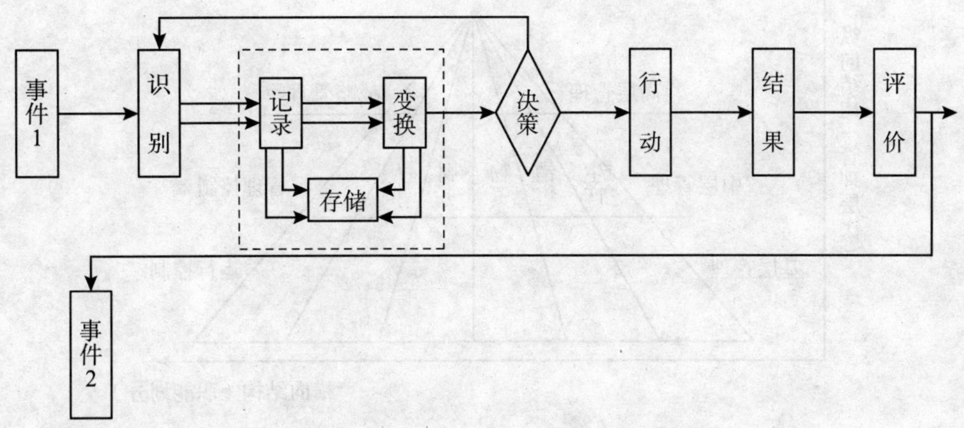

图 1－3　MIS 开环结构

闭环结构是在决策过程中不断收集信息，不断送给决策者，不断调整决策。事实上最后执行的决策已不是最初设想的决策（如图 1－4 所示）一般来说，计算机的实时处理系统均属于闭环系统。

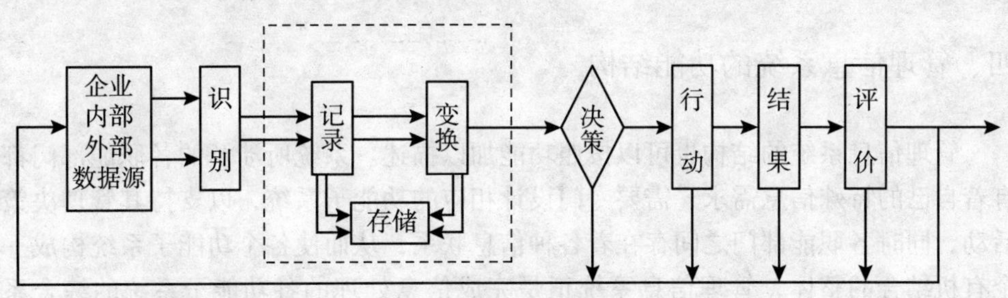

图 1－4　MIS 闭环结构

三、管理信息系统的层次结构

由于一般的组织管理是分层次的，如战略计划、战术管理和运行控制。不同的管理层次需要不同的信息，因而为它们提供服务的管理信息系统也相应地进行划分。一般来说，下层系统的处理量比较大，上层系统的处理量相对小一些，所以就形成了一个金字塔式的结构。为不同管理层次所设计的管理信息系统在数据来源和所提供的信息方面都是完全不同的（如图 1－5 所示）。

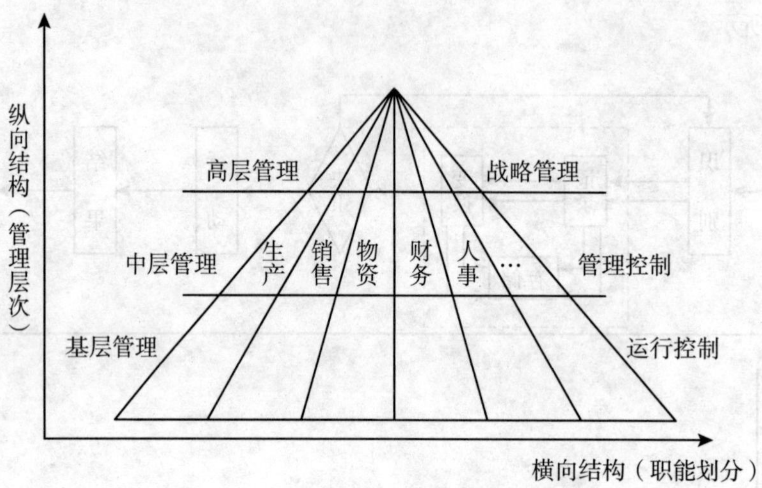

图 1－5　管理信息系统的金字塔结构

管理信息系统的层次结构横向综合是按职能划分的，这种层次结构的管理信息系统是一种相对独立并与管理职能结构相平行的信息系统结构，适用于企业内部各个职能部门日益加强的经济联系和对信息日益增多的需求。它有助于克服大企业中上层管理机构各个职能部门之间信息重复和迂回传递的现象。

四、管理信息系统的功能结构

管理信息系统的结构也可以按照功能加以描述。系统所涉及的各职能部门都有着自己的特殊信息需求，需要专门设计相应的功能子系统，以支持其管理决策活动，同时各职能部门之间存在着各种信息联系，从而使各个功能子系统构成一个有机结合的整体，管理信息系统正是完成信息处理的各功能子系统的综合系统。管理信息系统的功能结构如图 1－6 所示，主要包括市场销售、生产管理、物资供应、人力资源、财务会计、信息处理、高层管理等管理子系统。各个功能子系统的简要功能如下。

1. 市场销售子系统。它包括销售的全部管理活动。在运行控制方面包括录用和培训销售人员、销售和推销的日常调度，还包括按区域、产品、顾客的销售数量的定期分析等。在管理控制方面，包含总的成果和市场计划的比较，它所用的信息有顾客、竞争者、竞争产品和销售力量要求等。在战略计划方面包含新市

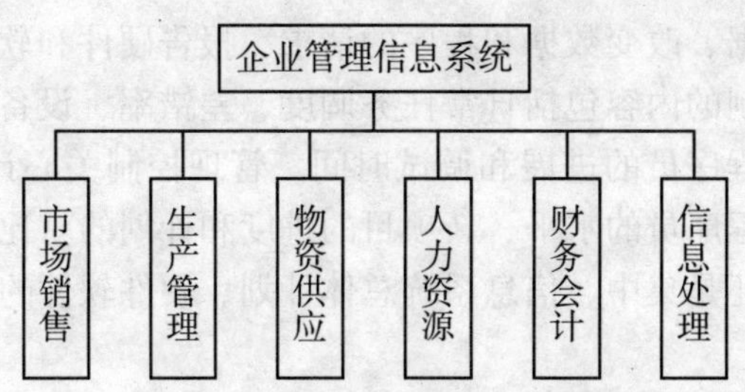

图1－6　管理信息系统的功能结构

场的开发和新市场的战略，它使用的信息包含顾客分析、竞争者分析、顾客评价、收入预测、人口预测和技术预测等。

2. 生产子系统。它包括产品设计、生产设备计划、生产设备的调度和运行、生产人员的录用与培训、质量控制和检验等。运行控制要求把实际进度与计划相比较，发现瓶颈环节。管理控制要求进行总进度、单位成本和单位工时消耗与计划的比较。战略计划主要对改进工艺过程的各种方案进行评价，选定最优的加工方法和自动化方法。

3. 后勤子系统。它包括采购、收货、库存控制和分发。典型的业务包括采购征收、采购订货、制造订货、收货报告、库存票、运输票和装货票、脱库项目、超库项目、库营业额报告、供应商性能总结、运输单位性能分析等。管理控制包括每一后勤工作的实际与计划的比较、如库存水平、采购成本、出库项目和库存营业额等。战略计划包括新的分配战略分析、对供应商的新政策、新技术信息、分配方案的分析等。

4. 人事子系统。它包括招聘、培训、绩效考核和薪资等。其典型的业务有招聘条件的说明、工作岗位责任说明、培训说明、人员档案处理、工资变化、工作小时和离职说明等。运行控制关心的是雇用、培训、终止、变化工资率。管理控制主要进行实情与计划的比较，包括招聘数、招聘费用、培训费用、支付工资、工资率的分配情况。战略计划包括对招聘、工资、培训、福利以及留用人员的战略和方案的评价分析。

5. 财务和会计子系统。财务和会计有不同的目标，财务的目标是保证企业的财务要求，并使其花费尽可能的低。会计则是把财务业务分类、总结，填入标准财务报告，准备预算、成本数据的分析与分类等。运行控制关心每天的差错和异常情况报告、延迟处理的报告和未处理业务的报告等。管理控制包括预算和成本数据的分析比较，如财务资源的实际成本。处理会计数据的成本和差错率等。战略计划关心的是财务保证的长期计划、减少税收影响的长期计划，成本会计和预算系统的计划。

6. 信息处理子系统。该系统的作用是保证企业的信息需要。典型的任务是处理请求、收集数据、改变数据和程序的请求、报告硬件和软件的故障，以及规划建议等。运行控制的内容包括日常任务调度、差错率、设备故障。对于新项目的开发还应当包括程序员的进展和调试时间。管理控制关心计划和实际的比较，如设备成本、全体程序员的水平、新项目的进度和计划的对比等。战略计划关心功能的组织是分散还是集中、信息系统总体计划、硬件软件的总体结构。

五、管理信息系统的综合结构

管理信息系统的综合结构是支持 MIS 各种功能的软件系统或软件模块所组成的系统结构。由软件模块组成的综合结构（见图 1－7），其中每一列代表一种管理功能，每一行表示一个管理层次。这种功能没有标准的分法，因组织不同而异。每个管理软件子系统又是由支持战略计划、管理控制、作业控制及事务处理的模块所组成。各子系统既有自己的专用数据文件，同时又作为整个 MIS 的一部分共享为全系统服务的公用数据文件和公用程序、公用模型库及数据库管理系统等。

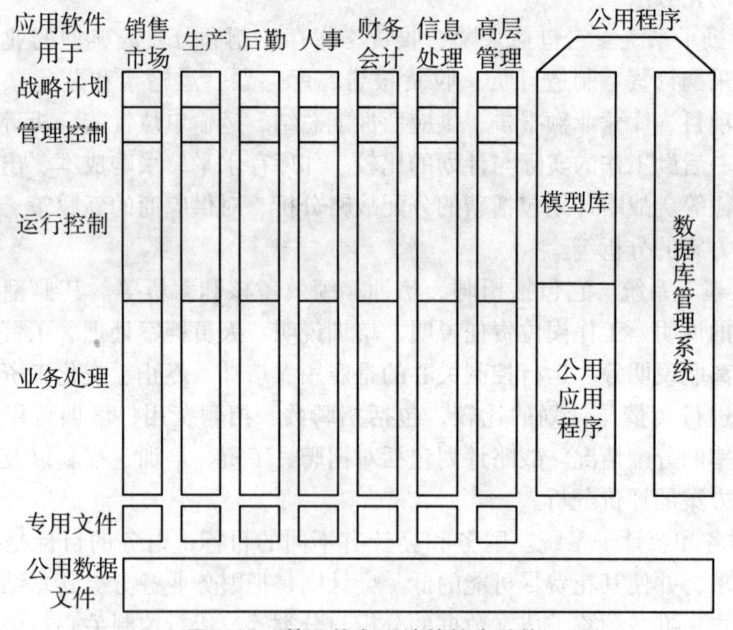

图 1－7　管理信息系统的综合结构

六、管理信息系统的硬件结构

MIS 的硬件结构是指硬件组成及其连接方式。硬件结构所要关心的首要问题是用微机网还是用小型机及终端结构（如图 1－8 所示）。

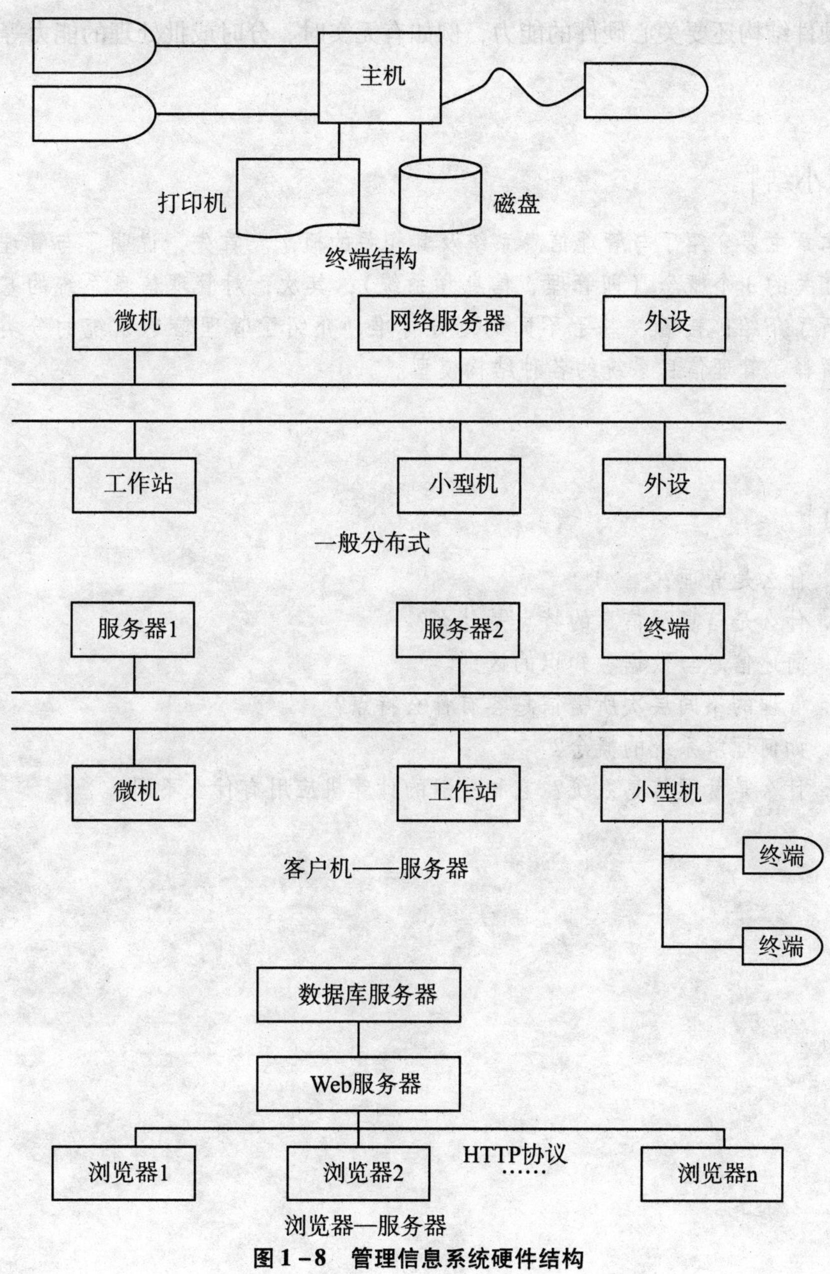

图 1-8　管理信息系统硬件结构

终端结构是由一台主机通过通信控制器和许多终端和各种外部设备相连的一种结构。分布式结构是通过计算机网络把不同地点的计算机和外设相连，这种结构的主要特点是各地计算机既可在网络系统的统一管理下工作，又可脱离网络环境独立工作。

硬件结构还要关心硬件的能力，例如有无实时、分时或批处理的能力等。

本章小结

本章主要介绍了与管理信息系统及其相关的概念。首先，说明了与管理信息系统相关的3个概念（即管理、信息和系统）；其次，对管理信息系统的基本概念进行了介绍；接着，基于不同的划分标准，介绍了管理信息系统的分类；最后，解释了管理信息系统的各种结构模型。

习题

1. 什么是管理?
2. 什么是信息? 信息的特点是什么?
3. 简述信息与数据、知识的区别。
4. 管理的不同层次所需信息各有什么特点?
5. 如何理解系统的概念?
6. 什么是管理信息系统? 它和一般的计算机应用有什么不同?

第二章

管理信息系统的技术基础

管理信息系统是一个人、计算机组成的系统，同时也是基于网络的系统，管理信息系统的技术基础主要包括计算机系统、网络技术和数据库技术几个方面的内容。

第一节　计算机系统

计算机是一种可以高速计算的电子计算机器，可以进行算术运算与逻辑运算，并具有存储记忆功能。计算机能够按照事先存储的程序，自动、高速地进行大量数值计算和各种信息处理，是一种智能电子设备。

计算机是实现现代管理信息系统重要的技术手段。自从世界上第一台计算机诞生后，计算机以其处理速度快、运算精度高、有记忆和逻辑判断能力、数据传输速度快等特点广泛应用于商业中的数据处理、科学技术中的数值计算和工业中的过程控制等领域，已成为人类生活不可缺少的智能工具。

一、计算机系统的组成

计算机系统包括计算机硬件和计算机软件两部分（如图 2－1 所示）。计算机硬件是机器的可见部分，是计算机系统工作的基础，计算机软件帮助用户使用硬件以完成数据的输入、处理、输出及存储等活动。

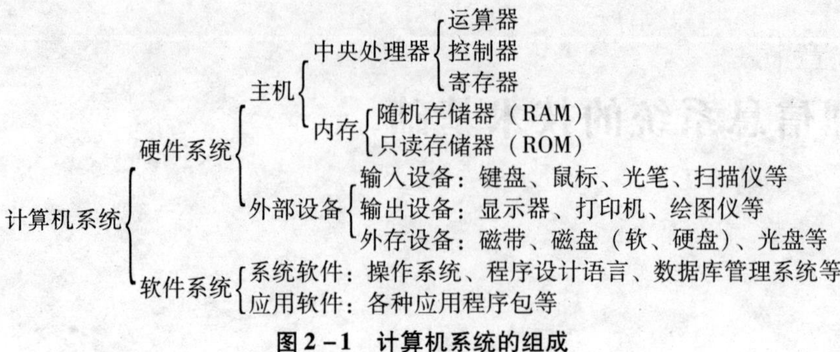

图 2－1　计算机系统的组成

二、计算机硬件的基本组成

计算机硬件是指组成一台计算机的各种物理装置，是计算机进行工作的物质基础。计算机的硬件一般由 5 大部件组成，即运算器、控制器、存储器、输入设备和输出设备（见图 2－2）。

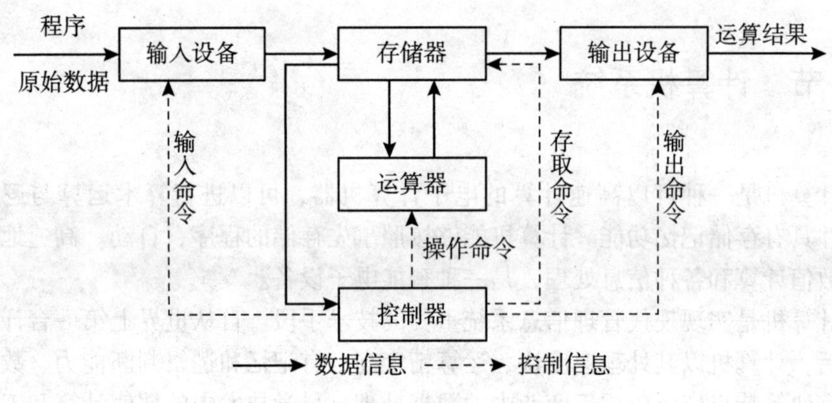

图 2－2　冯·诺依曼结构计算机

1. 运算器。

运算器是计算机对数据进行加工处理的部件。由逻辑运算单元 ALU（Arithmetic Logic Unit）、寄存器和一些控制门电路等组成。逻辑运算单元通过算术运算（主要指加、减、乘、除算术运算）或逻辑运算（主要指与、或、非逻辑运算及逻辑判断）来进行运算。寄存器用来提供参与运算的操作数，并存放运算的结果。哪些数参与运算，由输入控制门的条件决定。

2. 控制器。

控制器是计算机的核心部件，负责控制计算机各部件协调工作。其基本功能是指示程序执行过程，即决定在什么时间根据什么条件做什么事情。首先控制器按程序计数器指出的指令地址从内存中取出指令进行分析，然后根据该指令功能向有关部件发出执行命令，从而使整个计算机有条不紊地高速完成任务。

微型计算机系统中，把运算器和控制器做在一起，叫做中央处理器（CPU），各部分之间采用总线方式连接。中央处理单元的运输速度是决定计算机性能的重要指标，微型计算机的 CPU 能够在一秒钟执行上千万条指令；大中型计算机的 CPU 能够在每秒钟内执行上亿条指令。近十几年来，由于微电子技术的飞速发展，以大规模集成电路为基础的功能芯片的性能日益提高，CPU 已经能够集成在单片集成电路芯片上形成微处理器芯片，其发展和更新速度不断加快。

3. 存储器。

存储器具有记忆功能，用来保存数据、程序和运算结果。存储器分为两大类：内存储器和外存储器。内存储器又称为主存储器，简称内存。它直接与 CPU 相连，与 CPU 直接交换信息，是计算机中的工作存储器。外存储器也称辅助存储器，简称外存。外存储器不直接与 CPU 连接，用于存放大量暂时不用的程序和数据。磁带、磁盘、光盘是用户熟悉的外存。

4. 输入设备。

输入设备是从计算机外部向计算机内部传送信息的装置。其功能是将数据信息以计算机可以接受的形式输入计算机。用户用输入设备指挥计算机，把程序、数据等用户的意图输入计算机。常用的输入设备：键盘、鼠标、扫描仪、光笔、条形码阅读器、数码相机等。

5. 输出设备。

输出设备是将计算机的处理结果传送到计算机外部计算机用户使用的装置。其功能是将计算机内部二进制形式的数据信息转化成人们所需要的或其他设备能够识别的信息形式。常用输出设备有显示器、打印机、绘图仪等。

三、计算机软件结构

计算机软件是支持计算机运行的各种程序，以及开发、使用和维护这些程序的各种技术文档的总称。计算机软件系统由系统软件和应用软件组成（如图 2－3 所示）。

1. 系统软件。

系统软件是指对整个计算机系统进行管理、调度、监控和维护的软件，是为其他程序提供服务的程序集合。其主要功能是：简化计算机操作；充分发挥硬件

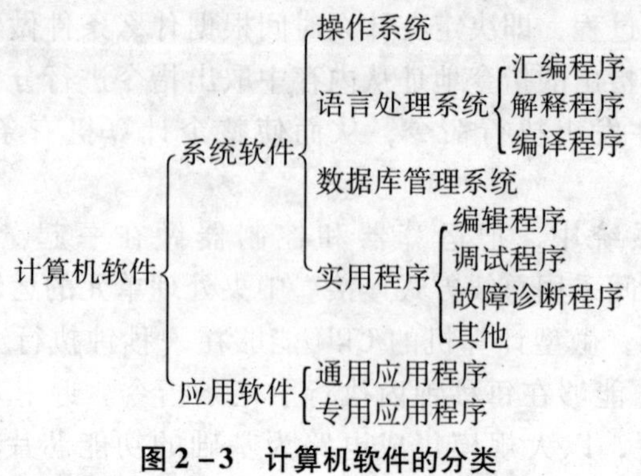

图 2－3　计算机软件的分类

性能；支持应用软件的运行并提供服务。一般可分为四类：操作系统，语言处理系统，数据库管理系统和实用程序。

2. 应用软件。

应用软件是直接面向用户、为用户服务，为解决各类应用问题而编写的程序。它以操作系统为基础，用程序设计语言编写，或用数据库管理信息构造，用于满足用户的各种具体需求。应用软件可以由用户自己开发，也可以在市场上购买。应用软件包括通用软件和专用软件两类。

四、计算机的性能指标。

评价计算机的性能指标主要包括：

1. 主频。

主频即计算机的时钟频率。它在很大程度上决定了计算机的运行速度。主频的单位是兆赫兹（MHz）。

2. 运算速度。

运算速度是衡量计算机性能的一项综合指标。通常所说的计算机运算速度（平均运算速度），是指每秒钟所能执行的指令条数，一般用“百万条指令/秒”来描述。

3. 字长。

字长决定了计算机的运输精度，在其他指标相同时，字长越大计算机处理数据的速度就越快。

4. 内存储器的容量。

内存储器能存储的信息总字节数称为内存容量。内存储器容量的大小反映了计算机即时存储信息的能力。内存容量越大，系统功能就越强大，能处理的数据量就越庞大。

5. 外存储器的容量。

外存储器容量通常是指硬盘容量（包括内置硬盘和移动硬盘）。外存储器容量越大，可存储的信息就越多，可安装的应用软件就越丰富。

除了上述这些主要性能指标外，其余的指标还有系统的可靠性、系统的可维护性、性能/价格比、所配置外围设备的性能指标及所配置系统软件的情况等。

第二节 计算机网络技术基础

计算机网络是管理信息系统的基础。由于企业或组织中的信息处理都是分布式的，通过网络把分布在不同位置的信息综合起来，计算机网络技术是管理信息系统的基本技术。

一、计算机网络的概念

（一）计算机网络的概念

"网络"主要包含连接对象（元件）、连接介质、连接控制机制（如约定、协议、软件）和连接方式与结构四个方面。计算机网络连接的对象是各种类型的计算机（如大型计算机、工作站、微型计算机等）或其他数据终端设备（如各种计算机外部设备、终端服务器等）。计算机网络的连接介质是通信线路（如光纤、同轴电缆、双绞线、地面微波、卫星等）和通信设备（网关、网桥、路由器、Modem 等），其控制机制是各层的网络协议和各类网络软件。

计算机网络是利用通信线路和通信设备，把地理上分散的，并具有独立功能的多个计算机系统互相连接起来，按照网络协议进行数据通信，用功能完善的网络软件实现资源共享的计算机系统的集合。它以实现远程通信和资源共享为目的。

（二）计算机网络的基本组成

计算机网络是一个非常复杂的系统，其基本组成包括如下四部分。

1. 计算机系统。

计算机系统是计算机网络的第一个要素，是计算机网络的重要组成部分，也是不可缺少的硬件元素。计算机网络连接的计算机可以是巨型机、大型机、小型机、工作站或微机，以及笔记本电脑或其他数据终端设备（如终端服务器）。

2. 通信线路和通信设备。

计算机网络的硬件部分还包括用于连接这些计算机的通信线路和通信设备，即数据通信系统。它们是连接计算机系统的桥梁，在计算机之间建立物理通道，以传输数据。通信线路分有线通信线路和无线通信线路。有线通信线路指的是传输介质及其介质连接部件，包括光纤、同轴电缆、双绞线等；无线通信线路是指以无线电、微波、红外线和激光等作为通信线路。通信设备指网络连接设备、网络互联设备，包括网卡、集线器（Hub）、中继器（Repeater）、交换机（Switch）、网桥（Bridge）和路由器（Router）以及调制解调器（Modem）等其他的通信设备。它们负责控制数据的发出、传送、接收或转发，包括信号转换、路径选择、编码与解码、差错校验、通信控制管理等，以完成信息交换。

3. 网络协议。

网络协议是指通信双方必须共同遵守的约定和通信规则，如 TCP/IP 协议、NetBEUI 协议、IPX/SPX 协议。它是通信双方关于通信如何进行所达成的协议。比如，用什么样的格式表达、组织和传输数据，如何校验和纠正信息传输中的错误，以及传输信息的时序组织与控制机制等。现代网络都是层次结构，协议规定了分层原则、层次间的关系、执行信息传递过程的方向、分解与重组等约定。在网络上通信的双方必须遵守相同的协议，才能正确地交流信息，就像人们谈话要用同一种语言一样，否则，互相间将无法理解、无法交流。因此，协议在计算机网络中是至关重要的。

4. 网络软件。

网络软件根据功能可分为网络系统软件和网络应用软件两大类。

（1）网络系统软件。网络系统软件是控制和管理网络运行、提供网络通信、分配和管理共享资源的网络软件，它包括网络操作系统、网络协议软件、通信控制软件和管理软件等。

（2）网络应用软件。网络应用软件是指为某一个应用目的而开发的网络软件（如远程教学软件、电子图书馆软件、Internet 信息服务软件等）。网络应用软件为用户提供访问网络的手段、网络服务、资源共享和信息的传输。

（三）计算机网络的分类

1. 按覆盖地域范围的大小，可分为局域网和广域网。

（1）局域网（Local Area Network，LAN）是将较小地理区域内的计算机或数据终端设备连接在一起的通信网络。局域网覆盖有限的区域，通常是数公里之内的计算机连成的网络。常用于一幢大楼内或紧邻的楼群之间的通信。局域网的传输速率通常为 10 ~ 100Mbps，目前 1000M 以太网正在校园网和企业网中广泛使用。例如部门级网、校园网、园区网等。

（2）广域网（Wide Area Network，WAN）是在一个广阔的地理区域内进行数据、语音、图像信息传输的计算机网络。广域网要使用公共的通信系统，利用各种通信设施覆盖广大的地理区域，如长途电话、卫星传输、电缆等。Internet可以视为世界上最大的广域网。由于远距离数据传输的带宽有限，因此广域网的数据传输速率比局域网要慢得多。

2. 按数据传输方式，计算机网络可以分为两类：广播式网络和点到点式网络。

（1）在广播式网络中，所有联网的计算机共享一个公共通信信道，在任一时间内只允许一个节点使用公共通信信道，当一个节点利用公共通信信道“发送”数据包时，其他节点都能“收听”到这个数据包。由于发送的数据包中含有目的地址和源地址，接收到数据包的计算机检查数据包中的目的地址是否与本计算机的地址相同，如果地址相同，则将数据包接收，否则将丢弃该数据包。

（2）在点到点式网络中，每条物理线路连接一对节点。如果两个节点之间没有直接连接的物理线路，则它们之间的通信只能通过其他中间节点进行接收、存储、转发，直到将数据送到目的地。由于连接计算机之间的线路的复杂性，造成从源计算机到目的计算机之间可能存在多条路由，所以，在点到点式网络的通信协议中必须要有路由算法。

二、局域网技术

（一）局域网的拓扑结构

网络拓扑结构是指网络中节点互相连接的方法和形式。局域网中常用的主要网络拓扑结构有：总线型结构、环型结构、星型结构、树型结构、网状结构和混合型结构。

1. 总线型结构。

总线型结构采用一条单根的通信线路（总线）作为公共的传输通道，所有的节点都通过相应的接口直接连接到总线上，并通过总线进行数据传输，如图2－4所示。由于单根电缆仅支持一种信道，因此连接在电缆上的计算机和其他共享设备共享电缆的所有容量。连接在总线上的设备越多，网络发送和接收数据就越慢。

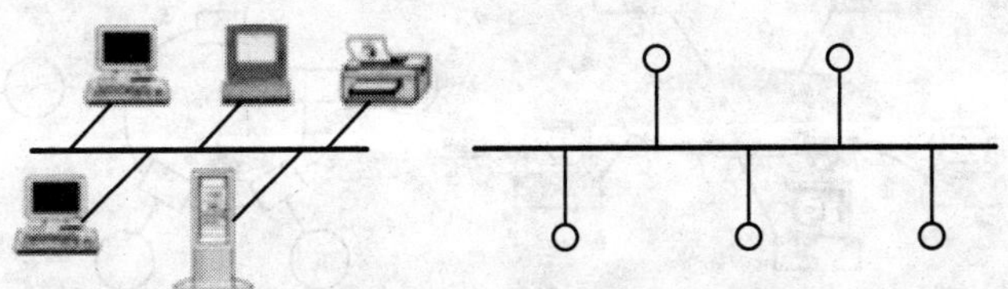

图2－4 总线型拓扑结构

总线型结构的优点是：结构简单；使用的电缆较少，网络连接成本较低；易于布线，安装容易。总线型结构的缺点在于网络线路对整个系统影响较大，由于总线是所有工作站共享的，一旦总线发生故障将会影响到所有用户，使整个网络瘫痪；故障的诊断和隔离困难，总线结构不是集中控制，发生故障时需要在网上各个站点进行检测。

2. 星型结构。

在星型结构网络中，有一个中央节点——集线器或交换机，它与所有其他节点直接相连。任何两节点之间的通信都要通过中央节点，中央结点控制网络的通信如图 2－5 所示。

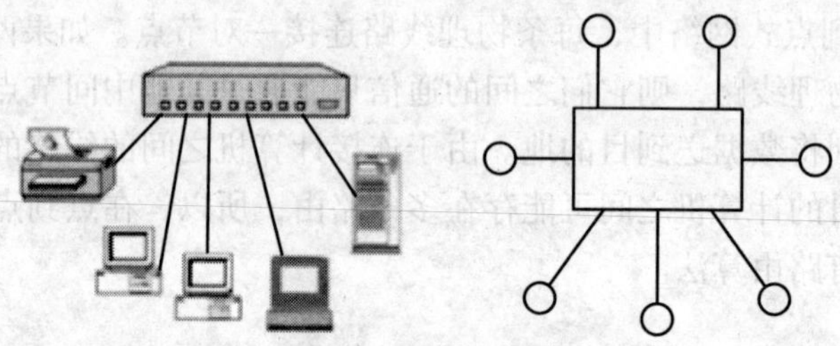

图 2－5　星型结构

星型结构简单、易于实现、便于管理；每个中央节点的端口只接入一个设备，当端口出现故障时不会影响整个网络；由于每个节点直接连接到中央节点，因而故障易于检测和隔离，可以很方便地将有故障的节点从系统中拆除。但是网络的中央节点是全网可靠性的瓶颈，中央节点的故障可能造成全网瘫痪。

3. 环型结构。

环型结构是各个网络结点通过转发器连在一条首尾相接的闭合环型通信线路中，如图 2－6 所示。

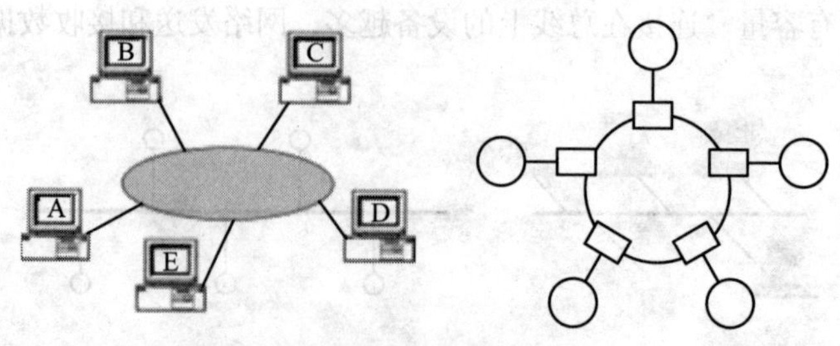

图 2－6　环型拓扑结构

在环型网络中，各工作站间无主从关系，结构简单；信息流在网络中沿环传递，延迟固定，实时性较好。在环型结构的两个节点之间仅有唯一的路径，简化了路径选择，但可扩充性差。环型结构可靠性差，任何线路或节点的故障，都有可能引起全网故障，且故障检测困难。

4. 树型结构。

树型结构（也称星型总线拓扑结构）是从总线型和星型结构演变来的。网络中的节点设备都连接到一个中央设备（如集线器）上，但并不是所有的节点都直接连接到中央设备，大多数的结点首先连接到一个次级设备，次级设备再与中央设备连接。图 2－7 所示的是一个星型总线网络。

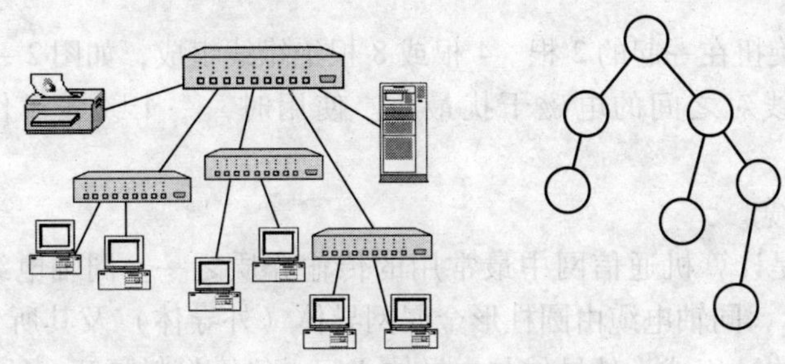

图 2－7　树型拓扑结构

在树型结构的顶端有一个根节点，它带有分支，每个分支还可以再带子分支。树型结构的主要特点在于它易于扩展，故障易隔离，可靠性高；但是电缆成本高，这种结构对根节点的依赖性大，一旦根节点出现故障，将导致全网不能工作。

5. 网状结构与混合型结构。

网状结构是指将各网络节点与通信线路连接成不规则的形状，每个节点至少与其他两个节点相连，或者说每个节点至少有两条链路与其他节点相连，如图 2－8（a）所示。大型互联网一般都采用这种结构，如我国的教育科研网 CERNET（如图 2－8（b）所示）、Internet 的主干网都采用网状结构。

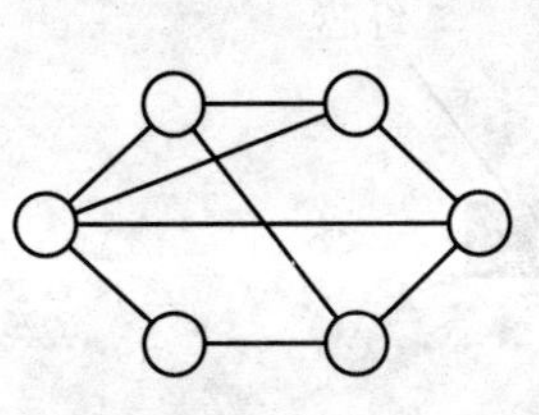

（a）网状拓扑结构

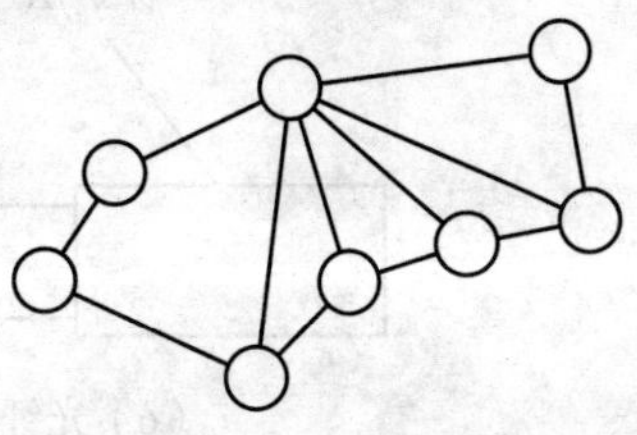

（b）CERNET主干网状拓扑结构

图 2－8　网状拓扑结构

网状拓扑结构的优点在于，可靠性高，因为有多条路径，所以可以选择最佳路径，减少时延，改善流量分配，提高网络性能，适用于大型广域网。其缺点是：由于结构复杂，不易管理和维护；路径选择比较复杂，成本高。

混合型结构是由以上几种拓扑结构混合而成的，如环星型结构，它是令牌环网和 FDDI 网常用的结构。再如总线型和星型的混合结构等。

（二）网络传输介质

传输介质是网络数据流动的载体，是网络通信中发送方和接收方之间的物理通路。目前，网络传输介质种类很多，但是常用传输介质有以下几种。

1. 双绞线。

双绞线由旋扭在一起的 2 根、4 根或 8 根绝缘线组成，如图 2－9（a）所示。这样可使各个线对之间的电磁干扰最小。使用时，一个绞线对作为一条通信链路。

2. 同轴电缆。

同轴电缆是计算机通信网中最常用的传输介质之一。同轴电缆的结构如图 2－9（b）所示，同轴电缆由圆柱形金属网导体（外导体）及其所包围的单根金属芯线（内导体）组成，外导体与内导体之间由绝缘材料隔开，外导体外部也是一层绝缘保护套。

3. 光导纤维。

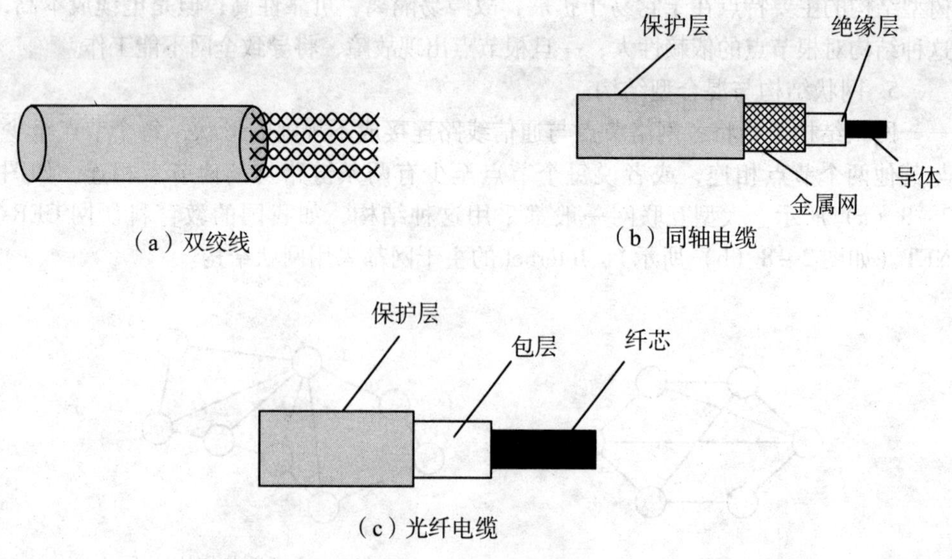

图 2－9　常用缆线示意

光导纤维（Optical Fiber，简称光纤）是目前发展最为迅速、应用广泛的传输介质。它是一种能够传输光束的、细而柔软的通信媒体。光纤通常是由石英玻璃拉成细丝，由纤芯和包层构成的双层通信圆柱体，其结构一般是由双层的同心圆柱体组成，中心部分为纤芯。多数光纤在使用前必须由几层保护结构包覆，包覆后的缆线即被称为光纤电缆，如图 2－9（c）所示。光纤传输光信号基于光的全反射原理。通过光在光纤中的不断反射来传送被调制的光信号，就可以把信息从光纤的一端传送到另一端。

4. 无线信道。

前面介绍的三种传输介质为有线传输介质，而对应的传输属于有线传输。但是，如果通信线路要通过一些高山或岛屿，有时就很难施工，这时使用无线传输进行通信就成为必然。无线传输主要包括无线电传输、地面微波通信、卫星通信、红外线和激光通信等。

三、网络连接器件和设备

1. 网卡 NIC（Network Interface Card）。

网卡又称网络适配器或网络接口卡，是计算机连接局域网的必备网络设备。网卡的主要功能包括为联网的计算机提供固定的网络硬件地址（也称为物理地址或 MAC 地址，由 48 位二进制数组成，常用 6 组十六进制数表示，比如“00－13－8F－56－1A－99”）、发送或接收数据时在主机与电缆接口之间实现信息与信号的转换、数据的识别等。通常根据网卡所支持带宽的不同可分为 10M 网卡、100M 网卡、10/100M 自适应网卡、1000M 网卡等类型；根据网卡总线接口类型的不同可分为 ISA 接口、PCI 接口、PCI－E 接口、USB 接口、PCMCIA 接口网卡（笔记本电脑专用接口）等类型。

2. 中继器（Repeater）。

中继器是物理层互联设备，对信号起放大再生作用，可以延长缆线的长度，但是中继器不过滤通过的任何信号。其基本功能：根据传输介质和网卡的技术规范，总存在一个最大的传输距离，称为网段。当实际长度超过网段规定时，便需在中间加装中继器，把衰减的信号加以放大和整形，使其恢复为标准信号后，再传送到下一个网段。中继器有单路中继器和多路中继器之分。

3. 集线器（Hub）。

集线器常称 Hub，工作在小型局域网环境中。集线器主要功能包括对接收到的信号进行再生放大，以扩大网络的传输距离；为共享网络提供多端口服务。目前主流集线器标准端口数有 8 口、16 口和 24 口等，端口的意思就是所连节点的数量。如果连接的是工作站，那就是能连接工作站的数量。

4. 网桥（Bridge）。

网桥是数据链路层的互联设备，用于多个局域网之间的数据存储和转发。它只要求互联网络的操作系统相同，具有相同的协议；可以将不同传输介质以及不同访问方法的网络互联起来。网桥适合于局域网之间和广域网之间的互联。

网桥具有中继器的所有功能，既有在各种介质中放大转发数据信号的功能，从而扩大网段范围。网桥对转发的数据信号具有寻址和路径选择的逻辑功能。它只把另一网络需要的信号转发给它，而不是所有信号。这种功能是中继器所不具备的。

5. 路由器（Router）。

路由器是一种连接多个网络或网段的网络设备，在运行多种网络协议的大型网络或异种网络之间起到连接桥梁作用。路由器主要功能有连接不同的网络、进行协议转换、路由选择、分组转发、网络隔离、网络管理等。根据应用角度不同可分为通用路由器、专用路由器和无线路由器。

目前 Internet 网络中，路由器是最重要的网络节点设备。局域网或广域网通过路由器接入 Internet 网络是最为普遍的方式。使用路由器互联网络的优点是：各互联子网仍保持各自独立，每个子网可以采用不同的拓扑结构、传输介质和网络协议，网络结构层次分明，还有的路由器具有虚拟局域网 VLAN 管理功能。通过路由器与互联网相连，则可完全屏蔽公司内部网络，起到一个防火墙的作用，因此使用路由器上网还可确保内部网络的安全。

6. 网关（Gateway）。

网关是网络高层互联设备。适合于局域网之间和广域网之间的互联。网关可以容纳不同网络间的各种差异，对互联网间的网络协议进行转换。可对数据重新分组，执行报文存储、转发功能，实现网络间的通信。支持互联网之间的网络管理。

7. 交换机（Switch）。

交换机是一种用于电信号转发的网络设备。它可以接入交换机的任意两个网络节点提供独享的电信号通路。交换机能把用户线路、电信电路和（或）其他要互连的功能单元根据单个用户的请求连接起来。常见的交换机有以太网交换机、电话语音交换机、光纤交换机等。

四、Internet 和 Intranet

1. Internet。

全世界出现了不计其数的局域网、广域网，如何将它们连接起来，以便达到扩大网络规模和实现更大范围的资源共享，Internet 的出现正好解决了这个问题。

Internet 称为“因特网”，是全球规模最大，覆盖面积最广的互联网。Internet 自产生以来就呈现出爆炸式的发展。

Internet 又称国际互联网络，是全球性的互联网络，组网的技术主要是基于 TCP/IP 协议网络互联技术。Internet 源于美国国防部高级研究计划署（ARPA）1969 年建立的 ARPANET，这一军用计算机实验网络的目标，是把不同类型的计算机互联成为网络，并要求一部分遭破坏时整个网络仍能工作。1974 年 TCP/IP 协议于研制出来后，成为 Internet 的核心协议。后来 ARPANET 向社会全面开放，使得它在很短的时间内迅速地从学术界的网络演变为使用于各领域的全球性网络。由于 Internet 的开放性，以及它具有的信息资源共享和交流的能力，从一开始就显示出了强大的生命力，吸引了广大的用户。

Internet 技术主要包含以下几个方面。

（1）Internet 采用了 TCP/IP 这一开放式的大众化的协议，这是目前唯一可以和网络上各种计算机连接的通信协议。

（2）采用了 DNS 服务器域名系统，巧妙地解决了计算机和用户之间的“地址”翻译问题。

（3）Internet 可选用普通电话拨号上网、ADSL（Asymmetric Digital Subscribe Line，非对称数字用户环路）接入、Cable Modem（电缆调制解调器）、ISDN（Integrated Services Digital Network，综合业务数字网）接入、DDN（Digital Data Network，数字数据网）、局域网接入、无线接入等接入技术完成用户与 IP 广域网的高带宽、高速度的物理连接。

为了实现相互沟通和资源共享，Internet 提供了许多服务功能，目前使用最多和最基本的服务功能主要有以下几种。

（1）WWW 信息浏览。Internet 提供了当今时代广为流行的建立在 TCP/IP 协议基础之上的 WWW（World Wide Web）浏览服务。

（2）电子邮件服务。用户或用户组之间通过 Internet 发送和接收电子信函的服务。

（3）文件传输服务（File Transfer Protocol，FTP）。FTP 是 Internet 提供的一种实时联机服务，功能是与远地计算机机型交互，并将文件从一台计算机传送到另一台计算机，而不受这两台计算机的地理位置、连接方式和所使用的操作系统的限制。

（4）新闻讨论组服务和 BBS。新闻讨论组（Usenet）提供多对多的信息交换服务。BBS 称为电子公告牌。BBS 允许每个人张贴自己的见解供其他人阅读。

（5）远程登录。Internet 提供的远程登录服务，就是在网络通信协议 Telnet 的支持下使本地计算机暂时成为远程计算机的仿真终端。

2. Extranet。

Extranet 是对 Intranet 的扩展和外延，可理解为企业外部网。Extranet 是为了实现各个相关企业之间的信息交换，遵循相同的网络协议和技术标准而建立起来的广域网，是将内部网的构建技术应用于多个企业间的一种网络系统。Extranet 可以作为公用的 Internet 和专用的 Intranet 之间的桥梁，也可以被看作是一个能被企业成员访问或与其他企业合作的 Intranet 的一部分。

第三节　数据库技术基础

数据库技术是计算机技术中发展最快的领域之一，它是计算机信息系统与应用系统的核心技术和中央基础。经过数十年的发展，数据库技术日趋成熟并得到了空前的普及。目前，在政治、经济、军事、企业管理、生产管理、人事管理、图书资料、文献档案检索等诸多领域都已得到广泛的应用，成为广大科技工作者和管理人员的得力助手和重要工具，在现代信息社会中扮演着十分重要的角色。

一、数据库技术概述

（一）数据库的几个基本概念

1. 数据。

数据是描述现实世界客观事物的符号记录，是用物理符号记录的可以鉴别的信息。

2. 数据处理。

数据处理是将数据转换成信息的过程，它包括对原始数据的收集、分类、存储、排序、检索、加工和传输等一系列活动。其目的是从大量的原始数据中抽取和推导出有价值的信息。为了更好地提高信息的价值，必须用数据库技术来管理信息。

3. 数据库。

数据库是长期存储在计算机内、有组织的、可共享的数据集合。数据库中的数据按照一定的规格组织、描述和存储，具有较小冗余度和较高的数据独立性，易维护性与扩展性。数据库中的数据可以共享使用，一经存储，数据库中的数据若不做删除或修改等操作，则不会被损耗。

为了实现整个组织数据的结构化，就要求在数据组织结构中不仅能够描述数据本身，而且还要能描述数据之间的关系，因而在复杂的应用中，应采取数据库组织数据。

4. 数据库管理系统（DataBase Management System，DBMS）。

数据库管理系统是用于生成和维护数据库的计算机系统。是用来对数据库进行集中统一的管理，帮助用户创建、维护和使用数据库的系统软件，从这个意义上说，DBMS是用户与数据库之间的接口。数据库系统能完成以下功能：

（1）数据定义：DBMS提供数据定义语言（Data Definition Language，DDL），用户利用DDL可以方便地对数据库中的数据对象进行定义。

（2）数据操纵：DBMS提供数据操纵语言（Data Manipulation Language，DML），用户通过DML实现对数据的检索、插入、修改、删除和统计等数据存取及处理功能。

（3）数据库的运行管理：数据库在建立、运行和维护时由数据库管理系统统一管理和控制，以保证数据的安全性、完整性，对并发操作的控制以及发生故障后的系统恢复等。

（4）数据库的建立与维护：包括数据的输入、转换，数据库的转储、恢复、重组及性能检测和分析等。

5. 数据库系统。

数据库系统是指以数据库方式管理大量共享数据的计算机软件系统。数据库系统由数据库、数据库管理系统、计算机系统（用于数据库管理的计算机硬、软件系统）、用户（最终用户、应用程序设计员和数据库管理员）4个部分组成。

数据库系统具有数据集成化、数据共享、数据的独立性、最小的数据冗余度，避免了数据的不一致性，可以实施安全性保护，保证数据的完整性，可以发现故障和恢复正常状态，有利于实施标准化等特点。

（二）数据库技术的发展

经过近60年的发展，数据库技术已成为一项理论成熟、应用极广的数据管理技术。各种组织不仅借助数据库技术开发了信息系统，而且在其中存储并积累了大量的业务数据，为管理决策提供了丰富的数据基础。数据管理技术是对数据进行分类、组织、编码、输入、存储、检索、维护和输出的技术。数据管理技术的发展大致经过了以下4个阶段：人工管理阶段、文件系统阶段、数据库系统阶段和分布式数据库系统阶段。

1. 人工管理阶段。

20世纪50年代中期以前，计算机主要用于科学计算。从当时的硬件看，外存只有纸带、卡片、磁带，没有直接存取设备；从软件看（实际上，当时还未形成软件的整体概念），没有操作系统以及管理数据的软件，数据处理方式是批处理；从数据看，数据量小，数据无结构，由用户直接管理，且数据间缺乏逻辑组织，数据依赖于特定的应用程序，缺乏独立性。

这一阶段，程序员在编制程序时，要考虑数据的逻辑定义和物理组织，以及数据存放的存储设备、存储方式和地址分配。程序和数据混为一体，两者相互依赖，数据成为程序不可分割的一部分。当程序之间出现重复数据时，这些数据也不能共享，数据是分散的。计算机在数据处理中没有发挥应有的作用，严重地影响了计算机使用效率的发挥和提高。

2. 文件系统阶段。

20 世纪 50 年代后期到 60 年代中期，计算机硬件和软件都有了一定的发展。计算机不仅用于科学计算，还大量用于管理。这时硬件方面出现了磁鼓、磁盘等直接存取的存储设备。在软件方面，操作系统中已经有了专门的数据管理软件，文件逻辑结构和物理结构脱钩，程序和数据分离，使数据和程序有了一定的独立性。新的数据处理系统迅速发展起来。这种数据处理系统是把计算机中的数据组织成相互独立的数据文件，系统可以按照文件的名称对其进行访问，对文件中的记录进行存取，并可以实现对文件的修改、插入和删除，这就是文件系统。文件系统实现了记录内的结构化，即给出了记录内各种数据间的关系。但是，文件从整体来看却是无结构的。其数据面向特定的应用程序，因此数据共享性、独立性差，且冗余度大，管理和维护的代价也很大。

3. 数据库系统阶段。

从 20 世纪 60 年代后期以来，计算机硬件和软件技术得到了飞速发展，为了解决多用户、多应用共享数据，使数据为尽可能多的应用服务，数据库技术应运而生。数据库在描述数据时不仅描述数据本身，还描述数据之间的联系，它对系统中的用户是共享资源。计算机的共享一般是并发的，即多个用户可以同时存取数据库中的数据，甚至可以同时存取数据库中同一个数据。

4. 分布式数据库系统阶段。

20 世纪 80 年代中期开始，数据库技术以及网络和通信技术的发展，使异机、异地间的数据共享成为可能。分布式数据库就是数据库、网络和通信系统的结合体。处理的数据分散在各个节点上，每个节点的数据由本地数据库管理系统管理，各节点间通过网络实现数据共享。

（三）数据库的特征

数据库管理方式克服了数据文件管理方式的弊端，它具有如下一些主要特征。

1. 数据独立性。

数据独立是指数据的存取独立于使用它的程序。数据库方式下，各应用程序一般不再与具体物理存储器上的某一数据文件相对应，它们各自对应于一个逻辑数据文件。这些逻辑数据文件通过数据库管理系统软件同存储器上的实际存储的数据建立联系，从而使数据与应用程序相对独立。提高了数据库应用程序的稳定性，数据库中的数据在进行了增、删、修改等处理后，一般无须改动应用程序，从而提高了整个数据库应用系统的工作效率。

2. 数据结构化。

数据库的主要特征之一是整体数据的结构化。所谓的整体结构化是指在数据库中的数据不再仅仅针对某一个应用，而是面向整个组织；不仅数据内部是结构化的，而且整体是结构化的，数据之间是有联系的。

3. 实现了数据共享，冗余度低。

数据库中的数据允许不同的用户使用，也允许多个用户同时存取数据而互不影响。目前在许多计算机网络中建立的数据库系统，允许多个用户按照各自的权限使用同一数据库中的数据，实现了数据资源的多用户共享，提高了数据的利用率。数据共享可以大大减少数据冗余，节约存储空间。

4. 数据的安全性。

数据的安全性是指采取相应的措施防止非法存取及恶意破坏数据。以保证数据的完整性和正确性。在数据库中，对用户是否属于非法或越权使用数据设有严格的检查措施，规定了使用数据的规程，从而保证了数据的可靠性、完整性和正确性。

5. 便于用户使用。

数据库管理系统设计了最接近用户的编程语言，使编程工作大为简化和容易进行；设计了丰富的数据统计功能，使操作更加简单。在数据库管理系统的支持下，计算机能够从繁杂的数据中以极快的速度向用户提供所需的信息，为用户的经营决策、业务处理、资料分析等工作提供了极大的方便。

二、数据库模型

（一）数据模型

数据模型是数据库系统中用于提供信息表示和操作手段的形式构架。目前，数据库管理系统通常采用的数据模型有三种基本类型，即层次模型、网状模型及关系模型。

1. 层次模型。

层次模型是数据库中最早出现的数据模型，层次数据库系统采用层次模型作为数据的组织方式。它是以树结构作为基本结构，通过树结构及树结构之间的逻辑关系来表示数据间联系的一种模型，它反映了现实世界中实体之间的一对多关系。其数据间的逻辑关系如图 2－10 所示，其基本特点为：①有且仅有一个最高级的节点，叫作根；②除根之外，所有节点都与一个且仅与一个比它高级的节点（父节点）相连接。

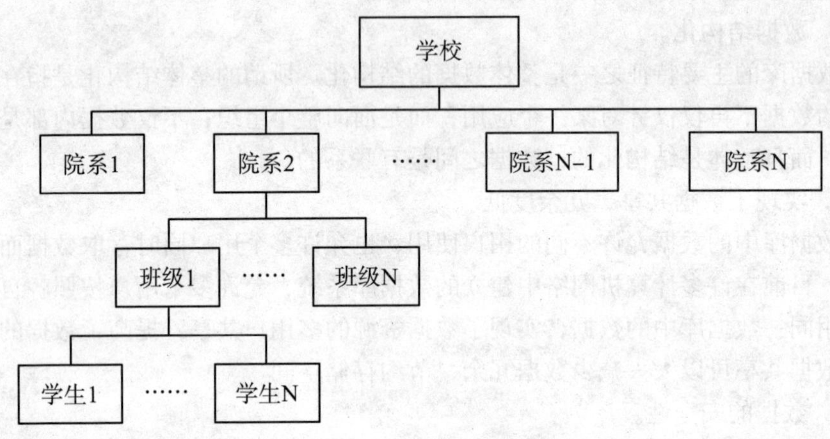

图 2－10　层次模型

在层次结构中，树的节点是实体，树枝表示实体间的关系。树中有唯一的一个节点向上没有联系，该节点就是上面所说的根节点；还有若干节点向下没有任何关系，把这些节点称为叶；其余节点称为中间节点。中间节点向上只与一个节点相关系，而向下可与多个节点相关系。习惯上，把上一层的节点称作“父”节点，而把下一层的节点称作“子”节点。从子节点到父节点的映射是唯一的，通过父节点可以找到其全部子节点，这也是层次式结构中存取节点的一个基本方法。

层次模型可以用来反映现实生活中具有层次关系的实体或需要区分主目和细目的文件。它的主要缺点是处理个别记录效率较低，尤其是处理最底层的个别记录。另外，数据库文件的维护较麻烦尤其是当经常大量地执行增、删记录的操作时，需要对数据进行整理，更新数据库文件。

2. 网状模型。

现实世界中事物之间的联系更多的是非层次关系的，而层次模型表示非层次结构是很不直接的，网状模型则可以克服这一弊端。网状模型中，处于某一层次的实体不但可以有多个下层实体，而且它可同时归属多个上层实体，反映了实体之间多对多的关系。现实生活中往往由某些实体的多归属性形成网状结构，如图 2－11 所示。其中，医生甲、医生乙既是门诊医生，又是病房医生，还是附属学校的教师；病员甲、病员乙和病员丙由医生甲和医生乙两人负责治疗。

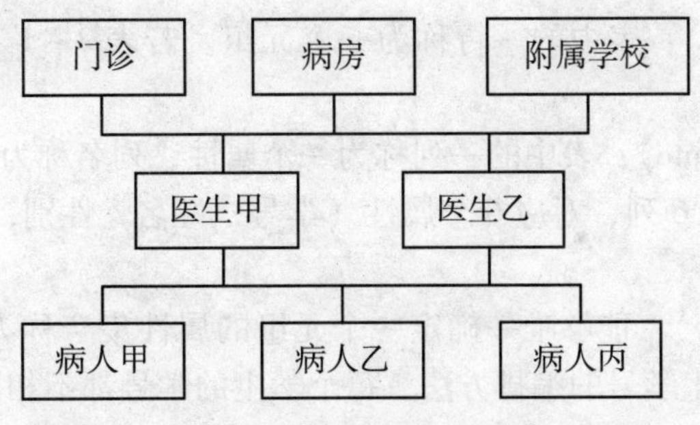

图 2－11　网状模型

现实生活中多数网状结构比较复杂，复杂网状结构的数据处理也很烦琐，而且适合于这一网状结构的处理方法往往不适合于别的网状结构。实际上，在多数数据库系统中，复杂网状结构常常先转变为简单网状结构或层次结构来处理。

3. 关系模型。

（1）关系模型的基本概念。

关系模型是目前最常用的一种数据模型。关系数据库系统采用关系模型作为数据的组织方式，现在流行的数据库管理系统计划都支持关系模型，如 SQL Server、Oracle、Access、FoxPro 等。关系数据模型可以理解为一张二维表（结构如表 2－1 所示），它具有很强的数据表示能力，可表示实体间一对一、一对多和多对多的联系。

表 2－1　　在校学生基本情况表

学号	姓名	性别	出生年月	班级	籍贯
02080101	张三	男	1982.7	信息 1 班	北京
……	……	……	……	……	……

关系具有如下性质：

①关系中的列必须有相同的数据类型，称为属性或称为字段。用字段名来区分不同的属性。

②关系中不能出现相同的记录，记录的顺序无限制。

③每个关系都有一个关键字，它能唯一地标识关系中的一个记录。

④关系中行列的顺序均不影响表中信息的内容。

（2）关系模型中常用的术语。

①关系（Relation）：一个关系对应于一张二维表。表 2－1 中的这张在校学生基本情况记录表就是一个关系。

②元组（Tuple）：表中的一行称为一个元组。若表2－1有100行，也就有100个元组。

③属性（Attribute）：表中的一列称为一个属性，列名称为属性名，列值称为属性值。表2－1有6列，对应6个属性（学号，姓名，性别，出生年月，班级，籍贯）。

④关键字（Key）：能够唯一确定一个元组的属性集合称为关键字。表2－1中的学号，按照学生学号的编排方法，每个学生的学号都不相同，所以可以唯一确定一个学生，也就成为本关系的关键字。

⑤主键（Primary Key）：表中可能有多个关键字，在应用中被选用的关键字称为主键。

⑥域（Domain）：属性的取值范围称为域。如表2－1中性别的域是（男，女）。

⑦外键（Foreign Key）：若属性集合S存在于关系R1中，但不是关系R1的主键；同时也存在于关系R2中，而且是关系R2的主键，则S是关系R1相对于R2的外键。

关系式数据库是发展较晚的一种数据库，但由于关系式数据结构具有坚实的数学理论基础，简单、明了、直观、容易理解和掌握，在现实生活中应用最多，因此关系式数据库得到了非常广泛的应用。而且，层次式和网状式数据结构都可以通过一定方法转化为关系式数据结构，应用关系式数据模型来处理。

（二）关系的规范化理论

关系模型要求关系必须是规范化的，即要求关系模型必须满足一定的规范条件。关系规范化理论研究关系模式中各属性之间的依赖关系及其对关系模式性能的影响，探讨关系模式应具备的性质和设计方法。它给我们提供了判别关系模式优劣的标准，在数据库设计工作中要根据具体的应用需求进行规范化处理。通常使用的规范化形式有以下三种。

1. 第一规范化形式。

第一规范化形式（First Normal Form）是指关系中的每一个属性都是不可分的数据项。简称1NF或第一范式。

从表2－2中可以看出数据项“学习情况”又包含了三个数据项：“课程名称”、“成绩”和“学分”。如果将“学习情况”看成一个数据项的话，就不符合第一范式形式。我们可将“学习情况”、“成绩”和“学分”看作是独立的数据项，如表2－3所示，则该关系表符合第一范式要求。这个去掉重复项的过程称为规范化处理。

表 2-2 基本情况表

学号	姓名	性别	所在系	系地址	学习情况		
					课程名称	成绩	学分

表 2-3 符合第一范式的关系

学号	姓名	性别	所在系	系地址	课程名称	成绩	学分
001	张三	男	管理系	文科楼 6 楼	高等数学	85	5
001	张三	男	管理系	文科楼 6 楼	英语	90	4

但是，按照表 2-3 来描述一个学生的基本情况，可能产生以下问题：

(1) 数据冗余，如有关姓名、性别、所在系、系地址等数据元素的值被重复存储。

(2) 更新异常，若高等数学的“学分”，由“5”改为“4”，那么有关它的所有记录都要进行更新，这时有可能出现同一门课学分不同。

(3) 插入异常，在数据存储中关键字是不能为空的，当某学生刚入学没有选修任何课程时，该学生的记录就无法输入到数据库中。

(4) 删除异常，当某学生的记录输入到数据库中时，如果该生因病取消了所选的所有课程，为此需要将该生的相关课程名称予以删除，由于关键字不能为空的，在删除这些信息的同时有关这个学生的基本信息也将被删除。因此，需要将其进一步规范化处理。

2. 第二规范化形式（Second Normal Form，简称 2NF）。

如果一个关系模型满足 1NF，且所有非关键字都完全地依赖于关键字，则称该关系模式属于第二规范化形式。简称 2NF 或第二范式。

对于表 2-3 所示的关系表，关键字是“学号”和“课程名称”，非关键字“成绩”完全依赖于关键字，而“姓名”、“性别”、“所在系”和“系地址”则只依赖于学号，“学分”只依赖于“课程名称”，它们与关键字是部分依赖的关系，因此不满足第二范式。

为了消除部分依赖，可将原关系表写成如表 2-4（a）、（b）、（c）所示的关系表。

表 2-4（a） 学生信息表

学号	姓名	性别	所在系	系地址
001	张三	男	管理系	文科楼 6 楼
002	丁武	男	管理系	文科楼 6 楼

表 2-4（b） 学生成绩表

学号	课程名称	成绩
001	高等数学	85
001	英语	90

表 2-4（c） 课程信息表

课程名称	学分
高等数学	5
英语	4

在表 2-4（a）的关系中存在大量的冗余，有关学生所在的属性“所在系”和“系地址”将重复存储，增加了处理的复杂程度，影响处理速度。由此可见一些关系虽然满足了第二范式的要求，但仍不是一种良好的结构，还需要进一步进行规范处理。

3. 第三规范化形式。

如果一个关系模型满足 2NF，而且它的任何一个非关键字都不传递依赖于任何主关键字，则称该关系模式属于第三规范化形式，简称为 3NF 或第三范式。

由于表 2-4（a）所示的关系中，“学号”为关键字，“所在系”依赖于关键字“学号”；而“系地址”依赖于“所在系”，即“系地址”传递依赖于关键字“学号”，因此，表 2-4（a）所示的关系表不满足第三范式。

为消除这种传递关系，我们将表 2-4（a）分解成如表 2-5 所示的两个关系表。

表 2-5（a） 学生信息表

学号	姓名	性别	所在系
001	张三	男	管理系
002	丁武	男	管理系

表 2-5（b） 院系信息表

所在系	系地址
管理系	文科楼 6 楼

这样分解后的两个关系模式都满足了第三范式的要求，完全消除了操作异常的问题。关系规范化的目的就是要消除关系中的操作异常问题。在模式分解时，往往通过投影的方式进行分解，通过连接可将分解后的关系恢复成原样，这样的分解才能既消除了问题，又不损失信息。

三、数据库的操作

（一）数据库的开发平台

使用数据库开发平台的目的就是建立数据库，将数据库的设计方案付诸实施。按数据库的观点这些软件可划分为如下两大类。

1. 数据库服务器。

这一类数据库软件常见的有 SQL Server、Oracle、Sybase、MySQL 等，它们都

是大型的数据库开发平台，重点在于后端数据库的管理，它们的数据库都是隐身于后端“服务器”。其主要功能有：强大的数据库引擎、高度的数据安全、备份及还原、不同数据库之间的数据转换等。

2. 桌面型数据库软件。

目前，最流行的桌面型数据库软件有 Access 和 Visual FoxPro 等，它们都是小型的数据库开发平台，其特点是易学易用，适合建立小型数据库。其主要特色有：强大的窗体及报表制作能力、强化数据库的工具和易学易用的操作界面等。

（二）数据库的操作

数据库的操作主要有基本表的建立与删除、数据查询及更新等。下面我们介绍如何通过使用结构化语言 SQL 实现对数据库的操作。

1. SQL 概述。

SQL 是英文 Structured Query Language 的缩写，意思为结构化查询语言。SQL 是专为数据库而建立的操作命令集，是一种功能齐全的数据库语言。在使用它时，只需要发出“做什么”的命令，“怎么做”是不用使用者考虑的。SQL 是一种介于关系代数与关系演算之间的语言，其功能包括数据定义、数据查询、数据操纵和数据控制等 4 个方面，是一个通用的功能极强的关系数据库标准语言。SQL 语言已经被确定为关系数据库系统的国际标准，被绝大多数商品化的关系数据库系统采用。如 Oracle、DB2、SQL Server、Sybase 等。

（1）SQL 语言的组成。

SQL 包括了对多种数据库的操作，主要由 4 个部分组成：①数据定义（Data Definition Language，DDL），用于定义 SQL 模式、基本表、视图、索引等结构；②数据操纵（Data Manipulation Language，DML），数据操纵分成数据查询和数据更新两类，其中数据更新又包括插入、删除和更新三种操作；③数据控制（Data Control Language，DCL），这一部分包括对基本表和视图的授权、完整性规则的描述、事务控制等内容；④嵌入式 SQL 语言的使用规定，规定 SQL 语句在宿主语言的程序中使用的规则。

（2）SQL 语言的特点。

①综合统一：SQL 语言集数据定义语言 DDL、数据操纵语言 DML、数据控制语言 DCL 的功能于一体，语言风格统一，可以独立完成数据库生命周期中的全部活动，包括定义关系模式、插入数据建立数据库、查询、更新、维护、数据库重构、数据库安全性控制等一系列操作要求，这就为数据库应用系统开发提供了良好的环境。

②高度非过程化：非关系数据模型的数据操纵语言是面向过程的语言，用其完成某项请求，必须制定存取路径。而用 SQL 语言进行数据操作，存取路径的选

择以及SQL语句的操作过程由系统自动完成，因此用户无须了解存取路径。这不但大大减轻了用户负担，而且有利于提高数据独立性。

③面向集合的操作方式：SQL语言采用集合操作方式，不仅一次插入、删除、更新操作的对象是元组的集合，而且操作的结果也是元组的集合。

④以同一种语法结构提供两种使用方式：SQL语言既是自含式语言，又是嵌入式语言。作为自含式语言，它能够独立地用于联机交互的使用方式，用户可以在终端键盘上直接键入SQL命令对数据库进行操作。作为嵌入式语言，SQL语句能够嵌入到高级语言（如C、Fortran、Delphi）程序中，供程序员设计程序时使用。在两种不同的使用方式下，SQL语言的语法结构基本上是一致的。这种以统一的语法结构提供两种不同的使用方式的做法，为用户提供了极大的灵活性与方便。

⑤语言简洁，易学易用：SQL语言功能极强，但由于设计巧妙，语言十分简洁，完成数据定义、数据操纵和数据控制的核心功能只用了9个动词，包括如下四类：

- 数据查询：SELECT
- 数据定义：CREATE、DROP、ALTER
- 数据操纵：INSERT、UPDATE、DELETE
- 数据控制：GRANT、REVOKE

而且SQL语言语法简单，接近英语口语，因此容易学习，容易使用。

2. 数据定义。

（1）定义基本表的SQL语句。

定义基本表的SQL语句一般格式如下：

```
CREATE TABLE <表名>
      (<列名><数据类型>[<列级完整性约束条件>]
       [,<列名><数据类型>[<列级完整性约束条件>]]...
       [,<表级完整性约束条件>])
```

其中<表名>是所要定义的基本表的名字；<列名>是组成该表的各个属性(列)；数据类型有CHAR（字符型），INT（整数型），NUMERIC（数值型），DATE-TIME（日期时间型），BIT（逻辑型），VARCHAR（变长字符型）等；<列级完整性约束条件>是涉及相应属性列的完整性约束条件；<表级完整性约束条件>就是涉及一个或多个属性列的完整性约束条件。

建表的同时通常可以定义与该表有关的完整性约束条件，这些完整性约束条件被存入系统的数据字典中，当用户操纵表中数据时由DBMS自动检查该操作是否违背这些完整性约束条件。

［例1］ 建立一个“学生”表Student，它由学号Sno、姓名Sname、性别Ssex、年龄Sage、所在系Sdept五个属性组成。其中学号不能为空，值是唯一的，

并且姓名取值也唯一。

```
CREATE TABLE Student
  (Sno  CHAR（5） Primary Key,
   Sname  CHAR（20） UNIQUE,
   Ssex  CHAR（1）,
   Sage  INT,
   Sdept  CHAR（15））
```

（2）修改基本表。

修改基本表的一般格式为：

```
ALTER TABLE <表名>
[ADD <新列名> <数据类型> [完整性约束]]
[DROP <完整性约束名>]
[MODIFY <列名> <数据类型>]
```

其中 <表名> 用来指定需要修改的基本表；ADD 子句用于增加新列和新的完整性约束条件；DROP 子句用于删除指定的完整性约束条件；MODIFY 子句用于修改列名和数据类型。

[例 2] 向 Student 表增加“入学时间”列，其数据类型为日期型。

```
ALTER TABLE Student ADD Scome DATE
```

不论基本表中原来是否已有数据，新增加的列一律为空值。

[例 3] 删除关于学号必须取唯一值的约束。

```
ALTER TABLE Student DROP UNIQUE（Sno）
```

（3）删除基本表。

删除基本表一般格式为：

```
DROP TABLE <表名>
```

基本表一旦被删除，则表中数据、表上的索引都被自动删除；表上的视图仍然保留，但无法引用。删除基本表时，系统会从数据字典中删去有关该基本表及其索引的描述。

[例 4] 删除 Student 表。

```
DROP TABLE Student
```

3. 数据查询。

SQL 的核心语句是数据库查询语句，其一般格式为：

```
SELECT [ALL | DISTINCT] <目标列表达式> [，<目标列表达式>] ...
FROM <表名或视图名> [，<表名或视图名>] ...
[WHERE <条件表达式>]
[GROUP BY <列名 1> [HAVING <条件表达式>]]
```

[ORDER BY <列名 2> [ASC | DESC]]

整个 SELECT 语句的含义是，根据 WHERE 子句的条件表达式，从 FROM 子句指定的基本表或视图中找出满足条件的元组；再按 SELECT 子句中的目标列表达式，选出元组中的属性值形成结果表。如果有 GROUP 子句，则将结果按 <列名 1>的值进行分组，该属性列值相等的元组为一个组，每个组产生结果表中的一条记录。如果 GROUP 子句带 HAVING 短语则只有满足条件的组才能输出。如果有 ORDER 子句，则结果表还要按 <列名 2>的值的升序（ASC）或降序（DESC）排列。

[例 5] 查询全体学生的学号和姓名。

SELECT Sno，Sname

FROM Student

<目标列表达式>中各个列的先后顺序可以与表中顺序不一致。也就是说，用户在查询时可以根据应用的需要改变列的显示顺序。

[例 6] 查询所有年龄在 21 岁以下的学生姓名及年龄。

SELECT Sname，Sage

FROM Student

WHERE Sage <21

4. 数据更新。

数据更新语句包括修改、删除和插入三种操作。

(1) 修改数据。

修改数据的一般语句为：

UPDATE <表名>

SET <列名 1> = <表达式 1> [，<列名 2> = <表达式 2>...]

[WHERE <条件表达式>]

此语句可以修改制定表中满足条件的元组，将制定的列名 1 的值用表达式 1 的值替换，将指定的列名 2 的值用表达式 2 的值替换……

[例 7] 将学生 95001 的年龄改为 22 岁。

UPDATE Student

SET Sage =22

WHERE Sno ='95001'

(2) 删除数据。

删除数据的 DELETE 语句格式为：

DELETE

FROM <表名>

[WHERE <条件表达式>]

DELETE 语句的含义是删除指定表中满足 WHERE 子句条件的元组。其中 WHERE 子句是指定要删除的元组，缺省时则表示要修改表中的所有元组。

[**例 8**] 删除学号为 95019 的学生记录。

DELETE

FROM Student

WHERE Sno = '95019'

[**例 9**] 删除 C2 号课程的所有选课记录。

DELETE

FROM Score;

WHERE Cno = 'C2'

(3) 插入数据。

插入数据的 INSERT 语句格式如下：

INSERT INTO <表名>

[(<属性列 1> [, <属性列 2>...)]

VALUES (<常量 1> [, <常量 2>] ...)

INSERT 语句的功能在于向制定表中插入一个元组且使得列名 1 的值为常量 1，列名 2 的值为常量 2……

[**例 10**] 将一个新学生记录（学号：95020；姓名：陈冬；性别：男；所在系：IS；年龄：18 岁）插入到 Student 表中。

INSERT INTO Student

VALUES ('95020','陈冬','男','IS', 18)

四、数据库保护

为了保证数据的安全可靠和正确有效，DBMS 必须提供统一的数据保护功能，主要包括数据的安全性、完整性、并发控制和数据库恢复等内容。

1. 数据的安全性是指保护数据库以防止不合法的使用所造成的数据泄露、更改和破坏。

2. 数据的完整性是指数据的正确性、有效性与相容性。

3. 并发控制是指当多个用户同时存取、修改数据库时，为了防止发生互相干扰而得到错误的结果并使数据库的完整性遭到破坏，而对多用户的并发操作加以控制、协调。

4. 数据库恢复是指当计算机软件、硬件或网络通信线路发生故障而破坏了数据或对数据库的操作失败使数据出现错误或丢失时，系统应能进行应急处理，把数据库恢复到正常状态。

本章小结

本章介绍了管理信息系统的几种技术基础知识，包括计算机系统、网络技术和数据库技术。计算机是实现现代管理信息系统的重要技术手段，本章从计算机的基本概念、计算机的软硬件组成和计算机体系结构几个方面介绍计算机系统知识。计算机网络是管理信息系统的基础，本章介绍了计算机网络的基本概念，就当下常用的计算机局域网技术、网络连接设备以及 Internet 和 Intranet 展开说明。数据库技术是管理信息系统的核心技术和中央基础，本章简要地介绍了数据库的相关知识，包括数据库模型、使用结构化语言 SQL 对数据库的操作和数据库保护。

习题

1. 什么是计算机？决定计算机性能的主要指标有哪些？
2. 计算机网络由哪些部分组成？
3. 计算机网络的拓扑结构有哪些？各有什么特点？
4. 网络的常用连接设备有哪些？
5. 常用的数据模型有哪些基本类型？它们各有什么特点？
6. 某高校教师科研情况一览表如下，请把它转化为符合 2NF 的关系。

* 教师代码	姓名	职称	* 研究课题号	研究课题名

第三章

管理信息系统开发方法

信息系统的开发是一个庞大的系统工程，它涉及组织的内部结构、管理模式、生产加工、经营管理过程、数据的收集与处理过程、计算机硬件系统的管理与应用、软件系统的开发等各个方面。这就增大了开发信息系统的工程规模和难度，因而需要研究出科学的开发方法和过程化的开发步骤，以确保整个开发过程能够顺利进行。这正是信息系统开发方法的任务。

第一节 管理信息系统开发的概述

一、管理信息系统开发的条件

实践证明，只有具备一定条件的企业或组织才有可能建设成功的信息系统，否则将难以达到预期的目的和效果，甚至导致系统的失败。因此，一个组织要开发管理信息系统必须对自己有个清醒的认识，检查组织是否具备以下基本条件：

1. 合理地确定信息系统的目标。

信息系统的目标会直接影响到系统能否开发成功。目标应与企业发展战略相符，目标的确定应坚持先进性和实用性相结合的原则。此外，目标的定义也是评价的基础。

2. 有科学的管理基础。

企业或组织要建立信息系统必须有良好的科学管理基础，比如：管理业务的制度化、标准化；数据、报表统一化；基础数据资料完整可靠等。

组织中所应用的管理理论、方法与组织的实际结合；组织有合理的管理体制和科学的管理方法、完善的规章制度、管理工作标准化、稳定的作业秩序、完整准确的原始数据。只有具备上述科学的管理基础，信息系统才能充分发挥作用。

3. 领导的重视和员工的积极参与。

领导最熟悉清楚组织面临的问题，最能合理地确定系统目标，拥有人、财、物的调配权，能够决定投资、调整机构、确定应用程度等。另外，由于信息系统的开发涉及组织结构调整及管理程序变革等许多影响全局性的工作，新系统运行后又不可避免地会导致一些机构和人员的地位、权力及工作等内容的变革，这必然会引起一些有关人员的抵触及不合作，因而，领导的重视和支持十分必要。另外，员工是信息系统建设不可缺少的力量，他们的业务水平、工作习惯、对新系统的积极性直接影响新系统的开发。

4. 建立一支开发、应用与技术管理的队伍。

许多组织一开始不具备自行开发系统的能力，可以采取委托或联合开发的形式。但是，系统在交付使用后，难免会出现这样那样的问题，还需要进行大量的维护工作，而且随着环境的变化，对系统的不断修改和完善的要求也在所难免。因此，为了成功地开发应用好管理信息系统，组织必须建立自己的计算机应用队伍和系统维护的技术队伍，这样才能保证系统开发与运行的最大成功。

5. 具备比较雄厚的物质基础。

管理信息系统开发要有一定的物质基础。MIS 开发是一项投资大、风险大的系统工程。企业在 MIS 开发过程中，需要购买机器设备、软件，消耗各种材料，发生人工费用、培训费用以及其他一些相关的费用。这些费用对一个企业来说是一个不小的负担。为了保证 MIS 开发的顺利进行，开发前应有一个总体规划，进行可行性论证。对所需资金应有一个合理的预算，制订资金筹措计划，保证资金按期到位；开发过程中要加强资金管理，防止浪费现象的发生。

二、管理信息系统开发的原则

开发管理信息系统的最终目的是以经济合理的投资在较短的时间和较少消耗的前提下，获得一个强功能、高质量、适用、可靠、易维护的系统。为此有必要借鉴过去成功的经验，在建设系统之初制定出正确的开发管理信息系统的指导思想和原则。

1. 先进性和实用性原则。

系统开发过程中必须要把实用性放在第一位，满足现行管理的实际需求，尽快解决管理工作中的实际问题。同时，又要突出系统技术上的先进性，采用先进的软硬件技术。

2. 面向用户原则。

信息系统是为用户开发的，最终是要交给用户使用的，只有用户通过运行系统才能对系统做出客观的评价。因此开发者要使系统研制获得成功，必须坚持面向用户，树立一切为了用户的观点。

3. 一把手原则。

管理信息系统的建立与应用是一个技术性、政策性很强的系统工程，诸如系统开发的目标、环境改造、管理体制改革、机构调整、设备配置、软硬件资源开发、人员培训、项目管理、服务支持等一系列问题都需要企业最高领导决策。因而，“一把手”必须高度重视并参与系统开发的全过程，发挥强有力的组织领导和决策指挥作用。

4. 工程化、标准化原则。

系统的开发管理必须采用工程化和标准化的方法，即科学划分工作阶段，制定阶段性考核标准，分步组织实施，所有的文档和工作成果要按照标准存档。这样做的好处一是在系统开发时便于人们沟通，形成的文档不容易产生“二义性”；二是系统开发的阶段性成果明显，可以在此基础上继续前进，目的明确；三是有案可查，使未来系统的修改、维护和扩充比较容易。

5. 整体性原则。

系统的整体性，主要体现在功能目标的一致性和系统结构的有机化。为此，首先坚持统一规划、严格按阶段分步实施的方针，采用先确定逻辑模型，再设计物理模型的开发思路；其次，注重继承与发展的有机结合。

三、管理信息系统的开发策略

MIS 开发策略各种各样，早期的 MIS 系统研制大都是在原系统上进行扩充和完善，或者机械地把人工管理转换为计算机管理，这些方法往往不能适应 MIS 的总体目标要求，系统各部分之间缺乏有机联系，系统难以维护等。随着人们对 MIS 的要求越来越高，传统方法的缺点更加明显，难以适应。现代 MIS 开发策略则主要采用的是“自上而下”和“自下而上”的策略。

（一）“自上而下”的策略

“自上而下”的方法是从企业战略目标出发，将企业看成一个整体，探索合理的信息流，确定系统方案，然后自上而下层层分解，确定需要哪些功能去保证目标的完成，从而划分相应的业务子系统。系统的功能和子系统的划分不受企业组织机构的限制。

“自上而下”方法的优点是整体性好，逻辑性较强，条理清楚，层次分明，能把握总体，综合考虑系统的优化。主要缺点是对规模较大系统的开发，因工作量大而影响具体细节的考虑，开发难度大，周期较长，系统开销大，所冒风险较大。一旦失败，所造成的损失是巨大的。

（二）“自下而上”的策略

“自下而上”的方法是从企业各个基层业务子系统（如财务会计、库存控制、物资供应、生产管理等）的日常业务数据处理出发，先实现一个个具体的业务功能，然后根据需要逐步增加有关管理控制和决策方面的功能，由低级到高级，不断完善，从而构成整个 MIS 并支持企业战略目标。

“自下而上”方法的优点是符合人们由浅入深、由简到繁地认识事物的习惯，易于被接受和掌握。它以具体的业务处理为基础，根据需要而扩展，边实施边见效，容易开发，不会造成系统的浪费。主要缺点是在实施具体的子系统时，由于缺乏对系统总体目标和功能的考虑，因而系统缺乏整体性和功能协调性，难以保证各子系统之间联系的合理性和有效性。各个子系统的独立开发，还容易造成它们之间数据的不一致性和数据的大量冗余，造成重复开发和返工。

“自上而下”和“自下而上”的方法各有优缺点，在实际工作中究竟采用哪种方法依赖于企业的规模、系统的现状以及企业管理制度的完善程度等。在实践中，通常把这两种方法结合起来应用，“自上而下”的方法用于总体方案的制定，根据企业目标确定 MIS 目标，围绕系统目标大体划分子系统，确定各子系统间要共享和传递的信息及其类型。“自下而上”的方法则用于系统的设计实现，自下而上地逐步实现各系统的开发应用，从而实现整个系统。

四、管理信息系统开发的方式

1. 用户自行开发。

用户具有开发系统的基本必要条件，且技术力量比较雄厚，可以采取自行开发的方式。这种开发方式的优点是，开发人员熟悉业务处理过程，沟通交流容易；开发费用少，容易开发适合本组织需要的系统；方便维护和扩展；有利于培养自己的系统开发人员。但是，开发人员容易受业务工作的限制，系统整体优化不够，开发水平较低；另一方面，由于开发人员一般都是临时从所属各单位调出来进行信息系统开发工作的，他们都有自己的工作，精力有限，这样就会使系统开发时间长，且开发人员调动后，系统维护工作没有保障。

这种开发方式适用于有较强专业开发、分析与设计队伍的组织。如大学、研究所、计算机公司、高科技公司等。

2. 委托开发。

用户将信息系统建设的规划、目标等方面的要求明确提出，可以采取招标等方式委托软件公司，通过签订合同的方式来完成开发任务。在委托开发中委托方

（即用户）通常选择有丰富开发经验的机构或专业开发人员来承担系统开发的任务。这种开发方式的优点是省时、省事，开发的系统技术水平较高。但是，费用高、系统维护与扩展都需要开发单位的长期支持，不利于本组织的人才培养；风险较大，对于开发单位需要进行深入调查，所签订的开发合同的条款需要细致、明确。

使用委托开发方式的组织必须让组织的业务骨干参与系统的论证工作；同时开发过程中委托方和开发方应该及时沟通，进行协调和检查。委托开发方式适合于没有 MIS 的系统分析、系统设计及软件开发人员或开发队伍力量较弱但资金较为充足的组织。

3. 合作开发。

由使用组织和有丰富开发经验的机构或专业开发单位共同完成系统开发任务。双方共享开发成果，实际上是一种半委托性质的开发工作。相对于委托开发方式，合作开发方式比较节约资金，双方取长补短，可以培养、增强使用组织的技术力量，便于系统维护工作，系统的技术水平较高。合作开发的缺点在于，双方在合作沟通中易出现问题，因此需要双方及时达成共识，进行协调和检查。在双发合作过程中用户应充分明确自身的职责。

4. 利用现成软件包开发。

组织利用现成的软件包开发 MIS，可购买现成的应用软件包或开发平台，如财务管理系统、供销存管理系统等。这种方法的优点是能缩短开发时间，节省开发费用，技术水平比较高，系统可以得到较好的维护。但是市场上的软件往往具有通用性，功能比较简单，对于组织的特殊情况难以充分考虑，需要有一定的技术力量根据使用者的要求进行软件的改善和编制必要的接口等二次开发的工作，这往往会有一定的技术难度，没有有关产品供应商的协助是难以进行的。

这种开发方式适合功能单一的小系统开发，但不太适用于规模较大、功能复杂、需求不确定性程度比较高的系统开发。

5. 几种开发方式的比较。

上述四种开发方式的比较如表 3－1 所示。

表 3－1　　开发方式的比较

特点比较 \ 方式	自行开发	委托开发	合作开发	利用现成软件包开发
分析和设计能力的要求	较高	一般	逐渐培养	较低
编程能力的要求	较高	不需要	需要	较低
系统维护的要求	容易	较困难	较容易	较困难
开发费用	少	多	较少	较少

不同的组织在分析和设计能力、编程能力、系统维护能力、所拥有的资源等方面各有不同。因此，组织进行管理信息系统开发时，需要根据自身的情况选择合适的开发方式。

第二节　管理信息系统开发方法

管理信息系统开发是一个复杂的系统工程，它要受到多方面条件的制约。研究这些条件无疑将有助于 MIS 的开发，有利于对 MIS 开发中涉及的有关问题的理解。在 MIS 建设的长期实践中已形成了多种系统开发方法。因此，为了保证系统开发工作的顺利进行，应该根据所开发系统的规模大小、技术的复杂程度、管理水平的高低、技术人员的情况、资金与时间等方面的具体情况采用不同的开发方法。

一、系统开发方法的演变

1. 20 世纪 50 年代。

20 世纪 50 年代计算机开始应用于管理工作。这时的系统通常称为数据处理系统。数据依赖于程序，即针对一个处理程序，就有一个专为它提供数据的数据文件。60 年代出现了数据库，信息系统的建设方式也有改变，先建立数据库，然后再围绕数据库编写各种应用程序，这种方法可以说是面向数据的。在这个阶段并没有注意到开发方法的研究。

2. 20 世纪 70 年代。

20 世纪 70 年代，系统开发的生命周期（life cycle）法诞生了。它较好地给出了过程的定义，也大大地改善了开发的过程。然而，问题的积累、成本的超支、性能的缺陷，加深了系统开发的困难。这时系统开发方法依据著名的“瀑布模型”（如图 3－1 所示），产生了结构化的开发方法。

3. 20 世纪 80 年代。

20 世纪 80 年代以后，友好的语言和自动化编程工具的出现，使开发方法有所进步，但维护费用很高，如第四代语言（4th Generation Language，4GL）、原型法（prototyping）。原型法和生命周期法是完全不同思路的两种开发方法。

4. 20 世纪 80 年代末～90 年代初。

20 世纪 80 年代末，计算机辅助软件工程（Computer Aided Software Engineering，CASE）和面向对象（Object Oriented，OO）的开发方法得到很大的发展。面向对象的方法在 80 年代初已用于计算机科学，80 年代末开始用于企业系统。

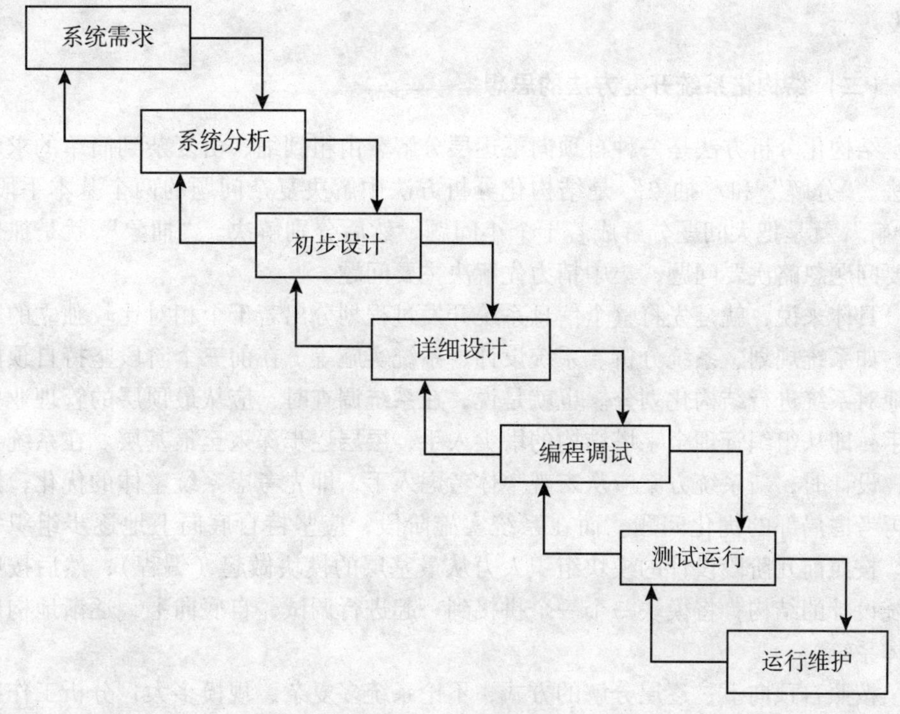

图 3-1 瀑布模型

90 年代初，面向对象的分析与设计和面向对象的语言（如 C++）开始实际应用。

20 世纪 90 年代中期，由于 WEB 技术的出现，开发方法又出现了新的机遇，许多工作可以让用户去做，这是一种很好的趋势，但系统工作仍然很多，需要信息部门自己完成或借用外力去完成。

二、结构化系统开发方法

（一）结构化生命周期开发方法的含义

20 世纪 70 年代美国 Yourdon 公司提出了结构化系统开发方法（Structured System Analysis and Design，SSA&D），也称作结构化生命周期法，是迄今为止最传统、应用最广泛的一种系统开发方法。结构化系统开发方法是用系统的思想和工程化的方法，按用户至上的原则，结构化、模块化、自顶向下地对系统进行分析与设计。这种方法通常与我们后面要介绍的系统设计阶段的结构设计（SD）方法衔接起来使用，适用于分析大型的数据处理系统，特别是管理信息系统的开发。

（二）结构化系统开发方法的思想

结构化分析方法是一种自顶向下逐层分解、由粗到细、由复杂到简单的求解方法。“分解”和“抽象”是结构化分析方法中解决复杂问题的两个基本手段。“分解”就是把大问题分解成若干个小问题，然后分别解决。“抽象”就是抓住主要问题忽略次要问题，集中精力先解决主要问题。

具体来说，就是先将整个信息系统开发过程划分出若干个相对比较独立的阶段。如系统规划、系统分析、系统设计、系统实施等。在前三个阶段坚持自顶向下地对系统进行结构化划分。也就是说，在系统调查时，应从最顶层的管理业务入手，即从组织管理金字塔结构的塔尖入手，层层逐步深入至最基层。在系统分析、设计时，新系统方案应从宏观整体考虑入手，即先考虑系统整体的优化，然后再考虑局部的优化问题。而在系统实施阶段，应坚持自底向上地逐步组织实施。按照前几阶段设计的模块组织人力从最基层的模块做起（编程），然后按照系统设计的结构，将模块一个一个拼接到一起进行调试，自底向上，逐渐地构成整体系统。

按照自顶向下、逐层分解的方式，不论系统多复杂、规模多大，分析工作都可以有条不紊地开展。对于大的系统只需多分解几层，分析的复杂程度并不会随之增大。这也是结构化分析的特点。

（三）结构化系统开发方法的开发过程

信息系统的开发过程一般包括系统规划、系统分析、系统设计、系统实施、系统运行与维护五个步骤。一个信息系统从它的提出、开发、应用到系统的更新，经历了一个发生、发展和灭亡的循环过程，如图 3－2 所示，因而称之为“生命周期”。结构化生命周期法要求系统开发按照以上步骤逐步完成开发任务，对每一个开发阶段规定了各自的任务、流程、目标等内容，从而使开发工作规范统一，易于管理和控制。

1. 系统规划阶段。

系统规划阶段要回答的问题是：“我们为什么需要一个新的系统项目”和“我们要完成什么”。该阶段主要是根据用户的系统开发请求，初步调查，确定组织是否存在问题，以及存在的问题能否通过一个新的信息系统或修改现行系统得以解决。如果要建立一个系统，那么该阶段就要在对组织的环境、目标、现行系统状况的调查基础之上，根据组织目标和发展战略，制定系统的发展战略，安排项目开发计划。

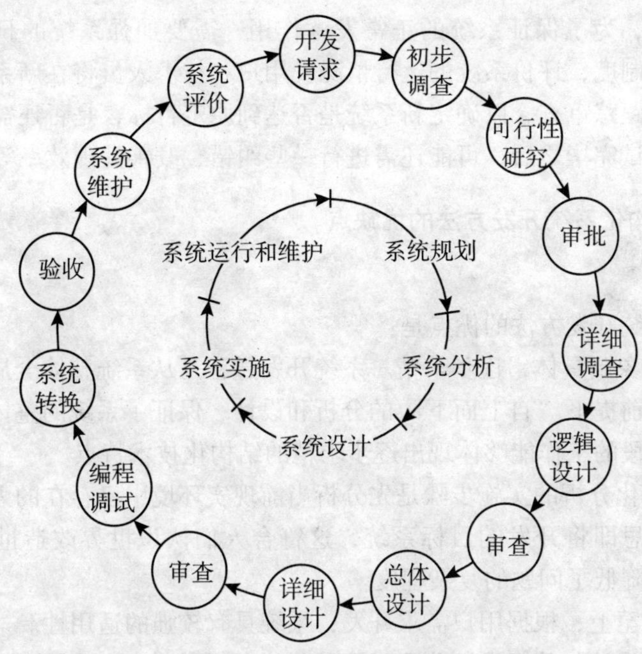

图 3-2 系统开发生命周期

2. 系统分析阶段。

系统分析阶段要回答的问题是："现行系统正在做些什么"、"它们的优缺点、难点和问题是什么"、"一个新的或修改的系统要解决这些问题应做些什么"、"方案所须满足用户的信息需求是什么"、"可选方案中哪些选项是可行的"以及"它的成本和收益是多少"等。系统分析阶段的主要任务是现行系统进行详细调查，描述现行系统的业务流程和数据流程，指出现行系统存在的问题和不足，提出改进意见，确定新系统的业务流程和数据流程，提出新系统的逻辑方案，编制系统说明书。系统分析阶段是整个 MIS 开发的关键阶段。

3. 系统设计阶段。

系统设计阶段的主要任务是在系统分析提出的逻辑模型的基础上设计新系统的物理模型，回答"怎么做"的问题。对新系统进行模块结构设计、计算机物理系统配置设计、代码设计、数据库设计、输入输出设计、处理流程图设计等。

4. 系统实施阶段。

系统实施阶段是整个 MIS 生命周期的关键阶段。它的主要任务是将系统设计付诸实施，完成程序设计、调试与检错，硬件设备的采购与安装，人员的培训，系统的切换等。

5. 系统运行阶段。

该阶段的主要任务是负责系统投入正常运行后的管理、维护和评价工作。系统投入运行后，为了保证系统的正常发挥作用，需要加强系统的日常管理和维护，制定相关制度，评价系统的运行情况。用户和技术人员将在新系统投入运行后对系统进行跟踪审查，以确定新系统是否达到原定目标，是否还需进行修订和更改。系统调试完毕之后，可能还需进行一些纠错、改善处理效率等维护工作。

（四）结构化系统开发方法的优缺点

1. 优点。

结构化系统开发方法的优点是：

（1）从抽象到具体，逐步求精。系统开发过程是从系统整体全局出发，强调在整体优化的前提下"自上而下"的分析和设计，保证了系统的整体性和目标一致性，每一阶段的工作能够体现出逐步求精的结构化技术特点。

（2）结构化分析的实施步骤是先分析当前现实环境中已存在的人工系统，在此基础上再构思即将开发的目标系统，这符合人们认识世界改造世界的一般规律，从而大大降低了问题的复杂程度。

（3）用户至上，根据用户需求开发，系统具有较强的适用性。

（4）逻辑设计与物理设计分开，即首先进行系统分析，然后进行系统设计，从而大大提高了系统的正确性、可靠性和可维护性。

（5）质量保证措施完备。严格区分工作阶段，每个阶段都有其明确的任务，每一步工作都及时地总结，对于出现的错误或问题，及时加以解决，不允许转入下一工作阶段，也就是对本阶段工作成果进行评定，使错误较难传递到下一阶段。错误纠正得越早，所造成的损失就越少。

（6）文档规范化，在系统开发的每一步骤和每一阶段，都按工程标准建立了标准化的文档资料，有利于系统的维护。

2. 缺点。

结构化系统开发方法的缺点是：

（1）它是一种预先定义需求的方法，基本前提是必须能够在早期就冻结用户的需求，只适应于可在早期阶段就完全确定用户需求的项目。然而在实际中要做到这一点往往是不现实的，用户很难准确地陈述其需求。在系统分析阶段很难把握用户的真正需求，易导致开发出不是用户需要的系统。

（2）结构化分析方法为目标系统描述了一个模型，但这个模型仅仅是书面的，只能供人们阅读和讨论而不能运行和试用，未能很好地解决系统分析到系统设计之间的过渡，即如何使物理模型如实反映出逻辑模型的要求，通俗地说，就是如何从纸上谈兵到真枪实弹地作战的转变过程。

（3）开发周期长，一方面使得用户在较长时间内不能得到一个实际可运行的系统，另一方面难以适应环境变化，一个规模较大的系统经历较长时间开发出来后，其生存环境可能已经发生了变化。

（4）所需文档资料数量大。使用结构化方法必须编写数据流程图、数据字典、加工说明等大量文档资料，而且随着对问题理解程度的不断加深或者用户环境的变化，这套文档也需不断修改。然而这样的工作需要占用大量的人力物力，同时文档经反复变动后，也难以保持其内容的一致性，虽然已有支持结构化分析的计算机辅助工具出现，但要被广大开发人员掌握使用，还有一定困难。

3. 适用性。

结构化系统开发方法是最成熟、应用最广泛的一种方法，主要适用于规模较大、组织相对稳定、业务处理过程规范、需求明确且在一定时期内不会发生大的变化的复杂系统的开发。

三、原型法

（一）原型法的含义

原型方法是20世纪80年代随着计算机软件技术的发展，特别是在关系数据库系统（Relational Data Base System，RDBS）、第四代程序生成语言（4th Generation Language，4GL）和各种系统开发生成环境产生的基础上，提出的一种从设计思想到工具、手段都是全新的系统开发方法。

原型法和结构化系统方法是完全不同思路的两种方法，原型法扬弃了结构化系统开发方法的一步步周密细致地系统分析和设计，最后才能让用户看到可实现系统的烦琐做法。在管理信息系统开发中，用“原型”来形象地表示系统的一个早期可运行版本，它能反映新系统的部分重要功能和特征。原型法是确定用户需求的策略，是通过对用户需求的定义采用启发的方式，引导用户在对系统逐渐加深理解的过程中做出响应。

（二）原型法的基本思想

原型法凭借着系统分析人员对用户要求的理解，在强有力的软件环境支持下，快速地给出一个模型（或称原型、雏形），然后用户、开发者及其他有关人员在试用原型的过程中，加强通信和反馈，通过反复评价和反复修改原型系统，逐步确定各种需求的细节，适应需求的变化，最终形成实际系统。这个模型大致体现了系统分析人员对用户当前要求的理解和用户希望实现后的形式。

（三）原型法的开发过程

首先用户提出开发要求，开发人员识别和归纳用户要求，基于此再构造出一个原型（即程序模块），然后同用户一道评价这个原型。如果不行，则再对原型进行修改，直到用户满意为止（如图 3－3 所示）。利用原型法开发 MIS 大致经过以下步骤：

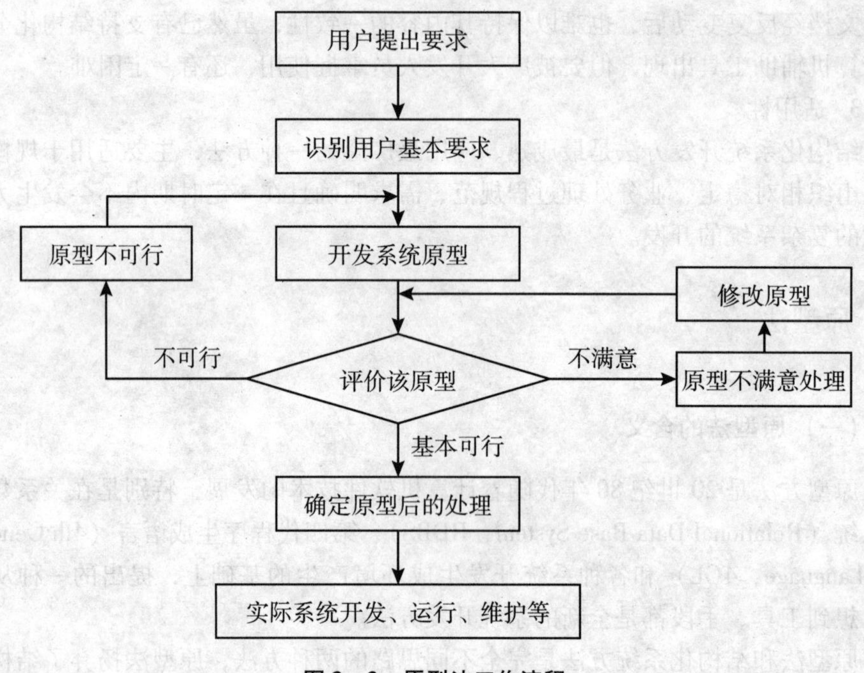

图 3－3　原型法工作流程

1. 确定用户的基本要求。

为了设计、建立初始的原型，首先必须识别用户的基本需求。系统开发人员可以通过对用户的调查访问，明确用户对新系统的基本要求，如功能、输入/输出要求、人—机界面等，据此确定哪些要求是可实现的以及估算实现的成本费用。原型方法与传统的严格定义方法主要不同在于，原型法所识别的需求不必是完善的，而只是一种“好的”设想。识别用户的基本需求是一件较为困难的工作，没有捷径可走，而必须仔细对当前系统进行调查，与用户交互、做业务性研究等。

2. 开发一个原型系统。

本阶段的目的是建立一个初始原型，以便由它开始进行迭代、修改和完善。初始原型的质量对原型法其他各阶段有着重大影响，因此，初始原型是最终系统的核心部分，后续的迭代都将建立在它的基础之上。如果原型过于简单，则会增加以后的迭代而浪费时间和人力。反之，如果为了追求完整而将原型建得过复杂，则会降低响应速度，并且今后势必要对其中大量功能进行修改，同样也会降低系统开发的效果。

3. 原型验证。

原型为用户和开发人员提供了一个发展系统方案和功能的机会，本阶段的目的是验证系统原型的正确程度，进而开发新的需求并修改原有需求。

原型迭代初期的主要工作是：用户对原型进行熟悉和操作；总体检查，找出隐含的错误；用户实际操作和熟悉原型系统。

原型迭代后期的主要工作是：发现不正确的或者漏掉的功能；提出进一步的建议；改善系统/用户界面。

4. 修改原型。

通过对原型的验证，可以发现原型的问题，另外用户也会提出的一些新的要求，因此，需要对原型进行修正和改进。在多数情况下，这种修改是基于原型做进一步的改进。在修改的过程中应保留改进前后的两个版本，从而既可并存地演示两个不同版本以帮助用户决策，又可在必要时，放弃本次修改退回原来的版本。但是，当发现初始原型的绝大部分功能都与用户要求相违背，或者由于其他原因使得该原型不能成为继续迭代的模型时，则应果断地放弃而不能继续凑合。此时，开发人员应重新设计一个新的原型，在此基础上进一步迭代、验证和修改。

5. 从原型向最终系统的转换。

原型经过反复的使用、评价和修改以后，即可转入最终系统（或称正式系统）的开发。

（四）原型法的优缺点

1. 优点。

原型法的优点是：（1）符合人们认识事物的规律，系统开发循序渐进，反复修改，确保较好的用户满意度。（2）开发周期短，费用相对少，原型法用工具开发，不仅能很快形成原型，而且使用方便、灵活、修改容易，这样可大大缩短开发时间，降低成本。（3）系统更加贴近实际，由于有用户的直接参与，用户的各种要求能及时地反映到系统中，使得开发的系统完全符合用户的需求。（4）易学易用，减少用户的培训时间，用户从原型开始，就不断地使用和评价系统，这样的用户，只要稍加培养，即可很快地学会使用系统。（5）应变能力强，降低了系统开发风险，一定程度上减少了开发费用。

2. 缺点。

原型法的缺点是：（1）对于一个规模较大或复杂性高的系统，很难建立这样一个原型，因此该法不适合大规模系统的开发。（2）开发过程管理要求高，整个开发过程要经过“修改—评价—再修改”的多次反复，每次反复都要花费人力、物力、财力。如果用户配合不好，盲目地进行修改会导致系统开发周期变长，会无限拖延开发进程。(3) 用户过早地看到系统原型，错认为系统就是这个模样，易使用户缺乏耐心和信心。(4) 开发人员很容易潜意识用原型取代系统分析。(5) 缺乏规范化的文档资料，给系统维护工作带来困难。

3. 适用性。

原型法比较适用于用户需求不清，管理及业务处理不稳定，需求经常发生变化，系统规模较小且不太复杂的情况。

四、面向对象的开发方法

(一) 面向对象方法的含义

20 世纪 80 年代，由于面向对象的语言和程序设计取得成功，面向对象的方法（Object Oriented Method，OOM）开始应用于管理领域中的 MIS 开发。面向对象系统开发方法是从 80 年代末各种面向对象的程序设计方法（如：Smalltalk，C++等）逐步发展而来的。作为一种方法论，面向对象的方法强调对现实世界的理解和模拟，便于由现实世界转换到计算机世界。面向对象的方法特别适合于系统分析和设计。相对于其他信息系统的分析设计方法，面向对象的方法更便于程序设计、修改和扩充。

面向对象（Object Oriented，OO）是 20 世纪 90 年代软件开发方法的主流。面向对象的概念和应用已超越了程序设计和软件开发，扩展到很宽的范围。如数据库系统、交互式界面、应用结构、应用平台、分布式系统、网络管理结构、CAD 技术、人工智能等领域。

面向对象至今还没有统一的概念，这里我们把它描述为：按人们认知客观世界的系统思维方式，采用基于对象（实体）的概念建立模型，模拟客观世界分析、设计、实现软件的办法。通过面向对象的理念使计算机软件系统与现实世界中的系统一一对应。

(二) 面向对象方法的基本思想

OOM 以对象作为基本的元素，认为客观世界是由各种各样的对象所组成的，每种对象都有各自的内部状态和运动规律，不同对象之间的相互作用和联系构成不同的系统。OOM 强调以对象作为系统分析和设计的主体，使软件系统抽象为客观世界的对象集合，从而使我们可以按照习惯思维方式建立问题模型和构造系统，使软件系统更易于理解和维护，面向对象程序设计语言的封装性、继承性、多态性等技术为软件复用和扩充创造了条件。

当我们设计和实现一个客观系统时，如能在满足需求的条件下，把系统设计成由一些不可变的（相对固定）部分组成的最小集合，这个设计就是最好的。因为它把握了事物的本质，不再会被周围环境（物理环境和管理模式）的变化以及用户没完没了的变化需求所左右。而这些不可变的部分就是所谓的对象。

（三）面向对象的基本概念

1. 对象。

对象是客观世界里的实体的抽象，是客观世界实体的软件模型，由数据和方法两部分组成。面向对象方法就是把数据及施加在这些数据上的操作合并为一个统一体，并把它称为对象。这种方法把客观世界看成是由各种对象组成的，因此用面向对象方法开发出来的系统也由对象组成。

2. 类。

类是对一组相似对象的描述，这些对象具有相同的属性和行为，相同的变量（数据结构）和方法实现。类定义就是对这些变量和方法实现进行描述。类代表一种抽象，作为具有类似特性与共同行为的对象的模板，可用来产生对象。比如，我们可以把客观世界的车看作由各种车辆对象组成，车这个抽象的概念就是一个类，将车具体化即为车的对象，如奔驰车等，如图 3－4 所示。每个类都定

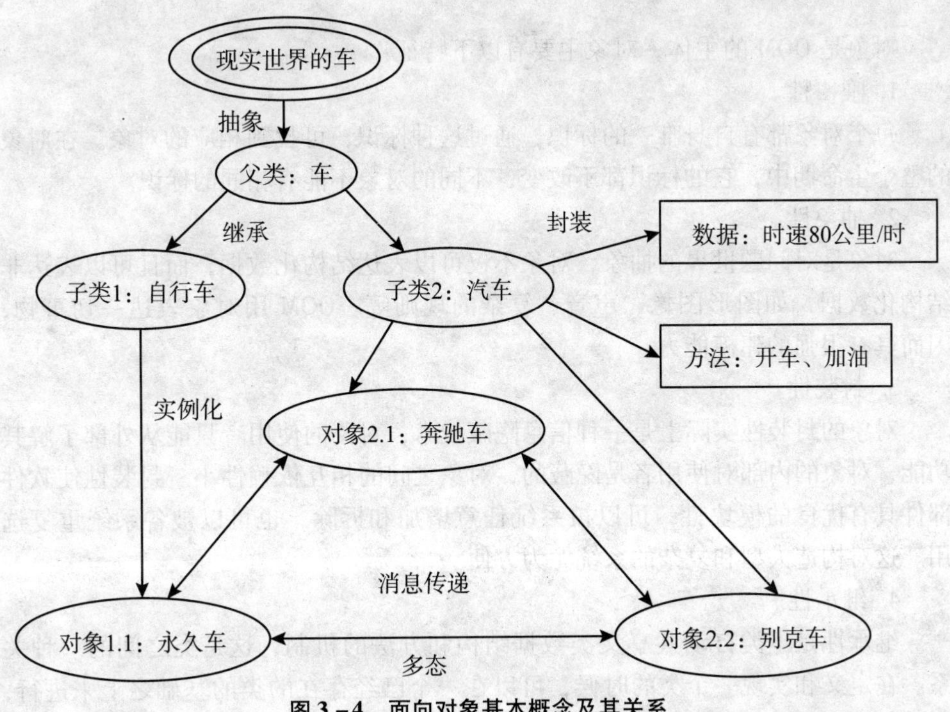

图 3－4　面向对象基本概念及其关系

义一组数据和一组方法。数据用于表示对象的静态属性，是对象的状态信息。方法是允许施加于该类对象上的操作，为该类对象所共享，仍以图 3 - 4 中汽车这个类为例，类的数据包括汽车的时速、耗油量等，类的方法包括开车、加油等操作。

3. 类的结构。

在客观世界中有若干类，这些类之间有一定的结构关系。通常有两种主要的结构关系，(1) 一般—具体结构关系，这种关系被称为分类结构，也可以说是“或”关系，或者是“is a”关系；(2) 整体—部分结构关系，又被称为组装结构，它们之间的关系是一种“与”关系，或者是“has a”关系。

4. 消息和方法。

对象之间进行通信的结构叫做消息。在对象的操作中，当一个消息发送给某个对象时，消息包含接收对象去执行某种操作的信息。发送一条消息至少要包括说明接受消息的对象名、发送给该对象的消息名（即对象名、方法名)。一般还要对参数加以说明，参数可以是认识该消息的对象所知道的变量名，或者是所有对象都知道的全局变量名。

类中操作的实现过程叫做方法，一个方法有方法名、参数、方法体。

（四）面向对象的特征

对象是 OOM 的主体，对象主要有以下特征：

1. 唯一性。

每个对象都有自身唯一的标识，通过这种标识，可找到相应的对象。在对象的整个生命期中，它的标识都不改变，不同的对象不能有相同的标识。

2. 抽象性。

对象是对问题世界的抽象，对象不仅可以表达结构化数据，而且可以表达非结构化数据，如图形图像、声音、复杂的规则等。OOM 用对象表达一切事物，因而具有很强的建模能力。

3. 封装性。

对象的封装性实际上是一种信息隐蔽技术，对象的使用者只能从外部了解其功能，对象的内部对使用者是隐蔽的，对象之间的相互依赖性小。封装性使软件部件具有优良的模块性，可以被系统任意增加和拆除，也可以被各系统重复选用。这对构造大型和复杂的系统尤为方便。

4. 继承性。

继承性是子类自动共享父类数据结构和方法的机制，这是类之间的一种关系。在定义和实现一个类的时候，可以在一个已经存在的类的基础之上来进行，把这个已经存在的类所定义的内容作为自己的内容，并加入若干新的内容。继承性是面向对象程序设计语言不同于其他语言的最重要的特点，是其他语言所没有的。

5. 多态性。

多态性是指相同的操作可以作用于多种类型的对象并获得不同的结果。即提供了统一、方便、动态的信息传递机制。在使用多态时，系统发出一个通用消息，而实现的细节由收到消息的对象自行决定。这样，同一消息就可能产生不同的调用方法，增强了软件的灵活性。

（五）面向对象的开发步骤

面向对象的开发方法涉及从面向对象分析（Object Oriented Analysis，OOA）、面向对象设计（Object Oriented Design，OOD）、面向对象编程（Object Oriented Programming，OOP）、面向对象测试（Object Oriented Testing，OOT）到面向对象的软件维护（Object Oriented Software Maintenance，OOSM）的全过程。

1. 面向对象分析。

运用面向对象的方法进行需求分析，其主要任务是分析和理解问题域，找出描述问题域和系统责任所需的类及对象，分析它们的内部构成和外部关系，建立 OOA 模型。

2. 面向对象设计。

根据已建立的分析模型，运用面向对象技术进行系统软件设计。面向对象设计将 OOA 模型直接变成 OOD 模型。

根据所应用的面向对象软件开发环境的功能强弱不等，在对问题的对象模型的分析基础上，可能要对它进行一定的改造，但应以最少改变原问题域的对象模型为原则。然后就在软件系统内设计各个对象、对象间的关系（如层次关系、继承关系等）、对象间的通信方式（如消息模式）等。

OOA 与 OOD 采用一致的表示法，使得从 OOA 到 OOD 不存在转换，只有局部的修改或调整，并增加了与现实有关的独立部分，因此，OOA 与 OOD 之间不存在传统方法中分析与设计之间的鸿沟，成为面向对象方法的主要优势。

3. 面向对象编程。

面向对象编程是用一种面向对象的编程语言将 OOD 模型中的各个成分编写成程序，从 OOA→OOD→OOP 的无缝连接和平滑过渡。

面向对象编程包括：每个对象的内部功能的实现；确立对象哪一些处理能力应在哪些类中进行描述；确定并实现系统的界面、输出的形式及其他控制机理等，总之是实现在 OOD 阶段所规定的各个对象所应完成的任务。

4. 面向对象测试。

面向对象测试是对运用 OO 技术开发的软件，在测试过程中继续运用 OO 技术进行以对象概念为中心的软件测试。它以类作为基本测试单位，集中检查在类定义之内的属性、服务和有限的对外接口，大大减少了错误的影响范围。

5. 面向对象的软件维护。

软件维护的最大难点在于人们对软件的理解过程中所遇到的障碍，在面向对象方法中，各阶段采用的表示是一致的，从而大大降低了理解的难度，无论是从程序中的错误追溯到问题域，还是需求的变化需要从问题域追溯到程序，整个过程都是平坦的。另外，对象的封装性使得一个对象的修改对其他对象的影响很小，不至于牵一发而动全身。

（六）面向对象开发工具

为了提高开发人员的生产效率，增强信息系统的界面友好性、可维护性、易扩充性，就必须有相应的工具来支持信息系统的开发。

随着客户机/服务器体系结构的发展以及对全企业范围数据库系统的需求，系统开发人员对应用开发工具提出了新的要求，要求它们支持图形化的用户界面（GUI）开发，软件部件重用、应用系统的可伸缩性、可扩充性等。

目前，市场上面向对象的开发工具很多，并且由于它们的出色特征而受到广大用户欢迎。如 Borland C ++ Builder，Visual C ++，Visual Basic，Visual Foxpro，PowerBuilder，Delphi 等。

（七）面向对象方法的优缺点

面向对象的分析方法和其他方法一样，在我们进行系统分析和设计的时候，必须对应用问题有深刻的理解，它需要一个详细的需求分析报告。

1. 优点。

OOM 主要优点表现在：OOM 以对象为基础，利用特定的软件工具直接完成从对象客体的描述到软件之间的转换，这是 OOM 最主要的特点和成就。OOM 解决了如结构化方法中客观世界描述工具与软件结构不一致的问题，缩短了系统开发周期。解决了从分析和设计等到软件模板结构之间多次转换映射的繁杂过程，简化了分析和设计。在 OOM 中，系统模型的基本单元是对象，是客观事物的抽象，具有相对稳定性，因而 OOM 开发的系统有较强的应变能力，重用性好、维护性好，并能降低系统开发维护费用和能控制软件的复杂性。OOM 特别适合于多媒体和复杂系统。

2. 缺点。

OOM 方法的不足之处在于：和原型法一样，OOM 需要有一定的软件基础支持才可应用。另外，对大型系统而言，采用自下向上的 OOM 开发系统，易造成系统结构不合理，各部分关系失调等问题，易使系统整体功能的协调性差，效率降低等。

五、计算机辅助系统开发方法

长期以来，人们进行系统开发的主要手段是手工方式，系统开发的速度和质量主要取决于系统分析人员、程序设计人员等的个人经验和水平。在这种开发方式下存在着一些难以克服的问题：①系统开发周期长，工作效率低；②质量得不到保证，数据一致性差；③文档工作不规范；④系统维护工作量大。20 世纪 80 年代迅速发展起来的软件开发技术领域——计算机辅助软件工程，缓和了系统开发过程中的系统分析、系统设计和开发“瓶颈”，成为实现系统开发自动化的一条主要途径。

（一）CASE 方法的含义

CASE 集图形处理技术、程序生成技术、关系数据库技术和各类开发工具于一身，能支持除系统调查外的每一个开发步骤，是一种自动化和半自动化的方法。如果严格地从认知方法论的角度来看，CASE 并不是一门真正的方法，它只是一种开发环境，提供了支持开发的各类工具。但从它对整个系统开发过程的支持程度来看，即从实用性角度，是一种实用的系统开发方法。

CASE——计算机辅助软件工程，是帮助进行应用程序开发的软件，包括分析、设计和代码生成。CASE 工具为设计和文件编制传统结构编程技术，提供了自动的方法。CASE 是一组工具和方法集合，可以辅助软件开发生命周期各阶段进行软件开发。

（二）CASE 方法的基本思路

CASE 方法解决问题的基本思路是：结合系统开发的各种具体方法，在完成对目标系统的规划和详细调查后，如果系统开发过程的每一步都相对独立且彼此形成对应的关系，则整个系统开发就可以应用专门的软件开发工具和集成开发环境（CASE 工具、CASE 系统、CASE 工具箱、CASE 工作台等）来实现。

在前面所介绍的任何一种系统开发方法中，如果自对象系统调查后，系统开发过程中的每一步都可以在一定程度上形成对应关系的话，那么就完全可以借助于专门研制的软件工具来实现上述一个个的系统开发过程。这些系统开发过程中的对应关系包括：结构化方法中的业务流程分析→数据流程分析→功能模块设计→程序实现；业务功能一览表→数据分析、指标体系→数据/过程分析→数据分布和数据库设计→数据库系统等；OO 方法中的问题抽象→属性、结构和方法定义→对象分类→确定范式→程序实现等。

（三）CASE 方法的特点

由于 CASE 只是为各种具体的开发方法提供了支持每一阶段的开发工具，因而采用 CASE 进行开发，还必须结合一种具体的开发方法，如结构化开发方法、原型法和面向对象开发方法等。采用 CASE 工具开发有如下特点：

1. 解决了从客观对象到软件系统的映射问题，支持系统开发的全过程。

2. 系统开发具有较高的自动化水平，缩短了系统开发的周期。

3. 各种软件工具事先都经测试和验证，使得开发的系统质量得到保证。

4. 对各阶段工作进行统一管理，各开发工具可通过公用数据库共享数据，保持工作过程的连续性和数据的协调一致。

5. 需要维护的软件，可根据事先的说明或定义，重新生成一遍，使软件维护方便且费用低。

6. 自动开发工作生成的标准化、规范化的文档，统一了格式，减少了人的随意性，提高了文档的质量。

7. 自动化的工具使开发者从繁杂的分析设计图表和程序编写工作中解脱出来。

8. CASE 方法可以用于辅助结构化、原型法和 OO 方法的开发。

六、各种开发方法的比较

对于同一个系统开发过程来说，使用不同的系统开发方法在其具体的操作过程上是有所区别的。

（一）结构化方法

结构化方法是国际公认的标准化方法，它的思路是先对问题进行调查，然后从功能和流程的角度来分析、了解和优化问题，最后规划和实现系统。它能够辅助管理人员对原有的业务进行清理，理顺和优化原有业务，使其在技术手段上和管理水平上都有很大提高。发现和整理系统调查、分析中的问题及疏漏，便于开发人员准确地了解业务处理过程。有利于与用户一起分析新系统中适合企业业务特点的新方法和新模型。能够对组织的基础数据管理状态、原有信息系统、经营管理业务、整体管理水平进行全面系统的分析。结构化方法过程严密，思路清晰，但总体思路上比较保守，是以不变应万变适应环境的变化。

（二）原型方法

原型方法强调开发人员与用户的交流，该方法开发的 MIS 具有较强的动态适应性。该方法的思路是先请用户介绍问题，然后利用软件工具迅速地模拟出一个问题原型，然后与用户一道运行和评价这个原型，如不满意则立刻修改，直到用户满意为止，最后优化和整理系统。要想将这样一种方法应用于大型信息系统开发过程中的所有环节是根本不可能的，原型方法对于小型局部系统或处理过程比较简单的系统开发效果较好，但原型方法在计算机的开发工具上要求较高。

（三）面向对象方法

面向对象方法是一种新颖、具有独特优点的方法，是先对问题进行调查，然后从抽象对象和信息模拟的角度来分析问题，将问题按其性质和属性划分成各种不同的对象和类，弄清它们之间的信息联系，最后用面向对象的软件工具实现系统。它围绕对象来进行系统分析和系统设计，然后用面向对象的工具建立系统的方法。这种方法的缺点在于在没有进行全面系统调查分析之前，把握整个系统结构有困难。它普遍适用于各类信息系统开发，但是它不能涉足系统分析以前的开发环节。

（四）CASE 方法

它是一种除系统调查外全面支持系统开发过程的方法，同时也是一种自动化（准确地说应该是半自动化）的系统开发方法。因此，从方法学的特点来看，它具有上述各种方法的各种特点，同时又具有其自身的独特之处，即高度自动化。值得注意的是在该方法的应用和 CASE 工具自身的设计中，自顶向下、模块化、结构化却都是贯穿始终的。

以上介绍了四种 MIS 开发方法，在实践中，各单位的 MIS 的规模大小不同，处理的功能繁简不一，涉及的管理层次也有高、中、低之分，如何根据本单位实际情况选择合适的开发方法，是影响系统开发效率和质量等的主要因素之一。在实际开发中，单纯地采用哪一种方法来进行开发都是片面的、有缺陷的，最好是将各种方法综合起来使用，以取长补短。

目前，只有结构化系统开发方法是真正能比较全面支持整个系统开发过程的方法。其他几种方法虽然各有很多优点，但都是作为结构化开发方法在局部开发环节上的补充，暂时都还不能替代其在系统开发过程中的主导地位。

本章小结

本章对管理信息系统的开发进行概要的论述，其中特别介绍了管理信息系统开发的条件、开发的原则、开发策略、开发方式。还介绍了常用的系统开发方法：结构化生命周期开发法（SSA&D）、原型方法、面向对象法和计算机辅助系统开发法（CASE方法），从这些开发方法的含义、基本思想、开发过程以及优缺点等方面做介绍，并对这几种开发方法进行比较。

习题

1. 管理信息系统开发需要具备哪些条件?
2. 简述管理信息系统的开发原则。
3. 试分析“自上而下”和“自下而上”的开发策略。
4. 试分析比较管理信息系统的四种开发方式。
5. 简述结构化开发方法的开发过程。
6. 原型方法开发方式有什么优缺点?
7. 简述面向对象法的特征及开发过程。
8. CASE方法的基本思路是什么? 这种方法有什么特点?
9. 试简述几种常用的系统开发方法的相同和不同之处?

第四章

管理信息系统的系统规划

MIS 作为一种获得信息资源的手段和先进的管理方法，在当前激烈的竞争环境下正日益显示出其重要性。系统规划是 MIS 信息系统生命周期的第一阶段，是 MIS 的概念形成时期，它是关于 MIS 的长远发展的计划，关系到 MIS 的发展方向、系统规模和开发计划。科学的规划可以减少工作的盲目性，使系统具有良好的整体性、较强的适应性，有利于规范管理、缩短系统开发周期、节省开发费用。因此，系统规划是信息系统建设成功的关键环节。

第一节　管理信息系统规划概述

一、信息系统规划的概念

规划一般指对较长时期的活动进行总体、全面的计划。一个组织不仅在最高层有规划，而且中层和基层也有规划，每层规划都应符合上层规划的约束。任何组织的规划都在动态中发展，而且在不同时期，可能需要根据环境条件和政策策略进行调整。

系统规划通常又称信息系统规划，是从服从和服务于企业战略的角度，对企业信息系统近、中、长期的使命和目标、实现策略和方法、实施方案等内容所做的统筹安排。它是企业战略规划的一个重要组成部分，也是企业战略规划下的一个专门性规划。

二、信息系统规划的重要性

一个有效的战略规划可使信息系统和用户具有良好的关系，让信息资源合理分配和使用，节省和保护投资且实现预期目标，防止信息孤岛的出现，保证管理信息系统建设持续、健康、稳定的发展。如果缺乏科学有效的系统规范，将会带来严重问题：

1. 系统建设与组织发展的目标和战略不匹配；
2. 已建成的系统解决问题的有效性低，即系统建成后对管理并无显著改善；
3. 不能适应环境变化和组织变革的需要；
4. 系统开发环境落后，技术方案不合理；
5. 系统开发以及运行维护的标准、规范混乱；
6. 资源短缺，投入太少，而对系统的期望又过高。

三、系统规划的内容

依据信息系统规划过程的任务和方法论，鲍曼和戴维斯（B. Bowman & G. B. Davis）等提出了三阶段规划模型。该模型将信息系统的规划依活动的顺序、可用的技术及适用的方法分为战略规划、制定总体结构方案、资源分配三个阶段，如图 4 – 1 所示。

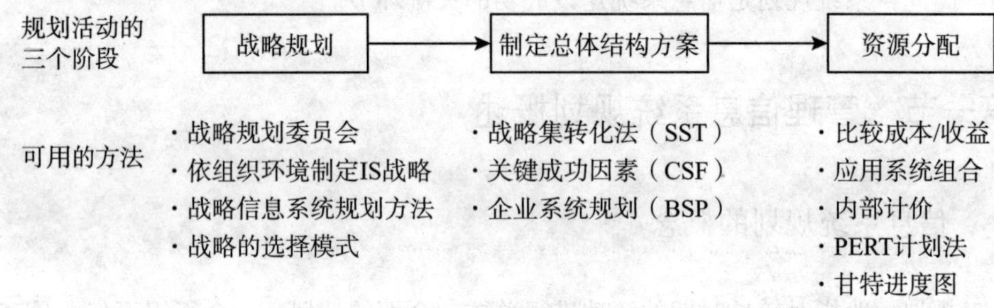

图 4 –1　信息系统规划的三阶段模型

（一）信息系统的战略规划

组织中所要实现的信息技术应用或所开发的信息系统往往不止一个，组织要全面实现计算机管理也不是一项短期的任务。信息系统的战略规划是关于信息系统的长远发展规划，是在组织战略业务规划的指导下，考虑组织管理水平和信息技术水平，对组织内部的信息技术和信息资源开发工作进行合理安排，确定信息系统在组织中的地位以及结构关系，并制定出分阶段的发展目标、发展重点、实现目标的途径和措施等（如图 4 – 2）。

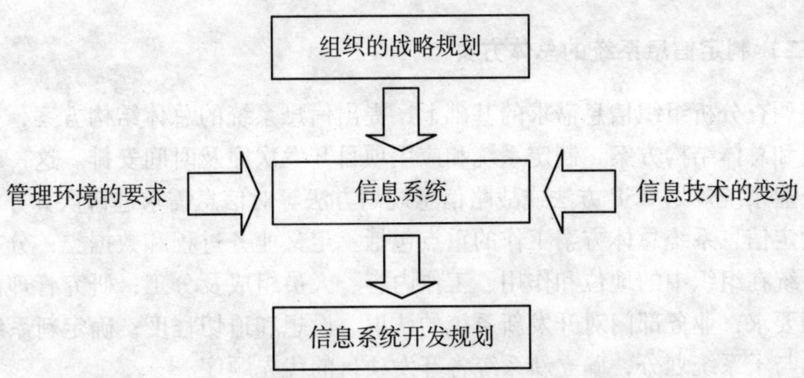

图 4－2　制定信息系统战略规划的相关因素

信息系统的规划是在组织战略规划的指导下完成的，因而，信息系统的规划需要首先调查分析组织的目标与约束；再评价现行信息系统的功能、环境和应用状况；在此基础上再确定信息系统的使命，制定信息系统的战略目标及相关政策。信息系统战略规划的内容包括：

1. 信息系统的目标与约束条件。

进行信息系统战略规划，应根据组织的战略目标、外部环境、内部约束条件，确定信息系统的总目标、发展战略和总体结构。信息系统总目标规定信息系统的发展方向，发展战略规划提出衡量具体工作完成的标准，总体结构则提供系统开发的框架。

制定信息系统目标时，需要考虑信息系统与哪些外单位有联系，在哪些工作上联系，这些联系的现状及未来的发展等。内部约束条件主要是人员、资金、设备、处理时间、功能要求以及性能要求等方面的限制。

2. 当前的能力状况。

了解组织当前的能力状况：（1）组织的概况，包括组织的规划、人力、物力，主要耗用物资及业务流程，现行组织机构与管理体制，经济效益等；（2）可提供的资源，包括资金的来源是否落实、可靠，可参与开发工作人员的数量和素质，已有计算机系统的数量、功能、容量和运行情况等；（3）费用的使用情况、项目状况及评价等。

3. 预测未来信息技术的发展。

信息系统规划受到信息技术发展的影响。计算机、网络、DBMS、OA、ERP等技术的发展，软件的可用性及对未来系统的影响，系统设计方法的改变，甚至法规、竞争者行为等环境因素也会对规划产生影响。因此，对规划中涉及的软、硬件技术和方法论的发展变化及其对信息系统的影响应做出预测。

（二）制定信息系统的总体方案

在调查分析组织信息需求的基础上，提出信息系统的总体结构方案，根据发展战略和总体结构方案，制定系统和应用项目开发次序及时间安排。这一环节可采用企业系统规划 BSP 方法或战略信息规划方法等对信息需求进行认真分析。

制定信息系统总体方案工作的重点包括：定义业务过程和数据类；分析研究现行系统在组织中的地位和作用、工作内容、人员组成及分工；研究管理部门对系统的要求，业务部门对开发新系统的认识、设想和迫切程度；确定新系统的体系结构与子系统划分，确立新系统各开发项目的优先顺序。

（三）制订系统建设的资源分配计划

组织内各部分信息系统建设的需求与条件是不平衡的，应该针对这些应用项目的开发优先性，对有限的开发资源给予合理分配，这就是项目计划与资源分配阶段的主要任务（如图 4－3 所示）。这一阶段主要是为规划中的每个项目所需要的软硬件资源、数据通信设备、人员、技术、资金等进行估计，提出整个系统建设的概算，对开发资源和运营资源进行分配，并对即将到来的一段时间做出相当具体的工作安排。

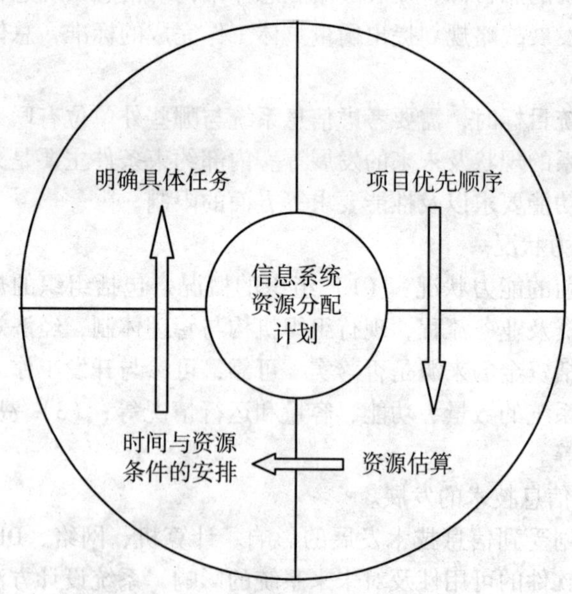

图 4－3　制订信息系统的资源分配计划主要内容

在系统规划的指导下，一旦具备了所需的资源，就可以进行具体项目（子系统）的开发了。当然对较小的企业，只要信息需求清楚，也可以直接开发其信息系统。信息系统的规划需要不断修改，必须组织有关专家对规划报告进行认证，根据认证意见制定或调整计划。

系统规划的后期，要对项目的可行性进行研究。事实上，可行性研究是任何一项大型工程投入力量之前必须进行的一项工作。这对于保证资源的合理使用、避免浪费是十分必要的，也是项目开始以后得以顺利进行的必要保证。“可行性”指的是在当前情况下，企业研制的信息系统是否必要，是否具备必要的条件，它包括可能性、必要性和合理性。

第二节　信息系统规划的模型与方法

MIS 的规划属于某种非确定性的决策，即具有较强的灵活性和权变性的决策，往往需要采用多种规划方法，广泛收集信息，并对各方面的信息进行综合性的比较、分析和判断。以下介绍的几种规划方法，都从某个侧面给人以必要的启示，帮助管理者进行正确的思考和分析，但没有哪一种方法能够让人直接得到企业 IT 发展的解决方案。

一、诺兰阶段模型

对不同企业来说，MIS 的发展水平是不一样的。有的企业可能刚刚起步，计算机开始应用于会计、库存物资等系统，而有的企业可能已将 MRPⅡ系统运用于整个生产过程管理。每个企业的 MIS 建设都有一个成长过程。

1. 诺兰阶段模型。

诺兰模型是西方国家进行管理信息系统规划的指导性理论之一。西方发达国家信息系统发展经验表明：一个企业或地区信息系统的发展具有一定的规律性，一般要经历从初级到成熟的成长过程。哈佛商学院的诺兰（Nolan）教授总结了这一规律，于 1973 年首次提出了信息系统发展的阶段理论，分为 4 个阶段，被称为诺兰模型。到 1979 年，诺兰在《哈佛商业评论》发表了 6 阶段模型，如图 4－4 所示。

2. 诺兰阶段模型阶段划分。

（1）初装阶段

计算机的作用被初步认识，个别人具有了初步使用计算机的能力。初步开发管理应用程序，各单位的计算机一般在会计、统计部门应用，主要起到一种启

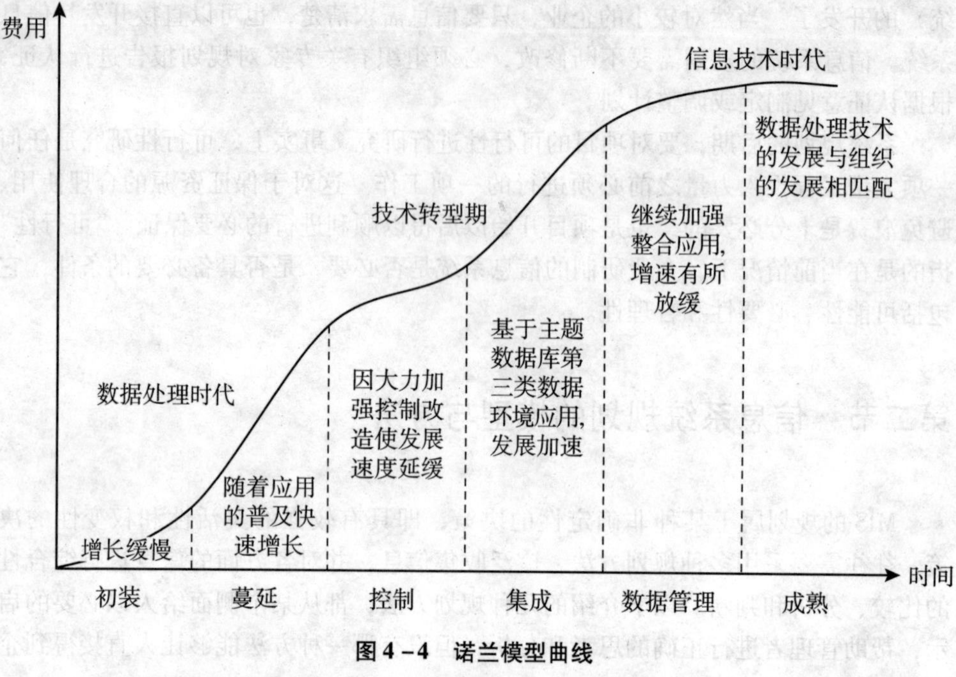

图 4－4　诺兰模型曲线

蒙、学习使用的作用。财务部门工作效率得到较大提高，但基本没有系统效益可言。

（2）蔓延阶段

随着个别部门尝试的成功，计算机的应用从少数部门扩散到其他部门，用户感到计算机在事务处理上的好处，计算机利用率大大提高，各部门开发了大量的应用程序，使单位的事务处理效率有了提高，这就是所谓的"蔓延"阶段。在这个阶段中，数据处理能力发展迅速，但同时出现了许多有待解决的问题。由于缺乏综合系统开发，大量独立性的单项应用带来种种矛盾，如数据冗余、代码不一致、信息难以共享等混乱局面。在 20 世纪 60 年代，美国多数公司经历了这个阶段，当时由于松弛的管理，只有一部分公司收到了实际的效益。

（3）控制阶段

计算机数量超出控制，计算机投资比例增长快速，但大量独立性的单项系统应用却带来很多矛盾。这就要求企业加强组织协调，限制盲目扩大计算机应用规模，抑制支出无序增长，对整个企业的系统建设进行统筹规划，特别是利用数据库技术解决数据共享问题。诺兰先生认为，第三阶段将是实现从以计算机管理为主到以数据管理为主转换的关键，一般发展较慢。

（4）集成阶段

从统一管理和整体协调的要求出发，企业开始重视集成数据库的建设和信息系统的统一规划，在此基础上进行应用系统的开发，使企业信息技术应用出现新的增长。由于重新装备大量设备，这阶段预算费用又一次迅速增长。

（5）数据管理阶段

计算机信息处理系统为数据资源的统一管理打下了基础，企业开始重视数据的加工处理，提高系统对企业业务的支持水平，数据成为企业的重要资源。

（6）成熟阶段

信息系统可以满足单位中各管理层次（高层、中层、基层）的要求，真正实现信息资源的管理。

一般认为模型中的各阶段都是不能跨越的。这一理论对预测企业信息系统的未来变动、对企业信息系统规划具有指导作用。因此，在确定开发管理信息系统的策略或者在制订管理信息系统规划的时候，首先明确本单位当前处于哪一生长阶段，然后根据该阶段特征来指导管理信息系统建设。

诺兰阶段模型还指明了信息系统发展中的6种增长要素：①计算机软硬件资源：从早期的磁带向最新的分布式计算机发展；②应用方式：从批处理方式到联机方式；③计划控制：从短期的、随机的计划到长期的、战略的计划；④MIS在组织中的地位：信息系统从附属于别的部门发展为独立的部门；⑤领导模式：一开始以低层技术领导为主，随着用户和上层管理人员越来越了解MIS，上层管理部门开始与MIS部门一起决定发展战略；⑥用户意识：从作业管理层的用户发展到中上层管理层。

3. 诺兰阶段模型的意义。

诺兰阶段模型总结了发达国家信息系统发展的经验和规律。它反映了信息系统的发展阶段，并使信息系统的各种特性与系统生长的不同阶段对应起来，从而成为信息系统战略规划工作的框架。根据这个模型，只要一个信息系统存在某些特性，便知处在哪一阶段。因此，无论在确定开发管理信息系统的策略，或者在制定管理信息系统规划的时候，都应首先明确本组织当前处于哪一个发展阶段，进而根据该阶段的特征指导信息系统的建设。

二、战略目标集转化法

战略目标集转化法（Strategy Set Transformation，SST）是由威廉·金（William King）于1978年提出，他把整个战略目标看成“信息集合”，由使命、目标、战略和其他战略变量组成，MIS的战略规划过程是把组织的战略目标转变为MIS战略目标的过程，如图4-5所示。

战略目标集转化法的实施步骤如下：

1. 识别组织的战略集。

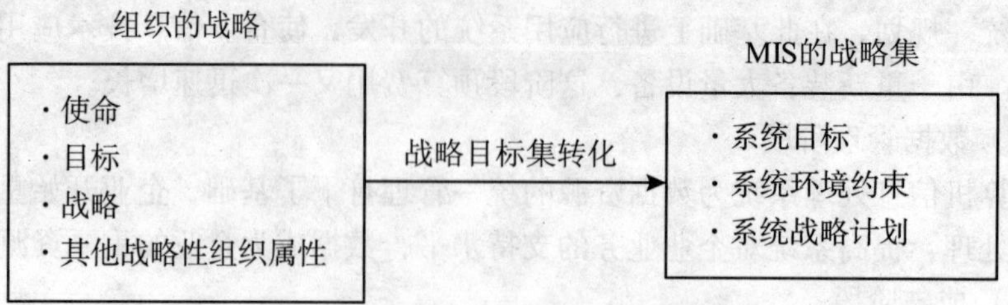

图 4-5　战略目标集转化法

先考察一下该组织是否有成文的战略式长期计划，如果没有，就要去构造这种战略集合，步骤如下：

（1）描绘出组织的关联集团，如经理、雇员、供应商、顾客、贷款人、政府代理人、地区社团及竞争者等，他们是与该组织利益相关的人员。

（2）识别关联集团的要求。组织的使命、目标和战略就是反映每个关联集团的要求。要对每个关联集团要求的特性作定性描述，还要对这些要求被满足程度的直接和间接度量给予说明。

（3）对于每个关联集团识别其使命及战略。识别组织的战略后，应立即交给企业组织负责人审阅，收集反馈信息，经修改后进行下一步工作。

2. 将组织战略集转化成 MIS 战略。

MIS 战略应包括系统日标、约束以及设计原则等。这个转化的过程包括对应组织战略集的每个元素识别对应的 MIS 战略约束，然后提出整个 MIS 的结构。最后，选出一个方案提交给组织领导。图 4-6 给出了一个企业应用战略目标集转化法的例子。

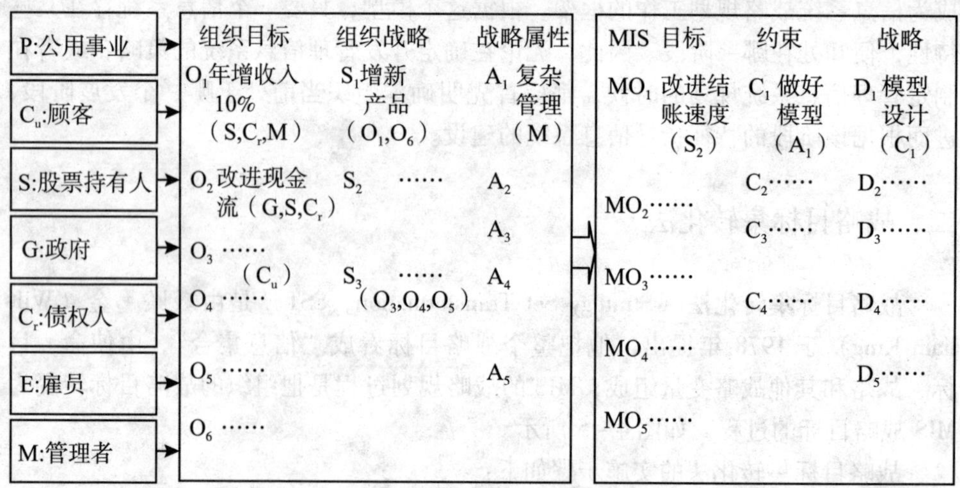

图 4-6　战略目标集转化法

由图 4－6 我们可以看出组织目标是由不同群体引出的。例如，组织目标 O_1 由股票持有者 S、债权人 C_r 以及管理者 M 引出。组织战略 S_1 由目标 O_1 和 O_6 引出，依次类推。这样就可以列出 MIS 的目标、约束以及设计战略。

SST 方法从另一个角度识别管理目标，它反映了各种人的要求，而且给出了按这种要求的分层，然后转化为信息系统的目标的结构化方法。它能保证目标比较安全，疏漏比较少。

三、关键成功因素法

1970 年哈佛大学教授威廉·泽尼（William Zani）在管理信息系统模型中用了关键成功变量，这些变量是确定信息系统成败的因素。过了 10 年，麻省理工学院教授约翰·罗卡特（John Rockart）把关键成功因素法提高成为信息系统的战略，用以满足高层管理的信息需求，特别是解决那些每月收到大量计算机生成的报表却几乎找不到任何有价值的信息的问题。关键成功因素法的主要思想是"抓主要矛盾"。借助这种方法，可以对企业成功的重要因素进行识别，确定组织的信息需求，规划开发能够满足这些需求的信息系统。

（一）CSF 的基本概念

关键成功因素指的是对企业成功起关键作用的因素。关键成功因素法（Critical Success Factors，CSF）就是以关键因素为依据来确定系统信息需求的一种 MIS 总体规划的方法。在现行系统中，总存在着多个变量影响系统目标的实现，其中若干个因素是关键的和主要的（即成功变量）。通过对关键成功因素的识别，找出实现目标所需的关键信息集合，从而确定系统开发的优先次序。

CSF 的前提假定：任何一个企业经营成功，必须掌握若干关键因素（一般来说，成功与否的关键因素大约是 5～9 个）。通常，不同的企业、不同的部门、不同的业务活动中的关键成功因素都是不同的；即使是同一组织，在不同的时期，关键成功因素也有所不同。企业的关键成功因素应当根据具体情况来判断，包括企业所处的行业结构、企业的竞争战略、企业在该行业中的地位、市场和社会环境的变动等。

关键要素是企业 IT 支持最先解决的问题，也是投资最先予以保证、质量要求最高的环节。比如，物流企业和供应公司的物资管理环节、出版公司的排版系统和员工 email 系统等，都是直接影响企业竞争力的关键环节。

（二）关键成功因素的确认方法

（1）宏观环境分析法：包括将要影响或正在影响产业或企业绩效的政治、经济、社会等外在环境的力量，即重视外在环境的未来变化，比公司或产业的总体变化来得重要，这种方法实际应用到产业或公司上会产生困难。

（2）产业结构分析法：应用波特所提出的产业结构五力分析架构，作为分析的基础，从产业竞争者、潜在竞争者、替代品、供应商及购买者五个方面分析确认关键成功因素。其中，该产业领导厂商的行为模式，可当做产业竞争者关键成功因素重要的信息来源。因此，对于领导厂商进行分析，有助于确认关键成功因素。分析者应对每一个要素和要素间关系进行评估，由此确认、检验产业的关键成功因素。产业结构分析的优点是这种分析架构提供了一个很完整的分类，并以图形的方式找出产业结构要素及其间的主要关系。

（3）企业本体分析法：分析公司在产业中应该如何竞争，以了解公司面临的竞争环境和态势，研究焦点集中在某些方面，如优劣势评、资源组合、优势稽核及策略能力评估等。这种集中对某些功能的扫描，可以提供更详细的资料，有助于确认关键成功因素，且深度的分析能够有更好的验证性，但其发展受到特定的限制，且耗时长，收集的数据也相当有限。

（4）专家法：向对企业熟悉的产业专家、企业专家或具有知识与经验的专家请教，借助专家累积的智慧，获得客观数据中无法取得的信息。专家法虽然主观，却常能揭露一些其他传统客观技术无法察觉到的关键成功因素，且不受功能的限制，甚至可以获得一些短期的关键成功因素。但此方法因缺乏客观的数据导致实证或验证上的困难。

（5）市场策略对获利影响的分析法（PIMS Results）：针对特定企业，以PIMS（Profit Impact of Market Strategy）研究报告的结果进行分析。此技术的主要优点为其实验性基础，而缺点在于“一般性的本质”，即无法指出这些数据是否可直接应用于某一公司或某一产业，也无法得知这些因素的相对重要性。

（三）CSF 法的应用步骤

CSF 法的一般步骤是：

（1）了解企业战略目标。

（2）逐层（总裁层、主管层）了解，识别所有的成功因素。主要是分析影响战略目标的各种因素和影响这些因素的子因素。

（3）确定关键成功因素。对所有的成功因素进行评价，根据组织的现状及目标确定出关键成功因素。可以使用德尔斐法或模糊综合评价法等。

（4）明确各关键成功因素的性能指标和评估标准。

图 4－7 可以表示这四个步骤。

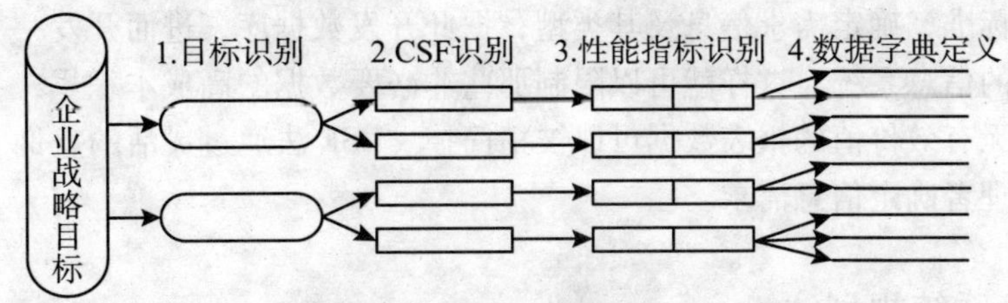

图 4-7 关键成功因素法

关键成功因素就是要识别联系于系统目标的主要数据类及其关系，识别关键成功因素所用的工具是树枝因果图。如图 4-8 所示，某企业有一个目标，是提高产品竞争力，可以用树枝图画出影响它的各种因素，以及影响这些因素的子因素。

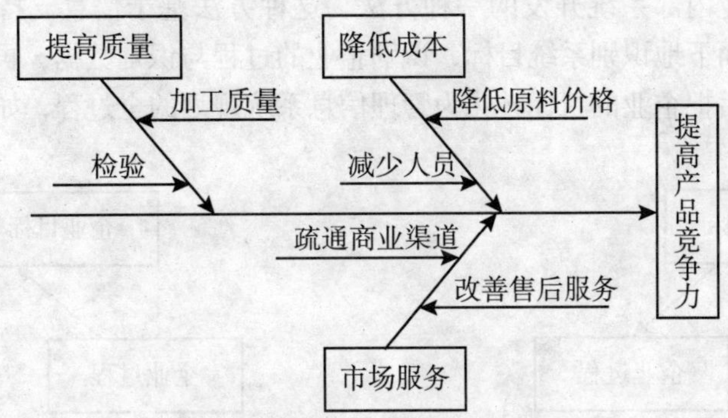

图 4-8 识别成功因素的树枝图

(四) CSF 法的优缺点

CSF 法的优点是：(1) 抓住关键问题。因为只有高层管理者参与面谈，所以问题也集中在少数几个关键性成功因素上，而不是泛泛地调查使用哪些和需要哪些信息。(2) 能够使所开发的系统具有很强的针对性，较快地取得收益。

CSF 法的主要局限是：(1) 数据的汇总过程和数据分析都是一种随意的方式，缺乏一种专门、严格的方法将众多个人关键性成功因素汇总成一个明确的企业关键性成功因素。(2) 在被访问者中，个人和组织的关键性成功因素往往是不一致的，两者的界限有时被混淆。也就是说，有时对管理者个人是关键性的因素，而对组织就未必重要。而且用这种方法由于高层管理者参与面谈，则容易明显地倾向于他们的意见。(3) 由于环境和管理常常迅速发生改变，会出现新的关键成功因素，因此信息系统也须做出相应地调整。

(五) 适用场合

CSF 法主要适合在高层领导人员中使用，在中层管理者中，采用 CSF 也具有较大的作用。由于管理者可以决定自己的关键成功因素，并且为这些因素建立良好的衡量标准，确定需求信息及其类型，据此开发数据库，进而开发一个对管理者有意义的信息系统。这样就可以限制那些非必要数据的高成本积累，一些虽经常生成但无有效价值的报表数据可以被精简掉。CSF 法通过灵活的查询及报表系统支持管理者确定信息需求。

四、企业系统规划法

（一）企业系统规划法概述

企业系统规划法（Business System Planning，BSP）是 IBM 在 20 世纪 70 年代提出的，用于企业内部系统开发的一种方法。这种方法基于信息支持企业运行的思想，首先自上而下地识别系统目标、识别企业的过程与识别数据，再自下而上设计系统目标，最后把企业的目标转化为管理信息系统规划的全过程，如图 4－9 所示。

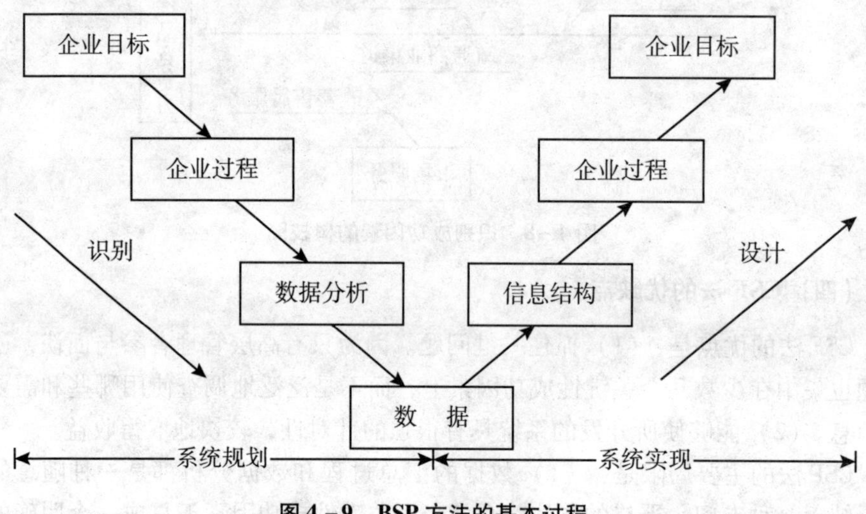

图 4－9　BSP 方法的基本过程

（二）BSP 方法的工作步骤

BSP 方法是把企业目标转化为信息系统（IS）战略的全过程。工作步骤如图 4－10 所示。

1. 准备工作。

进行 BSP 工作是一项系统工程性工作，准备环节十分重要。准备工作包括接受任务和组织队伍。一般接受任务是由一个委员会承担。这个委员会要明确规划方向和范围，在委员会下应有一个系统规划组，委员会委员和系统组成员思想上

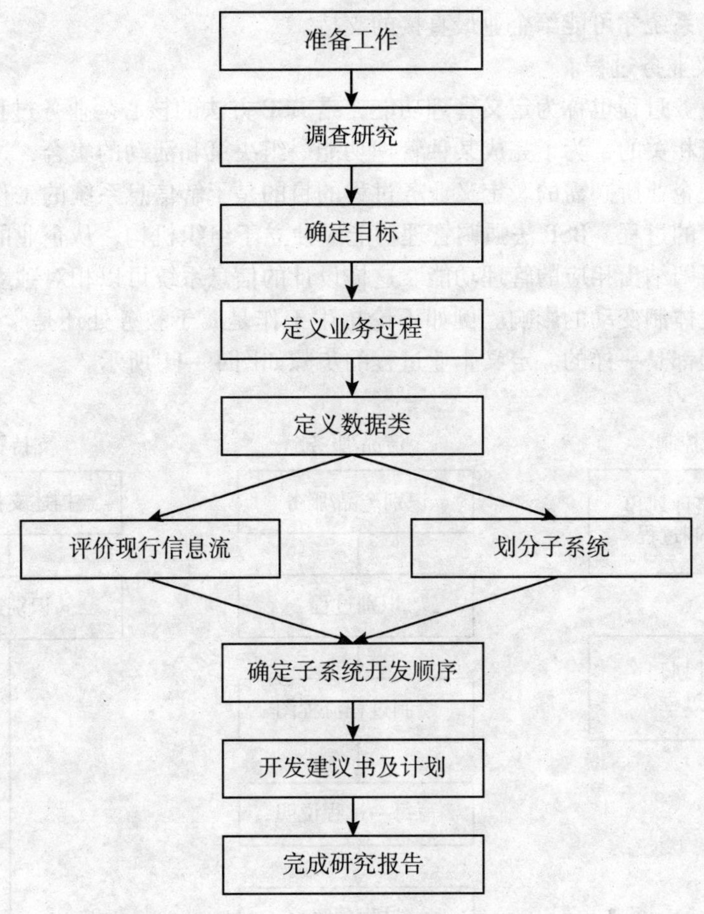

图 4-10　BSP 方法的工作流程

要明确“做什么”（what），“为什么做”（why），“如何做”（how），以及“希望达到的目标”是什么。

2. 调查研究。

委员会成员通过查阅资料，深入各级管理层，了解企业有关决策过程、组织职能和部门的主要活动和存在的主要问题。

3. 确定管理目标。

为了确定信息系统的目标，需要调查了解企业目标和为了达到此目标所采取的方针、措施及约束条件等。一个企业的目标可由若干子目标组成，子目标还可以进一步细分。例如一个企业的总目标是年产值和年利润达到多少指标，跃居国内同行第一，其子目标可分为产品生产与开发、市场定位、各项管理（财务、设备、材料、人力等）的目标。整个目标可构成一棵目标树，只有明确企业的管理目标，信息系统才可能给企业最直接的支持。

4. 定义业务过程。

定义业务过程也称为定义管理功能，是 BSP 方法的核心。业务过程是指企业管理中逻辑相关的、为了完成某种管理功能一组决策和活动的集合，这些决策和活动是管理企业所必需的。定义业务过程的目的是了解信息系统的工作环境，以及建立企业的过程。BSP 法强调管理功能应独立于组织机构，从企业的全部管理工作中分析归纳出相应的管理功能。这样设计的信息系统可以相对独立于组织机构，较少受体制变动的影响。例如不论招生工作是属于教务处还是学生工作处，其工程过程都是一样的。定义企业过程的步骤如图 4－11 所示。

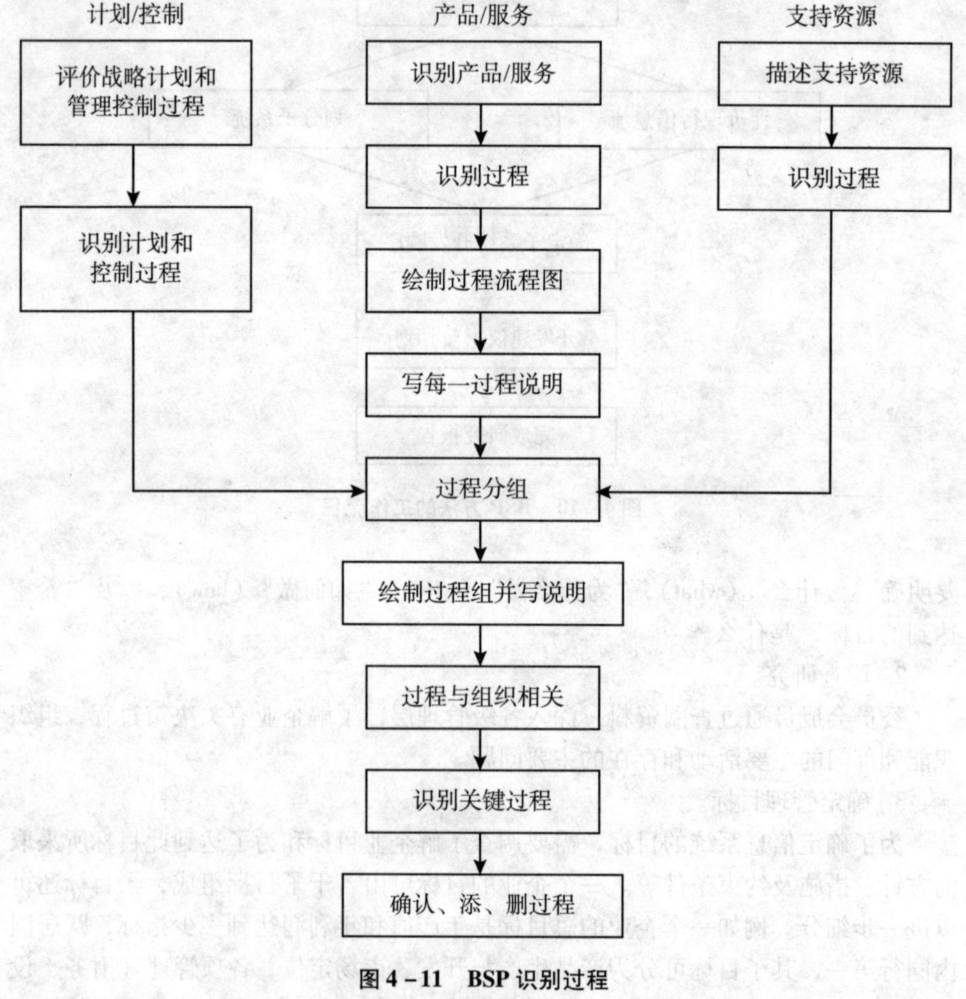

图 4－11　BSP 识别过程

任何企业的活动均由三方面组成：一是计划和控制；二是产品和服务；三是支持资源。这可以说是三个源泉，任何活动均由这里导出。

（1）识别企业过程要依靠占有材料，分析研究，但更重要的是要和有经验的管理人员讨论商议。识别企业过程可以从计划与控制出发，经过分析、讨论、研究、切磋，可以把企业战略规划和管理控制方面的过程进行罗列。

（2）识别产品与服务过程与此稍有不同，我们知道任何一种产品均有生老病死，或者说由要求、获得、服务、退出四阶段组成的生命周期，对于每一个阶段，就用一些过程对它进行管理。

（3）支持资源识别企业过程，其方法类似于产品和服务，我们由资源的生命周期出发列举企业过程。一般来说企业资源包括资金、人才、材料和设备等。

在业务过程的定义中要结合业务流程重组的思想，对低效或不适合计算机信息处理的过程进行优化处理。另外，系统规划阶段只是在宏观上对现行系统最主要的过程进行定义，为信息系统的结构划分提供基本依据。

5. 定义数据类。

在总体规划中，把系统中密切相关的信息归成一类数据，称为数据类。如客户、产品、合同等，都可称为数据类。识别数据类的目的在于了解企业目前的数据状况和数据要求，以及数据与企业实体、业务过程之间的联系，查明数据共享的关系，为定义信息结构提供基本依据。

定义数据类有两种基本方法，仍然是对企业的基本活动进行调查研究，一般采用实体法和功能法分别进行，然后相互参照，定义出数据类。

实体是与企业有关的可以独立描述的事物，如客户、产品、人员、资金、材料等，每个实体可用四种类型的数据来描述，即文档型、事务型、计划型和统计型。文档型数据反映实体的现状，仅与一个数据或实体有关；事务型数据反映由于获取或分配活动引起文档型数据的变化；计划型数据反映目标、资源转换过程等计划值；统计型数据反映历史和综合数据，用作对企业的度量和控制，如表 4－1 所示。

表 4－1　　　　四种数据类型及其特点

类型	反映的内容	特　点
文档型	反映实体的情况	• 一般一个数据仅和一个实体有关 • 可能为结构型（如表格）和描述型（如文本）
事务型	反映生命周期各阶段过渡过程相关文档型数据的变化	• 一般一个数据要涉及各个文档型数据，以及时间、数量等多个数据 • 这种数据的产生可能伴有文档型数据的操作
计划型	反映目标、资源转换过程等计划值	• 可能与多个文档型数据有关
统计型	反映企业状况，提供反馈信息	• 一般来自其他类型数据的采样 • 为历史性、对照性、评价性的数据 • 数据综合性强

把实体和数据类做在一张表上，得到实体/数据类矩阵，如表 4－2 所示。

表 4－2　　实体/数据类矩阵

数据类＼类型	产品	客户	设备	材料	资金	人员
文档	产成品半成品	客户	工作负荷运行	原材料产品组成表	财务会计	职工档案
事务	订货	发运记录	设备进出	采购记录	应收业务	人事调动记录
计划	产品计划	市场计划	设备计划	材料计划	预算	人员计划
统计	产品需求	销售历史	利用率	需求历史	财务统计	人员统计

另一种识别数据的方法是功能法，它利用之前识别的企业过程，对每个功能都标出其输入、输出数据类（如图 4－12 所示），然后与实体法进行比较调整，最后归纳出系统的数据类。

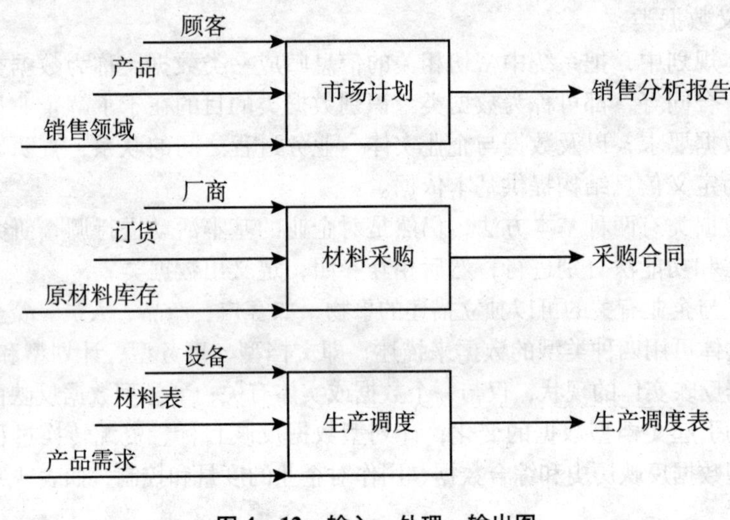

图 4－12　输入—处理—输出图

6. 定义信息系统结构。

数据类和业务过程都被识别出来后，就可以定义信息系统的总体结构。定义信息系统结构的目的是刻画未来信息系统的框架，即划分子系统。其思想就是尽量把信息产生的企业过程和使用的企业过程划分在一个子系统中，减少子系统之间的信息交换，具体实现可以使用功能/数据类（U/C）矩阵。

7. 确定总体结构中的优先顺序。

由于资源的限制，对信息系统总体结构中的子系统按先后顺序排出开发计划。一般来说，确定项目的优先顺序应考虑如下四类标准。

(1) 潜在效益：在近期内项目的实施是否可节省开发费用，长期内是否对投资回收有利，是否明显增强竞争优势。

(2) 对组织的影响：是否是组织的关键成功因素或待解决的主要问题。

(3) 成功的可能性：从技术、组织、实施时间、风险情况以及可利用资源等方面，考虑项目成功的可能性。

(4) 需求：用户的需求、项目的价值以及它与其他项目间的关系。

8. 形成最终研究报告。

BSP 工作最后提交的报告就是信息系统建设的具体方案，包括系统构架、子系统划分、系统的信息需求和数据结构、开发计划。

(三) 利用 U/C 矩阵定义系统的总体结构

在对实际系统的业务过程和数据类做了描述以后，就可以在此基础上进行系统化的分析，以便整体性地考虑新系统的功能子系统和数据资源的合理分布。

U/C 矩阵是用来分析过程与数据两者之间的有效工具。矩阵中的行表示数据类，列表示过程，并以字母 U（Use）和 C（Create）来表示过程对数据类的使用和产生。

1. U/C 矩阵的作用。

U/C 矩阵在定义系统的总体结构的过程具有以下作用：

(1) 通过对 U/C 矩阵的正确性检验，发现调研工作的疏漏和错误；

(2) 通过对 U/C 矩阵的正确性检验来分析数据的正确性和完整性；

(3) 通过对 U/C 矩阵的求解过程，得到子系统的划分；

(4) 通过子系统之间的联系（"U"），可以确定子系统之间的共享数据。

2. 工作步骤。

利用 U/C 矩阵划分子系统的步骤如下：

(1) U/C 矩阵的建立。

首先用表的行和列分别记录下企业系统的数据类和过程。如表 4-3 所示。

(2) U/C 矩阵的正确性检验（完备性检验、一致性检验、无冗余性检验）。

①完备性（completeness）检验：指对具体的数据项必须有一个产生者（即"C"）和至少一个使用者（即"U"），每个过程则必须产生或使用（"U"或"C"）数据类。否则这个 U/C 矩阵是不完备的。如表 4-3 中的第 7 列数据无使用者，经过检验，将第 6 行第 7 列的符号"C"改为"U"，这样就符合完备性。

表4-3　　U/C 矩阵的建立

数据类 过程	客户	订货	产品	加工路线	材料表	成本	零件规格	原料库存	成品库存	职工	销售区域	财务	计划	设备负荷	材料供应	工作令
经营计划						U						U	C			
财务计划						U				U		C	U			
产品预测	U		U								U		U			
产品设计开发	U		C		U		C									
产品工艺			U		C		C	U								
库存控制								C	C						U	U
调度			U											U		C
生产能力计划				U										C	U	
材料需求			U		U										C	
作业流程				C										U	U	U
销售区域管理	C	U	U													
销售	U	U	U								C					
订货服务	U	C	U													
发运		U	U						U							
会计	U		U							U						
成本会计		U				C										
人员计划										C						
人员招聘考核										U						

②一致性（uniformity）检验：指每一个数据类仅有一个产生者，即在矩阵中每个数据类只有一个“C”。如果有多个产生者的情况出现，则会产生数据不一致的现象。如表4-3中的第7列存在两个产生者，将第6行第7列的符号“C”改为“U”即可。

③无冗余性（non-verbosity）检验：指每一行或每一列必须有“U”或“C”，即不允许有空行空列。若存在空行空列，则说明该过程或数据的划分是没有必要的、冗余的。

（3）求解 U/C 矩阵

开始时数据类和过程是随机排列的，U、C 在矩阵中排列也是分散的，必须加以调整。

首先，过程这一列按过程组排列，每一过程组中按资源生命周期的四个阶段排列。过程组是指同类型的过程，如“经营计划”、“财务计划”属计划类型，归入“经营计划”过程组。

其次，排列“数据类”这一行，使得矩阵中 C 最靠近主对角线。因为过程的分组并不绝对，在不破坏过程成组的逻辑性基础上，可以适当调配过程分组，使 U 也尽可能靠近主对角线。表 4 -3 的过程/数据类矩阵经上述调整后，得到表 4 -4 表示的过程/数据类矩阵。

表 4 -4　　U/C 矩阵的调整过程

数据类 过程	计划	财务	产品	零件规格	材料表	原料库存	成品库存	工作令	设备负荷	材料供应	加工路线	客户	销售区域	订货	成本	职工
经营计划	C	U													U	
财务计划	U	C													U	U
产品预测	U		U									U	U			
产品设计开发			C	C	U							U				
产品工艺			U	U	C	U										
库存控制						C	C	U		U						
调度			U					C	U							
生产能力计划									C	U	U					
材料需求			U		U					C						
作业流程								U	U	U	C					
销售区域管理			U									C		U		
销售			U									U	C	U		
订货服务			U									U		C		
发运			U				U							U		
会计			U									U				U
成本会计														U	C	
人员计划																C
人员招聘考核																U

划分子系统时应注意：一是沿对角线一个接一个地画，既不能重叠，又不能漏掉任何一个数据和过程；二是小方块的划分是任意的，但必须将所有的 “C” 元素都包含在小方块内。

②确定子系统之间的联系：所有数据的使用关系都被小方块分隔成了两类：一类在小方块以内；一类在小方块以外。在小方块以内所产生和使用的数据，则今后主要放在本系统中处理；而在小方块以外的 “U”，则表示了各子系统之间的数据联系，这些数据资源今后应考虑放在网络上供各子系统共享或通过网络来相互传递数据。如表 4 -6 所示。通过对 U/C 矩阵的求解过程，最后得到子系统的划分。

（4）系统功能划分和确定数据的分布

①系统逻辑功能的划分：在求解后的 U/C 矩阵中划出一个个的方块，每一个小方块即为一个子系统。如表 4 -5 所示。

表 4－5　　　　　　　　　　　　　　划分子系统

过程 \ 数据类	计划	财务	产品	零件规格	材料表	原料库存	成品库存	工作令	设备负荷	材料供应	加工路线	客户	销售区域	订货	成本	职工
经营计划	C	U													U	
财务计划	U	U													U	U
产品预测	U		U									U	U			
产品设计开发			C	C	U							U				
产品工艺			U	U	C	U										
库存控制						C	C	U		U						
调度			U					C	U							
生产能力计划									C	U	U					
材料需求			U		U					C						
作业流程								U	U	U	C					
销售区域管理			U									C		U		
销售			U									U	C	U		
订货服务			U									U		C		
发运			U				U							U		
会计			U									U				U
成本会计														U	C	
人员计划																C
人员招聘考核																U

（四）BSP 方法的优缺点

1. BSP 法的优点。

（1）BSP 法展示了组织状况、系统或数据应用情况以及差距。它尤其适用于刚刚启动或产生重大变化的情况。

（2）保证信息系统独立于企业的组织机构，也就是能够使信息系统具有对环境变更的适应性。即使将来企业的组织机构或管理体制发生变化，信息系统的结构体系也不会受到太大的冲击。

2. BSP 法的缺点。

（1）BSP 方法的核心是识别企业过程，在识别过程阶段，由于过于注重局部，没有强调从全局上描述整个企业业务流程，不能保证功能的完整性和整体性。在定义数据类时，比较常用的是分析每一过程利用什么数据，产生什么数据，同样没有从全局上考虑整个数据流程，无法保证数据的一致性和数据流程的畅通性。

表 4－6　　　　　　　子系统之间的数据联系

数据类 过程	计划	财务	产品	零件规格	材料表	原料库存	成品库存	工作令	设备负荷	材料供应	加工路线	客户	销售区域	订货	成本	职工
经营计划	1														U	
财务计划															U	U
产品预测	U											U	U			
产品设计开发			技术准备子系统									U				
产品工艺						U										
库存控制																
调度			U													
生产能力计划							生产制造子系统									
材料需求			U		U											
作业流程																
销售区域管理			U													
销售			U									销售子系统				
订货服务			U													
发运			U				U									
会计			U									U			2	U
成本会计														U		
人员计划																3
人员招聘考核																

注：1 为经营计划子系统；2 为财会子系统；3 为人事子系统。

（2）BSP 在需求分析阶段带有一定的盲目性，例如在识别过程时，它要求尽可能地列出更多的过程，不管这些过程是否符合逻辑，大小是否一致，而这一点正是后面合并和调整过程阶段浪费时间的原因，列出的过程过多、过于琐碎导致分析矩阵过大而难以对其进行分析，也因此增加了对企业问题的评价和子系统划分的难度。

五、SST 方法、CSF 方法、BSP 方法的比较

CSF 方法能抓住主要矛盾，使目标的识别突出重点。用这种方法所确定的目标和传统的方法衔接得比较好，但是一般最有利的只是在确定管理目标上。

SST 方法从另一个角度识别管理目标，它反映了各种人的要求，而且给出了按这种要求的分层，然后转化为信息系统目标的结构化方法。它能保证目标比较全面，疏漏较少，但它在突出重点方面不如前者。

BSP 方法虽然也首先强调目标，但它没有明显的目标引出过程。它通过管理人员酝酿“过程”引出了系统目标，企业目标到系统目标的转换是通过组织/系

统、组织/过程以及系统/过程矩阵的分析得到的。这样可以定义出新的系统以支持企业过程，也就把企业的目标转化为系统的目标，所以我们说识别企业过程是BSP战略规划的中心，绝不能把BSP方法的中心内容当成U/C矩阵。

我们把这三种方法结合起来使用，把它叫做CSB方法（即CSF，SST和BSP结合）。这种方法先用CSF方法确定企业目标，然后用SST方法补充完善企业目标，并将这些目标转化为信息系统目标，用BSP方法校核两个目标，并确定信息系统结构，这样就补充了单个方法的不足。当然这也使得整个方法过于复杂，而削弱了单个方法的灵活性。可以说迄今为止信息系统战略规划没有一种十全十美的方法。由于战略规划本身的非结构性，可能永远也找不到一个唯一解。进行任何一个企业的规划均不应照搬以上方法，而应当具体情况具体分析，选择以上方法的可取的思想，灵活运用。

第三节　业务流程重组

信息技术的发展改变了企业组织及其传统管理体系赖以生存的信息基础，改变了主要依靠语言和文字的信息交流方式，改变了主要依靠人脑和手工的信息处理方式，改变了主要依靠人脑和稳健的信息存储方式。现代信息技术已经是信息的快速处理，实时传输与全方位共享成为可能，这意味着，它使企业实现资源跨时空限制的协同机制与分布式管理成为可能。于是，全新的企业业务流程、组织结构和管理模式也就呼之欲出了。

一、业务流程重组概述

（一）业务流程重组的概念

1993年，伴随着迈克尔·哈默和詹姆斯·钱皮（Michael Hammer & James Champy）的专著《企业再造——企业革命的宣言》出版，企业业务流程再造革命掀起了高潮。

业务流程重组BPR（Business Process Reengineering）的定义有几种，其中广为人知的是它的奠基人迈克尔·哈默和詹姆斯·钱皮的定义：“BPR是对企业的业务流程作根本性的思考和彻底重建，其目的是在成本、质量、服务和速度等方面取得显著的改善，使得企业能最大限度地适应以顾客、竞争、变化为特征的现代企业经营环境”。在BPR定义中，根本性、彻底性、显著的和业务流程成为备受关注的四个核心内容。

1. 根本性。

根本性再思考表明业务流程重组所关注的是企业核心问题，如“我们为什么要做现在这项工作”、“我们为什么要采用这种方式来完成这项工作”、“我们为什么必须由我们而不是别人来做这份工作”等。在企业实施流程重组时，不应受已有的条条框框的限制，而必须抛弃一般已经认可的习惯和假设，以事务发生的自然过程寻找解决问题的途径。

2. 彻底性。

彻底性再设计表明业务流程重组应对事物进行追根溯源。对已经存在的事物不是进行肤浅的改变或调整性修补完善，不是改良、增强或调整，而是抛弃所有的陈规陋习，并且不需要考虑一切已规定好的结构与过程，创新完成工作的方法，重新构建企业业务流程。

3. 显著的。

显著的改善表明业务流程重组追求的不是一般意义上的业绩提升或略有改善、稍有好转等，而是要使企业业绩有显著增长、极大飞跃和产生戏剧性变化，这也是流程重组工作的特点和取得成功的标志。

4. 业务流程。

业务流程重组关注的要点是企业的业务流程，并围绕业务流程展开重组工作。业务流程是为达到特定的价值目标而由不同的人分别共同完成的一系列活动。活动之间不仅有严格的先后顺序限定，而且活动的内容、方式、责任等也都必须有明确的安排和界定，以使不同活动在不同岗位角色之间进行转手交接成为可能。活动与活动之间在时间和空间上的转移可以有较大的跨度。

（二）BPR 的分类

根据流程范围和重组特征，可将 BPR 分为以下三类：

1. 功能内的 BPR。

通常是指对职能内部的流程进行重组。在旧体制下，各职能管理机构重叠、中间层多，而这些中间管理层一般只执行一些非创造性的统计、汇总、填表等工作。计算机完全可以取代这些业务而将中间层取消，使每项职能从头至尾只有一个职能机构管理，做到机构不重叠、业务不重复。例如物资管理由分层管理改为集中管理，取消二级仓库财务核算系统将原始数据输入计算机，全部核算工作由计算机完成，变多级核算为一级核算等。

2. 功能间的 BPR。

功能间的 BPR 是指企业范围内，跨越多个职能部门边界的业务流程重组。例如新产品开发机构重组，以开发某一新产品为目标，组织集设计、工艺、生产、供应、检验人员为一体的承包组，打破部门的界限，实行团队管理，以及将设计、工艺、生产制造并行交叉的作业管理等。这种组织结构机动灵活，适应性强，将各部门人员组织在一起，使许多工作可平行处理，从而可大幅度地缩短新产品的开发周期。

3. 组织间的 BPR。

组织间的 BPR 是指发生在两个以上企业之间的业务重组，如通用汽车公司（GM）与 SATURN 轿车配件工艺之间的购销协作关系就是组织间的 BPR 的典型例子。配件供应商通过美国通用汽车公司的数据库了解其生产进度，拟定自己的生产计划、采购计划和发货计划，同时通过计算机将发货信息传给美国通用汽车公司。该公司的收货员在扫描条形码确认收到货物的同时，通过 EDI 自动向供应商付款。这样，使美国通用汽车公司与其零部件供应商的合作更加协调，实现了对整个供应链的有效管理，简化了工作流程。这类 BPR 是目前业务流程重组的最高层次，也是重组的最终目标。

二、业务流程重组的实施

（一）业务流程重组的作用

通过将非增值性步骤从业务流程中剔除出去或尽可能地简化，能有针对性地提高为顾客提供产品与服务的效率，提高对质量管理环节的监控能力。流程简化的作用主要表现为以下四点：

（1）提高响应能力。这主要表现在为顾客提供支持性服务的产品配送环节。由于每个子环节的周期速度加快了，就促使紧随其后的环节跟进性动态改变，最终提高了顾客的满意度。

（2）降低成本。彻底消除无效预算。

（3）降低次/废品率。随着那些容易导致次/废品出现的无效低能环节的减少，次/废品率也将出现明显的下降。

（4）提高员工满意度。降低流程的无效性和复杂性，意味着员工将被授予更多的权力对自身工作进行具体决策，这无疑会大大提高员工参与工作的热情和干劲。

（二）业务流程重组的方法

对业务流程的研究，离不开科学的方法和工具。业务流程重组的方法主要有以下几种：

1. 结果分析。

结果分析着重研究顾客需要什么样的结果，当我们理所当然地认定某个结果就是顾客所需要的时候，往往会与实际情况产生偏差。比如说，你在一家保险公司工作，当你的一个客户发生交通事故的时候，这个客户最需要从保险公司得到的结果是什么呢？按照传统的观点，保险公司会认为顾客希望得到的结果是迅速得到赔付，然而，对于顾客来说，赔付只是实现最终目的——修好汽车的一种手段。保险公司也许可以从转换观念上获取更大的收益，当客户出现交通事故的时候，他们可以替客户修理汽车，或者寻求代理商为客户修理汽车。

应用这种方法，系统分析者可以建议管理者和项目决策人站在顾客的角度上思考本公司的产品和服务是如何为顾客服务的以及这些产品和服务应当如何为顾客服务。

2. 技术分析（IT 能力）。

信息技术的出现导致了过去几十年间的许多业务流程的改变。企业的领导者迫切需要引进新技术来提高企业的运行效率。于是，管理层应认真研究那些新技术怎样才能应用到流程重组中去，使企业的效益获得提高。

例如，Internet 是一项非常有用的工具，土星公司则是一家以生产汽车为主的制造商，这家公司在应用 Internet 的过程中，通过建立一套专用网络把自身同供应商连接起来，通过网络把自己的生产计划提供给供应商，而不是采取订货的方式，那些能够及时提供配件的供应商将获得合同，这种改进为土星公司节约的大笔的费用，因为他们不必再专门设立机构根据生产计划的完成情况进行订货。

3. 活动精简。

活动精简正如它的字面意思一样，BPR 的研究者将和企业的管理者一起分析哪些活动在精简后流程的功能仍然能够很好地实现。开始的时候，企业的管理者也许不愿意承认自己的流程里存在不必要的活动。但这种分析应该具有强制性的成分，对流程中的每项活动都要进行认真的研究，以确定其是否是必要的。

例如，在家庭抵押许可的流程中，第一项活动：将数据输入到计算机就可以取消，这可以直接导致两个结果：①节省了一套计算机系统（对于大公司也许不算什么，但对于小公司也许很重要）；②可以让客户自己来输入（例如，客户通过网络输入）。接着，第二项活动：信用审查也可能取消，这取决于以往的信用审查能够审查出多少信用记录不良的客户，如果这样的客户很少，或者根本没有，那么，信用审查活动消耗的成本可能大于因不进行信用审查而造成的损失。

4. 代理基准法。

应用这种方法，管理者和 BPR 实施者以其他企业或行业企业类似流程作为本企业流程的参照。然后，他们就可以将那些企业业务流程中的优点应用到本企业的业务流程中去。以旅馆业的业务流程为例，我们就可以参考同属服务业的航空业、传媒业的类似流程，从中吸取它们的长处。

5. 流程简化。

现在的业务流程经过很多年的发展，已经变得相当复杂，主要目的是防止一些偶然才会发生事件。这样，我们可以设计两套流程，一套是简化版的流程，用于一般性的处理，另一套是复杂的流程，用于出现意外情况时的处理。流程简化的方法有：

（1）成本导向的流程简化。这是一种最基本的流程简化方法，它旨在通过对特定流程进行的成本分析，来识别并减少那些诱使资源投入增加或成本上升的因素，该方法适用于对产品的价格或成本影响较大的那些活动。操作前提是不能以损害那些必要的或关键的能够确保满足顾客需要的流程或活动为代价。

（2）时间导向的流程简化。这是一种在降低产品周期方面运作得越来越广泛的流程简化方法。其特点是注重对整个流程各环节占用时间，以及各环节间的协同时间进行深入的量化分析。

（3）重组性的流程简化。一种立足长期流程能力大幅改进，而对整个业务流程进行根本性的再设计的方法。该方法强调在企业组织的现有业务流程绩效及其战略发展需要之间寻找差距与改进空间。实施要求组织自上而下，制订跨部门、跨企业的执行计划，相应的资源投入也是非常可观的。

（三）业务流程重组的步骤

业务流程重组是对企业的业务流程的重新思考和再设计，是一个系统工程。为了有效地实施流程重组，通常把流程的实施过程分为5个主要阶段（如图4－13所示）。

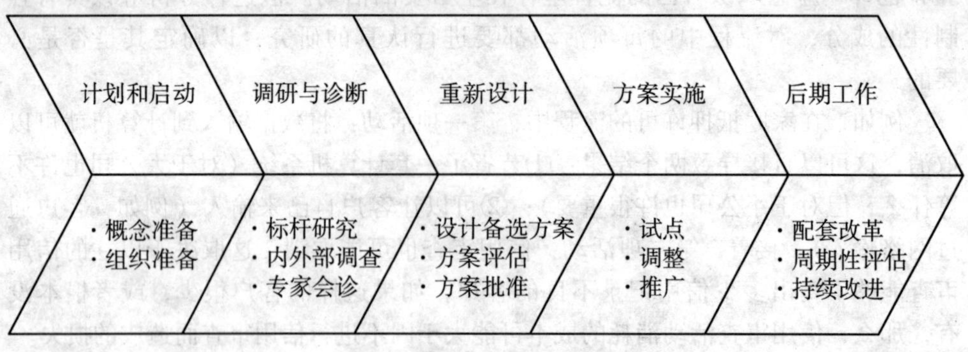

图4－13　BPR的一般过程

1. 计划和启动。

为了保证BPR的顺利进行，组织应该从概念上和组织上做好准备。

（1）概念准备。概念准备的主要活动：评估当前企业状况、解释变革原因、描述变革后的设想情况，获得高层管理人员对业务流程重组的支持；定义重组的范围，了解企业现有的业务哪些地方需要改变、可能出现什么新情况；确定重组的战略目标，如市场需求的下降或是竞争对手在产品创新中的重大进步，企业应该针对竞争对手情况，明确未来的方向，并采取与之相适应的业务方式，制定容易衡量的指标。

（2）组织准备。组织准备的主要活动是：建立实施的组织机构、确定实施 BPR 的任务、挑选人员。实施 BPR 最主要的人员之一是项目负责人，必须由高层人士担当，以便有足够的权力和调动人员积极性的能力。对主要业务流程应任命一个流程负责人，以避免扯皮和推诿的情况，保证效果和进度。流程重组小组应该由多方面的人员组成——内部人员清楚流程的优势，外部人员的思维不受原有流程的限制，往往可以提出一些创造性的想法，人员 5～10 人为宜。小组中还应包括一个帮助小组与企业员工进行沟通的企业内部人员，以减少企业员工对新系统的抵触。经验丰富的 BPR 专业人士能够起到难以估量的作用，他们能够为重组小组提供相关工具、技术和方法。在项目开始时可以建立一个指导委员会。

2. 调研与诊断。

（1）标杆研究。企业应该找出几个最有可能产生极大回报的核心业务过程进行重新设计。挑选需要重组的核心流程要遵循三条原则：效率最低原则、最重要原则（对顾客最重要）和可行性原则（可行、见效快）。

（2）内外部调查。内外部调查的主要活动是：理解当前流程的原因，为现有业务流程建模，理解当前是如何利用各种技术的，明确信息的使用情况、理解当前的组织结构。找出需要重组的流程，接着需要分析为什么当前的流程会表现出这种状况。要理解（即内在原因等）一些（而不是全部）流程动作的关键。还需要理解当前流程如何使用信息，掌握组织的哪些职能部门与该业务过程有关。另一方面，了解顾客的真实需求也是很重要的工作。

（3）专家会诊。为了提高 BPR 实施的成功性，组织还可以聘请专家参与对企业核心业务流程的诊断工作。专家常常可以发现一些内部人员很难发现的问题。

3. 重新设计。

（1）设计备选方案。重新设计企业流程常规的方法是先建立新的业务流程模型，确定新流程的信息需求，然后确定如何通过信息技术来支持这些需求。设计新方案的主要活动是：定义新的工作流程，为新流程及其信息需求建模，建立新的组织结构的文档，描述新技术的应用，描述新流程所需要的企业文化。

（2）方案评估。下一步是对备选方案的评估。业务流程的目标应该是将顾客需求、企业竞争策略和业务的最优化动作结合在一起。组织可以从这些方面入手，应用功能经济分析工具建立有关成本、效益等方面的评估标准评估各可行方案，选择出最合适的方案。

（3）方案的审批。评估后的方案将递交组织的高层领导进行审批。BPR 能否顺利实施，组织领导的支持是重要的因素之一。

4. 方案实施。

一般地，新流程的设计是在试验的基础上完成的。因此，最好先有选择性地建立一个原型系统进行小范围的试验，通过试运行取得满意成果后，再进行大规模的推广。由于重新设计的流程在推广之前，还需要进行一系列的修订和改进，这种做法有利于组织将费用控制在较低的水平上。在方案的试验阶段，组织需要寻找一条当前业务流程和新业务流程之间的转换通道，并让新流程具备一定的可塑性，以便进行修改。只有通过测试的新流程才能在组织范围内进行推广。

5. 后期工作。

（1）配套改革。配套改革的主要活动包括：建立新的组织结构，评估当前的工作能力和技能，设定员工的新任务及职能要求，重新配置人力物力，制订培训计划，开展新业务流程、新技术和管理人员简单使用系统的培训。

新流程需要新的组织结构、新技术与新的企业文化；需要员工具备新技能并且适应新的管理结构；需要从评估原有技能水平开始，考察现有技能水平能否满足新流程的要求，需要在一些方面进行培训；要建立相应的培训计划，不仅让员工具备相应的业务能力，更要让他们明确其工作是如何与顾客相联系的。

（2）周期性评估与持续改进。由于员工适应重大的变革会有一定困难，新业务流程可能伴随人们的疑惑、失望和恐惧。另一方面，新流程可能存在一些不足的地方，有些问题在设计、试点阶段并未被发现。因此，经过一段时间的运行后，组织应该对新流程实施的效果进行周期性评估，总结经验，发现问题，并针对问题进行改进。BPR 的实施是一个长期的过程，因此，这种改进必须是持续的。

（四）实施 BPR 的企业类型

第一类是企业发现自身已经陷入了困境之中，不进行彻底的改变，就有倒闭的可能。这种企业最适合，也是最急需实施 BPR 的。

第二类是企业目前经营状况良好，但已感到了来自竞争对手的压力，产生了危机感，并预测将来企业的经营状况可能会变坏。这类企业是为了摆脱潜在的困境而提前实施 BPR。

第三类是企业当前的经营状况非常好，处于鼎盛的时期，并且企业在现在或可预见的将来都不存在明显的困难和危机。该企业的管理者是为了保持其领先的地位而实施 BPR。并且把实施 BRP 看作是提高企业竞争力的一种机会、一种手段，通过实施 BPR 来提高自己的业绩，加大企业的竞争优势，从而使竞争对手的经营更加困难，给其以极大的压力。

三、BPR 与 MIS 的关系

BPR 与 MIS 规划有着非常密切的关系。正是信息技术的发展与应用，使企业能够打破传统的组织管理模式，创建全新的过程管理模式，促进企业目标的实现。而 MIS 能充分地发挥出效益，重要的在于要对企业流程进行重新设计。这两者相辅相成、互为条件。

前面介绍的企业系统规划法（BSP），它是由过程的观点出发来看待企业，实际上已建立了过程模型。它根据企业过程模型去建立 MIS。但它主要是从企业现有的流程出发，虽然也涉及一点企业流程的改进，但力度很小。在这样基础上建立的 MIS 仅仅是用计算机系统去模拟原手工管理系统，并不能从根本上提高企业的竞争能力。为了充分发挥 MIS 的潜能，重要的是重组企业流程，按照现代化信息处理的特点，对企业流程进行重新设计和再思考。

从系统规划开始，通过对现有业务活动的调查分析，找出现有业务流程存在的问题及产生的原因，从“系统应该是什么样子”观点出发，并根据企业目标，对现有业务流程进行彻底的再设计，打破旧框框，合并和简化业务流程，纠正错位的业务活动，删除冗余的业务活动，减少管理层次，取消不必要的审批检查等控制环节，找出正确和优化的企业业务流程，BRP 的思想包括在系统规划、系统分析、系统设计、系统实施等整个系统规划与开发过程之中。只有信息技术和 BPR 的结合，才是企业高效运行的一条重要途径。

在实际工作中，BPR 与 MIS 的建设是相互衔接的，企业可以选择先进行 BPR，再作信息系统的规划；也可以在进行信息规划的过程中融入 BPR 的思想，系统实施前进行 BPR。

BPR 是 MIS 建设的一种高级形式，同时也会引起组织结构的深刻变化，减少管理层次，促进组织的扁平化。企业管理会从中取得极大的收益。

四、案例——福特公司的“采购——收货——付款”流程再造

福特汽车公司是美国三大汽车巨头之一，但是到了 20 世纪 80 年代初，福特像美国其他大企业一样面临着日本竞争对手的挑战，因而想方设法削减管理费用

和各种行政开支。福特公司的美国总部有500多名财务人员，其单据往来十分繁杂，通常的程序是：采购部与供应商签订订购货合同（订单），同时送一份副本给会计部门；供应商交货时开发票；仓库管理员验收货物后出具验收单，会计部门核对订单、发票、验收单，三者一致后办理付款，否则需派人调查原因。处理流程如图4－14所示。

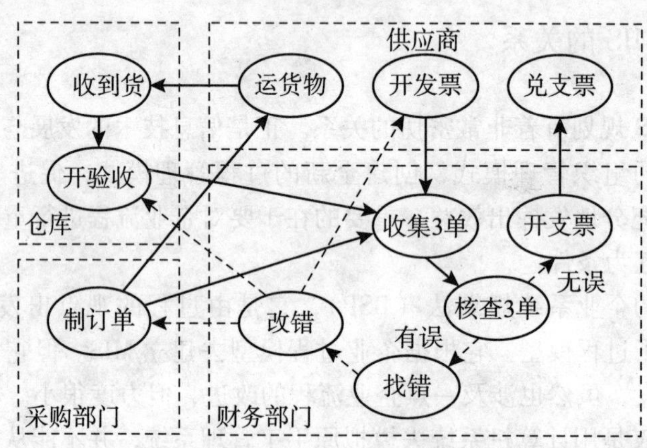

图4－14　福特公司原有“采购——订货——付款”流程

福特公司建立了计算机系统，使采购、仓库、会计部门都应用计算机处理各自的业务，裁掉了20%的冗员，并以为这样很不错了。但是，当他们知道日本马自达公司完成同样的工作仅需5人时，他们震惊了。因为即使考虑到福特公司的规模比马自达大，他们最多也只应有100名左右会计人员。问题在哪里呢？显然，这需要从根本上再造整个工作流程和工作内容。调查表明，很多传统的习惯是不必要的，在会计部门和采购部门以及供应商之间有很多冗余的单据往来，要花不少人力去核对单据。尽管不一致的情况只占少数，但会计部门却有80%的人花大量时间处理这类少数事件。又因经手人多，出错的机会也多，一旦单据之间不相符，就要花更多人力去追查，最后会计部门凭多次核对的发票付款。

福特公司再造了这一流程（如图4－15所示），引入了公用数据库，采购订单进入数据库并送给供应商。当仓库管理员收到货物时，从数据库中调出相应的订单，两者相符由验收入库并自动开出支票，反之则拒绝收货。这样，发票及其他往来单据就不再需要了。

福特公司通过上述流程再造及企业管理信息系统的建设，使得会计部门减少了75%的冗员，同时再造后的流程在效率、成本和质量方面都有极大改善。

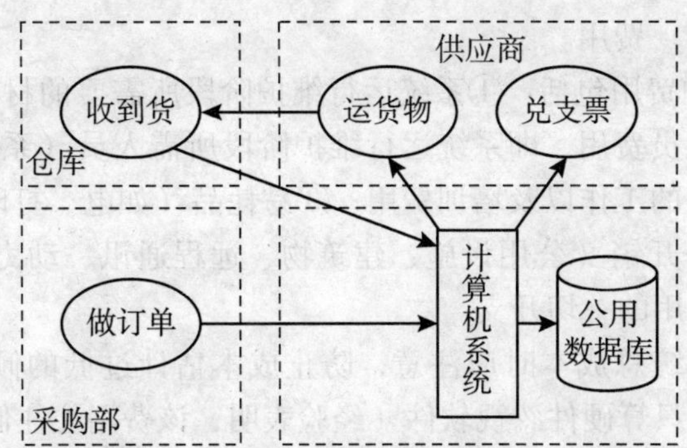

图 4－15　福特公司再造后的“采购——订货——付款”流程

第四节　系统可行性研究

可行性研究是任何工程项目初始阶段必须首先要做的工作，只有通过可行性分析才能确定是否可以进行该项目的开发。信息系统开发是一项时间长、涉及因素多、人员和资金投入大的复杂工程，必须通过可行性分析，找出最佳的、可行的开发方案。

一、可行性研究的内容

可行性是指项目建设的必要性、可能性和合理性。包括经济可行性、技术可行性和社会可行性三个方面。

（一）经济可行性

经济可行性分析也叫投资/效益分析或成本分析。就是要估计项目的成本和效益，分析项目在经济上是否合理。如果不能提供研制系统所需的经费，或者不能提高企业的利润，或者一定时期内不能回收投资，就不应该开发该项目。信息系统总成本包括信息系统初始成本和运行维护费用。信息系统的效益包括直接经济效益和间接社会效益。

1. 信息系统的总成本。

信息系统的总成本就是项目投资总额，包括初始成本与运行维护费用。

（1）系统的初始成本包括：①设备费用，包括各种硬/软件及辅助设备的购置、运输、安装、调试费用；②机房及附属设施（电源、通讯、空调等）费用；③软件开发成本，即开发计算机信息系统软件的成本。对于软件开发成本可以采用程序代码行成本估算法和工作量成本估算法来进行估算；④其他（差旅、办公、不可预见费用）费用。

（2）运行维护费用包括：①系统运行维护阶段所需要的材料（软件、硬件、通讯）费用；②人员费用，即系统运行维护阶段所需人员（系统管理员、硬件、软件维护人员等）的工作以及培训费用；③易耗品（如电、打印纸、磁带、磁盘等）费用；④内务开销（公用设施、建筑物、远程通讯、动力）；⑤其他费用，不属于以上所列费用的一切开支。

在估算信息系统总成本时应注意，防止成本估计过低的倾向，如只算开发费、不算维护费，只算硬件忽视软件（经验表明，该费用往往低估2~4倍），只算主机、不算外设（现在的趋势是外设比重越来越大）。

2. 信息系统的效益。

效益的估计是决策者最关心的问题。效益可分为直接经济效益和间接经济效益。直接经济效益是可度量的，是系统投入运行后，对利润的直接影响。例如，由于管理信息系统的使用节省多少人员，压缩多少库存，合理的调度使产量增加、废品减少等等。把这种效益与系统投资、运行费用相比，可以估算出投资回收期。投资回收期越短说明项目的经济效益越好，经济可行性就越高。

但信息系统的效益大部分是难以用货币形式表现出来的社会效益，如系统运行后，可以更及时地得到更准确的信息，对管理者的决策提供了更有力的支持，改善了企业形象，增加了竞争力等，这些都是间接效益。

（二）技术可行性

技术可行性是分析在特定条件下，技术资源的可用性和这些技术资源用于解决信息系统问题的可能性和现实性。即根据现有的技术设备以及准备投入的技术力量和设备，分析系统在技术上实现的可能性。

1. 设备条件方面。

所需要的物理资源是否具备，能否得到，应着重考虑：①硬件，包括计算机的存储量、运算速度，外部设备的功能、效率、可靠性，通信设备的能力、质量。②系统软件，包括操作系统提供的接口能力是否符合需要，是否具备实时处理能力或批处理能力，分时处理的响应时间是否可接受，数据库管理系统的功能是否足够，程序设计语言的种类和表达能力以及网络软件的性能是否满足需要等。③如果系统采用网络结构，还要考虑网络本身的选择，根据数据传输量的大小选择合适的电线、电缆以及相应网络软硬件。

2. 技术力量方面。

考察从事系统开发以及系统投入运行之后的维护管理人员的技术水平。在信息系统开发和运行维护的各个阶段，需要各类技术人员的参与（如系统分析人员、系统设计人员、程序员、软硬件维护人员等），人员的数量、具备的知识等都应作为技术力量考察的重要指标。

(三)社会可行性

信息系统是在社会总环境中工作的，除了技术和经济的因素之外，还受到许多社会因素的影响。社会可行性是指所建立的信息系统能否在该企业实现，在当前操作环境下能否很好地运行，即组织内外是否具备接受和使用新系统的条件。从组织内部来讲，管理信息系统的建立，可能导致某些制度，甚至管理体制的变动，对于这些变动，组织的承受能力如何，尤其是从手工系统过渡到人机系统，这个因素的影响更大。领导者不积极参与、旁观怀疑，中下层怕改变工作性质，由于惰性或惧怕心理而反对采用新技术，都是系统失败的关键因素。从组织外部来讲，管理信息系统运行后，报表、票据格式的改变，是否为有关部门认可和接受，这将直接影响营业额。对于涉及社会经济现象的系统，还应考虑原始数据的来源有无保证。

在对几种方案的上述三个方面的可行性作分析比较后，最后要写出新系统开发的可行性研究报告。

二、可行性分析报告

可行性分析研究报告，是系统开发人员对现行系统进行初步调查和研究之后的结论，它反映了系统开发人员对新系统开发的看法和设想。

可行性研究报告一般要提交到有企业决策者、部门领导、业务人员及系统一切人员参加的正式会议上讨论，报告一旦正式通过，并且经过有关领导审核批准，可行性研究阶段的工作即宣告结束。可行性分析报告要尽量取得有关管理人员的一致认识，并经过主管领导批准，才可付诸实施，进入对系统规划的阶段。可行性报告一般包括以下内容：

(1)引言。包含摘要、系统名称、目标、功能、背景、系统开发的组织单位，系统的服务对象，本系统和其他系统或机构的关系和联系。参考和引用的资料，本系统经核准的文件、合同或批文，本报告引用的文件、资料。专门术语的定义，本报告使用的专门术语及其定义、缩略语、全称等。

(2)系统开发的背景、必要性和意义。现行系统调查研究包括：①组织机构；②业务流程，各主要业务流程及对信息的需求；③工作负荷；④费用；⑤人员；⑥设备；⑦计算机应用情况；⑧现行系统中存在的主要问题和薄弱环节等情况。需求调查和分析：包括用户提出的需求，及考虑经济改革和发展的需要而进行干预的结果。

(3)现行组织系统概况。包括组织的目标和战略，业务概况和存在的主要问题。

（4）拟建系统的信息系统候选方案。简要说明要提出计算机的逻辑配置方案，可以提出一个主要方案及几个辅助方案。还需说明对组织的意义和影响。

（5）可行性论证。从经济、技术和社会三方面对每个方案进行可行性论证。

（6）结论。可行性研究报告的最后应该给出一个明确的研究结论，这个结论可以是：①可以立即开始后面的开发工作；②需要推迟到某些条件（例如：资金、人力、设备等）落实之后才能开始进行；③需要对开发目标进行某些修改之后才能进行；④不能进行或不必进行（例如：因技术上不成熟、经济上不合算等）。

本章小结

本章讨论管理信息系统规划的目的、意义和方法，首先介绍系统规划的概念、重要性、内容、原则、特点和准备工作。其次介绍信息系统规划的模型及其常用的方法。在信息系统的规划模型中，主要介绍了诺兰模型的内容以及对信息系统开发的指导作用。在信息系统常用的方法中，主要介绍了战略集转化法(SST)、关键成功因素法（CSF）和企业系统规划法（BSP）三种方法的基本概念、实施的步骤及优缺点，并对这三种方法进行了比较；其中还就BSP方法的分析工具——U/C矩阵进行详细的说明。然后介绍了业务流程重组，主要从概念、分类和实施进行阐述。最后本章介绍了系统的可行性研究。

习题

1. 为什么要对信息系统的开发进行规划？
2. 诺兰模型把信息系统的成长划分为几个阶段？它有什么实用意义？
3. 什么是战略目标集转化法（SST)？其一般步骤有哪些？
4. 什么是关键成功因素法（CSF)？如何确认关键成功因素？
5. 什么是企业系统规划法（BSP)？简述BSP方法的主要步骤。
6. 制定信息系统规划时采用的SST、CSF、BSP三种方法的优缺点分别是什么？
7. U/C矩阵的正确性检验包括哪些内容？
8. 什么是业务流程重组（BPR)？它与管理信息系统有何关系？
9. 在组织中如何开展BPR？
10. 可行性研究包括哪些内容？

第五章

管理信息系统的系统分析

系统分析是管理信息系统开发工作中最重要的一个阶段。在这个阶段中，系统分析人员基于对企业现有的信息处理系统进行描述和分析，提出新系统的逻辑方案。系统分析的本质，是通过对现有系统的描述和分析回答新系统“要干什么”的问题。

第一节 系统分析概述

一、系统分析的任务

在管理信息系统开发实践中，经过成功和失败的教训，使人们认识到，为了使开发出来的目标系统能满足实际需要，在着手编程之前，首先必须要有一定的时间用来认真考虑以下问题：

（1）系统所要求解决的问题是什么？

（2）为解决该问题，系统应做些什么？

（3）系统应该怎么去做？

在总体规划阶段，通过初步调查和可行性分析，建立了系统的目标，已经回答了上面的第一个问题。而第二个问题的解决，正是系统分析的任务，第三个问题则由系统设计阶段解决。

系统分析是在总统规划的指导下，对系统进行深入详细的调查研究，确定新系统的逻辑模型过程。简单说来，系统分析阶段的任务就是将系统目标具体化为用户需求，再将用户需求转换为系统的逻辑模型，系统的逻辑模型是用户需求明确、详细的表示，它们之间的关系如图 5－1 所示。

图 5-1　系统目标、用户需求和目标系统逻辑模型

1. 了解用户需求。

要解决“系统要做些什么”的问题，系统分析人员必须与用户密切协商，这是系统分析工作的特点之一。根据现行信息系统与计算机信息系统各自的特点，认真调查和分析用户需求。所谓用户需求，是指新系统必须满足的所有性能和限制，通常包括功能要求，性能要求，可靠性要求，安全保密要求以及开发费用，开发周期，可使用的资源等方面的限制。

用户是新系统的使用者，因此在系统分析过程中，一定要从用户的需求出发，做大量细致的工作。用户对开发的系统是否满意取决于系统是否满足用户的需求。因此，需求分析是系统分析阶段一项非常重要的工作，是整个信息系统开发的基础。

2. 确定系统逻辑模型，形成系统分析报告。

在详细调查的基础上，运用各类系统开发的理论、开发方法和开发技术，确定系统逻辑功能，再用一系列图表和文字表示出来，形成系统的逻辑模型，为下一步系统设计提供依据。逻辑模型包括数据流程图、数据字典、基本加工说明等。它们不仅在逻辑上表示系统目标所具备的各种功能，而且还表达了输入、输出、数据存储、数据流程和系统环境等。逻辑模型只告诉人们目标系统要“干什么”，而暂不考虑系统怎样来实现的问题。

系统分析报告是系统分析阶段的最后结果，它通过一组图表和文字说明描述新系统的逻辑模型。

二、系统分析阶段的工作步骤

1. 详细调查。

在总体规划时所做的初步调查只是为了总体规划和进行可行性分析的需要，相对来说是比较粗糙的。现在，则应在初步调查的基础上，进一步详细调查现行系统的情况和具体结构，并用一定的工具对现行系统进行详尽的描述，这是系统分析最基本的任务。在充分了解现行系统现状的基础上，进一步发现其存在的薄弱环节，并提出改进的设想，这是决定新系统功能强弱、质量高低的关键所在。

2. 组织结构与业务流程分析。

在详细调查的基础上，用图表和文字对现行系统进行描述，详细了解各级组织的职能和有关人员的工作职责、决策内容对新系统的要求，业务流程各环节的处理业务及信息的来龙去脉。其目的是把系统的内在关系分析清楚，以便确定形成新系统的逻辑模型。

3. 系统数据流程分析。

以业务流程分析为基础，分析数据的流程、传递、处理与存储过程，用数据流程图进行描述，建立数据字典。

4. 提出新系统的逻辑模型。

在详细调查和用户需求分析的基础上提出新系统的逻辑模型。逻辑模型仅在逻辑上确定的新系统模型，而不涉及具体的物理实现。用户可通过逻辑模型了解新系统，并进行讨论和改进。

5. 编制系统说明书。

对上述采用图表描述的逻辑模型进行适当的文字说明，就组成了系统说明书。它是系统分析阶段的主要成果。系统说明书既是用户与开发人员达成的书面协议或合同，也是管理信息系统生命周期中的重要文档。

三、系统分析的要求

1. 系统分析应在充分理解用户需求的基础上进行。

管理信息系统的最终目的是为了满足用户管理上的各种功能需求，信息技术是实现各种用户功能需求的手段。如果开发人员对需求理解错误，那么无论技术手段如何先进，其作用都是南辕北辙。因此，需求分析是系统开发成功的重要保证。

准确确定用户的需求是一件比较困难的事。一方面，用户一般都缺乏相关的信息技术知识，无法确定计算机系统究竟能做什么、不能做什么，因此无法准确地表达自己的需求，所提出的需求往往是不断变化的。另一方面，系统开发人员一般不会熟悉用户所在的行业，对用户的管理运作不会非常了解，常常会根据自己的设想来臆造用户的需求。

需求定义发生的差错主要包括：不完全符合实际需要、不容易使用、操作困难、容易发生差错等。

2. 系统分析是由开发人员和用户共同来进行的。

只有用户和开发方充分交流，开发出来的系统才能既满足用户需求，又做到技术先进。但是，在用户和程序设计人员之间，要实现真正的沟通是很困难的。这种情况下，就需要系统分析员作为两者之间的“桥梁”，其“桥梁”作用如图5－2所示。

图 5－2　系统分析员的“桥梁”作用

系统分析员是系统分析工作的主持者和主要承担者，他们的任务就是明确需求和资源限制因素，并将它们变成具体的实施方案。

系统分析人员必须具有多种才能，以便有效地工作。这些技能可以分成两类：处理人际关系方面的能力和解决有关技术问题的能力。

3. 系统分析是在充分了解原有系统的基础上进行的。

信息技术在企业管理中的应用，并不是简单地用信息技术去模拟企业原有的业务流程。而是在全面调查分析的基础上，详细了解用户管理业务流程，分析老系统的局限性和不足，然后根据企业的条件和最新的计算机技术发展情况，确定新系统的逻辑方案。

4. 系统分析要编制文档资料。

系统分析工作的主要成果是文件，文件一方面可以用来与用户进行交流，另一方面用来进行系统设计，这就大大增强了系统开发的一致性。

5. 系统分析要讲究方法。

结构化分析方法在系统分析中得到了广泛的使用。在系统分析时，强调用画图的方式，简单明确地表达这个系统的现行状态，使用户从这些图中就能直观地了解系统的概貌，避免用户和系统分析员双方在理解上的偏差。另外，作为系统设计员来说，他也能够直接根据这些图形进行系统设计，并保证设计的正确性。因此，图形工具是系统分析员和用户、系统分析员和系统设计员之间联系的“通信手段”。

第二节　系统详细调查

详细调查是系统开发工作中最重要的环节之一。实事求是地全面调查是系统分析和设计的基础，其工作质量对整个系统开发的成败具有决定性影响。系统调查工作的工作量很大，所涉及的业务、人员、数据、信息都是非常多的。所以，系统开发工作首先需要保证如何科学地组织和展开详细调查。

一、详细调查的原则

与系统规划阶段的现状调查和可行性分析相比，详细调查的特点是目标更加明确，范围更加集中，在了解情况和数据收集方面进行的工作更为广泛深入，对许多问题都要进行透彻的了解和研究。在对现行系统进行详细调查时，应该遵循以下原则：

1. 自顶向下全面展开。

系统调查工作应该严格按照自顶向下的系统化观点全面展开。首先从组织管理工作的最顶层开始，然后再调查第二层、第三层的管理工作，直至摸清组织的全部管理工作。这样做的目的是使调查者既不会被组织内部庞大的管理机构搞得不知所措，无从下手，又不会因调查工作量太大而顾此失彼。

2. 先熟悉业务再分析其改进的可能性。

组织内部的每一个部门和每一项管理工作都是根据组织的具体情况和管理需要而设置的。一般来说，某个岗位的存在和业务范围、要求必然有其存在的道理，因此，应该首先搞清这些管理工作的内容、环境条件和工作的详细过程，然后再通过系统分析讨论其在新的信息系统支持下，有无优化、改进的可能性。

3. 工程化的工作方式。

工程化的方法就是将每一步工作事先都计划好，对多个人的工作方法和调查所用的表格、图例都进行规范化处理，以使群体之间都能相互沟通，协调工作。

4. 全面调查与重点调查相结合。

开发整个组织的 MIS，应该坚持全面调查和重点调查相结合的方法。尤其是某时期内需要开发企业的某一个局部的信息系统，更应该在调查全面业务的同时，侧重该局部业务相关的分支。

5. 主动与用户沟通、保持积极友好的人际关系。

系统调查是一项涉及组织内部管理工作的各个方面，涉及不同类型人的工作，故应该主动与用户在业务上沟通，同时创造和保持一种积极、主动、友善的工作环境和人际关系是调查工作顺利开展的基础。

二、详细调查的方式

对现行系统的调查研究是一项烦琐而艰巨的工作，为了使调查工作能顺利进行并获得预期成效，需要掌握有关的方法、要领和一定的技巧。在管理信息系统开发中所采用的调查方法通常有以下几种：

1. 收集资料。

就是将各部门科室和车间日常业务中所用的计划、原始凭据、单据和报表等的格式或样本统统收集起来，以便对它们进行分类研究。

2. 调查会。

管理中的有些问题常牵涉众多的人员，通过开征询会、讨论会的方式往往能有利于尽快地弄清这些问题的来龙去脉，把握住问题的本质。如果有条件还可以利用打电话和召开电视会议进行调查，但只能作为补充手段，因为许多资料需要亲自收集和整理。在深度调查和征询有关人员对建立系统的看法时，开会讨论的调查方法更能发挥作用。这是一种集中征询意见的方法，适合于对系统的定性调查。

3. 重点询问方式。

开调查会有助于大家的见解互相补充，以便形成较为完整的印象。但是由于时间限制等其他因素，不能完全反映出每个与会者的意见，因此，往往在会后根据具体需要再进行重点询问。

重点访问方式就是通过调查了解到促使企业的各个岗位成功的"关键成功因子"的问卷，列出若干个可能的问题，自上而下的、尽可能全面的对用户进行提问，然后分门别类的对询问的结果进行归纳，找出其企业管理工作成败的"关键因子"。

调查工作开始前一般要准备一组问题，这样一方面能引导调查工作的进行；另一方面可保证调查范围的完备性。这些问题一般包括如下几个方面：

（1）输出方面：希望计算机输出怎样的报告？目的是什么？哪些报告可以取消或合并？以前输出数据的精确度如何？过去用什么办法发现错误和修改错误？报告在细度、全面性上存在哪些问题？

（2）处理方面：由谁来处理？何时处理？处理时间长短？采用哪些计算方法？从企业全局考虑，你认为企业的哪些管理业务可以改进？你的工作同前/后续工作是如何联系的？

（3）输入方面：输入原始凭证的格式是什么样的？何时何地由谁输入？采用何种传递方式（邮寄、电话、电报等），获取速度如何？合理的输入持续时间是多少？输入数据的字节数和数据类型？

（4）数据存储方面：目前数据存储在何种介质或设备上？需要使用多少数据库文件或数据库文件？

4. 问卷调查。

根据系统特点设计调查问卷，向有关单位和个人征求意见和收集数据。如果企业已经具有网络设施可通过 Internet 网和局域网发电子邮件进行调查，这可大大节省时间、人力、物力和金钱。问卷调查适用于比较复杂的系统。调查问卷可由问题和答案两部分组成，问题由主持调查工作的系统分析人员列出，答案主要由被调查单位的人员给出（如表 5 - 1 所示）。被调查人员选择答案的方式主要有三种：

表 5－1　　会计凭证调查表

填表日期：　　填表单位：　　填表人：

调查内容： 1. 本单位据以登记明细账、总账的凭证包括哪些？请将每一种凭证的格式附在表后。 2. 本单位会计分录为多借多贷时，最多借贷数目为多少？ 3. 最长摘要约为多少汉字？ ……
系统分析人员意见：

审核人：　　审核结果：

（1）系统分析人员已经列出了问题的若干可能的标准答案，选择最适合于被调查单位的答案即可。这种问题一般是比较具体明确的问题。例如：采用何种方法计算机器设备的折旧？①年限平均法；②工作量法；③双倍余额递减法；④年数总和法。

（2）问题是向用户了解一个不确定的因素，可能的答案比较广泛，用户必须根据本单位的具体情况作出明确的答复。例如：账户月发生额最大值为多少？随着不同单位的生产规模、业务量的不同，账户月最大发生额显然是不会相同的。

（3）问题是要求用户提供某些资料。例如：要求用户提供现行系统中各种账、证、表的格式，要求用户给出成本核算流程图。

5. 业务需求调查方式。

对企业的全面业务需求调查可采用事先设计调查表，由企业业务人员填写调查表，这种调查方法一般用于对基层业务管理部门的业务调查。

业务需求调查的填表方法，要求设计能够全面了解业务情况并能够进行一致性和完备性检查的一组调查表。这里说的一致性和完备性检查，是指通过比较一组调查表的每一个调查表所填写的内容，检查发现填表是否正确，是否完全描述了所调查部门的机构任务、信息等方面的情况。这就要求调查表格在设计时，对于关键问题要以不同形式、不同层次在两个或两个以上表中出现。

通过实践，我们认为，业务需求调查的填表方法一般要设计 3 张表格，即：组织机构调查表、目标功能调查表、信息需求调查表。对于每一张表的具体结构可根据具体调查的企业情况进行设计，但是一般应当包括下面的内容：

（1）组织机构调查表。

①本单位名称；上一级组织机构（或领导）名称，下层机构名称；②本单位的主要领导及工作分工；③本单位主要任务（可文字叙述及通过流程图描述）；

（2）目标功能调查表。

①单位局部目标；②实现目标的关键因素；③实现目标所需信息及现有的信息来源；④为实现目标，哪些信息尚无法得到或很难得到，并分析其原因。

（3）信息需求调查表。

①信息名称（报表名、文件名、票据卡片名等，每一种要一份有数据的复印件）；②信息来源及频度；③信息去向及频度；④信息保密要求；⑤信息用途。

6. 深入实际的调查方式。

通过问卷调查和填表方式的业务需求调查后，需要对调查结果进行整理、分析。一旦在整理过程中发现结果前后有矛盾或不一致时，就必须带着问题到实际的工作岗位上工作一段时间，摸清详细的业务和数据流程，弄清问题所在，并解决之。

有时存在这样的情况，即使我们无法通过简单的填表或访谈准确地掌握某些业务操作的一些细节。在这种情况下，我们一般需要采取深入实际的方式来了解这些业务细节，也就是说系统分析人员到相应的岗位与具体业务人同一起工作一段时间，亲身感受业务活动的具体操作过程及可能的异常情况和处理方法。

深入实际的调查方式是完善信息系统调查工作的一种方法，一般用于了解业务处理中的不规范处理情况和处理细节。企业的管理过程中，业务人员对一些不规范的业务过程并没有形成系统、全面的认识，采取深入实际的调查方式有助于系统分析人员系统、全面的了解并描述这些过程。

三、详细调查的范围

详细调查的范围应该是围绕组织信息流所涉及领域的各个方面。

一般信息流是通过物流产生的，物流和信息流又都是在组织管理中流动的，所以，调查的范围不能仅局限于信息和信息流。范围应该包括企业的生产、经营、管理等各个方面。

详细调查的范围一般分为9类：

①组织机构和功能业务；②组织目标和发展战略；③工艺流程和产品构成；④数据与数据流程；⑤业务流程和工作形式；⑥管理方式和具体业务的管理方法；⑦决策方式和决策过程；⑧可用资源和限制条件；⑨现存问题和改进意见。

以上9个方面可以根据实际工作进行增减。

第三节　组织结构与功能分析

现行系统中的信息流动是以组织结构为基础的。因为各部门之间存在着各种信息和物质的交换关系。只有理顺了各种组织关系，才能使系统分析工作找到头绪；有了调查问题的突破口，才能使我们按照系统工程的方法自顶向下地进行分析。

一、组织结构调查

组织机构是一个组织内部部门的划分及其相互之间的关系。组织结构调查旨在弄清组织内部的部门划分，各部门之间的领导与被领导关系，以及各部门的职能。

在组织结构调查中常用的调查工具就是组织结构图（见图5－3）。组织结构图是用来描述组织的总体结构以及组织内部各部分之间的联系，是反映组织内部各部门隶属关系的树状结构图。在进行管理信息系统分析时，我们只关心与我们要开发的管理信息系统相关的组织机构。也就是说，我们给出的组织机构图中一般只包括我们所开发的管理信息系统涉及的企业部门。

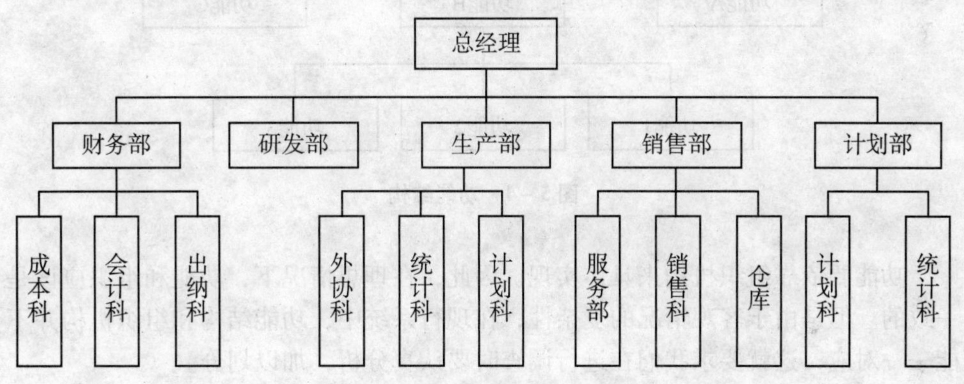

图5－3　某企业的组织结构

图5－3是某企业的组织结构图，从图中可见，该企业的组织分为三层：企业领导决策层、业务管理层和业务执行层。总经理是企业领导决策层，主要职能是决定企业目标、确定经营方针、做出生产经营的具体决策。业务管理层包括财务部、研发部、生产部、销售部和计划部等机构，其主要职能是按照经营方针，在规定的职权范围内对各项业务进行管理。业务执行层（以财务部为例），由成本科、会计科和出纳科等一线的组织机构组成，完成日常的财务工作。

二、功能结构调查

随着生产的发展，生产规模的扩大和管理水平的提高，组织各部门的业务范围也在不断扩大且分工不断细化。许多业务的工作性质已逐步有了新的变化。因而需要通过功能体系调查与分析，使系统开发者对于依附于组织结构的各项业务功能有一个概括性的了解。

功能指的是完成某项工作的能力。系统总目标的实现依赖于各子系统功能的完成，而各子系统功能的完成，又依赖于下面各项更具体的功能来执行。系统功能结构调查的任务，就是要了解或确定系统的这种功能构造，因此，在掌握系统组织体系的基础上，以组织结构为线索，层层了解各个部门的职责、工作内容和内部分工，就可以了解系统的功能体系，并用功能结构图来表示（如图 5－4 所示）。

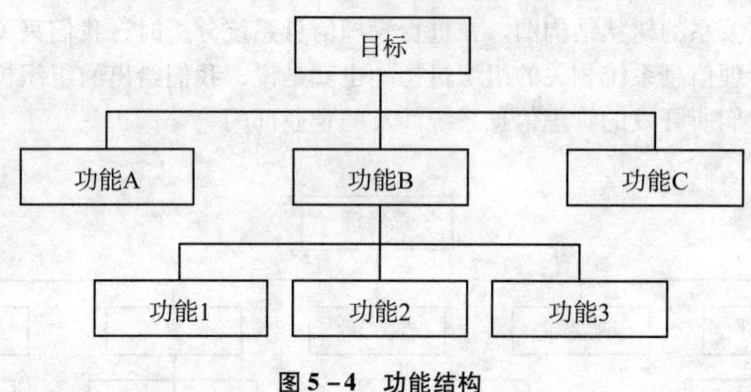

图 5－4　功能结构

功能要依靠组织机构来具体实现。因此，在理想情况下，功能和组织应该是一致的。但是由于客观情况的复杂性，在现行系统中，功能结构和组织机构并不能一一对应，这就要求我们在进行调查时要认真分析，加以划分。

三、组织/功能分析

组织结构图反映了组织内部的上下级关系，但是对于组织内部各部分之间的联系程度，组织各部分的主要业务职能和它们在业务过程中所承担的工作等却不能反映。通过组织/功能分析，可以使组织的功能进一步理顺，从而提高管理效率。组织/功能分析常用的工具是组织/功能联系表（如表 5－2 所示）。

基于建立的组织/功能联系表，可以对组织与功能展开调整分析、功能重组与组织变革分析。

调整分析的内容有：①现行系统中不合理的现象是什么？②不合理的部分对组织整体目标有什么影响？③产生的历史原因是什么？④改进措施是什么？对相关的部分（包括涉及的部门和人员的利益）的影响有哪些？

表 5－2　　　　　　　　　某企业组织/功能联系表

序号	组织 / 联系程度 / 业务功能	计划科	总工室	技术科	生产科	供应科	设备科	销售科	质检科	人事科	研究所	仓库	……
1	计划	○	√		×	×	×	×				×	
2	销售							○	√			×	
3	供应	√			×	○						√	
4	人事									○			
5	生产	√	○	×	○	×	×	√	×			√	
6	设备更新		√		×		○				√		
	……												

注："○"表示该项业务是对应组织的主要业务；"×"表示该单位是参加协调该项业务的辅助单位；"√"表示该单位是该项业务的相关单位；空格：表示该单位与对应业务无关。

管理信息系统受到组织机构的影响，但同时管理信息系统对组织结构和功能也会产生重大影响。这种影响产生的结果是，组织结构发生重大变革，组织的功能出现重新组合。因此，需要对功能重组与组织变革进行分析，如组织结构由传统向现代化组织转变（如扁平化、学习型组织），根据业务流程重组理论，按业务流程对功能重组。

第四节　业务流程分析

组织结构与功能分析只反映了系统的总体情况而不能反映系统的细节情况。要弄清这些职能是如何在有关部门具体完成的，以及在完成这些职能时信息处理工作的一些细节情况，必须进行业务流程的调查与分析。业务流程分析可以帮助我们了解业务的具体处理过程，发现和处理系统调查工作中的错误和疏漏，修改和删除原系统的不合理部分，在新系统基础上优化业务处理流程。

一、业务流程分析的概述

（一）业务流程分析的含义

业务流程分析是对业务功能分析的进一步细化，从而得到业务流程图即 TFD（Transaction Flow Diagram），是一个反映企业业务处理过程的"流水账本"。业务流程分析的任务是：形成合理、科学的业务流程。在分析现有业务流程的基础上进行业务流程重组，产生更为合理的业务流程。

业务流程分析的主要内容包括：①原有流程的分析；②业务流程的优化；③确定新的业务流程；④新系统的人机界面。

（二）业务流程分析的步骤

根据对组织结构图和业务功能体系图的分析，可决定下一步重点调查的部门，然后对该部门的业务信息、业务流程等进行详细调查。

业务流程分析是要将企业具体的业务活动过程（内容、步骤等）描述出来，并对此优化。业务流程分析的步骤如下：

（1）定义流程的边界。分析业务流程的第一步是定义流程的边界。就是要弄清楚：流程从哪里开始，到哪里结束；流程的输入和输出分别是什么；企业内还有哪些其他流程影响到被评估的目标业务流程，或者受到目标流程的影响，在定义流程边界的同时，也就定义了流程的范围，这是业务流程分析关键的一步。

（2）从战略角度评估目标业务流程。当确定了被评估的目标业务流程的边界后，企业就必须把该业务流程与企业的总体战略联系起来，也就是说，企业必须清楚地了解被评估的目标业务流程是如何增强企业竞争优势的。

（3）绘制各部门的业务流程图。流程图能使分析人员直观地分析业务流程，使分析者和流程的执行者都清楚地了解流程的边界以及该流程分析所涉及的环节。绘制流程图时，分析人员应深入现场调查，倾听工作人员介绍业务处理过程，弄清楚各个环节之间的先后关系或并行关系、每个环节所需的时间以及各个环节所需的资源。

（4）分析目标业务流程现状。业务流程图绘制完成后，分析者还应与各部门业务人员讨论业务流程图是否符合实际情况，从而提高业务流程图的准确性。同时，还应该就业务流程中存在的问题进行分析，判断有无不合理流程/环节。

二、业务流程图

业务流程图是业务流程的描述工具，用一些规定的符号表示具体业务处理过程。描述的主体是表单的业务处理，并且这些表单的流动路线与实际业务处理过程一一对应。

（一）业务流程图的基本符号及含义

业务流程图的画法目前还没有统一的标准，但都大同小异，只是在一些具体的规定和所用的图形符号方面有所不同。在同一个系统开发过程中，要采用统一的图形符号和标准来描述系统业务处理的具体方法、规程与过程。图 5－5 是绘制业务流程图常用的符号。在符号的内部，解释则可直接用文字标于图内。圆圈表示业务处理单位；方框表示外部单位；报表符号表示输出信息，即各种表单

（如报表、报告、文件、图形等）；矢量连线表示业务过程联系，即信息传递。

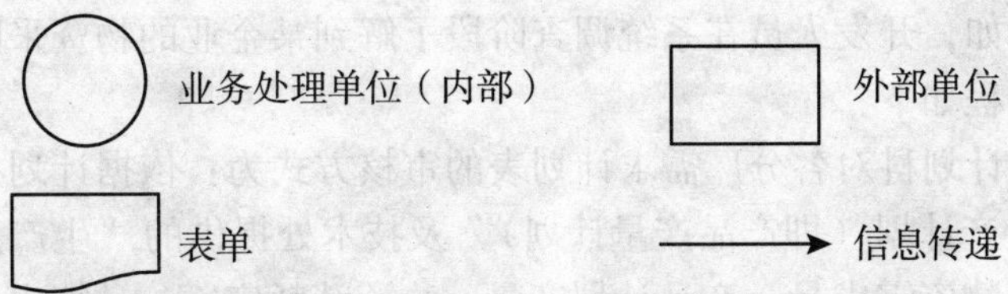

图5-5 业务流程图的基本符号和含义说明

（二）业务流程图的绘制步骤

1. 业务流程图的绘制步骤。

在绘制业务流程图之前，要对现行系统进行详细调查，并写出现行系统业务流程总结。业务流程图是一种用尽可能少、尽可能简单的方法来描述业务处理过程的方法。绘制业务流程图的步骤如图5-6所示。

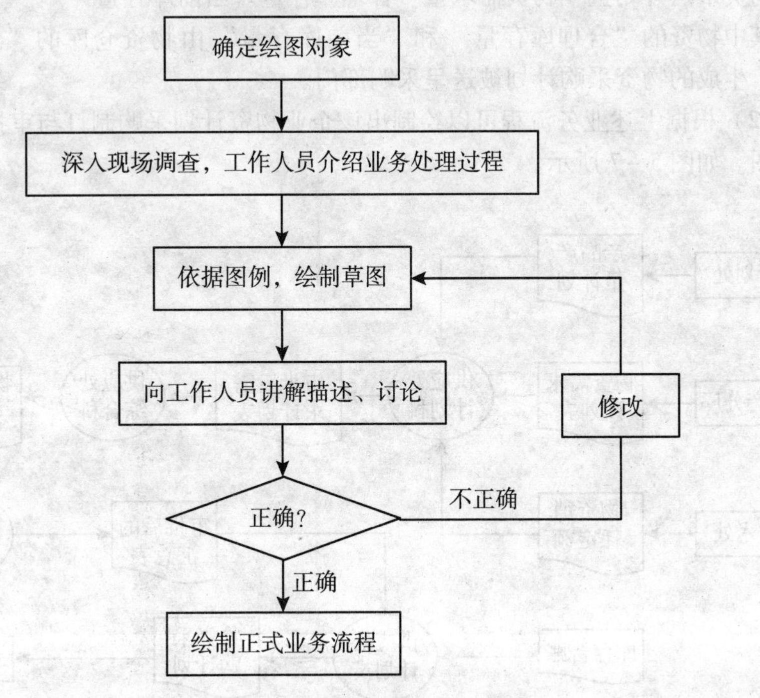

图5-6 业务流程图的绘制步骤

2. 绘制举例。

（1）现行业务流程总结。

在绘制业务流程图之前，要对现行系统进行详细调查，并写出现行系统业务流程总结。例如，开发人员在系统调查阶段了解到某企业的物资采购计划与审批的业务处理流程如下：

①供应处计划科对各分厂需求计划表的审核方式为：依据计划处制订的相应分厂的“主生产计划（即产品产量计划）”及技术处提供的“生产用物资消耗定额”按公式：物资需求量 = 产品计划产量 × 物资消耗定额，计算出每一种产品的物资消耗量。然后按物资进行归纳汇总得出该分厂每一种物资的需求总量。若得出的物资需求量与该分厂物资需求计划表相符（误差不超过 10%），就认为合理，否则要与该分厂协商后才能完成审核工作。

②供应处综合科对审批后需求计划表的综合处理为：对审核后的各分厂需求计划按物资品种进行汇总，获得物资需求量。

③供应处处长对物资需求汇总表的审批处理为：依据掌握的企业财务及生产要求和可能不可预计的物资消耗，对物资需求量进行修正。

④供应处计划员计算物资采购量所依据的模型为：

物资采购计划量 = 物资需求量 + 合理库存量 - 当前库存量

其中物资的“合理库存量”和“当前库存量”由物资仓库的“库存台账”获取。生成的物资采购计划被送呈采购部门。

（2）根据上述业务流程可以绘制出该企业物资计划采购制订与审批处理业务流程图。如图 5 - 7 所示。

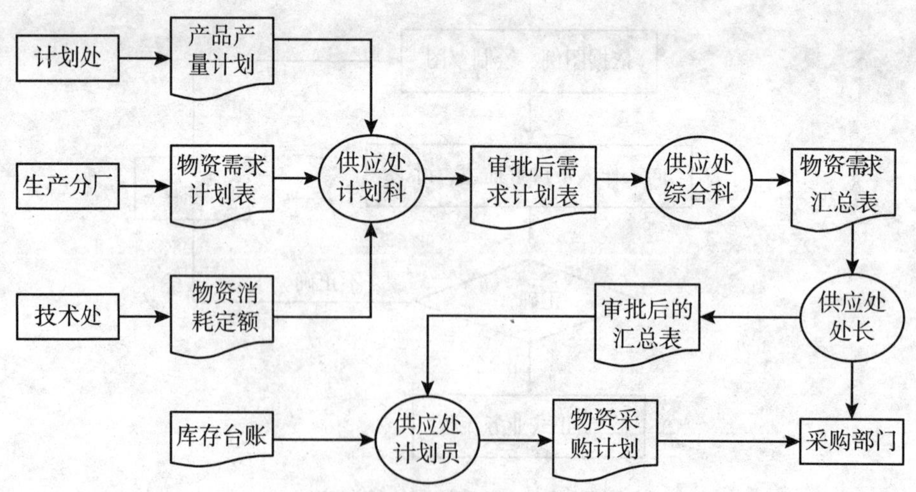

图 5 - 7　某企业物资采购计划制订与审批业务流程

（三）业务流程图的作用

1. 制作流程图的过程是全面了解业务处理的过程，是进行系统分析的依据；
2. 它是系统分析员、管理人员、业务操作人员相互交流思想的工具；
3. 系统分析员可直接在业务流程图上拟出可以实现计算机处理的部分；
4. 用它可分析出业务流程的合理性。

三、表格分配图

为了传递信息，管理部门经常将某种单据或报告复印多份分发到其他多个部门，在这种情况下，可以采用表格分配图来描述有关业务。它可以帮助系统分析人员描述系统中复制多份的报告或单据的数量以及这些报告或单据都与哪些部门发生业务联系。图5－8是采购业务的表格分配图。

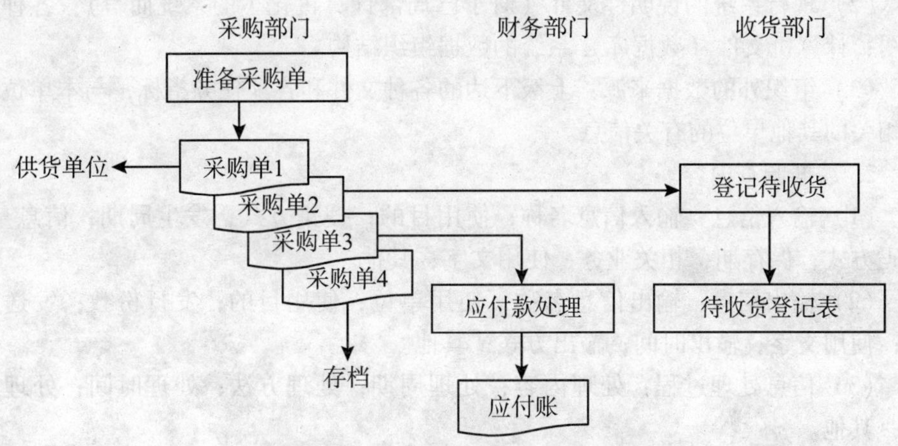

图5－8 采购业务的表格分配

由图5－8可知，采购单一式四份。这四份采购单被分配给不同的部门：供货单位、财务部门、收货部门及采购部门，分别被用作供货凭证、登记应付账、登记收货清单和存档。

第五节 数据与数据流程分析

业务流程图没有完全脱离一些物质要素，数据流程分析是从业务流程中抽取数据处理过程，绘制成一套完整的数据流程图，把数据在组织内部的流动情况抽象地独立出来，单从数据流动过程来考查实际业务的数据处理模式。从信息处理的角度将一个复杂的实际系统抽象成一个逻辑模型，因而能够更深刻地反映系统信息处理的本质。系统分析阶段必须进行全面准确地收集、整理、分析所收集的数据及其流程。

一、数据收集与分析

（一）数据的收集

数据收集工作量很大，因此要求系统研制人员应具备经营管理的素质，耐心细致地深入实际，配合业务人员收集与系统有关的一切数据。

1. 数据的来源。

（1）组织的正式报告（对于手工系统而言）：各种卡片、报表；会议决议。

（2）现行系统的说明性文件（对于已局部计算机化了的系统而言）：各种流程图；计算机文件（数据库）系统的数据组织结构。

（3）组织外的数据来源：上级下达的各种文件和各项任务指标；与本单位密切相关的其他单位的有关信息。

2. 数据调查内容。

（1）输入信息：输入信息名称；使用目的；搜集方式；发生周期；信息量；编码方式；保存期；相关业务；使用文字；其他。

（2）输出信息：输出信息名称；使用单位；使用目的；发行份数；发送方法；使用文字；输出时间；输出方式；其他。

（3）信息处理过程：处理内容；处理周期；处理方法；处理时间；处理场所；其他。

（4）存储方式：文件名称；保管单位；保存时间；总信息量；保密要求；使用频率；删除周期；追加周期；增加、删除比率。

（5）代码信息：代码名称；分类方式；编码方式；使用目的；起始码；终止码；未使用码；追加或废弃频率；其他。

（6）信息需求：所需信息名称；需求目的；需求单位；需求者；时间和期限；所需信息的形式；信息表达的要求。

（二）数据分析

数据收集获得的数据中，有些数据不能用作系统设计的依据，因此要把这些原数据加工成系统设计可用的资料，就必须做数据的分析工作。数据分析是指用适当的统计方法对收集来的大量第一手资料和第二手资料进行分析，以求最大化地开发数据资料的功能，发挥数据的作用。数据分析包括以下几个方面：

1. 围绕系统目标进行分析。

(1) 从业务处理角度来看。为了满足正常的信息处理业务，需要哪些信息，哪些信息是冗余的，哪些信息暂缺，有待于进一步收集。

(2) 从管理角度来看。为了满足科学管理的需要，应该分析这些信息的精度如何，能否满足管理的需要；信息的及时性如何，可行的处理区间如何，能否满足对生产过程及时进行处理的需求；对于一些定量化的分析（如预测、控制等）能否提供信息支持等。

2. 弄清信息源周围的环境。

对数据进行分析就必须分清，这些信息是从现存组织结构中哪个部门来的，目前用途如何，受周围哪些环境影响较大（如有的信息受具体统计人员的计算方法影响较大；有的信息受检测手段的影响较大；有的受外界条件影响起伏变化较大)，它的上一级（或称层次）信息结构是什么，下一级的信息结构是什么等。

3. 围绕现存的业务流程进行分析。

围绕现存的业务流程进行分析包括：

(1) 分析现有报表的数据是否全面，是否满足管理的需要，是否正确反映业务实物流。

(2) 分析业务流程，现存的业务流程有哪些弊病，需要做出哪些改进；做出这些改进以后对信息与信息流应该做出什么样的相应改进，对信息的收集、加工、处理有哪些新要求等。

(3) 根据业务流程分析，哪些信息是多余的，哪些是系统内部可以产生的，哪些需要长期保存。

4. 数据特征分析。

数据特征分析是下一步设计工作的准备工作。特征分析包括以下几方面的内容：

(1) 数据的类型以及长度：是数字型还是字符型，是定长的还是变长的，长度多少（字节数)，以及有何特殊要求（如精度、正负号）等。

(2) 合理的取值范围：这对于将来设计校验和审核功能都是十分必要的。

(3) 数据所属业务：哪些业务要用到这个数据。

(4) 数据业务量：每月的业务量（包括平均数量、最低的可能值、最高的可能值）以及要存储的量有多少，要输入、输出的频率有多大。

(5) 数据重要程度和保密程度：重要程度即对于检验功能的要求有多高，对后备储存的必要性如何。保密度即是否需要有加密措施，它的读、写、改、看权限如何，等等。

二、数据流程图

数据流程分析是通过分层的数据流程图来实现的。按业务流程图整理出的业务流程顺序，抽取出数据处理过程，绘制成一套完整的数据流程图，把数据在组织内部的流动情况抽象地独立出来，单从数据流动过程来考查实际业务的数据处理模式。从信息处理的角度将一个复杂的实际系统抽象成一个逻辑模型，因而能够更深刻地反映系统信息处理的本质。

分析方法是将业务流程中的信息流抽象为一系列的逻辑加工单元，这些逻辑加工单元接受输入数据流，经过加工变换为输出数据流。按照这种方法，不管多么复杂的系统，分析工作都可以有计划、有步骤、有条不紊地进行分解。数据流程图将物理内容去掉，也不考虑具体的物理因素，如具体的组织机构、工作场所、存储介质以及处理方法和技术手段等，只是抽象地反映信息地流动、加工、存储和使用情况分析。

（一）数据流程图的概述

1. 数据流程图的定义。

数据流程图（Data Flow Diagram，DFD）是一种全面地描述系统数据流程的主要工具，它用一组符号来描述整个系统中信息的全貌，综合地反映出信息在系统中的流动、处理和存储情况。数据流程图在逻辑上描述系统的功能、输入、输出和数据存储等，而摆脱了其物理内容。数据流程图是系统逻辑模型的重要组成部分。

2. 数据流程图的作用。

数据流程图的作用主要表现在以下几点：

（1）系统分析员用这种工具可以自顶向下分析系统信息流程；（2）根据数据存储，进一步作数据分析，向数据库设计过渡；（3）根据数据流向，定出存取方式；（4）对应一个处理过程，用相应的语言、判定表等工具表达处理方法。

3. 数据流程图的优缺点。

数据流程图的优点包括：（1）总体概念强：每层明确“干什么”、“需要什么”、“给出什么”；（2）可反映出数据流的处理过程；（3）由于自上向下分析，容易及早发现系统各部分逻辑错误，并及早修正；（4）易与计算机处理对照。

数据流程图的缺点在于：（1）不直观，一般都要在业务流程分析的基础上加以概括、抽象及修正来得到；（2）如果没有计算机系统帮助，人工绘制太麻烦，工作量较大。

(二) 数据流程图的基本组成及符号

数据流程图由四种基本符号组成，如图 5 -9 所示。

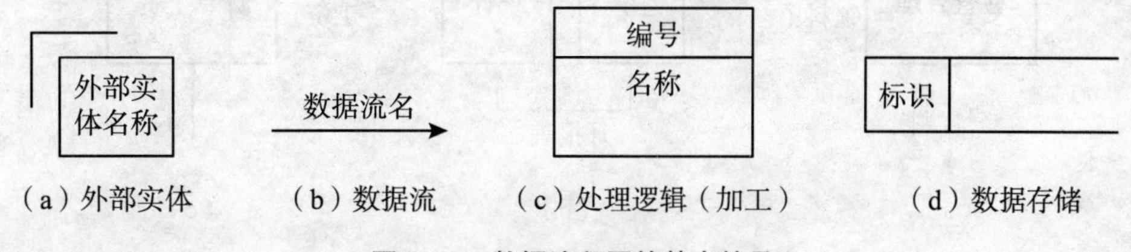

(a) 外部实体　　(b) 数据流　　(c) 处理逻辑（加工）　　(d) 数据存储

图 5 -9 数据流程图的基本符号

1. 外部实体。

外部实体指在系统以外的提供数据或获得数据的组织机构或个人等，它表达了该系统数据的外部来源或去处，又称为数据流的来源点或终点。原则上讲，外部实体不属于数据流程图的核心部分，只是数据流程图的外围环境部分。在实际问题中它可能是顾客、员工、供货单位等。外部实体也可以是另外一个信息系统。外部实体用方形框表示，如图 5 -9（a）所示。在小方框中用文字注明外部实体的编码属性和名称。

在绘制某一个子系统的数据流程图时，凡是本系统之外的人和组织，都被列为外部实体。外部实体向所开发的系统发出或接收信息，系统开发不能改变这些外部项本身的结构和固有特性。

2. 数据流。

数据流指数据的流动，包括数据的传递、抽取、存入等等。数据流可以从加工流向加工，从加工流向文件或文件流向加工，也可以从源点流向加工或加工流向终点。数据流由一个或一组确定的数据组成。例如“发票”为一个数据流，它由品名、规格、单位、单价、数量等数据组成。数据流用带有名字的具有箭头的线段表示，名字称为数据流名，表示流经的数据，箭头表示流向，如图 5 -9（b）所示。

对数据流的表示有以下约定：

(1) 对流进或流出文件的数据流可以不标注名字，因为文件本身就足以说明数据流。而别的数据流则必须标出名字，名字应能反映数据流的含义。

(2) 数据流不允许同名。

(3) 两个数据流在结构上相同是允许的，但必须体现人们对数据流的不同理解。例如图 5 -10（a）中的合理领料单与领料单两个数据流，它们的结构相同，但前者增加了合理性这一信息。

(4) 两个加工之间可以有几股不同的数据流，这是由于它们的用途不同，或它们之间没有联系，或它们的流动时间不同，如图 5 -10（b）所示。

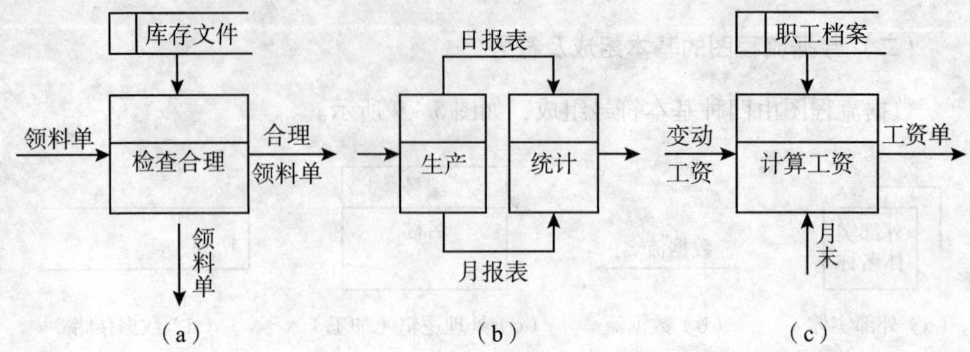

图 5－10　简单数据流程图举例

(5) 数据流程图描述的是数据流而不是控制流。如图 5－10 (c) 中，“月末”只是为了激发加工“计算工资”，是一个控制流而不是数据流，所以应从图中删去。

3. 处理逻辑（加工）。

处理逻辑是对数据进行的操作，它把流入的数据流转换为流出的数据流。每个加工处理都应取一个名字表示它的含义，并规定一个编号用来标识该加工在层次分解中的位置，如图 5－9 (c) 所示。名字中必须包含一个动词，例如“计算”、“打印”等。

对数据加工转换的方式有两种：(1) 改变数据的结构，例如将数组中各数据重新排序；(2) 产生新的数据，例如对原来的数据总计、求平均值等。

4. 数据存储。

逻辑意义上的数据存储环节，不考虑存储的物理介质和技术手段。用一个右边开口的长方形条来表示，图形右部填写存储的数据和数据集的名字，左边填写该数据存储的标志，如图 5－9 (d) 所示。文件和加工之间的箭头有指向文件、背离文件和双向三种。指向表示数据流写入文件；背离表示加工要从文件读出数据；双向表示加工既要从文件读出数据，又要将加工后的数据写入文件。

(三) 数据流程图的绘制

1. 绘制数据流程图的步骤。

绘制数据流程图的一般步骤如下：

(1) 确定与本系统有关的外部实体，即确定与本系统有关的单位、部门和人。

(2) 确定系统的处理单元，即确定系统中需要处理的文件和数据。

(3) 确定系统的存储单元，即确定系统中需要存储的文件和数据。

(4) 确定合理布局。数据流程图各种符号要布局合理、分布均匀、整齐、清晰，使用户一目了然。一般系统数据主要来源的外部实体尽量安排在左方，而数据主要去处——外部实体尽量安排在右边，数据流的箭线尽量避免交叉或过长。

(5) 组织用户领导、管理人员和业务人员等各方面代表反复讨论、分析、比较，直到得到用户和开发人员都能理解的、满意的数据流程图。

2. 绘制数据流程图的方法。

(1) 按照由外向里和数据流动方向详细描述四个要素。

对于不同的问题，数据流图可以有不同的画法。在具体绘制每一张数据流程图时，一般遵循“由外向里”的原则，按数据流动方向和数据加工的顺序，详细描述四个要素：外部实体、加工处理、数据流、数据存储。即先确定系统的边界或范围，再考虑系统的内部，先画加工的输入和输出，再画加工的内部。

每一张数据流程图就是一张子系统图。要从识别系统的输入和输出入手，从输入端至输出端画数据流和加工处理、数据流或数据存储，在数据流的值发生变化的地方就是一个加工，需要保存或者需要共享的数据就是数据存储，对加工的分解“自顶向下”进行分解。在绘制数据流程图时，各种符号布置要合理，分布均匀，尽量避免交叉线。

数据流程图绘制过程中，对四个要素都必须合理地命名，命名的原则为：

①名称要反映被命名的成分的真实和全部意义，不能只反映部分内容。

②名称要意义明确，易理解，无歧义，不会造成错觉和混乱。

③加工处理的名称一般以动词+宾语或名词性定语+动名词为宜，以明确反映信息处理的逻辑功能，其他成分的名称以名词或者名词性定语+名词为宜。

④避免使用不反映实际内容的空洞词汇，如数据、信息、优化、计算、处理等词条。

⑤进出数据存储环节的数据流如内容和存储环节的数据相同，可采用统一名词。

(2) 自顶向下地绘制分层的数据流程图。

绘制数据流程图采用自顶向下、逐层分解的方法。数据流程图由顶层图、一级细化图、二级细化图等一组图所组成。

①顶层图只有一张，在顶层图中，将系统视为由一个处理功能所构成的系统。它描述了系统总的处理功能及系统的外部环境，即向系统提供数据的外部实体和输入数据流、接收系统输出数据流的外部实体和输出数据流。分层数据流程图的顶层称为0层，约定顶层图的加工编号为“0”。

②一级细化图是对顶层图处理功能的分解与细化，这是从整体到部分的细化。一级细化图称为第1层图，它是0层图的子图，又是第2层图的父图，依此类推。第1层加工编号为1、2、3……例如1表示第1层图的1号加工处理。

③二级细化图又称为第2层图，它是将一级细化图中的每个处理功能进一步

分解与细化。第2层及以下各层，其加工编号由父图号加上子加工的编号1、2、3... 组成。

对于规模较大的系统的分层数据流图，如果一下子把加工直接分解成基本加工单元，一张图上画出过多的加工将使人难以理解，也增加了分解的复杂度。然而，如果每次分解产生的子加工太少，会使分解层次过多而增加作图的工作量，阅读也不方便。经验表明，一般说来一个加工每次分解量最多不要超过七个为宜。同时，分解时应遵循以下原则：

①分解应自然，概念上要合理、清晰。

②上层可分解得快些（即分解成的子加工个数多些），这是因为上层是综合性描述，对可读性的影响小。而下层应分解得慢些。

③在不影响可读性的前提下，应适当地多分解成几部分，以减少分解层数。

④一般说来，当加工可用一页纸明确地表述时，或加工只有单一输入/输出数据流时（出错处理不包括在内），就应停止对该加工的分解。

另外，在画分层数据流程图时，应该注意到对同一个系统的数据流程图的分解方案可以有多种，而不是唯一的。因为有时对同一个问题，可以有多种解决方法。

（四）数据流程图实例

1. 订货处理系统的数据流程图。

（1）绘制顶层的数据流程图。首先确定与本系统有关的外部实体——用户；处理过程表示销售部门接到用户的订单后，根据库存情况决定向用户发货，如图所示5－11所示。

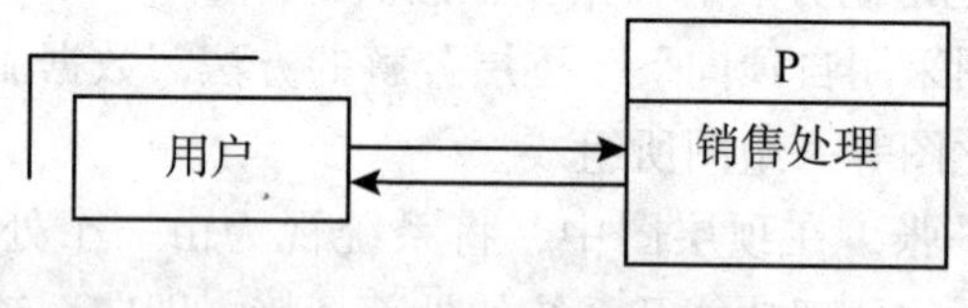

图5－11　顶层数据流程

（2）绘制一级的数据流程图。对顶层数据流程图的分解从“处理逻辑（加工）”开始，将“销售处理”分解为五个主要的处理逻辑，此外，根据具体情况还应该对一级数据流程图再进行细分和分解，并考虑处理过程中的例外情况，如图5－12所示。

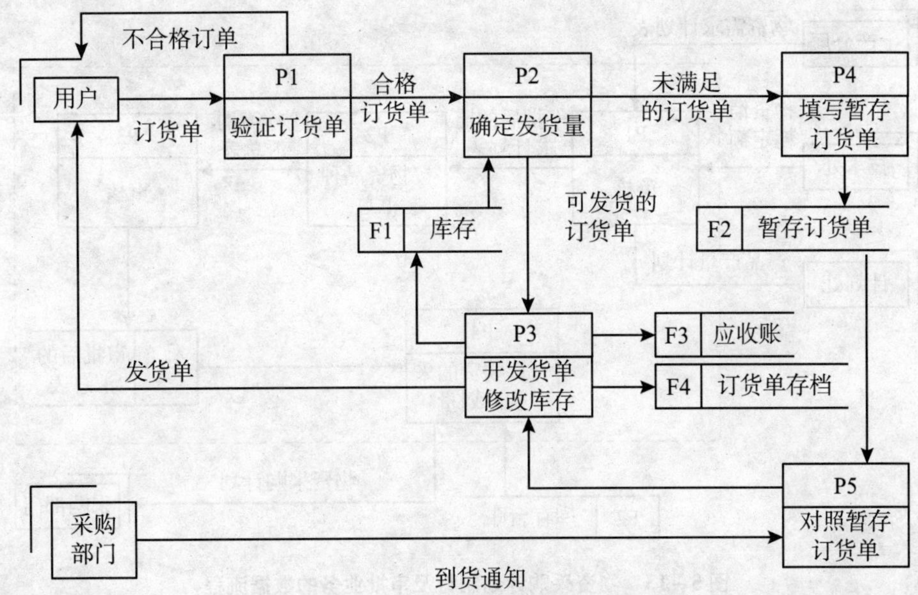

图 5－12　订货处理系统的数据流程

①验收订货单。将填写不清的订货单和无法供应的订货单退回顾客，将合格的订货单送到下一“处理”。

②确定发货量。查库存台账，根据库存情况将订货单分为两类，分别送至下一“处理”。

③开发货单、修改库存、记应收账和将订货单存档。

④填写暂存订货单。对未满足的订货填写暂存订货单（即等有货后发货的发货单）。

⑤对照暂存订货单。接到采购部门到货通知后应对照暂存订货单。如可发货，则执行“开发货单和修改库存”。

2. 物资采购计划制订及审批业务的数据流程图。

图 5－7 描述了某企业物资采购计划制订及审批业务流程图，从业务流程图中可以看出该业务处理各项活动及完成各项活动部门的“流水账”。图 5－13 是基于上述的流程图，依照数据流程图绘制的基本步骤，经过分析处理所获得的数据流程图。

在物资采购计划制订及审批业务的数据流程图中，虚线框内的部分是该业务的处理流程，该业务的执行部门为物资供应处的相关管理部门及个人，即该业务的范围在物资供应处内部，因此相对该业务来说，各“生产分厂”、“技术处”、“计划处”及“采购部门”均为外部实体。

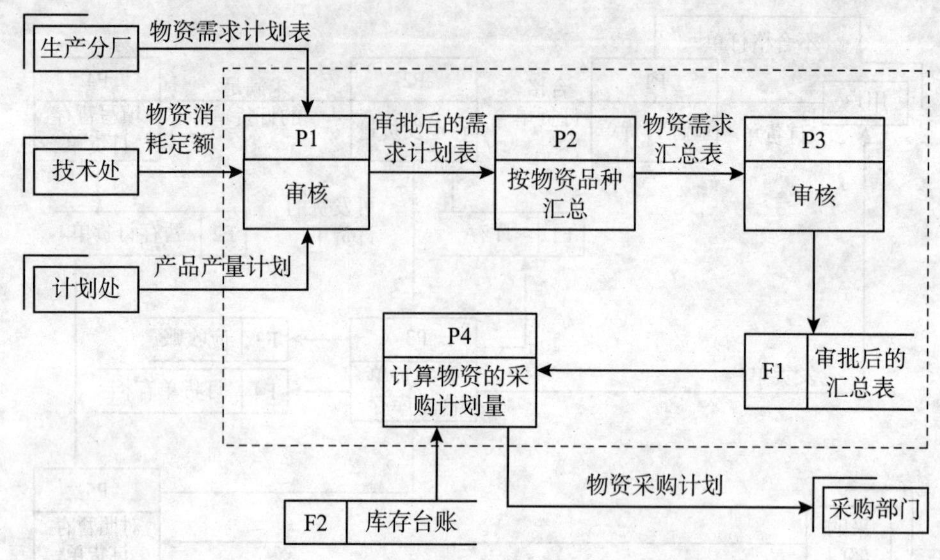

图 5－13　物资采购计划制订及审批业务的数据流程

三、数据字典

（一）数据字典概述

数据流程图只给出了数据流和加工之间的关系，勾勒出了系统的框架，但没有说明数据元素的含义。为使数据流图上的数据流、数据存储的数据结构、加工处理方式等具有确切的解释，建立数据字典。

数据字典（Data Dictionary，DD）以特定的格式对数据流图中的各个基本元素（数据流、加工、存储和外部实体）的内容和特征作的完整的定义和说明。数据流程图配以数据字典，就可以从图形和文字两个方面对系统的逻辑模型进行完整的描述。

（二）数据字典的组成

数据字典主要由以下 6 种条目组成：

1. 数据项。

数据项又称为数据元素，是一系统中最基本的数据组成单位，也是不可再分的数据单位，如学号、姓名等。

一般分析数据特性应从静态（类型、长度、取值范围、每天或每月发生业务量）和动态（分为固定值属性［个体不动值不动］、固定个体变动属性［个体不变值变，如电费扣款一项，人不动，电费动］、随机变动属性［即个体与值均变，如病事假扣款]）两个方面去进行。

数据字典仅定义数据的静态特性，具体包括：①数据项的名称；②编号；③别名；④简述；⑤数据项的取值范围；⑥数据项的长度；⑦数据类型。如表5-3所示。

表5-3　　数据项的定义

数据项编号	数据项名称	别名	简述	类型	长度	取值范围
I03-04	库存量	数量	某零件的库存数量	数值	6 byte	0~999999

2. 数据结构。

数据结构描述某些数据项之间的关系。一个数据结构可以由若干个数据项组成；也可以由若干个数据结构组成，还可以由若干个数据项和数据结构组成。在数据字典中对数据结构的定义包括：①名称；②编号；③简述；④数据结构的组成。如表5-4所示。

表5-4　　用户订货单数据结构描述

数据结构编号	数据结构名称	简　述	数据结构组成
DS03-01	用户订货单	用户所填用户情况及订货要求等信息	DS03-02+DS03-03+DS03-04

如果是一个简单的数据结构，只要列出它所包含的数据项。如果是一个嵌套的数据结构（即数据结构中包含数据结构），则需列出它所包含的数据结构的名称，因为这些被包含的数据结构在数据字典的其他部分已有定义，如表5-5所示订货单就是由三个数据结构组成的数据结构，表中用DS表示数据结构，用I表示数据项。

表5-5　　用户订货单的数据结构描述

DS03-01：用户订货单		
DS03-02：订货单标识	DS03-03：用户情况	DS03-04：配件情况
I1：订货单编号	I3：用户代码	I10：配件代码
I2：日期	I4：用户名称	I11：配件名称
	I5：用户地址	I12：配件规格
	I6：用户姓名	I13：订货数量
	I7：电话	
	I8：开户银行	
	I9：账号	

3. 数据流。

数据流由一个或一组固定的数据项组成。定义数据流时，不仅要说明数据流的名称、组成等，还应指明它的来源、去向和数据流量等。在数据字典中对其定义包括：①名称；②编号；③简述；④数据流的来源；⑤数据流的去向；⑥数据流的组成；⑦数据流的流通量；⑧高峰期流通量。如表 5－6 所示。

表 5－6　领料单数据流描述

数据流编号	数据流名称	简述	数据流来源	数据流去向	数据流组成	数据流量	高峰流量
F03－08	领料单	车间开出的领料单	车间	发料处理模块	材料编号＋材料名称＋领用数量＋日期＋领用单位	10 份/时	20 份/时 每天上午 9：00～11：00

4. 处理逻辑的定义。

它仅对数据流程图中最底层的处理逻辑加以说明。在数据字典中对其定义包括：①处理逻辑名称；②编号；③简述（对处理逻辑的简明描述，其目的是使人了解这个处理逻辑的作用）；④输入；⑤处理过程；⑥输出；⑦处理频率。如表 5－7 所示。

表 5－7　计算电费的处理逻辑描述

编号	名称	简述	输入的数据流	处理	输出的数据流	处理频率
P02－03	计算电费	计算应交纳的电费	数据流电费价格，来源于数据存储文件价格表；数据流电量和用户类别，来源于处理逻辑“读电表数字处理”和数据存储“用户文件”	确定该用户类别；确定该用户的收费标准，得到单价；单价和用电量相乘得该用户应交纳的电费	一是外部实体用户；二是写入数据存储用户电费账目文件	对每个用户每月处理一次

5. 数据存储。

数据存储是数据结构停留或保存的场所。数据存储在数据字典中只描述数据的逻辑存储结构，而不涉及它的物理组织。在数据字典中对其定义包括：①数据存储的编号；②名称；③简述；④数据存储组成（指它所包含的数据项或数据结构）；⑤关键字；⑥相关联的处理。如表 5－8 所示。

6. 外部实体定义。

外部实体是系统的“人—机”界面，也就是系统的数据流有外部实体流入，或者系统的数据向外部流出。主要内容包括：①外部实体编号；②外部实体名称；③简述；④输入的数据流；⑤输出的数据流。表 5－9 是对供应部实体的描述。

表 5－8　　库存账的数据存储描述

编号	名称	简述	数据存储组成	关键字	相关联的处理
F03－08	库存账	存放配件的库存量和单价	配件编号＋配件名称＋单价＋库存量＋备注	配件编号	P02，P03

表 5－9　　用户外部实体的描述

编号	名称	简述	输入的数据流	输出的数据流
S03－01	用户	购置本单位配件的用户	D03－06，D03－08	D03－01

编写数据字典是系统开发的一项重要的基础工作。一旦建立，并按编号排序之后，就是一本可供查阅的关于数据的字典，从系统分析一直到系统设计和实施都要使用它。在数据字典的建立、修正和补充过程中，始终要注意保证数据的一致性和完整性。

四、表达处理逻辑的工具

数据流程图中比较简单的计算性的处理逻辑可以在数据字典中做出定义，但还有逻辑上比较复杂的处理，有必要借助于其他描述工具加以说明。

（一）结构式语言

人们常用自然语言描述各种问题。自然语言语义丰富、语法灵活，可描述十分广泛而复杂的问题，表达人们丰富的感情和智慧。但自然语言没有严格的规范，理解上容易产生歧义。在信息处理中人们广泛使用的计算机语言，是一种形式化语言，各种词汇均有严格定义，语法也很严格、规范，但使用的词汇限制在很小范围内，叙述方式烦琐，难以清晰、简洁地描述复杂问题。结构式语言是一种介于自然语言与程序设计语言之间的语言。它由程序设计语言的框架（即允许三种基本结构：顺序结构、分支结构、循环结构）和自然语言的词汇（如动词、名词和程序设计语言的保留字）组成，其语言易于编写，又能简明地描述较复杂的处理逻辑。

1. 祈使语句。

例： 获取收发数据
　　计算补充订货量

2. 条件语句。

例： 如果　成绩≥60 分
　　则：将及格人数＋1
　　否则：将不及格人数＋1

3. 循环语句。

例：对于每个库存项目（循环条件）

获取收入数据

将在库数+收入数据，更新在库数

获取发出数据

将在库数-发出数据，更新在库数

如果　在库数≤临界库存数

则发出补充订货信号。

接下来利用结构式语言来描述下面的处理逻辑。

例：某银行发放贷款原则如下：(1) 对于贷款未超过限额的客户，允许立即贷款。(2) 对于贷款超过限额的客户，若过去还款记录好且本次贷款在2万元以下，可做出贷款安排；否则拒绝贷款。

如果　贷款>限额

　　则：如果　过去还款记录好

　　　　　　则：如果　本次贷款≤2万

　　　　　　　　　　则：可以做出贷款安排

　　　　　　　　　否则：拒绝贷款

　　　　否则：拒绝贷款

否则：立即贷款

（二）判断树

如果决策或判断的步骤较多，使用结构化语言时，则语句的嵌套层次太多，不便于基本处理逻辑功能的清晰描述。判断树是以树图形式形象描述一个加工，如图5-14所示，左边结点为树根，称为决策结点；与决策结点相连的称谓方案枝；最右边的方案枝的端点（即树梢）表示决策结果，即所采用的策略；中间各结点为分段决策结点。

在绘制判断树时首先要确定有哪些条件；其次需要确定每一个条件有几种可能的状态，即有几种取值；接着确定有哪些行动；最后确定每一项行动要依赖哪些条件及取值。

下面我们用判断树来描述上例的发放贷款处理。

三个条件：贷款限额、过去还款记录和本次贷款额。

第一个条件有两个状态：超额和未超额；

第二个条件有两个状态：过去还款记录好，过去还款记录不好；

第三个条件有两个状态：本次贷款在2万元以下（含2万元），本次贷款超过2万元

有 3 个处理动作，即最后发放的贷款。

那么，做出的决策树如下（如图 5－14 所示）：

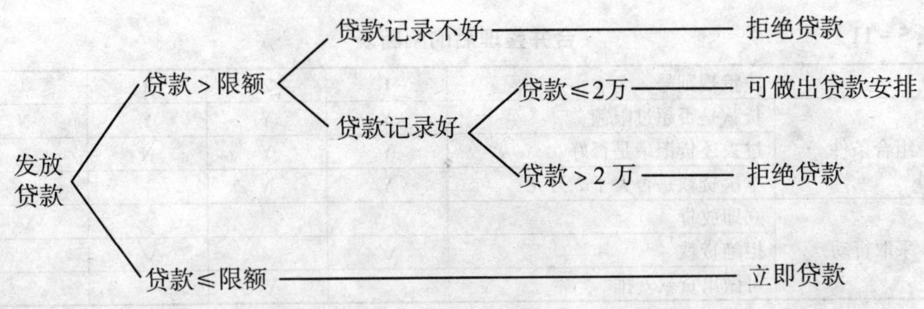

图 5－14　某银行发放贷款判断树

（三）判断表

所谓判断表是指用表格形式，根据某些条件来描述一个加工。对一个复杂的加工，如果判断的条件较多，各条件又相互结合，相应的决策方案较多的情形下，很难用自然语言来表达，或者表达出来也不太好理解，这时用判断表更合适，它是描述条件比较多的决策问题的有效工具。

判断表的表格分成四个部分：左上角为条件说明；左下角为行动说明；右上角为各种条件的组合说明；右下角为各条件组合下相应的行动。构建判断表时，首先应确定有哪些条件；其次确定每一个条件有几种可能的状态，即有几种取值；接着确定会采取的行动；然后给出所有条件的组合；最后确定每一项行动要依赖哪些条件及取值。下面我们仍以上述某银行发放贷款为例，得到判断表如表 5－10 所示。

表 5－10　　某银行发放判断表

	决策规则号	1	2	3	4	5	6	7	8
组合条件	贷款是否超过限额	Y	Y	Y	Y	N	N	N	N
	过去还贷记录是否好	Y	Y	N	N	Y	Y	N	N
	本次贷款是否大于 2 万元	Y	N	Y	N	Y	N	Y	N
采取行动	立即放贷					√	√	√	√
	拒绝贷款	√		√	√				
	可做出贷款安排		√						

注：符号“Y”表示条件满足；符号“N”表示条件不满足；符号“√”表示采取的行动。

判断表是根据组合条件进行判断的，上面表格中每个条件只存在“Y”和“N”两种情况，所以 3 个条件共有 $2^3=8$ 种可能性。在实际使用中，有的条件组合可能是矛盾的，需要剔除，有的则可以合并。因此需在原始判断表的基础上进行整理和综合，才能得到简单明了且实用的判断表（如表 5－11 所示）。同时，在整理过程中还可能对用户的原有业务过程进行改进和提高。

表 5－11　　　　合并整理后的判断表

	决策规则号	1	2	3	4
组合条件	贷款是否超过限额	Y	Y	Y	N
	过去还贷记录是否好	Y	Y	N	—
	本次贷款是否大于 2 万元	Y	N	—	—
采取行动	立即放贷				√
	拒绝贷款	√		√	
	可做出贷款安排		√		

注：符号“—”表示“Y”或“N”均可。

判断表的内容十分丰富，除了上面介绍的有限判断表（Limited Entry Table），根据表中条件取值的状态不同，有扩展判断表（Extended Entry Table）和混合判断表（Mixed Entry Table）。它们都各有特色，若能合理选择和灵活运用，则可描述、处理更为广泛、复杂的判断过程。

在实际工作中，处理逻辑经常用多种方式描述。在管理信息系统中，以自然语言为主，辅以判断表或判断树。

（四）几种表达工具的比较

结构化语言、判断表和判断树作为处理逻辑的表达工具具有各自的优点和缺点。在表达一个处理过程时，系统分析员应根据不同的情况，选择合适的表达工具。它们之间的比较如表 5－12 所示。

表 5－12　　　　几种表达工具的比较

比较指标	结构化语言	判断树	判断表
逻辑检查	好	一般	很好
表示逻辑结构	好（所有方面）	很好（仅是决策方面）	一般（仅是决策方面）
使用方便性	一般	很好	一般
用户检查	不好	好	不好（除非用户受过训练）
程序说明	很好	一般	很好
机器可读性	很好	不好	很好
机器可编辑性	一般（要求句法）	不好	很好
可变性	好	一般	不好（除非是简单的组合变化）

结论：

（1）结构化语言最适用于涉及具有判断或循环动作组合的问题。

（2）判断表较适用于含有 5 ~ 6 个条件的复杂组合，条件组合过于庞大则将造成不便。

（3）判断树适用于行动在 10 ~ 15 之间的一般复杂程度的决策。必要时可将判断表上的规则转换成判断树，以便于用户使用。

（4）判断表和判断树也可用于系统开发的其他阶段，并被广泛地应用于其他学科。

第六节　建立新系统的逻辑方案

逻辑方案找出现有系统存在的各种问题并改正或优化后给出新系统的系统功能结构、信息结构和拟采用的管理模型，由于它不考虑计算机及网络等硬件的实体结构，故称为逻辑方案。

通过系统调查，对现行系统的业务流程、数据流程、处理逻辑等进行深入的分析之后，就应该提出系统建议方案，即建立新系统的逻辑模型。新系统方案主要包括：新系统目标、新系统的业务处理流程、数据处理流程、新系统的总体功能结构及子系统的划分以及功能结构，是系统分析结果的综合体现，也是对于下一步系统设计和实现的纲领性的指导文件。

一、系统目标

系统目标是指达到系统目的所要完成的具体事项。在系统详细调查的基础上，根据详细调查结果对可行性分析报告中提出的系统目标作再次考察，对项目的可行性和必要性进行重新考虑，并根据对系统建设的环境和条件的调查修正系统目标，使系统目标适应组织的管理需求和战略目标。新系统的目标可以从功能、技术和经济三个方面考虑。

系统的功能目标指系统所能处理的特定业务和完成这些业务的质量；系统的技术目标是指系统应当具备的技术性能和应该达到的技术水平，通过一些技术指标（如系统运行效率、响应速度、存储能力等）给出一定的评价；系统的经济目标是指系统开发的预期投资费用和经济效益的权衡和比较。由于系统目标对系统建设具有举足轻重的意义，必须经过仔细论证才能修改。

二、新系统逻辑方案

新系统逻辑方案是系统分析成果的综合，包括以下内容：

1. 确定合理的业务处理流程。

业务流程分析中，系统中存在的问题可能是管理思想和方法落后，业务流程不尽合理，也可能是因为计算机信息系统的建设为优化原业务流程提供了新的可能性，这时，就需要在对现有业务流程进行分析的基础上进行业务流程优化和重组，确定更为合理的业务流程。因此，在绘出业务流程图之后需要对业务处理流程进行必要的分析：除去不必要的、多余的业务环节；对重复的环节进行合并；对缺少的必须环节进行增补；确定计算机系统要处理的环节。

2. 确定合理的数据流程。

与业务流程的改进和优化相对应，数据流程的分析和优化一直是系统分析的重要内容。在此列出数据流程分析的结果并加以说明，由用户最终确认。同时，说明删除或合并哪些多余或重复的数据处理流程，对哪些数据流程进行了优化和改动。如果将数据流程和业务流程结合起来分析，更容易发现其中存在的问题，并合理解决它。其具体内容包括：①请用户确认最终的数据指标和数据字典；②确定最终删除或合并或增加的数据处理过程；③确定数据处理过程的优化、改动、增补及其原因；④给出最后确定的数据流程图；⑤确定数据流程图中新系统可完成的部分。

3. 功能分析和划分子系统。

把系统划分为子系统可以大大简化设计工作，只要子系统之间接口关系明确，基本上可以互不干扰地独立进行每一子系统的设计、调试、修改或扩充，而不至于牵动全局。

在实际工作中，划分方案往往受到个人经验、企业原有业务处理关系以及是否便于分阶段实施等多种因素的影响。通过前面介绍的方法，对数据和功能业务进行了分类整理，以及通过 U/C 矩阵所进行的正确性检验等来确定数据项及其必要的功能。

4. 确定新系统数据资源分布。

在系统功能分析和子系统划分之后，我们应该确定新系统的数据资源的分布，即哪些数据资源存储在本系统的内部设备上，哪些是存储在网络或主机上的。

5. 确定新系统的管理模型。

管理模型是系统在每个具体管理环节上所采用的管理方法的抽象。系统分析中要根据业务和数据流程，对每个处理过程进行认真分析，研究每个管理过程的信息处理特点，找出相适应的管理模型。需要使用的管理模型一般应该根据系统分析的结果和管理科学方面的要求来决定。

管理科学的发展在管理活动的各个层次、各个环节都形成了较为成熟的管理方法和定量化的管理模型，为管理信息系统的应用创造了条件，但在一个具体系统中应当采用的模型则必须由前一阶段的分析结果和有关管理科学的状况所决定，因而并无固定模式。但管理作为一门科学，仍是有规律可循的，常用的管理模型主要有：

（1）综合计划模型。①综合发展模型，这是企业的近期发展目标模型，包括赢利指标、生产规模等。常用的模型有：企业中长期计划模型、厂长任期目标分解模型、新产品开发和生产结构调整模型、中期计划滚动模型。②资源限制模型，反映了企业各种资源对企业发展模型的制约。常用的模型有：数学规划模型、资源分配限制模型。

（2）生产计划管理模型。①生产计划大纲模型，主要安排与综合生产计划有关的生产指标。常用的模型包括优化生产计划模型、物料需求计划模型、能力需求计划模型、投入产出模型。②作业计划模型，具体安排了生产产品数量、加工路线、加工进度、材料供应、能力平衡等。常用的模型有：投入产出矩阵、网络计划模型、关键路径模型、排序模型、物料需求模型、设备能力平衡模型、滚动式生产作业计划模型、甘特图（Gantt Chart）模型。

（3）库存管理模型。传统的库存管理模型有 ABC 分类法、经济订货批量模型。随着管理工作的科学化，又形成了许多库存管理模型：①按订货方式划分的库存模型，包括定期定量模型、定期不定量模型、定量不定期模型、不定量不定期模型、有限进货率定期定量模型。②按供需情况分，可分为确定型和概率型两类。③根据库存管理的目的不同，库存管理模型有经济型和安全型。

（4）财务管理模型。①成本核算模型，包括直接生产过程的消耗计算和间接费用的分配。常用的有品种法、分步法、逐步结转法、平行结转法、定额差异法等。②成本预测模型，常用的有数量经济模型、投入产出模型、回归分析模型。③成本分析模型，常用的有实际成本与定额成本比较模型、本期成本与历史同期可比产品成本比较模型、产品成本与计划指标比较模型、产品成本差额管理模型、量本利分析模型。

（5）统计分析与预测模型。一般用来反映销售、市场、质量、财务状况等的变化情况及未来发展的趋势，内容包括：市场占有率分析、消费变化趋势分析、利润变化、质量状况与指标分布、综合经济效益指标分析、多元回归预测模型、时间序列预测模型、普通类比外推模型等。

由于管理模型是一个广义的概念，涉及管理的方方面面，同时不同单位由于环境条件各不相同，对管理模型也会有不同的要求，在系统分析阶段必须与用户协商，共同决定采用的模型。

三、系统分析说明书

系统分析说明书又称为系统分析报告或逻辑设计说明。它不仅能够展示系统调查的结果，而且还能反映系统分析的结果——新系统逻辑方案。经过上述过程，我们已经完成了建立目标系统逻辑模型的任务，即已经完成了整个系统分析阶段的工作。作为该阶段的一个工作成果，应提交一份完整的系统分析说明书。系统分析说明书一经确认由用户认可接受后，就成为具有约束力的指导性文件，成为下一阶段系统设计工作的依据和今后系统验收的检验标准。一份完整的系统分析说明书应该包括下述内容：

1. 系统概述。

（1）新系统的名称、目标和主要功能；

（2）背景、系统的用户、开发者以及本系统与其他系统或机构的关系和联系；

（3）参考资料和专门术语说明。

2. 现行系统概况。

现行系统现状调查说明：通过现行系统的组织结构图、数据流程图等图表，说明现行系统的目标、规模、主要功能、组织机构、业务流程、数据存储和数据流程，以及存在的薄弱环节。

3. 系统需求说明。

在掌握了现行系统的真实情况基础上，针对系统存在的问题，全面了解组织中各层次的用户对信息的各种需求。

4. 新系统逻辑设计。

（1）系统功能及分析：提出明确的功能目标、并与现行系统进行比较分析，重点要突出计算机处理的优越性；

（2）系统逻辑模型：各个层次的数据流程图、数据字典和加工说明；

（3）出错处理要求；

（4）其他特性要求：例如，系统的输入输出格式、启动和退出等；

（5）遗留问题：根据目前条件，暂时不能满足的一些用户要求或设想，并提出今后解决的措施和途径。

5. 系统设计与实施的初步计划。

（1）工作任务的分解：根据资源及其他条件确定各子系统开发的先后次序，在此基础上分解工作任务，落实到具体组织或个人；

（2）时间进度安排；

（3）预算：对开发费用的进一步估计。

6. 系统分析说明书的评审意见。

由评审组评审后提出。如果不满意则要修改系统分析，满意则作为系统设计的依据。

在系统分析说明书中，数据流程图、数据字典和加工说明这三部分是主体，是系统分析说明书中必不可少的组成部分。而其他各部分内容，则应根据所开发目标系统的规模、性质等具体情况酌情选用，不必生搬硬套。总之，系统分析说明书必须简明扼要，抓住本质，反映出目标系统的全貌和开发人员的设想。

系统分析阶段所提供的系统分析说明书主要有以下三个作用：

(1) 描述了目标系统的逻辑模型，作为开发人员进行系统设计和实施的基础；

(2) 作为用户和开发人员之间的协议或合同，为双方的交流和监督提供基础；

(3) 作为目标系统验收和评价的依据。

因此，系统分析说明书是系统开发过程中的一份重要文档。必须要求该文档完整、一致、精确且简明易懂，易于维护。

本章小结

本章介绍了管理信息系统开发过程中的系统分析的相关问题。首先，对系统分析的概念、任务、工作步骤和要求进行概括性的介绍。系统调查是系统开发工作中最重要的一个环节之一，围绕系统详细调查，介绍了详细调查的原则、调查方式、范围以及在调查中需要注意的问题。要建立管理信息系统，就必须知道现行系统的组织机构设置情况以及它们之间的隶属关系，本章在第三节详细介绍了组织结构调查、功能结构调查和组织/功能分析的基本内容以及常用的工具（组织结构图、功能结构图、组织/功能联系表）。建立管理信息系统还必须了解业务处理的过程，在第四节中介绍了业务流程分析的基本概念、分析步骤、分析的工具（业务流程图、表格分配图）。系统分析阶段必须进行全面准确的收集、整理、分析收集及其数据流程。因此，本章还介绍了数据的收集、分析的内容，数据流图 DFD 的基本符号、DFD 使用方法、DFD 画法、画 DFD 注意的问题。对系统分析中每个数据流、文件和数据项进行定义的工具：数据字典，三种最常用的用于加工说明的描述工具：结构化语言、判断树、判断表，以及这几种表达工具的比较。最后，基于系统的调查和多种分析工具的运用，介绍了新系统的逻辑方案的建立。

习题

1. 什么是管理信息系统开发中的系统分析？其主要任务有哪些？系统分析

工作有什么要求？

2. 详细调查主要针对哪些内容进行？

3. 管理信息系统分析为什么要对组织结构进行调查和分析？

4. 业务流程分析的任务和内容是什么？

5. 什么是业务流程图？它有什么作用？

6. 什么数据流程图？它具有哪些特征？

7. 简述数据流程图绘制的主要步骤。

8. 简述数据字典的内容。

9. 系统分析中采用哪些描述处理逻辑的工具？

10. 系统分析说明书包括哪些内容？

11. 车间填写领料单到仓库领料，库长根据用料计划审批领料单，未批准的退回车间。库工收到已批准的领料单后，首先查阅库存账，若有货，则通知车间前来领取所需物料，并登记用料流水账；否则将缺货通知采购人员。采购人员根据缺货通知，查阅订货合同单，若已订货，则向供货单位发出催货请求，否则就临时申请补充订货。供货单位发出货物后，立即向订货单位发出提货通知。采购人员受到提货通知单后，就办理入库手续。接着是库工验收入库，并通知车间领料。此外，仓库库工还要依据库存账和用料流水账定期生成库存的报表，呈送有关部门。请依据题意绘制业务流程图，及第二层数据流程图。

12. 学校的奖学金有两种，记为奖学金 A 和奖学金 B。对于奖学金 A，凡各科成绩平均在 88 分以上、单科成绩不低于 75 分、英语平均在 80 分以上者可申请一等奖学金（金额 400 元）；凡各科成绩平均在 85 分以上、单科成绩不低于 70 分、英语平均在 80 分以上者可申请二等奖学金（金额 300 元）。对于奖学金 B，凡各科成绩平均在 92 分以上、单科成绩不低于 85 分、英语平均在 90 分以上者可申请特等奖学金（金额 1500 元）；凡各科成绩平均在 90 分以上、单科成绩不低于 80 分、英语平均在 85 分以上者可申请一等奖学金（金额 800 元）；凡各科成绩平均在 88 分以上、单科成绩不低于 75 分、英语平均在 80 分以上者可申请二等奖学金（金额 400 元）；凡各科成绩平均在 85 分以上、单科成绩不低于 70 分、英语平均在 80 分以上者可申请三等奖学金（金额 300 元）。请用判断树描述。

|第六章|

管理信息系统设计

系统设计是信息系统开发过程中的重要阶段。这一阶段将要根据前一阶段系统分析的结果，在已经获准的系统分析报告的基础上，进行新系统设计。

第一节 管理信息系统设计的概述

一、系统设计的概念

系统设计又称为物理设计，所谓物理设计就是根据新系统的逻辑模型建立物理模型，也即根据新系统逻辑功能的要求，考虑实际条件，进行各种具体设计，确定系统的实施方案，解决"系统怎么做"的问题。

系统设计的指导思想是结构化。结构化系统设计，是指用一组标准的准则和图表工具确定系统有哪些模块、用什么方式连接在一起，从而构成最好的系统结构。在这个基础上，进行各种输入、输出、处理和数据存储的详细设计。

二、系统设计的目的与任务

系统设计的目的是在保证实现逻辑模型功能的基础上，尽可能提高目标系统的简单性、可变性、一致性、完整性、可靠性、经济性、系统的运行效率和安全性，将分析阶段所获得的系统逻辑模型，转换成一个具体的计算机实现的物理模型。

这一阶段的主要任务是根据分析阶段对系统的逻辑功能的要求，并考虑到经济、技术和运行环境等方面的条件，确定系统的总体结构和系统各组成部分的技术方案，合理选择计算机和通信的软、硬件设备，提出系统的实施计划。

三、系统设计的主要内容

系统设计工作应该自顶向下地进行，分为总体设计和详细设计两个阶段。首先设计总体结构，然后再逐层深入，直至进行每一个模块的设计。总体设计主要是指在系统分析的基础上，对整个系统的划分（子系统）、机器设备（包括软、硬设备）的配置、数据的存储规律以及整个系统实现规划等方面进行合理的安排。总体设计之后进行详细设计，先从代码设计开始，再进行输入/输出设计、数据库设计、结构程序设计等。系统设计具体内容如下：

（一）系统总体设计

1. 系统模块结构设计。

新系统总体结构的设计，即功能模块结构图及接口。总体规划和系统分析中子系统划分实际上是定义了系统的总体功能，为了能够真正实现系统分析中所定义的总体功能，系统往往还要向下分解为若干个子系统，这些子系统继续分解，直到最小的基层单位即程序模块。功能模块的分解过程就是一个由抽象到具体（上层功能抽象而下层功能具体），由复杂到简单的逐步具体化过程。系统模块结构设计的任务是划分子系统，然后确定子系统的模块结构，并画出模块结构图。在这个过程中必须考虑以下几个问题：

（1）如何将一个系统划分成多个子系统；

（2）每个子系统如何划分成多个模块；

（3）如何确定子系统之间、模块之间传送的数据及其调用关系；

（4）如何评价并改进模块结构的质量。

2. 计算机物理系统配置方案设计。

在进行总体设计时，还要进行计算机物理系统具体配置方案的设计，要解决计算机软硬件系统的配置、通信网络系统的配置、数据库管理系统的选择等问题。计算机物理系统具体配置方案要经过用户单位和领导部门的同意才可实施。

选择计算机软硬件设备必须进行充分的调查研究，并向使用过该软硬件设备的单位了解运行情况及优缺点，并征求有关专家的意见，然后进行论证，最后写出计算机物理系统配置方案报告。

从我国的实际情况看，不少组织是先买计算机然后决定开发。这种不科学的、盲目的做法是不可取的，它会造成极大浪费。因为，计算机更新换代是非常快的，就是在开发初期和在开发的中后期系统实施阶段购买计算机设备，价格差别就会很大。因此，在开发管理信息系统过程中应在系统设计的总体设计阶段就具体设计计算机物理系统的配置方案。

3. 设计信息系统流程图。

从数据流程图到信息系统流程图并非单纯的符号改换，信息系统流程图表示的是计算机的处理流程，而并不像数据流程图那样还反映了人工操作那一部分。因此绘制信息系统流程图的前提是已经确定了系统的边界、人机接口和数据处理方式。从数据流程图到信息系统流程图还应考虑哪些处理功能可以合并，或进一步分解，然后把有关的处理看成是系统流程图中的一个处理功能。

（二）详细设计

在总体设计基础上，第二步进行的是详细设计，主要有处理过程设计以确定每个模块内部的详细执行过程，包括局部数据组织、控制流、每一步的具体加工要求等，一般来说，处理过程模块详细设计的难度已不太大，关键是用一种合适的方式来描述每个模块的执行过程。详细设计包括：

（1）代码设计。为了便于计算机数据处理，要对处理对象进行编码，如物资资料、产品、部门、职工等编码。用数码或外文字母等字符代替汉字拼音或其他形式表示的名称，可以缩短数据项目的长度，并使之标准化、系列化，从而减少存储空间的占用，便于对数据的识别和处理。

（2）数据库设计。数据库设计是在选定数据库管理系统基础上建立数据库的过程。主要包括概念结构设计、逻辑结构设计和物理结构设计三个部分。

（3）输入设计。输入数据的正确性决定了整个系统工作的质量。由于计算机极高的运算速度和正确性，使得系统的效率在某种程度上讲取决于输入。

（4）输出设计。设计的出发点是保证输出达到用户的要求，正确及时地将有用的信息提供给需要它的用户。同时，有效地利用已有的各种输出设备，选择合适的输出方式。

（5）用户界面设计。用户界面设计是一个不断为最终用户设计满意视觉效果的过程。设计时要和用户研究紧密结合，使计算机在人机界面上适应人的思维特性和行动特性。

（6）系统可靠性设计。可靠性有两层含义：一是采用正确的算法、程序，从而在正常的情况下，提供正确的信息；二是要有防错、查错、纠错的措施以及时发现和纠正发生的差错。

系统可靠性设计主要包括如下内容：①系统连续正常运行的能力；②系统防震、防火、防雷击等防护措施；③输入、输出和处理阶段可靠性保证；④数据备份设计；⑤备用设备设计。

（7）系统安全性和保密性设计。管理信息的安全保密是管理信息系统开发和运行中的一个重要环节。安全保密设计：一是力求信息不泄露；二是防止信息不被破坏。所谓信息泄露是指故意地或偶然地获得单位的各种保密信息。信息破坏则是指偶然事故和人为故意破坏信息的正确性、完整性和可用性。因此，安全性设计是指采取一系列的保护措施，以防止已生成的企业经营信息被泄露和破坏。

（三）编写系统设计说明书

系统设计阶段的结果是系统设计说明书，它是下一步系统实施的基础。经过系统设计，设计人员应能为程序开发人员提供完整、清楚的设计文档，并对设计规范中不清楚的地方做出解释。

四、管理信息系统设计的原则

系统设计的优劣直接影响新系统的质量及经济效益。系统设计应在保证实现逻辑模型的基础上，尽可能地提高系统的各项性能。系统设计应按以下几项原则进行。

1. 效率性。

系统的效率是指系统的处理能力、处理速度、响应时间等与时间有关的指标。对于不同处理方式的系统，其工作效率有不同的含义。如联机实时处理系统的工作效率为响应时间（从发出处理请求至得到应答信号的时间），批处理系统的工作效率为处理速度（处理单个业务的平均时间）。对于一个实时录入、成批处理的事务处理系统，常用处理能力（标准时间周期内处理的业务个数）来表示系统的工作效率。

一般来说，影响效率性的因素取决于：系统中硬件，人机接口是否合理，计算机处理过程的设计质量（如中间文件的数量、文件的存取方式、子程序的安排及软件的编制质量）等。

2. 适应性。

适应性是现代化企业的特点之一，是指其对外界环境的变化的适应能力。作为企业的管理信息系统也必须具有相当的灵活性，以便适应外界环境的不断变化，而且系统本身也需不断修改和完善。因此，系统的适应性是指允许系统被修改和维护的难易程度。一个适应性好的系统，各个部分独立性强，容易进行变动，从而可提高系统的性能，以满足对系统目标变化的要求。此外，如果一个信息系统的适应性强，可以适应其他类似企业组织的需要，无疑的，将比重新开发一个新系统成本要低得多。

3. 一致性和完整性。

一致性是指系统中信息编码、采集、通信要具备一致性设计规范标准；完整性是指系统作为一个统一的整体而存在，系统功能应尽量完整。

4. 可靠性。

系统的可靠性指系统硬件和软件在运行过程中抵抗异常情况的干扰及保证系统正常工作的能力。衡量系统可靠性的指标是平均故障间隔时间和平均维护时间。前者指平均的前后两次发生故障的时间，反映了系统安全运行时间，后者指故障后平均每次所用的修复时间，反映系统可维护性的好坏。只有可靠的系统，才能保证系统的质量并得到用户的信任，否则就没有使用价值。

5. 经济性。

经济性是指在满足系统需求的前提下，尽可能减少系统的开销。一方面，在硬件投资上不能盲目追求技术上的先进，而应以满足应用需要为前提；另一方面，系统设计中应尽量避免不必要的复杂化，各模块应尽量简捷，以便缩短处理流程、减少处理费用。

6. 安全性。

安全性是指系统防止企业信息被泄露和破坏的能力。企业信息安全的威胁可以分为两类：一是泄露；二是破坏。因此，系统的安全性指的是系统设置安全保护措施，防止信息的泄露和破坏。安全性和可靠性既有联系又有区别，联系是指它们都是系统中的一些设置，防止信息的泄露和破坏；区别是指可靠性主要防止系统产生不准确的信息，而安全性是指防止已生成的信息被泄露和破坏。

上述六个原则，在一定程度上既是互相矛盾又是相辅相成的。例如，为了提高可靠性而采取各种校验和控制措施，会延长机器工作时间，降低工作效率或提高成本。从系统开发和维护的角度考虑，只有适应性好，才能使系统容易被修改以满足对其他指标的要求，从而使系统始终具有较强的生命力。

对于不同的系统，由于功能及系统目标的不同，对上述各项原则的要求会有所侧重。如对联机情报检索系统，响应时间是最重要的指标；而对银行系统，可靠性与安全性则是首要考虑的因素。

第二节　管理信息系统模块结构设计

总体设计需要合理地进行系统模块结构的分析和定义，将一个复杂的系统设计转为若干个子系统和一系列基本模块的设计，并通过模块结构图把分解的子系统和一个个模块按层次结构联系起来。本节将从如何进行子系统的划分、如何进行模块的分解、如何利用模块结构图表示系统的层次结构关系以及如何从数据流程图导出模块结构图几方面来介绍系统模块结构设计。

一、系统模块结构设计的原则

1. 分解—协调原则。

整个软件系统是一个整体，具有整体目标和功能，但这些目标和功能的实现是相互联系的各个组成部分共同工作的结果，在处理过程中应根据系统总体要求协调各部分的关系。

2. 模块化原则。

模块结构设计的基础是模块化，通过一系列方法和技术将整个系统分解成相对独立的若干模块，通过模块的设计和模块之间的协调来实现整个信息系统的功能。

3. 自顶向下原则。

首先抓住系统总的功能目标，然后逐层分解，即先确定上层模块的功能，再确定下层模块的功能。

4. 抽象原则。

上一层模块只负责为下一层模块的工作提供依据，并不规定下层模块的具体行为，即上层模块只规定下层模块做什么和所属模块间的协调关系，但不规定怎么做，以保证模块的相对独立性和内部结构的合理性，使得模块与模块之间层次分明、易于理解、易于实施、易于维护。

5. 明确性原则。

每个模块必须功能明确、接口明确、消除多重功能和无用接口。

二、子系统的划分

结构化系统分析与设计的基本思想就是自顶向下将整个系统划分为若干个子系统，子系统再分子系统（或模块），层层划分，然后再自上而下地逐步设计。在系统分析阶段，系统已经被划分为不同的子系统，但它只是将系统进一步划分的基础。在实际工作中，往往还要根据用户的要求、地理位置的分布、设备的配置情况等重新进行划分。可以按照以下的原则进行子系统的划分：

1. 子系统要具有相对独立性。

子系统的划分必须使得子系统的内部功能、信息等各方面的凝聚性较好。在实际中我们都希望每个子系统或模块相对独立，尽量减少各种不必要的数据、调用和控制联系。所以划分时应将联系较多的都划入子系统内部，并将联系比较密切、功能近似的模块相对集中，这样对于以后的搜索、查询、调试、调用都比较方便。

2. 子系统划分的结果应使数据冗余最小。

如果我们忽视这个问题，则可能引起相关的功能数据分布在各个不同的子系统中。于是大量的原始数据需要调用，大量的中间结果需要保存和传递，大量计算工作将要重复进行。从而使得程序结构紊乱，数据冗余，不但给软件编制工作带来很大的困难，而且系统的工作效率也大大降低了。

3. 子系统的设置应考虑今后管理发展的需要。

子系统的设置光靠上述系统分析的结果是不够的，因为现存的系统由于这样或那样的原因，很可能都没有考虑到一些高层次管理决策的要求。为了适应现代管理的发展，对于老系统的这些缺陷，在新系统的研制过程中应设法将它补上。只有这样才能使系统实现以后不但能够更准确、更合理地完成现存系统的业务，而且可以支持更高层次、更深一步的管理决策。

4. 子系统的划分应便于系统分阶段实现。

信息系统的开发是一项较大的工程，它的实现一般都要分期分步进行。所以子系统的划分应该考虑到这种要求，适应这种分期分步的实施。另外，子系统的划分还必须兼顾组织机构的要求（但又不能完全依赖于组织，因为目前正在进行体制改革，组织结构相对来说是不稳定的），以便系统实现后能够符合现有的情况和人们的习惯，更好地运行。

三、模块分解

系统逻辑模型中数据流程图中的模块是逻辑处理模块，模型中没有说明模块的物理构成和实现途径，同时也看不出模块的层次分解关系，为此在系统结构设计中要将数据流程图上的各个逻辑处理模块进一步分解，再用模块结构图确定系统的层次结构关系，并将系统的逻辑模型转变为物理模型。

（一）模块分解的基本原则

在结构化设计中，采用自顶向下、逐步细化的方法将系统分解成为一些相对独立、功能单一的模块。如何度量模块之间的独立性呢?

在一个管理信息系统中，系统的各组成部分之间总是存在着各种联系的，将系统或子系统划分成若干模块，则一个模块内部的联系就是块内联系，而穿越模块边界的联系就是块间联系。由于模块之间的互相联系越多，模块的独立性就越差，因此，引入模块耦合和内聚的概念。

耦合表示模块之间联系的程度。紧密耦合表示模块之间联系非常强，松散耦合表示模块之间联系比较弱，非耦合则表示模块之间无任何联系，是完全独立的。

内聚表示模块内部各成分之间的联系程度。一般说来，在系统中各模块的内聚越高，则模块间的耦合越低。但这种关系并不是绝对的。耦合低使得模块间尽可能相对独立，从而各模块可以单独开发和维护。高内聚使得模块的可理解性和维护性大大增强。因此，在模块的分解中应尽量减少模块的耦合，力求增加模块的内聚。

（二）模块划分的依据

一个合理的子系统或模块划分，应该是内部联系强，子系统或模块间尽可能独立，接口明确、简单，尽量适应用户的组织体系，有适当的共用性。也就是上面所说的低耦合，高内聚。按照结构化设计的思想，对模块或子系统进行划分的依据通常有以下几种：

（1）按逻辑划分，把相类似的处理逻辑功能放在一个子系统或模块里。例如，把“对所有业务输入数据进行编辑”的功能放在一个子系统或模块里。那么不管是库存还是财务，只要有业务输入数据都由这个子系统或模块来校错、编辑。

（2）按时间划分，把要在同一时间段执行的各种处理结合成一个子系统或模块。

（3）按过程划分，即按工作流程划分。从控制流程的角度看，同一子系统或模块的许多功能都应该是相关的。

（4）按通信划分，把相互需要较多通讯的处理结合成一个子系统或模块。这样可减少子系统间或模块间的通讯，使接口简单。

（5）按职能划分，即按管理的功能。例如，财务、物资、销售子系统，等等。

一般来说，按职能划分子系统，按逻辑划分模块的方式是比较合理和方便的。

四、模块结构图

（一）模块结构图的组成

模块结构图是用于描述系统模块结构的图形工具，它描述了系统的子系统结构与分层的模块结构，清楚地表示了每个模块的功能，也直观地反映了块内联系和块间联系等特性。模块结构图由一组特殊的符号图形按照一定规则来描述系统整体特性。

包括模块、调用、数据、控制和转接等五种基本符号，如图 6 – 1 所示。

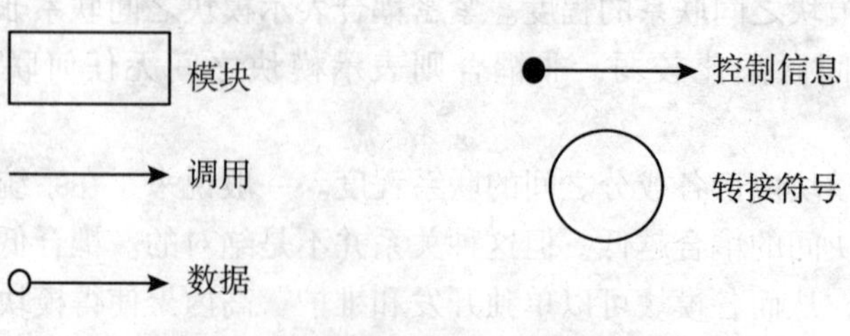

图 6 – 1　模块结构图的五种基本符号

模块在模块结构图中用方框表示，方框内写上模块的名称。模块的调用用箭头表示，箭头的方向由调用模块指向被调用模块间传递的信息有两大类：一类是数据，用带有小圆圈的有向线段○→表示，线段旁边写上信息的名称；另一类是控制信息，这时应画成●→。当模块结构图在一张图面上画不下，需要转接到另外一张纸上，或为了避免图上线条交叉时，可使用转接符号，圆圈内加上标号，

模块结构图由三个主要组成部分：模块、调用和通讯。

1. 模块。

所谓模块，是可以组合、分解和更换的单元，是组成系统、易于处理的基本单位。系统中的任何一个处理功能都可以看做一个模块。模块的名称必须说明这个模块的功能，也就是指出每次调用该模块时，它完成的事情。模块的名称通常由一个动词和一个作为宾语的名词组成。如“打印账表”。

一个模块本身具有三种基本属性：一是功能，说明该模块实现什么；二是逻辑，描述模块内部如何实现要求的功能；三是状态，描述该模块的使用环境、条件及模块间的相互关系。

因为模块可以分解、组合，所以模块的大小是一个相对概念，要视具体的状态环境而定。一个复杂系统可以分解为几个大模块（或子系统），每个大模块又可以分解为多个更小的模块。在一个系统中，模块都是由层次结构组成的，从逻辑上说，上层模块包含下层模块，最下层是工作模块，执行具体任务。

系统的各个模块功能明确，具有一定的独立性，因此，可以方便地更换和独立进行设计。当把一个模块加到系统中或从系统中去掉时，只是使系统增加或减少了这一模块所具有的功能，而对其他模块没有影响或影响较少。正是模块的这种独立性，使得系统具有良好的可修改性和可维护性，同时，也是结构化设计的主要基础。

2. 调用。

在模块结构图中，模块有三种调用关系，即直接调用、判断调用、循环调用（如图 6－2 所示）。

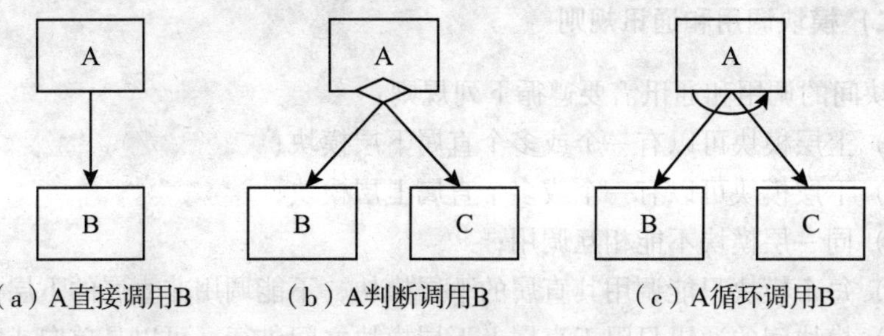

（a）A直接调用B　（b）A判断调用B　（c）A循环调用B

图 6－2　模块的调用

（1）直接调用。指一个模块无条件地调用另一模块，如图6－2（a）所示，表示模块 A 直接调用模块 B。

（2）判断调用。如果一个模块是否调用一个从属模块，决定于调用模块内部的判断条件，则该调用称为模块间的判断调用，采用菱形符号表示，如图6－2（b）所示。

（3）循环调用。如果一个模块通过其内部的循环功能来循环调用一个或多个从属模块，则该调用称为循环调用，用弧形箭头表示，如图6－2（c）所示。

3. 通讯。

模块之间的耦合关系决定了模块与被调用模块之间总会有信息互相传递。所传递的信息包括控制信息（控制流）和数据信息（数据流）两种。（1）数据通讯。它是一个数据流，表达了一个经过处理的数据从一个模块传向另一个模块。（2）控制通讯。只传送一个标志，此标志表达了处理工作的某种状态，不是由被发送模块真正进行处理的数据。

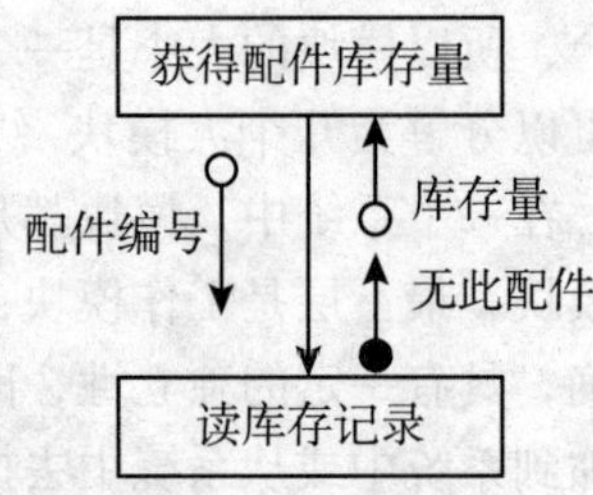

图6－3　模块间的通讯

模块间的通讯如图6－3所示。图中上层模块调用下层模块时，将配件编号传给下层模块；当下层模块返回上层模块时，若编号有效，则将库存量传给上层模块，否则将“无此配件”的信息传给上层模块。配件编号和库存量为数据流，“无此配件”则为控制流。

（二）模块调用和通讯规则

模块间的调用和通讯需要遵循下列规则：

（1）上层模块可以有一个或多个直属下层模块；

（2）下层模块可以有一个或多个直属上层模块；

（3）同一层模块不能相互调用；

（4）每个模块只能调用其直属的下层模块，不能调用非直属的下层模块；

（5）模块间的通讯只限于直属上下层模块之间进行，可以是单向或双向，但不能越层进行。

(三) 模块结构图的标准形式

一个系统的模块结构图有两种标准形式，变换型模块结构和事务型模块结构。

1. 变换型模块结构。

变换型模块结构描述的是变换型系统，变换型系统由三部分组成：输入、数据加工（中心变换）和输出，它的功能是将输入的数据经过加工后输出，如图 6－4 所示。

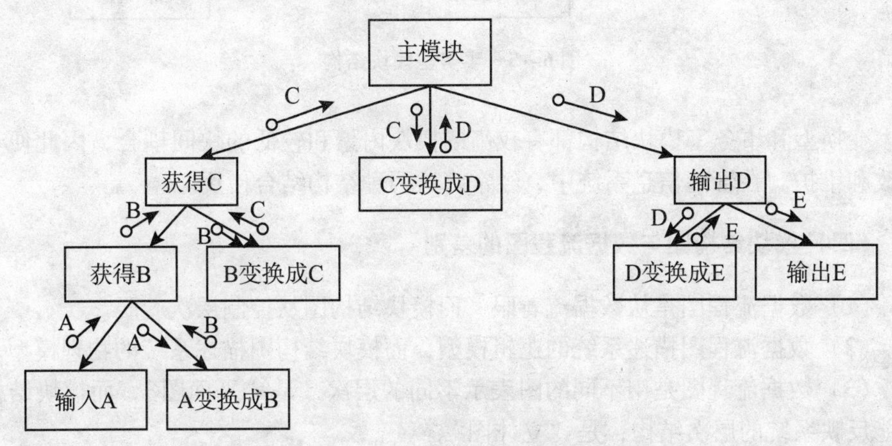

图 6－4 变换型模块结构

变换型系统工作时，首先主模块受到控制，然后控制沿着结构逐层达到底层的输入模块，当底层模块输入数据 A 后，A 由下至上逐层传送，逐步由“物理输入”变成“逻辑输入”C，接着在主控模块控制下，C 经中心变换模块转换成逻辑输出 D，D 再由上至下逐层传送，逐步把“逻辑输出”变成“物理输出”E。这里的“逻辑输入”和“逻辑输出”分别为系统主处理的输入数据流和输出数据流，而“物理输入”和“物理输出”是指系统输入端和系统输出端的数据。

2. 事务型模块结构。

事务型系统由三层组成：事务层、操作层和细节层，它的功能是对接收的事务，按其类型选择某一类事务处理，如图 6－5 所示。

事务型系统在工作时，主模块将按事务的类型选择调用某一事务处理模块，事务处理模块又调用若干个操作模块，而每个操作模块又调用若干个细节模块。在实际系统中，由于不同的事务可能有共同的操作，而不同操作又可能有共同的细节，因此事务型系统的操作模块和细节模块可以达到一定程度的共享。

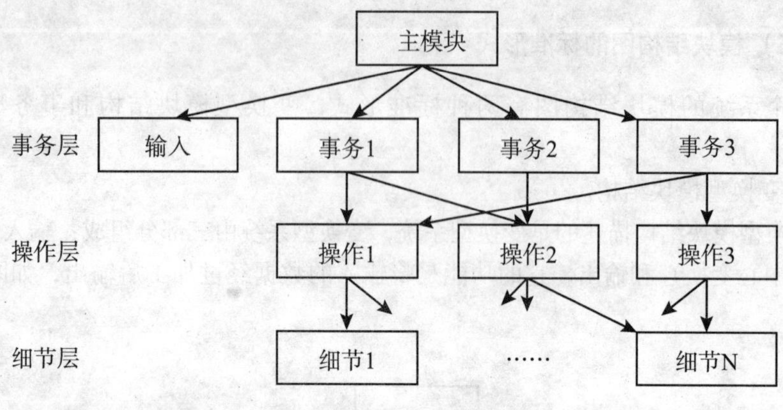

图6－5　事务型模块结构

变换型和事务型模块结构都有较高的模块内聚和较低的块间耦合，因此便于修改和维护。在管理信息系统中，经常将这两种结构结合使用。

（四）模块结构图与数据流程图的差别

（1）数据流程图是从数据流着眼，而模块结构图从控制层次着眼。

（2）数据流程图描述系统的逻辑模型，而模块结构图描述系统的物理模型。

（3）数据流程图是用不同的图表示不同的层次，是“平面图”，而模块结构图能反映系统的层次结构，是“立体图”。

（4）数据流程图从具体到抽象，描述系统的要求，而模块结构图是从抽象到具体，描述系统的实现方法。

五、从数据流程图导出模块结构图

在系统分析阶段，采用结构化分析方法得到了由数据流程图、数据字典和处理逻辑等组成的系统的逻辑模型。现在，可根据一些规则从数据流程图导出系统初始的模块结构图。管理信息系统的数据流程图通常也可分为两种典型的结构，即变换型结构和事务型结构。相应的模块结构图转换方法就有两种：变换中心转换方法和事务中心转换方法。

（一）变换中心转换方法

变换型数据流程图一般为线状结构，并且数据流程图明显地分为输入功能、处理逻辑变换功能、输出功能（如图6－6所示）。尽管在输入与输出部分也有一些处理功能，但实质性的处理功能是在处理部分完成的。因此，处理部分是“变换中心”。由于变换型结构由输入、主处理和输出三部分组成，所以从变换型结构的数据流程图导出变换型模块结构图，可分三步进行。

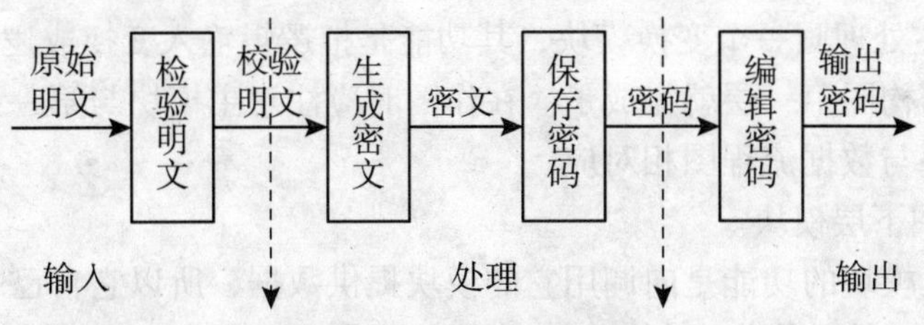

图 6-6 划分数据流程

1. 找出系统的主处理、逻辑输入和逻辑输出。

通常在数据流程图中多股数据流的会合处往往是系统的主处理。若没有明显的会合处，则可先确定哪些数据流是逻辑输入和逻辑输出，从而获得主处理。

从物理输入端一步步向系统中间移动，直至到达这样一个数据流，它再不能被作为系统的输入，则其前一个数据流就是系统的逻辑输入，即离物理输入端最远的，但仍可视为是系统输入的那个数据流就是逻辑输入。

用类似方法，从物理输出端一步步向系统中间移动，则离物理输出端最远的，但仍可视为系统输出的那个数据流就是逻辑输出。

逻辑输入和逻辑输出之间的加工就是我们要找的主处理。

通过上述的方法就可以找出系统的主处理、逻辑输入和逻辑输出（如图 6-6 所示）。

2. 设计模块的顶层和第一层。

首先在与主处理对应的位置上画出主模块（如图 6-7 所示），主模块的功能就是整个系统要做的工作，主模块又称为主控制模块。主模块是模块结构图顶层模块，“顶”设计后，就可按“自顶向下，逐步细化”的思想来画模块结构图顶下的各层了。每一层均需按输入、变换、输出等分支来处理。模块结构图第一层的画法如下。

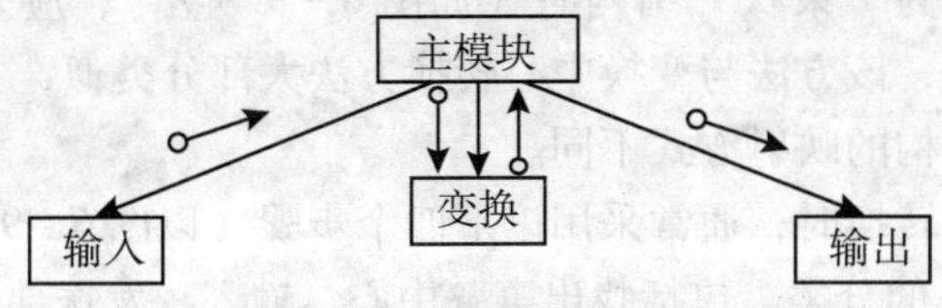

图 6-7 模块结构图的顶层和第一层

（1）为每一个逻辑输入画一个输入模块，其功能是向主模块提供数据；

（2）为每一个逻辑输出画一个输出模块，其功能是把主模块提供的数据输出；

（3）为主处理画一个变换模块，其功能是把逻辑输入变换成逻辑输出。

至此，结构图第一层就完成了。在作图时应注意主模块与第一层模块之间传送的数据，要与数据流程图相对应。

3. 设计中下层模块。

因为输入模块的功能是向调用它的模块提供数据，所以它自己也需要一个数据来源。此外，输入模块必须向调用模块提供所需的数据，因此它应具有变换功能，能够将输入数据按模块的要求进行变换后，再提交该调用模块。从而，我们为每个输入模块设计两个下层模块，其中一个是输入模块，另一个是变换模块。

同理，也为每个输出模块设计两个下层模块。一个是变换模块，将调用模块所提供的数据变换成输出的形式；另一个是输出模块，将变换后的数据输出。

该过程由顶向下递归进行，直到系统的物理输入端或物理输出端为止（如图6－8所示）。每设计出一个新模块，应同时给它起一个能反映模块功能的名字。

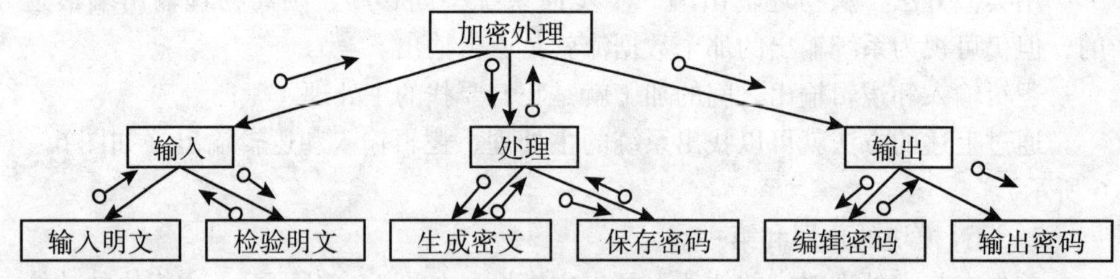

图6－8　加密处理结构

运用上述方法，就可获得与数据流程图相对应的初始结构图。

（二）事务中心转换方法

当数据流程图为“束状”结构时（如图6－9所示），应采用事务中心转换方法。就步骤而言，该方法与变换中心转换方法大部分类似，主要差别在于由数据流程图到模块结构的映射方式不同。

进行事务中心转换时，通常采用以下四个步骤（以图6－9为例说明）：

（1）确定事务的分类，包括找出事务中心、输入、发送部分。其中，有多条出口的地方就是事务中心。

（2）确定以事务为中心的系统结构，将具备相同功能的事务分为同一类，建立事务模块。

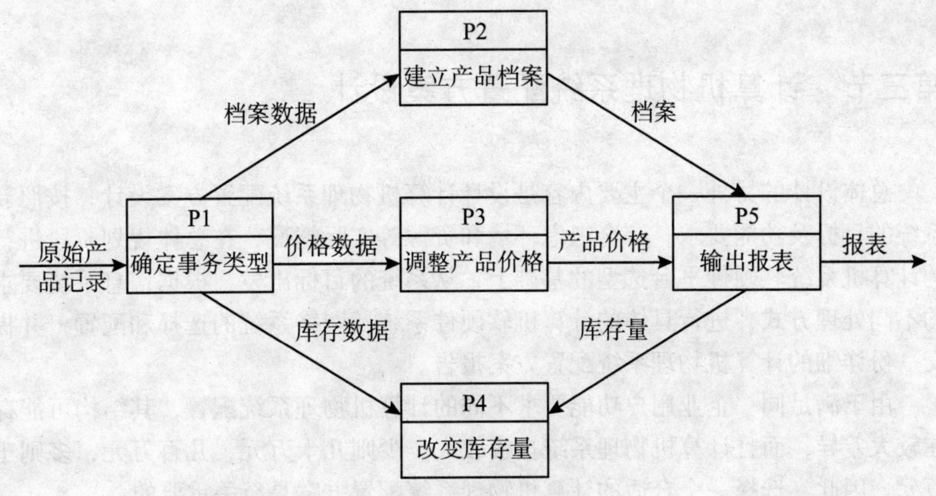

图 6－9 事务型数据流程

(3) 确定每一种事务的处理动作。即为每个事务处理模块建立全部的操作层模块。其建立方法与变换分析方法类似，但事务处理模块可以共享某些操作模块。

(4) 合并具有相同处理的模块，组成公共处理模块植入系统。

根据上述步骤就可以将图 6－9 的数据流程图转换为事务处理调度的事务型模块结构图（如图 6－10 所示）。

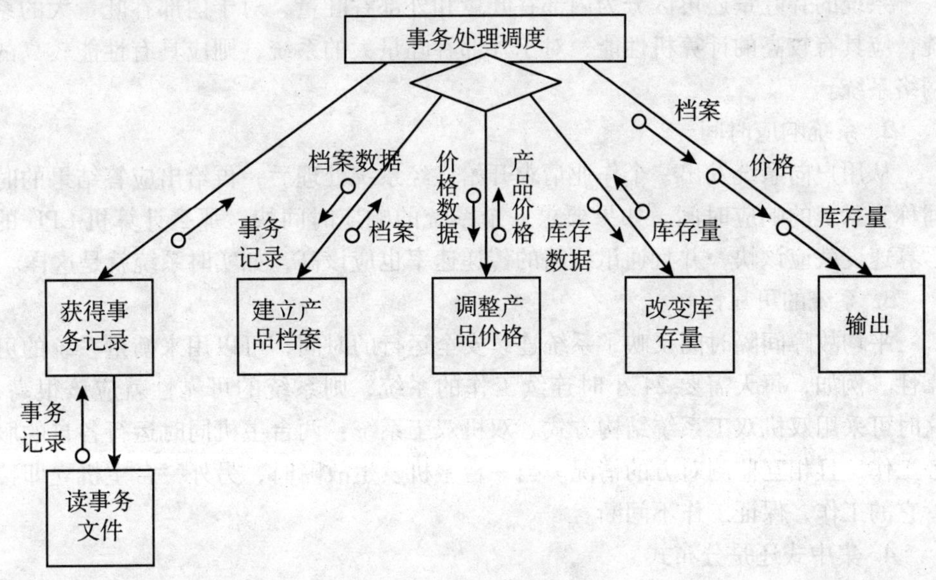

图 6－10 事务处理调度结构

第三节　计算机物理系统配置方案设计

总体设计的另外一个主要内容是设计计算机物理系统配置方案设计，按照新系统的目标及功能要求，综合考虑环境和资源等实际情况，在总体规划阶段进行的计算机系统软硬件平台选型的基础上，从系统的目标出发，根据信息系统要求的不同处理方式，进行具体的计算机软硬件系统及网络系统的选择和配置，并提交一份详细的计算机物理系统配置方案报告。

由于满足同一企业用户功能要求不同的计算机物理系统配置，其结构可能存在较大差异，而且计算机物理系统投资较大，少则几十万元，几百万元，多则千万元。因此，选择一个合适的计算机物理系统配置方案是至关重要的。

一、设计依据

1. 系统的吞吐量。

每秒钟执行的作业数称为系统的吞吐量。系统的吞吐量越大，则说明系统的处理能力越强。系统的吞吐量与系统硬、软件的选择有着直接的关系，如果要求系统具有较大的吞吐量，就应当选择具有较高性能的计算机和网络系统。

系统的吞吐量还可区分为内部吞吐量和外部吞吐量，对于内部吞吐量大的系统，应具有较高的计算机性能，对于外部吞吐量大的系统，则应具有性能较高的网络系统。

2. 系统响应时间。

从用户向系统发出一个作业请求开始，经系统处理后，再给出应答结果的时间称为系统的响应时间。如果要求一个系统的响应时间快，那么计算机 CPU 的运算速度就应该快，并且通讯线路的传递速率也应该高，如实时系统就是这样。

3. 系统的可靠性。

平均故障间隔时间反映了系统连续安全运行的时间，可以用来衡量系统的可靠性。例如，每天需要 24 小时连续工作的系统，则系统的可靠性就应该很高，这时可采用双机双工系统结构方式。双机双工系统：两台主机同时运行各自的服务工作，且相互监测对方的情况。当一台主机发生故障时，另外一台主机立即接管它的工作，保证工作不间断。

4. 集中式还是分布式。

如果一个系统的处理方式是集中式的，既可以是单机式系统，也可以是网络系统。如果一个系统的处理方式是分布式的，则采用网络系统将更加有效地发挥系统的性能。

5. 地域范围。

当系统采用网络结构形式时，还需要根据系统覆盖的地域范围决定采用广域网还是局域网。

6. 单机系统还是多机系统。

如果一个系统的功能比较简单，并且规模不大，那么采用单用户或多用户的单机系统可以满足要求，否则就要采用多机系统，多机系统可以很好地解决资源共享问题。

7. 数据管理方式。

如果数据管理方式为文件系统，则操作系统应具备文件管理功能。如果数据为数据库管理方式，那么系统中应配备良好的DBMS或分布式DBMS系统软件和其他网络管理软件。

二、系统设备配置与机器选型

（一）设备（包括软、硬件）选择的原则

在满足时间业务需要的前提下，只要资金许可，应尽量购置技术上成熟、性能价格比高的计算机系统。但是目前计算机技术发展太快，名目繁多，何谓好，何谓成熟，都很难笼统下结论。一般我们根据下列方面来评定：

（1）可靠性。技术上是否可靠。

（2）可维修性。维修是否很方便。

（3）兼容性。纵向：新老系统能兼容；横向：本系统与外系统能够兼容。

（4）标准系列性。非标准的系列，不宜选取。

（5）熟悉性。指用户对软件硬件的熟悉程度。

（6）方便性。使用是否方便。

（7）可扩充性。今后扩展系统或升档是否方便。

（8）对工作环境的要求。

（9）性能价格比。

（二）计算机硬件要考虑的指标

对计算机本身应考虑以下指标：

（1）主机的结构，即是一般结构，还是优化自身处理命令的RISC体系结构。

（2）主机的处理MIPS（百万条指令/秒）。

（3）相对机器性能价格指标CW是美国《计算机世界》杂志确定的一个衡

量计算机性能价格的相对指标。它定义 IBM360 的 CW 指标为 45，其他机器都与它相比得出指标数。

（4）内存的大小。

（5）I/O（输入/输出）通道数。

（6）系统的读写/存储周期。

（7）外设的速度。

（8）高速缓存器的大小。

（9）向上升级是否方便。

（10）计算机设备及其对工作环境的要求。

（三）软件考虑的指标

软件的考虑必须与系统开发所采用的战略和方法结合起来。在信息系统开发过程中开发方法以及相应软件工具的选择对系统开发是否顺利乃至能否成功，都是至关重要的。软件主要从如下几方面考虑：

（1）中文的使用。

（2）操作系统。

（3）数据库 DBS。

（4）常用程序设计语言。

（5）第 4 代程序生成语言 4GLs。

（6）工具。比如测试工具、需求分析工具、调试工具等。

（7）应用系统开发环境。它代表了未来软件工程的发展方向。在这样一个环境和计算机自身的支持之下，用户可以很方便地完成从需求分析、系统分析到系统设计、系统实现和运行管理的全过程。

（8）图形软件。

（9）各种应用软件包。如统计分析软件包、多元分析软件包、数学规划软件包等。

（四）网络指标

网络的选择考虑如下指标：

（1）网络的结构；

（2）网络的拓扑结构；

（3）网络的传输媒介；

（4）各种接口；

（5）网络管理软件；

（6）网络与其他 OA 设备的连接等。

（五）系统设备配置

考虑了上述种种因素后，我们常以表格的方式来描述系统设备配置情况。表格中必须注明机器设备的型号、数量，距计算机中心的距离，系统的分布情况，环境条件，等等。

第四节　代码设计

代码是事物、概念的名称、属性或状态的代表符号。代码设计是计算机管理的前提条件。计算机是通过对代码的处理来识别事物、概念、属性或状态的。因此，使用计算机时，必须把物体和事件数据化、字符化。

代码设计的好坏，不仅关系到计算机的处理效率，而且直接影响信息系统的推广与使用。

一、代码的作用

1. 便于录入。

用汉字表示事物的名称、属性和状态时，使用的汉字多，因而录入量大、录入速度慢。采用代码后，代码的字符个数远远少于汉字字符的个数，这样不仅减少了录入量，而且录入速度大大提高。

2. 节省存储空间，提高处理速度。

采用代码比采用汉字使用的字符少，因而可以节省存储空间。同时，由于代码位数减少，提高了存取速度，这样就使运算、传递的速度得到提高，从而提高了效率。

3. 便于计算机识别和处理。

由于采用统一编码，要查询、通讯、分类、统计、分析时，可以充分利用编码的规律，十分方便地进行。

4. 提高数据标准化程度。

（1）为实体或属性提供了唯一的标识。否则标识一种物资就必须列出它的名称、型号、规格、技术参数。如，员工姓名容易重名，为避免二义性，唯一表示每个人，编制职工代码。

（2）提高数据全局一致性。对在不同场合有不同叫法的同一事物，可以通过编码统一起来。

（3）统一字符数实现长短标准化。而用汉字表示事物的名称、属性、状态时，汉字多少不一，有时只有一个汉字，有时多达十几个汉字，长短不齐，不利统一。

5. 提高处理精度。

由于代码统一，可以使用相应的代码校验方法及时查错，从而提高整个处理工作的精度和质量。

二、代码设计的原则

代码设计直接影响系统的质量、实用性与生命力。一个代码的小修改，将会引起多个文件和程序的修改；代码的大修改可能还会引起数据库的重新设计和建立。故代码设计一定要作全面的考虑和仔细的推敲，力争优化。在优化过程中，一般应遵循以下几项原则：

1. 唯一性。

每个代码唯一地代表系统中的一个实体或属性，而一个实体或属性也只能由一个代码表示。如每一种材料、物资、设备等只能有一个代码，不能重复。在现实世界中有很多东西如果我们不加标识是无法区分的。所以唯一地加标识是编制代码的首要任务。最简单、最常见的例子就是职工编号。在人事档案管理中我们不难发现，人的名字不管在多小的单位里都难避免重名。为了唯一地标识每一个人，避免二义性，因此编制了职工代码。

2. 扩展性。

代码结构必须能适应实体或属性集合不断扩充的需要，以便当增加新的实体或属性时，不致重新设计整个代码系统。代码设计要预留足够的位置，否则在短时间内，改变编码结构对设计工作来说是一种严重浪费。一般来说，代码愈短，分类、准备、存储和传送的开销愈低；代码愈长，对数据检索、统计分析和满足多样化的处理要求就愈好。但编码太长，留空太多，多年用不上，也是一种浪费。

3. 实用性及系统性。

代码要尽量满足原业务处理的习惯，便于人工使用时识别与记忆，也便于计算机处理时识别与分类处理。同时，又要建立完整的代码体系，并注意本代码体系与其他业务代码的一致性联系，便于调用。

4. 明义性。

通过编码能够比较容易地识别被编码对象。如物资编码“WJTQ002”表示类别为五金，品种为台钳的第 2 号物资。另外要注意避免引起误解，不要使用易于混淆的字符。如 O，Z，I，S，V 与 0、2、1、5、U 易混；不要把空格作代码；要使用 24 小时制表示时间等。

5. 合理性。

要注意尽量采用不易出错的代码结构，例如字母—字母—数字的结构（WW2）比字母—数字—字母的结构（如 W2W）发生错误的机会要少一些；当代码长于 4 个字母或 5 个数字字符时，应分成小段。这样人们读写时不易发生错误。如 726 – 499 – 6135 比 7264996135 易于记忆，并能更精确地记录下来。

6. 标准化。

代码的设计要尽量采用国际或国内的标准，以方便信息的变换和共享，并可以减少以后系统更新和维护的工作量。在实际工作中，一般企业所用大部分编码都有国家或行业标准。如，会计领域，一级会计科目由国家财政部进行标准分类，二级科目由各委或行业协会统一进行标准分类，企业则只能对其会计业务中的明细账目，即对三、四级科目进行分类，并且这个分类还必须参照一、二级科目的规律进行。另外，一些需要企业自行编码的内容，如生产任务码、生产工艺码、零部件码等，都应该参照国家标准化分类和编码的形式来进行。

三、代码的种类

代码设计就是确定代码的种类和结构。代码的种类很多，下面介绍几种常用代码的种类：

1. 顺序码。

用连续数字代表编码对象，通常从 1 开始编码。用连续数字代表编码对象的码，例如：在一个拥有数千人的企业中，职工代码用 1001 代表张三，1002 代表李四……在学校里用 01 代表物理系、02 代表化学系……

顺序码的优点是短而简单，易扩充。其缺点在于：无逻辑含义，不能说明任何信息特征，不便于分类和记忆；新增加的数据只能放到最后，删除则造成空码。

顺序码一般适用于被编码对象数目较少的情况。或者作为其他码分类中细分类的一种补充手段。

例如，表 6 – 1 就是某企业采用数字顺序码对 6 个物资仓库的编码。

表 6 – 1　　某企业 6 个物资仓库编码

编码对象	仓库 1	仓库 2	仓库 3	仓库 4	仓库 5	仓库 6
编码	01	02	03	04	05	06

2. 区间码。

区间码把数据项分成若干组，每一区间代表一个组，码中数字的值和位置都代表一定意义。例如：我国公民身份证号码，在18位身份证码，前6位表示地区编码，中间8位表示出生年月日，最后4位表示顺序号和其他状态（性别等）。

又例如，表6-2是某企业的用户分类代码。依据该分类代码，若该企业某用户的编码为“21”，则代表该用户为采购总量小于10000元的零售单位。

表6-2　　　　用户分类代码

用户类型（第一位）		采购总量（第二位）	
码	分类	码	分类
1	批发部门	1	<10000元
2	零售单位	2	10000~19999元
3	教育界	3	20000~29999元
4	国防部门	4	30000~39999元
5	其他部门	5	>39999元

区间码的优点是：信息处理比较可靠，排序、分类、检索等操作易于进行。缺点：码的长度与它分类属性的数量有关，有时可能造成很长的码。在许多情况下，码有多余的数。同时，这种码的修改也比较困难。一般当编码对象具有两层（或以上）的分类时，可采用区间码进行编码。

3. 十进制码。

这是世界各地图书馆里常用的分类法。它先把整体分成十份，进而把每一份再分成十份，这样继续不断。该分类对于那些事先不清楚产生什么结果的情况是十分有效的。

例如：

510·　　　　机构

531·　　　　机械

531·1　　　杠杆和平衡

……

在上面十进制码的例子中，“531·1”，小数点左边的数字组合代表主要分类，其中“5”代表自然科学，“3”代表物理学，“1”表示机构，小数点右边的指出子分类。十进制码适用范围较窄，它分类比较清晰，子分类划分虽然很方便，但所占位数长短不齐，不适于计算机处理。显然，只要把代码的位数固定下来，仍可利用计算机处理。

4. 助记码。

用纯字符形式（英文、汉语拼音）把直接或间接表示编码化对象属性的文字、数字、记号原封不动地作为编码。其特点是可通过联想帮助记忆（原封不动地表示代码化对象属性，亦记亦读）。例如：

TVB14　　14 寸黑白电视机
TVC20　　20 寸彩色电视机
DFI1 ×8 ×20　　规格 1″×8″×20″的国产热轧平板钢

助记码的优点：可以通过联想帮助记忆，容易理解。缺点：随着编码数量的增加，其位数也要增加，占用计算机容量太多，给处理带来不便。

助记码适用于数据项数目较少的情况（一般≤50 个），否则容易引起联想出错。常用于物资的性能、尺码、重量、容积、面积和距离等。

5. 缩写码。

把习惯缩写字直接用作代码。如 1b 表示磅；YD 表示码；kg 表示公斤；cm 表示厘米；

6. 尾数码。

尾数码的末尾位有一定的含义，即利用末位数字修饰主要代码。如用 2301 表示 230mm；用 2302 表示 230cm。

7. 混合码。

混合码是最常用的一类编码形式，用两种以上的编码进行组合，从两个以上的角度来识别、处理编码对象。通常用数字和字符混合型进行编码（如表 6 – 3 所示）。

表 6 – 3　　某企业库存管理账本编码

编码对象	编码
五金库的第 1 本账	WJ001
五金库的第 2 本账	WJ002
化工库的第 1 本账	HG001
化工库的第 2 本账	HG002
……	……

混合码的优点：容易进行大分类、增加编码层次，做各种分类统计也很容易。缺点：位数和数据项目个数比较多。

当编码对象具有两层（或以上）的分类时，采用合成码。

四、代码校验

代码的正确性直接影响计算机处理的质量，为了保证输入的正确性，因此需要对输入计算机中的代码进行校验。

校验代码的一种常用做法是事先在计算机中建立一个“代码字典”，然后将输入的代码与字典中的内容进行比较，若不一致说明输入的代码有错。

校验代码的另外一种做法，是设校验位。即设计代码结构时，在原有代码基础上另外加上一个校验码，使其成为代码的一个组成部分，校验值通过事先规定的数学方法计算出来。使用时与原代码一起输入，计算机会以同样的数学方法按输入的代码计算出校验值，并将它与输入的校验值进行比较，以证实是否有错。

1. 校验位可以发现的错误种类。

（1）校验位可以查出易位错（例如“1234”记录为“1243”）；

（2）双易位错（例如“1234”记录为“1432”）；

（3）抄写错（例如“1234”记录为“1235”）；

（4）随机错误（包括以上两种或三种综合性错误或其他错误，例如“1234”记录为“2243”）。

产生校验码的方法有许多种，如算术级数法、几何级数法、质数法等，这些方法各具不同的优缺点。通常根据使用设备的复杂程度或功能，以及某项应用要求的可靠性而决定采取哪种方法。

2. 校验码的生成过程。

（1）对原代码中的每一位加权求和 S。

N 位代码为：$C_1 \quad C_2 \quad C_3 \cdots C_n$

权因子为：$P_1 \quad P_2 \quad P_3 \cdots P_n$

加权和为：$C_1 \times P_1 + C_2 \times P_2 + C_3 \times P_3 + \cdots + C_n \times P_n = S$

即：

$$c_1 \times p_1 + c_2 + p_2 + c_3 + p_3 + \cdots + c_n \times p_n = \sum_{n=1}^{n} c_i \times p_i = S$$

其中，权因子可任意选取，常用的有：算术级数 1，2，3，…；几何级数 2^0，2^1，2^2，…；质数 3，5，7，1，…；有规律的数，如 1，2，1，2，…。

（2）求余数 R。

用加权和 S 除以模数 M 可得余数 R，即 S/M = Q…R（Q 为商数）

其中，模数 M 也可任意选取，常用的模数为 10、11、13。

（3）选择校验值。

可选用下述方法中的一种获得校验值：余数 R 直接作为校验值，或把模数 M 和余数 R 之差（即 M – R）作为校验值，取 R 的若干位作为校验值。把获得的数校验值放在原代码的最后作为整个代码的组成部分。

3. 校验码的使用过程。

用校验位检查代码的过程是上述生成过程的逆过程，下面举例来说明此过程。

例如，设原代码为 27333，权数采用算术级数法，求其检验码。

解：相应的五个权数 1，2，3，4，5，

取模 11

则，

原代码 2 7 3 3 3

权因子 5 4 3 2 1

乘积和 10 +28 +9 +6 +3 =56

56/11 =5…余数：1

因此，其校验位为：1

带校验位的新代码为 27333[1]

当原代码 27333 输入为 27353，接收方根据同样的算法进行检验，求出其校验位：$2\times5+7\times4+3\times3+5\times2+3\times1=60$，60mod（11）=5，由于 $1\neq5$，则输入错误被检出。对于准确性要求很高的代码，可以考虑增加校验位的位数。

第五节 数据库设计

数据库设计是管理信息系统设计的重要组成部分，主要是以数据流程图和数据字典为依据的。良好的数据库设计有利于减少数据冗余，提高存取效率，满足多种查询要求，也会提高系统处理的效率。

一、数据库设计的内容

数据库设计是在选定的数据库管理系统基础上建立数据库的过程。数据库设计的内容是：在对环境进行需求分析的基础上，进行满足要求及符合语义的逻辑设计，进行存储结构的物理设计，实现数据库的运行等。即数据库设计除用户要求分析外，还包括概念结构设计、逻辑结构设计和物理结构设计等三个阶段。

数据库设计的核心问题是如何从系统观点出发建立一个数据模式。而数据库设计往往取决于设计者的知识和经验，对同一环境，采用同一个 DBMS，由不同设计者设计的数据库的性能可能相差很大。因此，在设计数据库的过程中，应使其满足下面几个条件：

（1）符合用户的要求。既能正确地反映用户的工作环境（包括用户需处理的所有“数据”），又能支持用户提出的所有处理功能的实现。

（2）与所选的数据库管理系统所支持的数据模式相匹配。

（3）具有较高的质量。数据组织合理，易于理解、便于维护、没有数据冲突、完整性好、效益高。

二、数据库设计的基本步骤

根据生命周期的观点，开发一个数据库系统大致包括以下步骤：

1. 需求分析。

进行数据库设计首先必须准确了解与分析用户需求（包括数据需求与处理需求）。需求分析是整个设计过程的基础，是最困难、最耗费时间的一步。需求分析的结果是否准确地反映了用户的实际要求，将直接影响到后面各个阶段的设计，并影响到设计结果是否合理和适用，是进行其他设计的基础。

2. 概念结构设计。

概念结构设计是整个数据库设计的关键，它通过对用户需求进行综合、归纳与抽象，形成一个独立于具体 DBMS 的概念模型。其主要工作就是设计概念模型，该模型能将用户的需求明确地表达出来。

3. 逻辑结构设计。

逻辑结构设计实质上是把概念模型转换为所选用的 DBMS 所支持的模式，其主要任务是设计数据的结构，按照数据库管理系统提供的数据模型，转换已设计的概念模型。

4. 物理结构设计。

物理设计是对给定的逻辑结构，选取一个最合适应用环境的物理数据库结构的过程。物理设计与逻辑设计是一个问题的两个方面，逻辑设计是面向用户的设计，物理设计是面向计算机的设计。逻辑设计的好坏直接影响到物理设计，因为逻辑设计的输出是物理设计的输入。

5. 实施阶段。

实施阶段即系统的实现，是开发人员把系统设计所得的、类似于设计图纸的新系统方案转换成应用软件。这一阶段需要投入大量的人力、财力和物力，实现的任务繁杂，占用时间较长。

6. 运行和数据库维护。

三、概念结构设计

概念结构设计形成反映组织信息需求的概念模型，这种模型独立于任何数据库管理系统，不能直接表现用户数据库的实现，但它提供了更加一般化的形式，具有更强的表达能力。在概念结构设计中常用的方法是实体联系模型，即 E－R 模型。

(一) 实体联系模型（E－R 模型）

实体联系模型反映的是现实世界中的事物及其相互联系，具有三个基本要素：实体、属性和联系。

(1) 实体，是观念世界中描述客观事物的概念。实体是 E－R 模型的基本对象，任何客观存在的事物均可以是实体。它可以是人，比如职工、学生等，也可以是物或抽象的概念，如数据库、工作过程、操作步骤等。在 E－R 图中，实体用方框表示，见图 6－11（a）。

(2) 属性，是实体的某一方面的性质或特性。如实体“职工”，可以有职工号、姓名、出生年月、性别、职称等属性。属性的取值范围为域。如性别的域为(男、女)，月份的域为 1～12 的整数。在 E－R 图中，属性用椭圆表示，见图 6－11（b）。

(3) 联系。信息世界中联系分为两类：一是实体内部的联系，如组成实体的属性之间的联系；二是实体之间的联系。在 E－R 图中，联系用菱形表示，见图 6－11（c）。

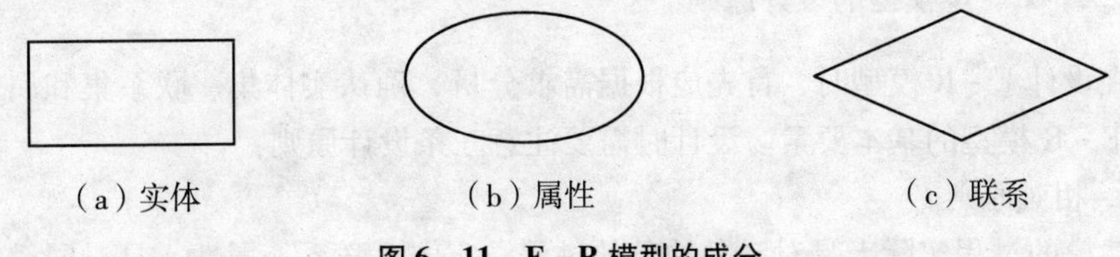

（a）实体　　（b）属性　　（c）联系

图 6－11　E－R 模型的成分

实体之间的联系可以分为三类：

设 A，B 为两个包含若干个体的总体，其间建立了某种联系，其联系方式可分为三类：

①一对一联系（1∶1）：如果对于 A 中的一个实体，B 中至多有一个实体与其发生联系，反之，B 中的每一实体至多对应 A 中一个实体，则称 A 与 B 是一对一联系。例如：一个部门有一个经理，而每个经理只在一个部门任职，则部门与经理之间的关系就是一对一的联系，如图 6－12（a）所示。

②一对多联系（1∶n）：如果对于 A 中的每一实体，实体 B 中有一个以上实体与之发生联系；反之，B 中的每一实体至多只能对应于 A 中的一个实体，则称 A 与 B 是一对多联系。例如，一个部门有若干个职工，而每个职工只在一个部门工作，则部门与职工之间的关系就是一种一对多的联系，如图 6－12（b）所示。

③多对多联系（m∶n）：如果对于 A 中的每一实体，实体 B 中有一个以上实体与之发生联系；反之，B 中的每一实体也与 A 中一个以上实体发生联系，则称

A 与 B 为多对多联系。例如，一个车间可以加工多个零件，而一个零件又需要多个车间的多道工序才能加工完成，则车间与零件之间就是多对多的联系，如图 6－12（c）所示。

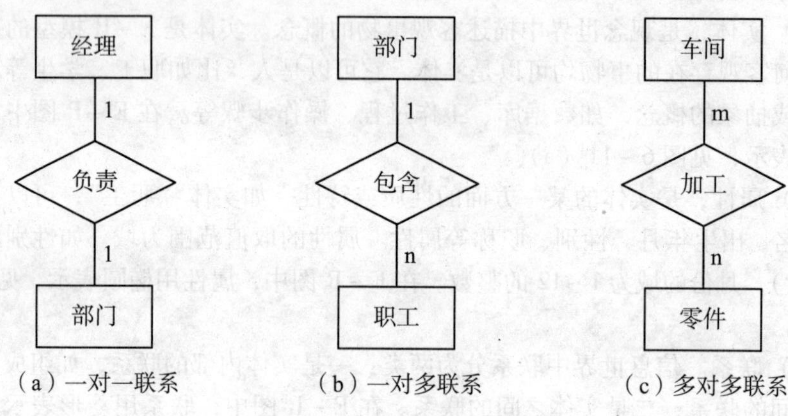

（a）一对一联系　（b）一对多联系　（c）多对多联系

图 6－12　实体间的联系

（二）E－R 模型的设计原则

在设计 E－R 模型时，首先应根据需求分析，确认实体集、联系集和属性这三种 E－R 模型的基本要素。设计时需要注意三条设计原则：

1. 相对原则。

建模的过程实际上是对对象抽象的过程。实体、联系、属性，是对同一个对象抽象过程的不同解释和理解。在同一情况下不同的人，或同一人在不同的情况下，对事物抽象的结果可能是不同的。

在 E－R 模型的整个设计过程中，实体、联系和属性不是一成不变的，而可能会被不断地调整和优化。

2. 一致原则。

同一对象在不同的业务系统中抽象的结果要保持一致。因为业务系统是建立系统的各子系统。

3. 简单原则。

为简化 E－R 模型，现实世界中的事物，能作属性对待时，应尽量作为属性处理。属性、实体和联系之间，并无一定界限。当属性满足如下两个条件时，就不能作实体或联系对待：

（1）它不再具有需要进一步描述的性质，因为属性在含义上是不可再分的数据项；

（2）属性不能再与其他实体集具有联系，即 E－R 模型中的联系只能是实体集之间的联系。

(三) E－R 模型设计的主要步骤

1. 确定局部应用范围，设计局部 E－R 图。

概念结构设计依据是需求分析阶段的数据流程图和数据字典。在数据流程图中选择适当层次的 DFD，作为设计局部 E－R 图的出发点。

(1) 确定实体集合。

这是绘制 E－R 图关键的一步，根据具体情况决定实体集合。数据流、数据源、目的、数据存储，常作为实体集合。

(2) 确认实体集间的联系。

需要判断所有两两实体集之间是否存在或存在着怎样的联系，标明：1∶1，1∶N，M∶N。

(3) 确认实体集及联系集的属性。

属性名尽量和数据流中数据项名相同。作为属性的“事物”与实体之间的联系，必须是一对多的关系，作为属性的“事物”不能再有需要描述的性质或与其他事物具有联系。为了简化 E－R 模型，能够作为属性的“事物”尽量作为属性处理。

(4) 画出局部 E－R 模型。

2. 集成局部 E－R 图。

(1) 在设计局部 E－R 图的基础上，将局部 E－R 图集成为初步全局 E－R 图。由于各局部 E－R 模型设计时所考虑问题的角度不同和各自业务需要的不同，合并各局部 E－R 模型时可能会存在许多不一致的地方，这称为冲突。而这些冲突（命名冲突、属性冲突、结构冲突）必须在合并局部 E－R 模型时进行合理的消除。

(2) 对初步全局 E－R 图进行修改与重构。其最基本的任务是消除不必要的冗余，得到基本 E－R 图。对冗余信息的消除需要根据用户的整体需求来确定。常用的消除冗余的方法有分析方法和规范化理论。

(四) E－R 模型实例

例 6－1：设计一个教学管理系统。

各部门对教学管理系统的要求是：(1) 学生处：管理各院系班级学生的基本情况；(2) 教务处：掌握学生各门课程的成绩情况；(3) 各院系：登录本院系学生各门课程的成绩。

- 确认实体集。

对上述教学管理系统，需要的实体集包含有：院系、班级、学生、课程。

● 确认实体集间的联系集。

院系和班级之间，存在“管理”这个关系，是一个1∶N的关系；
班级和学生之间，存在“包含”这个关系，是一个1∶N的关系；
学生和课程之间，存在“学习”这个关系，是一个M∶N的关系；
学院和课程之间，存在“开设”这个关系，是一个M∶N的关系。

● 确定属性。

(1) 实体属性。

院系：院系编号、院系名称、联系电话、系主任；
班级：班级编号、班级名称、班长；
学生：学号、姓名、性别、出生日期；
课程：课程编号、课程名、学时、学分。

(2) 联系的属性。

学习：成绩；
管理、隶属、开设这几个联系没有单独的属性。

● 画出E－R模型。

(1) 绘制局部E－R模型。

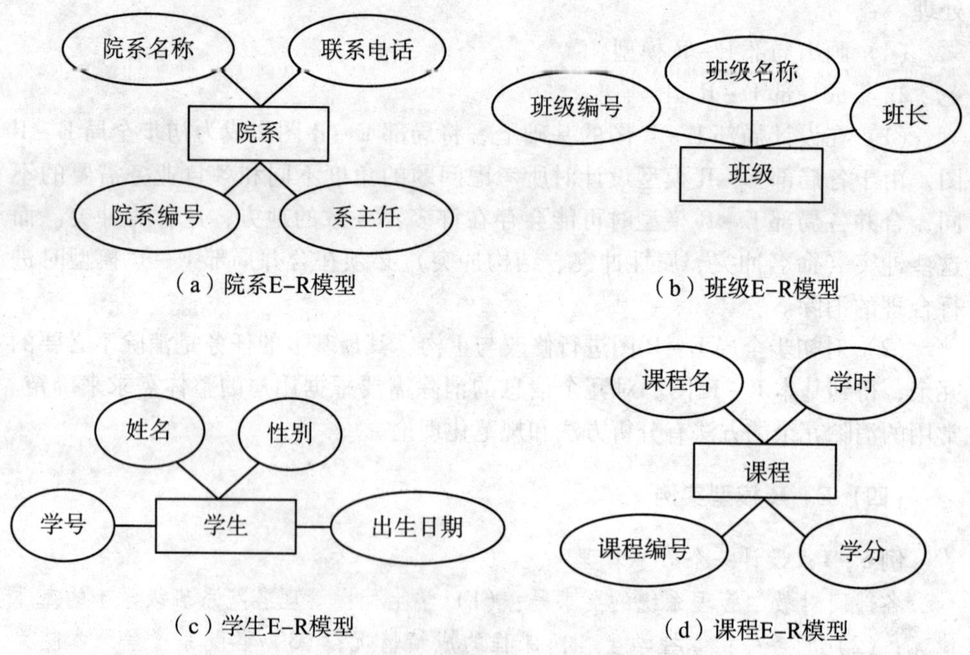

图6－13 教学管理系统各实体描述

(2) 集成全局E－R模型

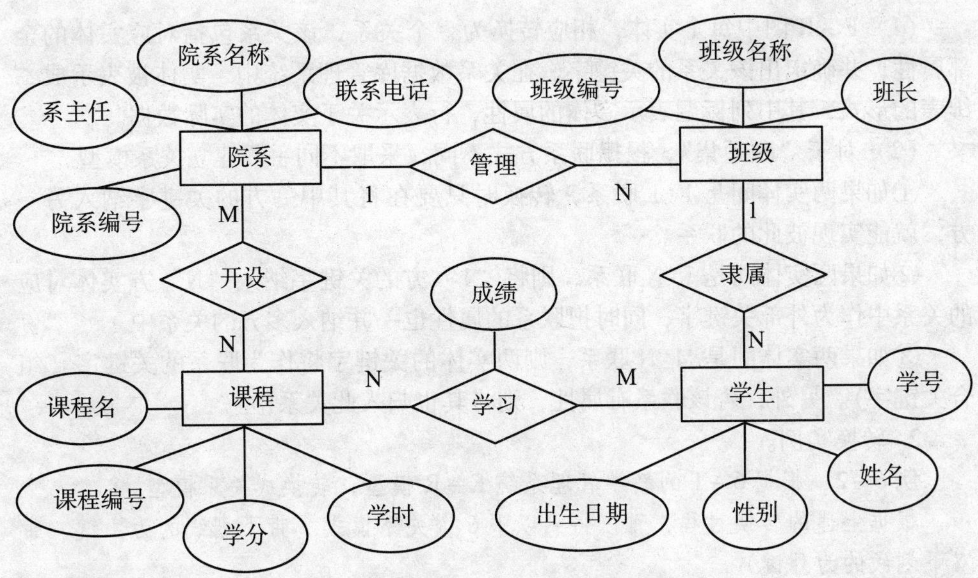

图 6–14 教学管理系统 E–R 模型

四、逻辑结构设计

E–R 模型是概念模型的表示，是对现实世界客观事物及其联系的抽象，是用户对系统的应用需求的概念化表示，但计算机不能直接处理它。逻辑结构设计是将概念模型转换成选用的数据库管理系统所支持的数据模型。

数据库管理系统的发展经历了网状数据库、层次数据库和关系数据库等阶段。这些内容在本书第二章已经做了详细的介绍，这里不再赘述。当前关系数据库管理系统已经发展得比较成熟，形成了多种关系数据库管理系统。

逻辑结构设计以关系数据库管理为基础，考虑如何将 E–R 模型转换成关系数据模型，其主要目的是保证数据共享，消除结构冗余，实现数据的逻辑独立性。数据库逻辑结构设计主要完成两项工作：一是形成初始的关系数据库模式；二是关系模式的规范化。

（一）E–R 模型向关系模型的转化

E–R 模型实际上是实体及实体间的联系所组成的有机整体，关系模型的逻辑结构是一系列关系模型的集合。所以将 E–R 模型转化为关系模型，实质上就是将实体和联系转化为关系模型。即用关系模型来表达实体以及实体集之间的联系。

1. 转换的过程。

（1）E－R 图中每个实体，相应转换为一个关系，该关系包括对应实体的全部属性，并确定出该关系的关键字。在关系数据库管理系统中，实体被表示成二维表的形式，其中列标题表示实体的属性，行表示关于实体的实际数据。

（2）对于“联系集”，根据联系方式不同，采取不同手段建立关系模型。

①如果两实体间是 1∶1 联系，转换时只要在将其中一方的关键字纳入另一方，就能实现彼此的联系。

②如果两实体间是 1∶N 联系，则将“1”方的关键字纳入“N”方实体对应的关系中作为外部关键字，同时把联系的属性也一并纳入多方的关系中。

③如果两实体间是 M∶N 联系，则两实体的关键字将作为联系的关键字（组合关键字）。另外，若该联系有属性，则将其也归入此关系中。

2. 转换实例。

例 6－2 根据 6－1 的教学管理系统 E－R 模型，转换成关系模型。

根据上述的转换过程，可以得到以下 6 个关系模式（带下划线的为主键，带双下划线的为外键）

（1）院系（院系编号，院系名称，联系电话，系主任）

（2）班级（班级编号，院系编号，班级名称，班长）

（3）学生（学号，班级编号，姓名，性别，出生日期）

（4）课程（课程编号，课程名，学时，学分）

（5）学习（课程编号，学号，成绩）

（6）开设（院系编号，课程编号）

（二）关系的规范化

对于通过 E－R 图分析得到的关系模式，可能会由于其中某些属性的不合理依赖关系而产生插入问题、删除问题或更新问题。为了克服这些问题，需要对关系模型进行关系的规范化。规范化是关系数据库设计的重要理论，可借助规范化的方法来设计数据存储结构，以提高数据的可修改性、完整性和一致性。

设计关系数据库时，如果随意建立关系模式，可能会出现很多的弊病。对由 E－R 图转化的关系模型的规范化过程就是逐步消除关系模式中不合适的数据依赖过程。第一范式中消除非主属性对关键字的部分依赖，就可以达到 2NF；第二范式中消除非主属性对关键字的传递依赖，就可以达到 3NF。一般在数据库设计中达到第三范式就可以了。关于 3 种范式的含义，以及关系模型如何实现 3 种范式的内容在本书的第二章已作说明，这里将不再重复。

五、物理结构设计

物理结构设计是为逻辑数据模型在设备上选定适合的存储结构和存取方法，

以获得数据库的最佳存取效率。物理结构设计目的在于确定数据库的存储结构，它的主要内容包括：

（1）库文件的组织形式。如选用顺序文件组织形式、索引文件组织形式等。

（2）存储介质的分配。例如将易变的、存取频度大的数据存放在高速存储器上；稳定的、存取频度小的数据存放在低速存储器上。

（3）存取路径的选择。数据库必须支持多个用户的多种应用，因此必须建立多个辅助索引，提供存取数据库的多个入口、多个存取路径。物理设计的任务应确定建立哪些存取路径。

（4）数据块大小的确定等。这些参数的大小会影响存取时间和存储空间的分配。

这些工作都与硬件环境紧密相关，所以物理设计包含了许多复杂和细致的工作。但是这部分工作由数据库管理系统（DBMS）完成。因此物理设计的主要任务就是确定关系模式的字段类型和长度，以及建立索引。

表6－4～表6－9为各关系模型的物理设计。

表6－4　“院系”数据库结构

字段名称	字段代码	数据类型	长度	是否允许为空	默认值	说明
院系编号	Dept_ID	Char	5	Not Null		主键
院系名称	Department	varChar	50	Not Null		
系主任	XZR	varChar	50			
联系电话	Phone	varChar	50			

表6－5　“班级”数据库结构

字段名称	字段代码	数据类型	长度	是否允许为空	默认值	说明
班级编号	Class_ID	Char	7	Not Null		主键
院系编号	Dept_ID	Char	5	Not Null		外键
班级名称	BJMC	varChar	30	Not Null		
班长	BZ	varChar	24			

表6－6　“学生”数据库结构

字段名称	字段代码	数据类型	长度	是否允许为空	默认值	说明
学号	Stu_ID	Char	9	Not Null		主键
班级编号	Class_ID	Char	7	Not Null		外键
姓名	Name	varChar	24	Not Null		
性别	XB	varChar	2	Not Null	0	为0表示男，为1表示女
出生日期	CSRQ	Datetime		Not Null		

表 6－7　　　　　　　　　　　　“课程”数据库结构

字段名称	字段代码	数据类型	长度	是否允许为空	默认值	说明
课程编号	KCBH	Char	8	Not Null		主键
课程名	KC	varChar	50	Not Null		
学时	XS	Int				
学分	XF	Int				

表 6－8　　　　　　　　　　　　“成绩表”数据库结构

字段名称	字段代码	数据类型	长度	是否允许为空	默认值	说明
课程编号	KCBH	Char	8	Not Null		外键
学号	Stu_ID	Char	9	Not Null		外键
成绩	CJ	Int		Not Null		取 0～100 的整数

表 6－9　　　　　　　　　　　　“开课情况表”数据库结构

字段名称	字段代码	数据类型	长度	是否允许为空	默认值	说明
院系编号	Dept_ID	Char	5	Not Null		外键
课程编号	KCBH	Char	8	Not Null		外键

第六节　输入输出设计

输入输出设计是管理信息系统与用户的界面。系统是否好用，数据是否能够无差错地进入系统，以及用户对于系统的印象，在很大程度上取决于输入输出设计的结果。

一、输出设计

输出是系统产生的结果或提供的信息。任何一个管理信息系统都必须通过输出才能为用户服务。因此，对于多数用户来说，输出是系统开发的目的和评价系统开发成功与否的标准。输出设计的最终目标是满足用户的要求。因此，系统设计过程与实施过程相反，不是从输入设计到输出设计，而是从输出设计到输入设计。

（一）输出设计的内容

1. 信息使用方面的内容，包括信息的使用者、使用目的、报告量、使用周期、有效期、保管方法和复写份数等。

2. 输出信息的内容，包括输出项目、位数、数据结构、数据类型（文字、数字)、取值范围及精度、数据的生成途径等。

3. 输出格式，如表格、图形或文件。

4. 输出设备，如打印机、显示器、卡片输出机、绘图仪、多媒体设备等。

5. 输出介质，如纸张（专用纸、普通白纸）、磁盘/带等。

(二) 输出的设备

常用的输出设备有多种，它们各有特点，应根据用户对输出的要求，结合企业具体情况选择使用。

1. 打印机。可打印各种表格、图形、符号，便于保存，用纸较多，价格较高。

2. 显示终端。能人机对话、实时响应。

3. 绘图仪。可以绘制图形，图形精度高。

4. 缩微胶卷输出机。体积小，易保存。

5. 自动传真机等。

(三) 输出的方式

从社会可持续性发展的要求来看，企业输出信息的趋势是采用显示输出与网络输出方式以达到无纸化办公，但目前大部分企业在日常工作中仍然以打印输出方式为主。

1. 显示输出。在显示屏上输出信息，常常用于查询、检索系统，用于人机对话形式的输入或输出信息。屏幕输出的一个重要优势是直观和及时，但输出的信息不能保存。屏幕、监视器、液晶显示器或视频输出终端是最普通的计算机输出设备。

2. 软磁盘文件输出。当信息交换的双方还没有建立网络联系时，这是一个很好的选择。通常双方必须事先规定好文件格式，数据发出方按规定格式写入数据，数据接收方按规定格式读取数据。

3. 网络输出。网络输出可以有效地提高信息的传送效率，降低信息的传输成本，进而提高信息的利用率。它同时支持多种媒体（文本、图形、声音、视频等）的传输。网络输出要求信息的发送方和接收方都要在统一的网络协议和数据标准规范下来完成相应的输入和输出。

4. 打印输出。输出的信息可以传递和长期保存，使用对象更广泛。但是：购买、打印、储存和处理纸张的成本很高；打印的信息生命期较短，可能会很快过期。

5. 其他信息输出方式。

（1）音频输出。许多企业使用自动电话系统来处理电话业务并为客户提供信息。例如，通过使用声讯电话可以核实考试成绩、检查电话卡账户余额或查询股票价格。

(2) 自动传真和回传系统。一些企业使用自动传真和回传系统，通过该系统，传真会在几秒钟内传到用户的传真机上，用户能够以传真的方式打印输出。例如，计算机企业允许用户通过传真索取产品数据、关于新驱动设备的信息或技术支持。

(3) 专门输出形式。今天的零售终端（POS）就是能够处理信用卡交易。打印详细收据、改变存货纪录的一种计算机终端。自动柜员机（ATM）处理银行转账、打印存款单据和提现收据。

（四）输出形式

数据的输出形式有三种：表格形式，图形形式和文字形式。常用的是表格输出形式和图形输出形式。究竟采用哪种输出形式，应根据系统分析和管理业务的要求而定。

1. 报表。一般而言，报表是系统对各管理层的输出，以表格的形式提供给信息使用者，一般用来表示详细的信息。

2. 图形。管理信息系统用到的图形信息主要有直方图、圆饼图、曲线图、地图等。图形信息在表示事物的趋势、多方面的比较等方面有较大的优势，在进行各种类比分析中，起着数据报表所起不到的显著作用。表示方式直观，适用于高层领导或宏观、综合管理部门。

（五）输出报告

设计打印输出报告之前应收集好各项有关内容，填写到输出设计书上，如表6－10所示。

表 6－10　　输出设计书

<table>
<tr><td colspan="7">XXXX公司设备调拨单</td></tr>
<tr><td colspan="4">请购单位：XXXXXXXXX部门</td><td>2002年11月27日</td><td colspan="2">2002调字00017号</td></tr>
<tr><td colspan="3">设备名称
型号规格</td><td>碎石机
JQ－1251</td><td>数量
计划数：1</td><td colspan="2">账面价格</td></tr>
<tr><td rowspan="1">单位</td><td>台</td><td>设备编号</td><td>15073－002</td><td>实收数：1</td><td>单位
台</td><td>总价
180200.00</td></tr>
<tr><td colspan="3">合同号</td><td colspan="2" rowspan="2">10号仓库</td><td colspan="2" rowspan="2">其他有关费用</td></tr>
<tr><td colspan="3">发货仓库</td></tr>
<tr><td colspan="3">开户银行</td><td colspan="2">中国建设银行</td><td>运输费</td><td></td></tr>
<tr><td colspan="3">账号</td><td colspan="2">21100876543</td><td>保险费</td><td></td></tr>
<tr><td colspan="3">备注</td><td colspan="2"></td><td>包装费</td><td></td></tr>
<tr><td rowspan="2">总计
金额</td><td colspan="4" rowspan="2">壹拾捌万零贰佰元整
180200.00</td><td>附件费</td><td></td></tr>
<tr><td>其他</td><td>610.45</td></tr>
<tr><td colspan="7">□存根　□财务会计　□请购单位　□发货仓库　□财务稽核　□业务</td></tr>
</table>

输出报告设计时应注意：

1. 方便使用者。

2. 要考虑系统的硬件性能。

3. 尽量利用原系统的输出格式，确需修改，应与有关部门协商，征得用户同意。

4. 输出表格要考虑系统发展需要。例如是否在输出表中留出位置，满足将来新增项目需要。

5. 输出的格式要根据硬件能力，并试制输出样品，经用户同意后才能正式使用。

6. 保持输出内容和格式的统一性，可以提高系统的规范化程度和编程效率。对于同一内容的输出，在显示器、打印机、文本文件和数据库文件上都应具有一致的形式。

（六）输出设计示例

图 6－15 是某企业客户往来账龄分析的输出屏幕，左上方为功能选择区，可选择查询科目与客户，下方为数据显示区，显示查询结果。

金额式

往来账龄分析

科目 113101 人民币

客户 全部

币种：人民币

截止日期：2011-10-31

客户		余额	1-30天		31-60天		61-90天		91-120天		121-365天		365 天以上		信用额度
编号	名称		金额	%	金额	%	金额	%	金额	%	金额	%	金额	%	
0101	华宏供应站	23,400.00			23,400.00	100.00									
0201	精益商行	16,570.00			16,570.00	100.00									
0301	利氏公司	3,430.00			3,430.00	100.00									
数量总计：	——	3			3										
金额总计：	——	43,400.00			43,400.00	100.00									

图 6－15　某企业客户往来账龄分析的输出界面

二、输入设计

输出数据的正确性直接决定处理结果的正确性，因而输入设计对系统的质量有着决定性的重要影响。输入设计工作是依据功能模块的具体要求给出数据输入的方式、用户界面和输入校验方式。进行输入设计工作时，要注意在整个系统中统一设计风格。

（一）输入设计的原则

输入设计的目标是在保证向信息系统提供正确信息和满足需要的前提下，尽可能做到输入方法简单、迅速、经济和方便使用者。输入设计必须根据输出设计的要求来确定，并遵循如下原则：

1. 控制输入量。在满足系统处理要求的前提下使输入量越少，错误率越低，输入时间越短。

2. 减少输入延迟。输入数据的速度往往成为提高信息系统运行效率的瓶颈，为减少延迟，可采用周转文件、批量输入等方式。

3. 减少输入错误。输入的准备及输入过程应尽量简易、方便，并有适当查错、防错、纠错措施，从而减少错误的发生。

4. 避免额外步骤。在输入设计时，应尽量避免不必要的输入步骤，当步骤不能省略时，应仔细验证现有步骤是否完备、高效。

5. 尽早校验数据。对输入数据的校验应尽量接近原数据发生点，以便数据错误及时得到纠正。

（二）输入设计的内容

1. 输入界面设计。

在管理信息系统中，最主要的输入是向计算机输送原始数据。在输入界面设计时，应根据具体业务要求来确定。

2. 数据输入设备的选择。

输入设计首先要确定输入设备的类型和输入介质，目前常用的输入设备有以下几种：

（1）键盘—磁盘输入装置。由数据录入人员通过工作站录入，经拼写检查，可靠性验证后存入磁记录介质（如磁带、磁盘等）。这种方法成本低、速度快，易于携带，适用于大量数据输入。

（2）光电阅读器。采用光笔读入光学标记条形码或用扫描仪录入纸上文字。光符号读入器适用于自选商场、借书处等少量数据录入的场合。

（3）终端输入。终端一般是一台联网微机，操作人员直接通过键盘键入数据，终端可以在线方式与主机联系，并及时返回处理结果。适用于常规、少量的数据和控制信息的输入以及原始数据的录入。

（三）输入数据的校验

由于管理信息系统中数据输入量较大，输入过程中难免产生错误，为了保证其正确性，一般都设置输入数据校验功能，对已经输入的数据进行校验。

1. 输入错误的种类。

（1）数据本身错误。指原始数据错误或录入时出错。

（2）数据多余或不足。这是在数据收集过程中产生的差错。如原始单据丢失、重复等引起的数据错误。

（3）数据的延误。数据延误也是数据收集过程中所产生的差错，不过它的内容和数据量都是正确的，只是由于时间上的延误而产生差错。这种差错多由开票、传送等环节的延误而引起，严重时，会导致输出信息无利用价值。

2. 数据出错的校验方法。

数据的校验方法有：由人工直接检查、由计算机用程序校验以及人与计算机两者分别处理后再相互查对校验等多种方法。常用的方法是以下几种，可单独地使用，也可组合使用。

（1）人工校验。这种方法一般是在输入之前，由人工对数据进行检查。也可在数据输入之后，由计算机将输入的有关数据重新输出（打印或输出），然后由人工将计算机输出的数据与原始数据逐个核对，检查它们是否一致。一般目测，内容复杂的情况下也可以打印出来检测。例如，用户有若干张原始单据输入计算机，计算机通过输出模块将用户输入的原始数据打成“汇总明细单”输出，输入员用“原始单据”与“汇总明细单”逐笔核对，进行静态检验。

（2）屏幕显示检验。通过 CRT 屏幕将输入数据显示出来，提供人工检验。例如，输入员将凭证输入计算机后，审核员调用“审核模块”将凭证显示在屏幕上进行人工检验。

（3）重复输入校验。对同一张单据，由两个操作员各输入一次，然后计算机程序自动进行两次录入数据的校对，如果不相同，则打印或显示出错误信息。

（4）逻辑检验。对输入数据是否符合逻辑性，有关数据的值是否合理进行校验。逻辑检验方法设计在输入程序中，由计算机自动检验。如，对输入日期进行逻辑性检查：月份是否在 1 ~ 12 之间等。

（5）金额计算检验。金额计算检验是指在凭证输入的过程中，由计算机程序自动根据有关数据进行一次金额计算，再与输入的金额核对的一种检验方法。例如：一张凭证中有数量、单价、金额等数据，当输入了数量、单价，计算机自动计算出金额，如果输入的金额不一致，则金额输入错误。

（6）平衡检验。根据数据之间的计算关系来检查输入数据的正确性。应用此法比较典型的例子是会计凭证数据的输入。采用借贷记账法，其记账规则是“有借必有贷，借贷必相等”。利用这种平衡关系，可在每张凭证数据输入时，由计算机程序自动进行借贷金额平衡检验。若借方金额等于贷方金额，方可先进下一步处理，否则数据不对，输出错误信息。

（7）校验位校验。根据已编好的数码，通过一定的数学模型，求得一位数字加在代码后面作为校验位，以验证输入的代码的正确性。如果输入的编码不满足该计算关系，则认为输入的编码有误。

（8）控制总数校验。采用控制总数校验时，工作人员先用手工求出其数据项的总值，然后在数据的输入过程中由计算机程序累计总值，将两者对比校验。

(9) 数据类型校验。校验是数字型还是字母型。如，在输入系统操作员姓名时，输入的就为字符型数据，如果输入的为数值型数据就一定是错误的输入。

(10) 格式校验。即校验数据记录中各数据项的位数和位置是否符合预先规定的格式。例如，姓名栏规定为18位，而姓名的最大位数是17位，则该栏的最后一位一定是空白。该位若不是空白，就认为该数据项错位。

(11) 顺序校验。即检查记录的顺序，例如，要求输数据无缺号时，通过顺序校验，可以发现被遗漏的记录。又如，要求记录的序号不得重复时，即可查出有无重复的记录。

(12) 界限校验。通过给出数据的上限和下限的方法来检测输入数据的正确性。如，月份的范围为1～12，超出则输入有误。

3. 改正错误的方法

(1) 原始数据错。发现原始数据有错时，应将原始单据送交填写单据的原单位修改，不应由键盘输入操作员或原始数据检查员等想当然地予以修改。

(2) 机器自动检错。当由机器自动检错时，出错的恢复方法有以下几种：

①待输入数据全部校验并改正后，再进行下一步处理。

②舍弃出错数据，只处理正确的数据。适用于不需要太精确的输出数据，例如求百分比。

③剔除出错数据，继续进行处理，出错数据留待下一运行周期一并处理。用于运行周期短而剔出的错误不致引起输出信息正确性显著下降的场合。

(四) 输入设计示例

例：某企业管理信息系统功能模块“客户往来账龄”的输入设计

1. 用户界面：依据“往来账龄分析”、相关数据库设计的结果及输入用户界面的统一风格，对功能模块“往来账龄分析”的输入界面设计如图6－16所示。

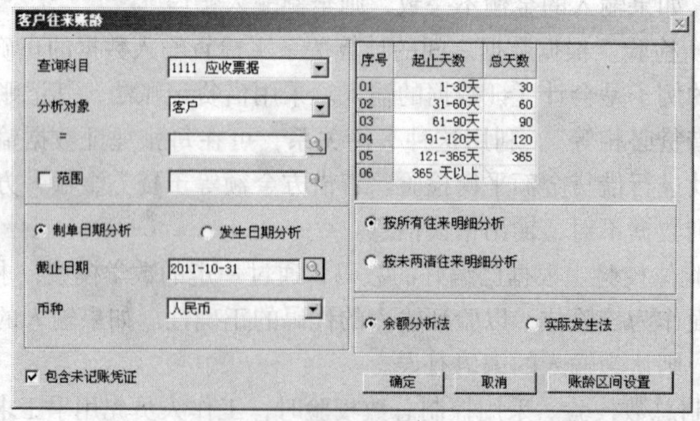

图6－16 某企业“往来账龄分析”的输入界面

2. 输入方式：界面上的“查询科目”，用户只需直接输入科目代码，如1111，则对应的科目名称“应收票据”就由系统自动给出，减少了数据的输入量；“分析对象”涉及的具体客户名称可以由下拉列表选择；“截止日期”可以通过参照选择；“币种”也可以由下拉列表选择。

三、用户界面设计

用户界面是系统与用户之间的接口，也是控制和选择信息输入、输出的主要途径。因此，用户界面设计必须从用户操作方便的角度来考虑，与用户共同协商界面应反映的内容和格式。

（一）用户界面设计的原则

用户界面设计的任务是与用户共同确定人机对话方式、内容和具体格式。设计时应该从用户角度出发，遵循以下几个原则：

1. 对话要清楚、简单，用词要符合用户观点和习惯。

2. 对话要适应不同操作水平的用户，操作方式应可以选择，便于维护和修改。用户开始使用时，要让操作人员觉得系统在教他如何使用，鼓励他使用。随着用户对系统的熟悉，又会觉得太详细的说明、复杂的屏幕格式太啰唆。

3. 错误信息设计要有建设性。好的错误信息设计中，用词应当友善，简洁清楚，并要有建设性，即尽可能告知使用者产生错误的可能原因。

4. 关键操作要有强调和警告。对某些要害操作，无论操作人员是否有误操作，系统应进一步确认，进行强制发问，甚至警告，而不能一接到命令立即处理，以致造成恶劣的后果。

（二）用户界面设计的几种形式

1. 菜单式。通过屏幕显示出可选择的功能选项，由操作者根据需要进行选择，将菜单设计成层次结构，则通过层层调用，可以引导用户使用系统的每一个功能。随着软件技术的发展，菜单设计也更加趋于美观、方便和实用。目前，系统设计中常用的菜单设计方法主要有：

（1）一般菜单：在屏幕上显示出各个选项，每个选项指定一个代号，然后根据操作者通过键盘输入的代号或单击鼠标左键，即可决定何种后续操作。

（2）下拉菜单：它是一种二级菜单，第一级是选择栏，第二级是选择项。用户可以利用光标控制键选定当前选择栏，在当前选择栏下立即显示出该栏的各项功能，供用户进行选择。

（3）快捷菜单：选中对象后单击鼠标右键所出现的下拉菜单，将鼠标移到所需的功能项目上，然后单击左键即执行相应的操作。

设计菜单时要注意：选单的深度和广度的安排。如果选单过深，则选择一个指令必须通过好几个层次，会影响系统运行效率。层次过浅，选单的广度又可能太长。因此，要合理设计选单的深度。

2. 填表式。填表式一般用于通过终端向系统输入数据，系统将要输入的项目显示在屏幕上，然后由用户逐项填入有关数据。另外，填表式界面设计常用于系统的输出。如果要查询系统中的某些数据时，可以将数据的名称按一定的方式排列在屏幕上，然后由计算机将数据的内容自动填写在相应的位置上。由于这种方法简便易读，并且不容易出错，所以它是通过屏幕进行输入输出的主要形式。

3. 回答式。程序运行到一定阶段，屏幕上显示问题，等待用户回答。回答方式也应在屏幕上提示，让用户简单地回答。系统根据用户的回答决定下一步执行什么操作。通常用在提示操作人员确认输入数据的正确性，或者询问用户是否继续某项处理等方面。如，当用户输入完一条记录后，可通过屏幕询问“输入是否正确（Y/N）?”，然后决定是继续输入数据还是修改数据。

4. 提问式。这种方式主要用于用户查询。例如，要查询某学生的基本情况，屏幕上提示：“请输入学号”，用户回答之后屏幕上显示有关内容。

（三）图形用户界面设计

当今计算机的发展使图形用户界面被广泛应用。它采用图形方式显示计算机操作环境用户接口。用户可以通过窗口、菜单、按键等方式来方便操作。图形用户界面已成为一种流行的界面设计技术。

1. 图形用户界面的优缺点：

（1）容易学习使用，使用简单而不必记忆指令名称，大大减少键盘输入的数量与错误。

（2）具有高度的图形功能，直观生动，如采用线条图、趋势图、动画，等等。

（3）多个视窗并用，同时显示多样信息，并可对同样信息提出多种不同角度的表达方式。

但是，图形用户界面也有缺点。与文字指令界面相比，图形形式的指令不能表达复杂的复合指令。指令数目太大时，不容易在屏幕上安排选单。对于熟练的使用者而言，键盘输入的速度要快于鼠标选项的输入。

2. 图形界面设计，应注意以下几条原则：

（1）用户界面的各个画面设计在整体上应保持相同或相似的外观。例如，按钮和选择项的位置与安排，尽可能安排在同样的地方，便于用户熟练掌握屏幕上的信息。

（2）用户界面使用的词汇、图示、颜色、选取方式、交流顺序，其意义与效果应前后一致。

（3）要正确使用图形的表达能力。图形适合用来表达整体性、印象感和关联性的信息，而文字适用于表达单一的、精确的、不具关联性的一般资料。滥用图形表示有时会造成画面混乱，反而使用户不易了解。

（4）由于图形对象占用系统资源较多，处理速度慢，因此，在时间响应要求高，而硬件资源档次较低的环境中，不宜采用图形界面。

第七节 系统设计报告

系统设计阶段的成果是系统设计报告，其主要是各种设计方案和设计图表，它是下一步系统实现的基础。系统设计报告中应该包括以下几个方面：

1. 引言。

（1）摘要：系统的目标名称和功能等的说明。

（2）背景：包括项目开发者；用户；本项目和其他系统或机构的关系。

（3）系统环境与限制。

①硬件、软件和运行环境方面的限制。硬件配置包括主机、外存储器、终端和外部设备、辅助设备和网络结构等；软件配置包括操作系统、数据库管理系统、服务程序、语言、通信软件、网络软件、软件开发工具和汉字系统等。

②保密和安全的限制。

③有关系统软件文本。

④有关网络协议标准文本。

（4）参考资料和专门术语说明。

2. 系统设计方案。

（1）模块设计：系统的模块结构图。

（2）代码设计：各类代码的类型、名称、功能、使用范围和使用要求等的设计说明书。

（3）输入设计。

①输入项目。输入人员（指出所要求的输入操作人员的水平与技术专长，说明与输入数据有关的接口软件及其来源）。

②主要功能要求（从满足正确、迅速、简单、经济、方便使用者等方面达到要求的说明）。

③输入校验（关于各类输入数据的校验方法的说明）。

（4）输出设计。

①输出项目。

②输出接受者。说明输出的主要项目的数据的接受者。

③输出要求（所用设备介质、输出格式、数值范围和精度要求等）。

（5）文件（数据库）设计说明。

①概述（目标、主要功能）。

②需求规定（精度、有效性、时间要求及其他专门要求）。

③运行环境要求（设备支撑软件，安全保密等要求）。

④逻辑结构设计（有关文件及其记录、数据项的标识、定义、长度和它们之间的关系）。

⑤物理结构设计（有关文件的存储要求、访问方法、存储单位、设计考虑和保密处理等）。

（6）模型库和方法库设计（本系统所选用的数学模型和方法以及简要说明）。

（7）安全保密设计。

（8）物理系统配置方案报告：包括硬件配置设计；通信与网络配置设计；软件配置设计；机房配置设计。

（9）系统实施方案及说明：包括实施方案；实施计划（包括工作任务的分解、进度安排和经费预算）；实施方案的审批（说明经过审批的实施方案概况和审批人员的姓名）。

系统设计说明书与计算机系统选择方案报告，是系统设计阶段的全部工作成果。它们是由各方面人员多次协商、讨论与修改，并且用户感到比较满意时，经有关领导审批的。一旦确定下来，即成为下一步实施阶段的指导性文件。

本章小结

本章主要介绍管理信息系统的系统设计。系统设计包括总体设计和详细设计两个阶段。在总体设计中，介绍了系统模块结构设计、计算机物理系统配置方案设计。模块结构图是系统模块结构设计的重要工具，可以通过数据流程图导出模块结构图。详细设计部分，从代码设计、数据库设计、用户界面设计几个方面进行介绍。其中，数据库设计包括概念结构设计、逻辑结构设计和物理结构设计。概念设计主要通过 E－R 图描述系统中的实体和实体的联系。逻辑结构设计是把概念设计的结果进行转化和规范化处理，得到规范化的关系模型。物理设计是与具体的数据库管理系统联系起来，设计数据库的存储结构。通过一个教学管理系统的设计介绍了整个数据库系统设计的过程。用户界面设计从人机界面设计、输出设计、输入设计三个方面展开。本章最后介绍了系统设计报告。

习题

1. 系统设计的主要任务和内容是什么?
2. 系统划分的原则是什么?
3. 模块划分的原则是什么?
4. 简述模块结构图的组成。
5. 模块结构图与数据流程图有何区别?
6. 计算机物理系统配置方案设计的依据是什么?
7. 如何进行代码设计?
8. E-R 模型设计主要解决什么问题?
9. 设某商业集团数据库中有3个实体集。一是“公司”实体,属性有公司编号、公司名、地址等;二是“仓库”实体,属性有仓库号、仓库名、地址等;三是“职工”实体,属性有职工编号、姓名、性别等。公司与仓库之间存在“隶属”关系,每个公司可管辖若干个仓库,每个仓库只能属于一个公司管辖;仓库与职工存在“聘用”关系,每个仓库职工人数在10~40之间,每个职工只能在一个仓库工作,仓库聘用职工有聘用期限和工资。根据上述描述,试绘制E-R图,并将E-R图转换为关系模型。
10. 系统设计最后成果用什么形式表示?包括哪些内容?
11. 按下图所示的数据流程图导出模块结构图。

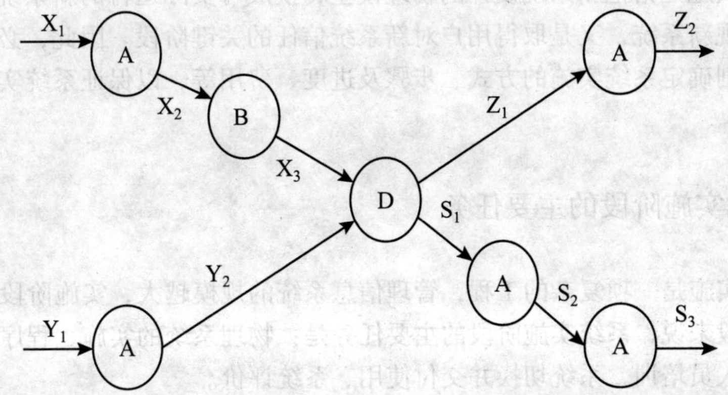

第七章

管理信息系统实施

历经系统分析和系统设计，管理信息系统的逻辑模型和物理模型均已建立，解决了系统“做什么”和“怎么做”的问题，接下来，系统开发将进入系统实施阶段。管理信息系统的实施是将系统设计的结果付诸实施，建立计算机硬件环境和系统软件环境，编写和调试计算机程序，组织系统测试和各类人员的培训，完成系统的切换并最终交付使用。从管理信息系统的生命周期来看，系统实施阶段已经到了系统研制开发的后期，它是前面各阶段工作的延伸和目的。

第一节　管理信息系统实施阶段的任务

系统实施是指把新系统设计的物理模型转换成可实际运行的新系统。它既是成功地实现新系统，又是取得用户对新系统信任的关键阶段。因此，必须制订系统实施计划确定系统实施的方式、步骤及进度、费用等，以保证系统实施工作的顺利进行。

一、系统实施阶段的主要任务

系统实施是一项复杂的工程，管理信息系统的规模越大，实施阶段的任务越复杂。一般来说，系统实施阶段的主要任务是：物理系统的实施、程序设计、系统调试、人员培训、系统切换并交付使用、系统评价。

1. 物理系统的实施。

物理系统的实施包括硬件环境、软件环境和网络环境的建立等方面的工作。系统实施需要依据系统设计中给出的管理信息系统的硬件结构和软件结构购置相应的硬件设备和系统软件，建立系统的软、硬件平台。一般情况下，中央计算机房还需要专业化的设计及施工。为了建立网络环境，要进行结构化布线，网络系统的安装与调试。

2. 程序设计。

计算机程序设计也常常被称为软件开发。进行计算机程序设计的目的是实现系统分析和设计所提出的管理模式和业务应用。在进行软件开发之前，开发人员要学习所需的系统软件，包括操作系统、数据库系统和开发工具。必要时，需要对程序设计员进行专门的系统软件培训。

3. 系统调试。

在完成计算机程序设计之后，需要进行系统的调试。系统调试，就是在计算机上用各种可能的数据和操作条件反复地对程序进行试验，发现错误越多，说明调试的收效越大，越成功。系统调试工作量约占系统实施工作量的 40% ~60%。系统调试的目的是发现并改正隐藏在程序内部的各种错误以及模块之间协同工作存在的问题。

4. 人员培训。

人员培训可以分为两种类型。一种类型指的是在软件开发阶段对程序设计人员的培训，另一种类型是在系统切换和交付使用前对系统使用人员的培训。这里指的是第二种情况。在管理信息系统投入使用之前，需要对一大批未来系统的使用人员进行培训，包括系统操作员、系统维护人员等。

5. 系统切换并交付使用。

管理信息系统的切换包括进行基本数据的准备、数据的编码、系统的参数设置、初始数据的录入等多项工作。在系统正式交付使用之前，必须进行一段时间的试运行，以进一步发现及更正系统存在的问题。在系统切换和交付使用的过程中，每项工作都有很多人员参加，而且会涉及多个业务部门。因此，该阶段的组织管理工作非常重要，要做好系统切换计划，控制工作的进度，检查工作的质量，及时地做好各方面的协调，保证系统的成功切换和交付使用。

6. 系统评价。

管理信息系统投入使用一段时间后，需要对系统进行全面的评价，根据使用者的反映和运行情况的记录，评价系统是否达到了设计要求，指出系统改进和扩充的方向。系统评价的结果应写成系统评价报告。

二、系统实施阶段的特点

与系统分析、系统设计阶段相比，系统实施阶段的特点是工作量大，投入的人力、物力多。因此，这一阶段的组织管理工作也很繁重。对于这样一个多工种、多任务的综合项目，合理的调度安排十分重要。在我国的信息系统建设中，项目负责人往往一身兼任多种角色。在系统分析阶段，他是系统分析员；在设计阶段，他又是主要设计师；在实施阶段，他又是组织者。在系统分析阶段，系统分析员的主要任务是调查研究，分析问题，与用户一起充分理解用户要求。在系统设计阶段，系统设计人员的任务是精心设计，提出合理方案。在实施阶段，他们的任务是组织协调，督促检查。他们要制订逐步实现物理模型的具体计划，协调各方面的任务，检查工作进度和质量，组织全系统的调试，完成旧系统向新系统的转换。在实际工作中，系统分析员往往是这几个阶段的组织者。作为合格的系统分析员，不仅要有坚实的计算机科学知识，丰富的管理知识和经验，还要有较强的组织能力。

第二节　物理系统的实施

任何一个管理信息系统的运行都离不开特定的系统环境。管理信息系统的物理系统的实施是计算机系统和通信网络系统设备的订购、机房的准备和设备的安装调试等一系列活动的总和。根据系统建设目标，新的完整的系统环境配置方案应在系统设计阶段加以规划完整，在管理信息系统的实施阶段付诸实现。

一、系统硬件环境准备

系统硬件环境准备是按照系统物理配置方案的要求，选择购置该系统所必需的硬件设备（计算机系统）。包括主机、外围设备、稳压电源、空调装置、机房的配套设施以及通信设备等。

计算机硬件设备选择的基本原则，是在功能、容量和性能等方面能够满足所开发的管理信息系统的设计要求。包括：①能够满足管理信息系统的设计要求；②计算机系统是否具有合理的性能价格比；③系统是不是具有良好的可扩充性；④能否得到来自供应商的售后服务和技术支持等。值得注意的是，选择计算机系统时要充分进行市场调查，了解设备运行情况及厂商所能提供的服务等。

机房准备过程中应遵循的原则是：①计算机对周围环境比较敏感，尤其在安全性较高的应用场合，对机房温度、湿度等都有特殊的要求；②通常，机房要安装双层玻璃门窗，并且要求无尘；③硬件通过电缆线连接至电源，电缆走线要安放在防止静电感应的耐压有脚的活动地板下面。

另外，为了防止由于突然停电造成的事故发生，应安装备用电源设备，如功率足够的不间断电源。

二、系统软件环境配置

在建立硬件环境的基础上，还需建立适合系统运行的软件环境，它是管理信息系统的重要支撑，因为管理信息系统的功能是由软件来实现的。一个性能良好的计算机硬件系统能否发挥其应有的功能，取决于为之配置的软件是否适当，是否完善。

系统软件环境配置包括购置系统软件和应用软件包。按照设计要求配置的系统软件包括操作系统、数据库管理系统、程序设计语言处理系统、诊断和控制系统及各种应用软件包等。在企业管理系统中，有些模块可能有商品化软件可供选择，其他则需自行编写。在购买或配置这些软件前应先了解其功能、适用范围、接口及运行环境等，以便作好选购工作。

计算机硬件和软件环境的配置，应当与计算机技术发展的趋势相一致，硬件选型要兼顾升级和维护的要求；软件选择特别是数据库管理系统，应选择 C/S 或 B/S 模式下的主流软件产品，为提高系统的可扩展性奠定基础。总之，系统软、硬件环境的配置主要依据是：信息量、系统处理功能、系统将来的可扩充性、企业可能的投资费用。

三、网络系统的实施

计算机网络是现代管理信息系统建设的基础，是创建和测试数据库、编写和测试程序的平台。在许多情况下，所开发的信息系统是基于已有的网络架构。但是，如果新开发的信息系统要求创建新网络或修改已有的旧网络。那么就必须建立和测试新网络。网络环境的建立应根据所开发的系统对计算机网络环境的要求，选择合适的网络操作系统产品，并按照目标系统将采用的 C/S 或 B/S 工作模式，进行有关的网络通信设备与通信线路的架构与连接、网络操作系统软件的安装和调试，整个网络系统的运行性能与安全性测试及网络用户权限管理体系的实施等。

本项任务的工作由网络设计人员、网络管理人员和系统分析人员共同来完成。其中网络设计人员和网络管理人员在这项工作中起最主要的作用。网络设计人员应该是局域网和广域网的专家，而网络管理人员是构建和测试信息系统网络的专业人员，并且负责网络的安全性。系统分析人员的作用是确保构建的网络满足用户的需求。

第三节　程序设计

在购置和安装完各种设备、建立起网络环境之后，开始进行程序的设计与调试。程序的设计就是通过应用计算机程序语言来实现系统设计中的内容。程序设计工作一般由程序设计员来完成。

一、程序设计的任务和基本要求

程序设计的任务是为新系统编写程序，即把详细设计的结果转换成某种计算机编程语言写成的程序。该阶段相当于机械工程中图纸设计完成后的“制造”阶段，程序设计的好坏直接关系到能否有效地利用电子计算机来圆满地达到预期目的。成功的程序设计应满足如下的基本要求：

（1）可理解性。程序不仅要求逻辑正确，计算机能够执行，而且应当内容清晰、明了，并给出充分的文字说明，便于阅读理解。程序中要避免复杂的个人程序设计技巧，应使他人能够很容易地读懂，以利于对程序的修改和维护。

（2）可靠性。对与管理信息系统的应用而言，可靠性是非常重要的。一个程序不仅应该在正常情况下正确地工作，而且在意外情况下，应便于处理，防止造成严重的损失。因此，程序应有较好的容错能力，保证不仅在正常情况下工作，而且在异常情况下也有相应的处理。程序设计的可靠性包括程序运行的安全可靠性、设计存取的正确性、操作权限的控制等。可靠性在系统的分析与设计阶段就应该有充分的考虑。

（3）可维护性。可维护性是对程序设计的重要要求之一。一个程序在其运行期间，往往会逐步暴露出某些隐含的错误需要及时排除。同时，用户也可能提出一些新的要求，这就需要对程序进行修改和扩充，使其进一步完善。因此，程序应该具有一定的应变能力，以便系统的流程有变化时可以方便修改、调整。

（4）实用性。它是从用户的角度来看系统界面是否友好，操作使用是否方便，响应速度是否可以接受。程序设计的实用性是系统顺利交付使用的重要条件。

（5）效率。程序效率是指计算机资源（如时间和空间）能否被有效地使用。有效率的程序要求结构严谨，运行速度快，节省机时，程序和数据的存储、调用安排得当，节省存储空间。此外，效率与可维护性和可理解性通常是矛盾的，片面追求程序的运行效率不利于程序设计质量的全面提高。在实际编写程序的过程中，人们往往宁可牺牲一定的时间和空间，也要尽量换取程序的可维护性和可理解性的提高。

以上各要求并不是绝对的，允许根据系统本身以及用户环境的不同情况而有所侧重考虑。此外，程序设计结束后，还应写出操作说明书，说明执行该程序时的具体操作步骤。

二、程序设计的方法

随着计算机技术的发展，程序设计的思想和方法也在不断地发展。目前，程序设计的方法主要有结构化程序设计方法、面向对象程序设计方法和利用软件生成工具的方法。

1. 结构化程序设计方法。

结构化程序设计（Structured Programming，SP）方法，由迪克斯特拉（E. Dijkstra）等人于 1972 年提出，用于详细设计和程序设计阶段，指导人们用良好的思想方法去进行程序设计。用这种方法开发出来的程序既易于理解又正确，更便于维护。

在结构化程序设计中，任何程序段的编写都基于 3 种结构：顺序、选择、循环结构。程序具有明显的模块化特征，每个程序模块具有唯一的出口和入口语句。结构化程序的结构简单清晰，模块化强，描述方式贴近人们习惯的推理式思维方式。因此可读性强，在软件重用性、软件维护等方面都有所进步，在大型软件开发尤其是大型科学与工程运算软件的开发中发挥了重要作用。因此到目前为止，仍有许多应用程序的开发采用结构化程序设计方法。即使在目前流行的面向对象软件开发中也不能完全脱离结构化程序设计。

结构化程序设计的基本思想是按由顶向下逐步求精的方式，由三种标准控制结构反复嵌套来构造一个程序。按照这种思想，可以对一个执行过程模糊不清的模块，以顺序、选择、循环的形式加以分解，最后使整个模块都清晰起来，从而确定全部细节。

用结构化程序设计方法逐层把系统划分为大小适当、功能明确、具有一定独立性、并容易实现的模块，从而把一个复杂的系统的设计转变为多个简单模块的设计。由于大多高级语言都支持结构化程序设计方法，其语法上都含有表示三种基本结构的语句，所以用结构化程序设计方法设计的模块结构到程序的实现是直接转换的，只需用相应的语句结构代替标准的控制结构即可，因此减轻了程序设计的工作量。

2. 面向对象程序设计方法。

面向对象的程序设计方法是程序设计的一种新方法。所有面向对象的程序设计语言一般都含有三个方面的语法机制，即对象和类、多态性、继承性。面向对象的程序设计方法一般应与 OOD 所设计的内容相对应。它实际上是一个简单、直接的映射过程，即将 OOD 中所定义的范式直接用面向对象的程序（OOP），如 C++，Smalltalk，Visual C 等来取代即可。

3. 速成原型式的程序开发方法。

这种开发方法是：首先将 HIPO 图中类似带有普遍性的功能模块集中，如菜单模块、报表模块、查询模块、统计分析和图形模块等。寻找有无相应和可用的软件工具，若有则使用这些工具生成这些程序模型原型。否则，可考虑开发一个能够适合各子系统情况的通用模块。

三、编程工具的选择

随着计算机在信息系统中的广泛应用，对各种软件工具的研究十分迅速，各种各样的软件及程序的自动设计、生成工具日新月异，为各种信息系统的开发提供了强有力的技术支持和方便的实用手段。利用这些软件生成工具，可以大量减少手工编程环节的工作，避免各种编程错误的出现，极大地提高系统的开发效率。

目前市场上能够提供系统选用的编程工具十分丰富。一般比较流行的编程工具分为 6 类：一般编程语言工具、数据库系统工具、程序生成工具、专用系统开发工具、客户/服务器（Client/Server，C/S）型工具以及面向对象的编程工具。

1. 一般编程语言工具。

它是指由传统编程工具发展而来的一类程序设计语言。通常有：C 语言、C++语言、COBOL 语言、PL/1 语言、PROLOG 语言、OPS 语言等。

利用一般编程语言工具进行程序设计的基本形式是手工编程。这些语言一般不具有很强的针对性，它只是提供了一般程序设计命令的基本集合，因而适应范围很广，原则上任何模块都可以用它们来编写。但是，其适应范围广是以用户编程的复杂程度为代价的，程序设计的工作量很大。

2. 数据库系统工具。

它是指流行的数据库软件产品，是信息系统中数据存放的中心和整个系统数据传递和交换的枢纽。目前市场上提供的主要有两类：微机上的小型 DBMS（如：XBASE 系列、VFP、Access 等）和大型数据库系统工具（如：ORACLE 系统、SYBASE 系统、IMFORMIX 系统、DBZ 系统、SQL Server 系统等）。

微机上的小型 DBMS 主要是指以微机为基础所形成的关系数据库及其程序开发语言。适用于小型系统（EDP/TPS）的开发。

大型数据库系统工具是指规模较大、功能较齐全的大型数据库系统。这类工具的最大特点是功能齐全，容量巨大，可以支持基于局域网、Intranet 和 Internet

的大型管理信息系统的开发。在使用时配有专门的接口语言，可以允许各类常用的程序语言（称之为主语言）任意地访问数据库内的数据。

3. 程序生成工具。

它是第四代程序（4GL）生成语言工具，是一种基于常用数据处理功能和程序之间的对应关系的自动编程工具。这类工具大多结合在流行软件产品中，构成其中的一部分，它能实现系统中的某些模块程序代码的自动生成。

较为典型的产品有：AB（Application Builder 应用系统建造工具），屏幕生成工具、报表生成工具以及综合程序生成工具，即有 FoxPro，Visual BASIC，Visual C ++，CASE，Power Builder 等。

4. 专用系统开发工具。

它是在程序生成工具基础上进一步发展起来的，它不但具有 4GL 的各种功能，而且更加综合化、图形化，使用起来更加方便。一般可归为两类：专用功能开发工具（如各类套装软件、专用图表生成工具等）和综合系统开发工具（如 CASE、Jasmine、Team Enterprise Developer 等）。

专用开发工具是对某应用领域和待开发功能针对性都较强的一类系统开发工具。综合开发工具是一般应用系统和数据处理功能的一类系统开发工具。其特点是可以最大限度地适用于一般应用系统开发和生成。

5. 客户/服务器（C/S）工具。

它是采用了人类在经济和管理学中经常提到的“专业化分工协作”的思想而产生的开发工具。它是在原有开发工具的基础上，将原有工具改变为一个既可被其他工具调用的，又可以调用其他工具的“公共模块”。客户/服务器（C/S）工具是指可进行基于网络环境的系统开发工具，它是完全符合管理信息系统发展趋势和要求的新型系统开发工具。如：Delphi、PowerBuilder、Java、Visual C ++ 等。

6. 面向对象编程工具。

它主要是指与 OO 方法相对应的编程工具。目前常见的工具有：Java、Visual C ++、PowerBuilder、Delphi、Smalltalk 等。这一类针对性较强，且很有潜力，其特点是必须与整个 OO 方法相结合。

选择适当的程序开发工具，应考虑：用户的要求，语言的人机交互能力，丰富的软件支持工具，软件的可移植性，以及开发人员的以往经验与熟练程度。

第四节　系统调试

当一个管理信息系统按照详细设计中规定的算法用具体的编码实现以后，为了保证新系统运行的正确性和有效性，需要进行系统的调试。对系统调试工作要事先准备好调试方案，以提高工作效率，压缩时间，降低费用。完成系统测试后，应编写测试报告、绘制程序框图、打印系统源程序清单等工作。

一、系统调试的目的

系统调试要在计算机上以各种可能的数据和操作条件反复地对程序进行试验，发现存在的错误并及时加以修改，使其完全符合设计要求。需要注意的是，调试只能证明程序有错误而不能证明程序没有错误。人们经常会认为调试的目的是为了说明软件是没有问题的，因此程序编完后，只要找几个数据，使程序能够走通就完成了测试任务。这种认识不仅不正确，而且是十分有害的。因为出于这个目的，人们会自觉或不自觉地寻找容易使程序通过的调试数据，回避那些易于暴露软件错误的调试数据，致使隐藏的错误不被发现。恰恰相反，系统调试是以找错误为目的，我们不是要证明程序无错，而是要精心选取那些易于发生错误的调试数据，要以十分挑剔的态度去寻找程序的错误。这种关于调试目的的观念对于测试工作是有很大影响的。实践证明，由于人类思维的严密性是有限度的，加之开发人员主观、心理、经验等方面的因素，一般大型的软件在调试前是不可能没有错误的，因此调试的目的就是发现程序的错误。

二、系统调试的原则

在系统调试中，应遵循以下基本原则：

（1）调试工作应避免由系统开发人员或小组本身来承担。

（2）调试用例应该由“输入数据”和“预期的输出结果”组成。这就是说，在执行程序之前应该对期望的输出有很明确的描述，调试后可将程序的输出同它仔细对照检查。若不事先确定预期的输出，则可能把似乎是正确而实际是错误的结果当成是正确结果。

（3）设计调试用例不仅要包括合法的或有效的输入数据，还要包括无效的或不合法的各种输入数据。许多人往往只注意前者而忽略了后一种情况，为了提高程序的可靠性，应认真组织一些异常数据进行调试，并仔细观察和分析系统的反应。

（4）不仅要检验程序是否执行了规定的操作，还要检查它是否同时做了不该做的事。例如除了检查工资管理程序是否为每个职工正确地产生了一份工资单，还应检查它是否还产生了多余的工资单。

（5）保留调试用例，将给今后进行重新测试和追加测试等提供方便。在管理信息系统的调试中，设计调试用例是很费时的，如果将用过的例子丢弃了，以后一旦需要再调试有关的部分时（例如技术鉴定系统维护等场合）就需要再花很多人工。通常，人们往往未再次认真地设计调试用例，因而下次调试时很少有初次那样全面。如果将所有调试用例作为系统的一部分保存下来，就可以避免这种情况的发生。

要想通过“彻底”地调试找出系统的全部错误是不可能的。因此，调试阶段要考虑的基本问题就是“经济性”了。调试采取的策略是：在一定的开发时间和经费的限制下，通过进行有限步操作或执行调试用例，尽可能多发现错误。

三、系统调试的方法

对软件进行调试的主要方法为：源程序通过编译后，先经过人工测试，再进行机器测试。

（一）人工测试

人工测试是一种静态的测试，是指通过人工方式评审系统文档和程序，目的在于检查程序的静态结构，找出编译不能发现的错误。这种方法手续简单，是一种行之有效的检验手段。经验表明，组织良好的静态测试可以发现程序中30%～70%的编码和逻辑设计错误，从而可以减少动态测试的负担，提高整个测试工作的效率。系统开发的每一个阶段都要进行静态测试。这样，错误发现早，纠正早，使开发成本大为降低。人工测试主要的任务就是进行程序代码复审，一般采用三种具体形式：

(1) 个人复查：指程序源代码编写结束后，由程序员自行进行检查。由于是自查，出于程序员对自身所编写的程序的心理偏爱，习惯性错误不易发现。自身对程序功能算法的理解错误也很难纠正。一般这种形式效率不高，仅限于小型程序模块的检查。

(2) 小组复查：由未参与系统程序设计的有经验的3～5个程序员组成测试小组，对系统程序进行复查。通过对系统软件资料和源程序的检查、分析和手工模拟，从中发现并纠正存在的错误。由于是人工方式，运行速度较慢，一般采用少量的简单的测试用例进行。

(3) 会审：会审的测试小组的组成与小组复查法的相同。测试小组成员在进行会审时应仔细阅读有关资料，根据错误类型清单（包括常见的各种编程错误）实施会审，通过测试小组成员与程序员的提问、讲解、回答及讨论的各种交互过程，发现并纠正错误。同时，审定有关系统程序的功能、结构及风格等。

（二）机器测试

机器测试就是直接在计算机上运行所要测试的程序模块，根据实际运行的结果发现并纠正错误。理论上，只需输入各种可能的数据来运行程序，通过输出的结果即可判断程序是否正确。但实际上，这是不可能的。即使很简单的程序，也无法穷尽所有可能的输入数据。例如，一个程序需要三个整数型的输入数据，如果计算机的字长为16位，则每个整数可能取的值有2^{16}个，那么三个整数的各种可能值的排列组合共有：$2^{16} \times 2^{16} \times 2^{16} = 2^{48} \approx 3 \times 10^{14}$种，也就是说，这个程序大约需要执行$3 \times 10^{14}$次才能做到“穷尽”测试。假定每执行一次程序需要一毫秒，执行3×10^{14}次大约需要1万年。显然这种“穷尽”测试是不可取的，这就要求测试人员从可能的输入数据中找出一组最具代表性、最有可能发现程序中错误的数据进行测试。机器测试采用的形式主要有两种：

（1）黑盒测试：也称功能测试，即将软件看作“黑盒子”，在完全不考虑程序内部结构和特性的情况下，研究软件的外部特性。根据软件的需求规格说明书设计测试用例，从程序的输入和输出特性上测试是否满足设定的功能。设计测试用例时，仅以程序的外部功能为根据。一方面检查程序能否完成一切应做的事情，另一方面要考察它能否拒绝一切不应该做的事情。

（2）白盒测试：也称结构测试，即将软件看作透明的白盒，按照程序的内部结构和处理逻辑，设计测试用例，对软件的逻辑过程进行测试，检查是否符合设计的要求。

系统调试可以发现并纠正错误，有些类型的错误，机器测试更有效；有些类型的错误，人工寻找的效率往往比机器测试更高；机器测试只能发现错误的症状，不能进行问题定位，而人工测试一旦发现错误，同时就确定了错误位置、类型和性质。

四、系统调试的过程

系统调试过程一般有程序调试、功能调试和系统调试三部分。一个管理信息系统通常由若干子系统组成，每个子系统又由若干模块（程序）组成。所以，可把调试工作分为模块（程序）调试、分调（子系统调试）和总调（系统调试）三个层次，调试顺序为模块调试、分调、总调，如图7－1所示。

（一）模块调试

模块是系统最小的独立编译单位，每个模块完成一个明确而又相对独立的子功能，因此可以把它作为一个单独实体来测试。模块调试的目的是保证每个模块本身能正常运行，模块调试中发现的问题大都是程序设计或详细设计中的错误。模块调试一般从代码测试、程序功能测试两方面进行。

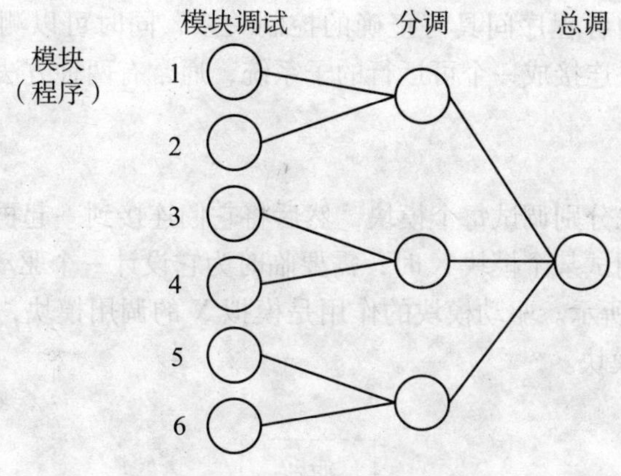

图 7－1 系统调试的过程

1. 代码测试。

程序的逻辑检查的方式是代码测试。调试过程中通常要编写测试数据。测试数据除采用正常数据外，还应包括一些异常数据和错误数据，用来检验程序逻辑上的正确性。测试数据是经过精心挑选的，使程序中的每一条语句都能得到执行，即能够测试程序中的任一逻辑路径。常用的测试数据有以下几种：

（1）用正常数据调试。

（2）用异常数据调试。例如用空数据文件参加测试，检查程序能否正常运行。

（3）用错误数据调试。试验程序对错误的处理能力，包括显示出错信息以及容许修改错误的可能性。具体检查内容有：①输入键号错误（包括错的键号和不应有的键号）时，能否及时检出和发出出错信息，并允许修改；②输入数据错误（包括错误数据、不合理数据）时，能否及时查出或发出出错信息，并容许修改；③操作错误（包括磁盘错误，操作步骤或方法错误）时，能否及时检出并发出警告信息，并允许改正。

2. 程序功能测试。

程序经过代码测试后，验证了它的逻辑正确性，但并不能验证程序是否满足程序说明中定义的功能，也不能验证测试数据本身是否完备。因此，还应该测试其应用功能的需求，即面向程序的应用环境，考察是否达到了设计的功能和性能指标。

（二）分调

分调也称子系统调试，就是把经过调试的模块放在一起形成一个子系统来调试。主要是调试各模块之间的协调和通信，即重点调试子系统内各模块的接口。例如，数据穿过接口时可能丢失；一个模块对另一个模块可能存在因疏忽而造成的有害影响；把若干子功能结合起来可能不产生预期的主功能，等等。分调的目的是要保证模块内各程序间具有正确的控制关系，同时可以测试模块的运行效率。将若干个模块连接成一个可运行的子系统，通常有两种方法"非渐增式"和"渐增式"调试。

1. 非渐增式。

非渐增式是先分别调试每个模块，然后将它们连接到一起再进行调试。若采用这种方式则在调试某个模块 X 时，需要临时为它设计一个驱动模块和若干个桩模块，如图 7－2 所示。驱动模块的作用是模拟 X 的调用模块，桩模块的作用则是模拟 X 的下层模块。

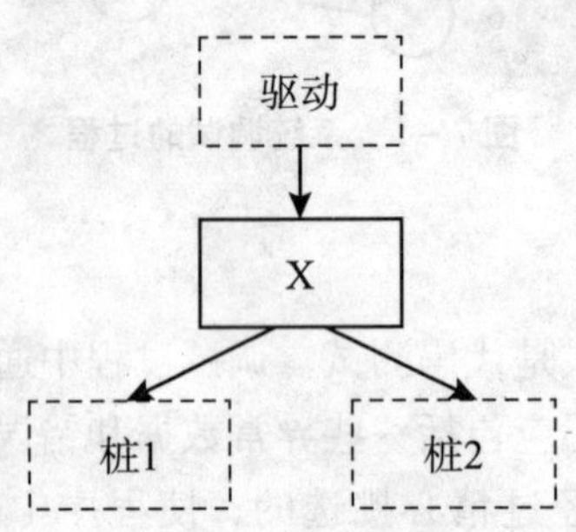

图 7－2　驱动模块和桩模块

例如，调试图 7－3 中的模块 B 时，要为它设计一个驱动模块，其作用是将调试数据传送给模块 B 并接收和显示 B 产生的结果，同时，因 B 要调用模块 E，所以还需设计一个桩模块，用来接受 B 的控制并模拟 E 的功能。这里的临时模块（驱动模块和桩模块）可以设计的非常简单，只要满足调试要求即可。

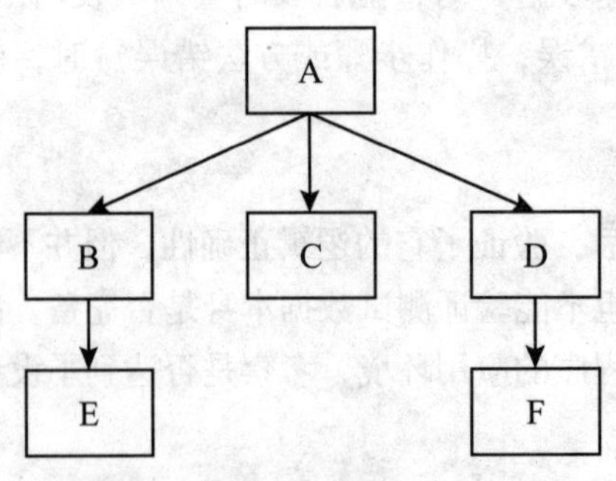

图 7－3　子系统调试示例

2. 渐增式。

渐增式是把下一个要调试的模块同已经调试好的模块结合起来进行调试，调试完成后再把下一个应该调试的模块结合进来调试。对渐增式来说，又可分为“由顶向下”、“由底向上”等两种方式。以图 7－3 子系统调试为例，采用“由底向上”的渐增式方式，则是先顺序地或并行地（例如由三人完成）调试模块 E、C、F，此时只需为每个模块临时准备驱动模块，但不需要桩模块，然后为模块 B 准备一个驱动模块，将模块 B 与模块 E 连接起来调试，再为模块 D 准备一个驱动模块将模块 D 与模块 F 连接起来调试，最后把模块 A 与其他各模块连接并调试。

3. 两种调试方法的比较。

对这两种调试方法进行比较可以看到：

（1）非渐增式需要更多的人工（如准备较多的驱动模块和桩模块），而渐增式则可利用已经调试过的模块（如采用“由底向上”时可不需桩模块）。

（2）渐增式可以较早地发现模块界面之间的错误，非渐增式则要到最后将所有模块相连时才能发现这类错误。

（3）渐增式有利于排错。如果界面有错，它通常与最新加上去的那个模块有关，错误比较容易定位，非渐增式则不然。

（4）渐增式比较彻底。它以前面调试过的模块作为驱动模块或桩模块，所以这些模块将得到进一步的检查。

（5）渐增式需要较多的机器时间。例如在图 7－3 中若采用“由底向上”的渐增式，则在调试模块 A 时，模块 B、C、D、E、F 也要执行。若用非渐增式，在调试模块 A 时只要执行用来模拟 B、C、D 的桩模块即可。当然，编写这些桩模块也需花费一定机器时间，所以可抵消一部分机器时间。

（6）使用非渐增式可以并行（同时）所有模块，能充分利用人力，这对开发系统是很有意义的。

对管理信息系统软件来说“由底向上”的渐增式方法是一种较为适合的调试方法。

（三）总调

经过分调，已经把模块装配成若干子系统并经充分调试。接着的任务是总调，也称为系统调试，它是将经过调试的子系统装配成一个完整的系统来调试，用以发现系统设计和程序设计中的错误，验证系统的功能是否达到设计说明书的要求。它主要解决各子系统之间的数据通讯和数据共享（公用数据库）的问题以及满足用户要求的测试。总调的内容包括两部分：

1. 主控程序和调度程序调试。

调试时，将所有控制程序与各功能模块的接口“短路”，以某种联系程序代替原功能模块，验证控制接口和参数传递的正确性，并发现和解决资源调度过程中的效率等问题。

2. 程序总调。

主控程序和调度程序调试完成后，即可进行整个系统程序的总调，也就是将主控制和调度程序与各功能模块联结起来进行总体调试。调试应对系统的各种可能的使用形态及组合进行考察，全面测试新系统的综合性能，以确认是否达到设计目标。

系统调试的关键是“真实”和全面。进行系统调试应该注重以下几点：

（1）调试用例应该是由有实际意义的数据组成的。可以请用户参与调试用例的设计。

（2）某些已经调试过的纯粹技术的特点可以不需再次执行。

（3）对用户特别感兴趣的功能或性能，可以增加一些调试。

（4）应该设计并执行一些与用户使用步骤有关的调试。

在系统调试完成后要进行用户的验收测试，它是用户在实际应用环境中所进行的真实数据测试。主要使用原手工系统所用过的历史数据，将运行结果和手工所得相核对，以考察系统的可靠性和运行效率。如果测试数据只用一个月，则最好选择十二月份数据。因为管理业务数据在年底时较全面，数据量也大，所以能获得较全的调试效果。

第五节　人员培训

对系统使用人员的培训是系统投入应用的重要前提。管理信息系统是一个人机系统，它的正常运行需要很多人参与。这些人通常来自现行系统，他们熟悉或精通原来的人工处理过程，但缺乏计算机处理的有关知识，为了保证新系统的顺利使用，必须提前培训有关人员。

一、人员培训的内容

对人员的培训，总体包括下列内容：

（1）系统的总体方案；

（2）系统网络的操作与使用；

（3）系统的功能结构；

（4）计算机的操作与使用；

(5) 数据库系统、开发工具等系统软件;

(6) 系统事务型业务功能的操作和使用方法;

(7) 系统维护型功能的操作和使用方法;

(8) 系统统计分析型功能的操作和使用方法;

(9) 系统的参数设置;

(10) 系统初始数据输入功能的操作和使用方法;

(11) 可能出现的问题及解决方法;

(12) 汉字的输入方法;

(13) 系统的使用权限与责任;

(14) 系统的文档管理规范。

并不是系统的所有使用人员都要进行上述全部内容的培训。根据工作岗位的不同选择不同的内容进行培训,既可以节省宝贵的时间,也便于系统的安全与管理。

二、人员培训的方式

需要进行培训的系统使用人员主要有三类,由于每类人员的知识背景不同、所需培训的内容也不同,因此,应针对不同的人员类型采用不同的方式进行培训。

1. 事务管理人员。

新系统能否顺利运行并获得预期目标,在很大程度上与这些第一线的事务管理人员(或主管人员)有关系。因此,可以通过讲座、报告会的形式,向他们说明新系统的目标、功能,说明系统的结构及运行过程,以及对企业组织机构、工作方式等产生的影响。对事务管理人员进行培训时,必须做到通俗、具体、尽量不采用与实际业务领域无关的计算机专业术语。例如,可以就他们最关心的以下问题展开对话:

(1) 计算机管理信息系统能为我们干些什么?

(2) 采用新系统后,我们和我们的职工必须学会什么新技术?

(3) 采用新系统后,我们的机构和人员将发生什么变动?

(4) 今后如何衡量我们的任务完成情况?

大量事实说明,许多管理信息系统不能正常发挥预期作用,其原因之一就是没有注意对有关事务管理人员的培训,因而没有得到他们的理解和支持。

2. 系统操作员。

系统操作员是管理信息系统的直接使用者,统计资料表明,管理信息系统在运行期间发生的故障,大多数是由于使用方法错误而造成的,如图 7-4 所示。

所以，系统操作员的培训应该是人员培训工作的重点。

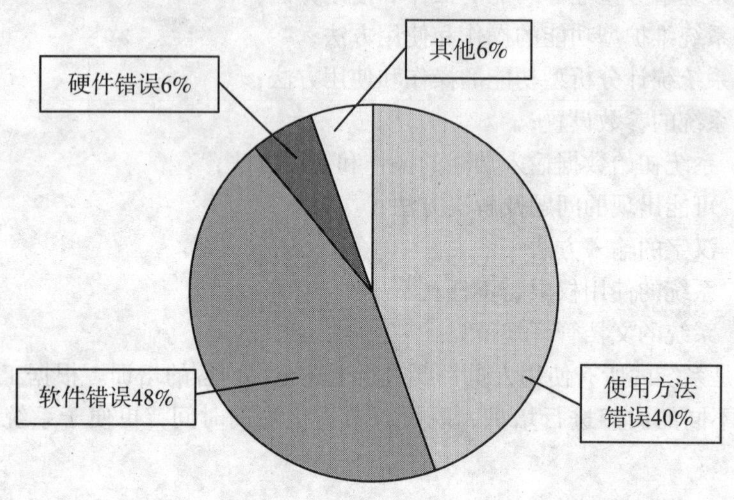

图7-4 软件故障的原因

对系统操作员的培训应该提供比较充分的时间，除了学习必要的计算机硬、软件知识，以及键盘指法、汉字输入等训练以外，还必须向他们传授新系统的工作原理、使用方法，简单出错的处置等知识。一般来说，在系统开发阶段就可以让系统操作员一起参加。例如，录入程序和初始数据，在调试时进行试操作等等，这对他们熟悉新系统的使用，无疑是有好处的。

3. 系统维护人员。

对于系统维护人员来说，要求具有一定的计算机硬、软件知识，并对新系统的原理和维护知识有较深刻的理解。在较大的企业和部门中，系统维护人员一般由计算机中心和计算机室的计算机专业技术人员担任。

有条件时，应该请系统维护人员和系统操作员，或其他今后与新系统有直接接触的人员，参加一个或几个确定新系统开发方针的讨论会，因为他们今后的工作将与新系统有直接联系，参加这样的会议，有助于他们了解整个系统的全貌，为今后工作打好基础。对于大、中企业或部门用户，人员培训工作应列入该企业或部门的教育计划中，在系统开发单位配合下共同实施。

第六节　系统的切换和交付使用

在系统调试完毕的基础上，进行系统切换工作。此处的系统切换包括原来全部用人工处理的系统切换到新的以计算机为基础的信息系统，也包括从旧的信息系统向新的信息系统的切换过程。切换工作包括旧系统的数据文件向新系统数据文件切换，人员、设备、组织机构的改造和调整，有关资料的建档和移交等。系统切换的终结形式是将全部控制权移交用户单位。

一、系统的切换

（一）系统切换前的准备

1. 数据准备。

（1）数据收集。保证数据收集的准确性是系统实施成功的最基本保证。错误的数据导入会导致整个系统的瘫痪。一般原始数据的收集都来源于旧系统中已有的数据，但由于新旧系统需要的数据字段不尽相同，新系统需要的字段通常会更详尽、更系统，所以，数据采集的工作量尤其大，特别是新系统实施之前完全采用手工记录的部门更是如此。同时，数据收集过程中最大的阻力还来源于数据的提供以及在这之后系统的实施运行对各部门既有利益的影响。所以，更需要管理层的大力支持和项目组成员与各用户的良好沟通。

（2）数据整理。根据系统配置要求、编码原则等对基础数据进行整理，是数据切换过程中工作量最大的一部分。合理运用各种数据处理软件，以最大限度地保证在数据准确性的基础上减少工作量。值得一提的是，这是保证数据唯一性和数据系统正常工作的关键环节，一定不能出差错。

（3）数据导入。数据导入应尽可能的自动化，一般系统的设计都会有数据批量导入的程序接口，节省了大量的人力、物力、财力。但必须保证程序的正确性和数据导入格式的准确性，这就要求在数据正式导入运行环境之前，先在测试环境中做好测试，以保证数据的完整性和安全性。

同时，在数据切换过程中，必须有严格的输入控制。应启用所有的系统控制措施，以保护数据不接受未经授权的访问和避免错误数据的输入。

2. 文档的准备。

总体规划、系统分析、系统设计、系统实施、系统测试等各项工作完成后，应有一套完整的开发资料，它记录了系统开发的全过程，是系统开发人员的工作依据，也是用户运行、维护信息系统的依据，因此文档资料要与开发方法相一致，并符合一定的规范。在系统运行之前要将文档准备齐全，形成正规的文件。

（二）系统切换的方式

系统切换是系统调试工作的延续，对系统最终使用的安全、可靠、准确性来说，是一项十分重要的工作。系统转换的方式有四种：直接切换、并行切换、阶段切换和试点切换，如图 7－5 所示。

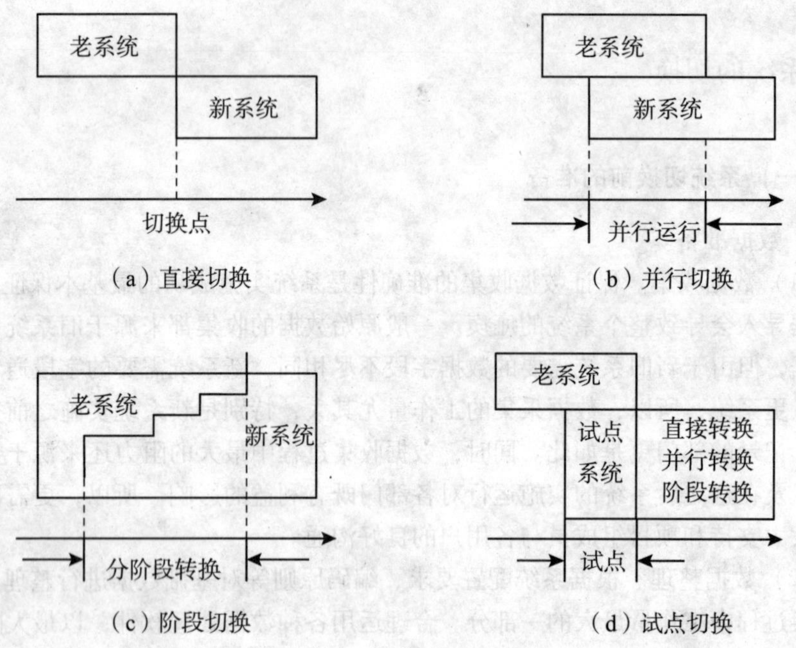

图 7－5　系统切换方式

1. 直接切换。

直接切换就是在原有系统停止运行的某一时刻，新系统立即投入运行，中间没有过渡阶段。直接切换的优点是转换最简单，费用最省，但风险性大。由于新系统尚未承担过正常的工作，可能会出现很多意想不到的问题，因此这种方式对重要系统不太适用。但对于新系统不太复杂或原有系统完全不能使用的场合适用。直接切换要求新系统在切换之前必须经过详细调试并经严格测试。同时，切换时应做好准备，万一新系统不能达到预期目的时，须采取相应措施。在实际应用时，应有一定措施，以便新系统一旦失灵，旧系统尚能顶替工作。

2. 并行切换。

并行切换就是新系统和原系统平行工作一段时间，经过这段时间的试运行后，再用新系统正式替换原有系统。在并行工作期间，手工处理和计算机处理系统并存，一旦新系统有问题就可以暂时停止而不会影响原有系统的正常工作。

并行切换通常可分两步走。首先以原有系统的作业为正式作业，新系统的处理结果作为校核，直至最后原有系统退出运行。根据系统的复杂程度和规模大小不同，并行运行的时间一般在 3～5 个月。在这段时间内，既保持系统工作不间断，又可以对照两个系统的输出，利用老系统对新系统进行检验。经过一段时间运行，在验证新系统处理准确可靠后，原系统停止工作。

采用并行切换的风险较小，在切换期间还可同时比较新旧两个系统的性能，并让系统操作员和其他有关人员得到全面培训。并行切换的主要问题是费用太高，这是因为并行期间，新老系统的工作人员要并行，需要双倍的费用。当系统太大时，费用开销更大。

并行切换一般适用于较大的管理信息系统，如银行、财务和一些企业的核心系统中。

3. 阶段切换。

阶段切换是上述两种方式的结合，采取分期分批逐步切换。对由多个部分构成的系统分多个步骤进行切换，每次用部分新系统代替老系统中的某些部分，平衡后再进行下次切换，直到整个系统切换完成。例如，公司可以先切换旧的订单录入系统，然后再切换库存系统。

此方式能防止直接转换产生的危险性，也能减少平行运行方式的费用。但最大问题就是接口的增加。系统各部分之间往往是互相联系的，当老系统的某些部分切换给新系统去执行，其余部分仍然由老系统去完成，于是在已切换部分和未切换部分之间就出现了如何衔接的问题，这类接口是十分复杂的。因此，在混合运行过程中，必须事先考虑它们之间的接口。

阶段切换一般比较适合于大的系统，它能保证平稳运行，费用也不太大。但是，当新旧系统差别太大时，不宜采用此种方式。

4. 试点切换。

试点切换是指先在一个部门或地区试点安装运行新系统，如果试点成功，可以采取上述三种切换方法中的一种继续逐渐推广新系统。这种切换方式时间短、费用低，通过试点的成功切换，可大大增强系统用户或管理者对新系统的信心。

在实际的系统切换工作中，并行切换方式用得较多，因这样做既安全，技术上也简单。当然，也有为数不少的系统是将四种切换方式配合起来使用，例如，不重要部分，采用直接切换；重要部分，采用平行切换方式等。

无论一个系统采用何种切换方式，都应该保持系统的完整性，或者说，系统的切换结果应当是可靠的。因此，系统切换也存在着一个控制问题。在新老系统交替前，必须为系统建立验证控制，如用户应掌握新老系统处理的全部控制数字记录，用此来验证系统切换是否破坏了系统的完整性。

二、系统的运行管理

系统切换后可开始投入运行，系统运行包括系统的日常操作、维护等。任何一个系统都不是一开始就完全符合用户需求，总是经过多重的开发、运行、再开发、再运行的循环不断上升的。开发的思想只有在运行中才能得到检验，而运行中不断积累问题是新的开发思想的源泉。

所谓运行管理就是对信息系统的运行进行控制，记录其运行状态，进行必要的修改与补充，以便使信息系统真正符合管理决策的需要，为管理决策服务。系统运行管理的目标是使信息系统在一个预期的时间内能正常地发挥其应有的作用，产生其应有的效益。它一般包括：（1）运行管理的组织机构；（2）数据管理；（3）日常运行管理；（4）制度建设。

（一）运行管理的组织机构

管理信息系统的运行管理工作必须由一个专门的信息管理机构负责。信息管理机构的主要职责是信息的管理和信息系统的管理，其名称可命名为信息管理部、信息管理中心等。该机构应由技术人员、管理人员和既懂技术又懂管理的复合型人员组成。而我国目前信息管理人员缺乏，培养这方面人才乃当务之急。

（二）数据管理

数据管理包括输入数据、输出数据和存贮数据的管理。对于输入数据，要制定统一的标准和要求，确保数据的完整性、准确性和安全性，并根据这些要求设计控制方法。对于输出数据，要建立输出结果的检查制度和高效的传递机制，保质按时地提供到使用者手中。对于存储数据，为了防止数据和文件的丢失和有意无意的破坏，应有加密和保护措施。另外，还应做好数据和文件的备份和归档保存等管理工作。

（三）系统的日常管理

管理信息系统的日常运行管理绝不仅仅是机房的管理、设备和耗材的管理、人员的管理、操作管理、安全管理、维护管理，更主要的是对系统每天的运行状况、数据输入和输出情况以及系统的安全性与完备性及时如实记录和处置。日常运行管理工作主要由系统运行值班人员来完成。

（1）机房的管理。保障机房的良好环境，注意防火、防尘、防潮、防磁、控制机房的温度等。

（2）设备和耗材的管理。做好设备的日常保养、故障的诊断与排除以及易耗品的使用、更换与安装等。

（3）人员的管理。落实各级人员的岗位责任和使用权限。

（4）操作管理。制定系统的操作规程。

（5）安全管理。主要包括软件安全、数据安全、系统运行安全的管理等。主要措施有：加密技术、备份、病毒的防范、防盗和防窃等。

（6）维护管理。系统的修改，往往会“牵一发而动全身”。程序、文件、代码的局部修改，都可能影响系统的其他部分。因此，系统的修改必须通过一定的批准手续。

（7）系统运行情况的记录和日志归档。整个系统运行情况的记录能够反映出系统在大多数情况下的状态和工作效率，这对于系统的评价与改进具有重要的参考价值。因此，管理信息系统的运行情况一定要及时、准确、完整地记录下来，并且应作为基本的系统文档长期保管。记录系统运行情况应当从系统开始投入运行就要抓紧抓好。

①记录正常情况。从每天工作站点计算机的打开、应用系统的进入、功能项的选择与执行，到下班前的数据备份、存档、关机等，对系统的任何操作都要详细记录时间、内容、用途、使用者姓名等。

②记录意外情况发生的现象、时间、原因与处理结果。为了避免记录工作流于形式，通常的做法是在系统中设置自动记录功能。另一方面，作为一种责任与制度，一些重要的运行情况及所遇到的问题，例如多人共用或涉及敏感信息的计算机及功能项的使用等仍应作书面记录。

（四）信息系统的制度建设

企业实现管理信息化后，企业的业务流程、工作方法、各职能部门之间以及企业与外部环境之间的相互关系都发生了一定的变化，企业原有的管理制度已不再适应新环境下的管理需求，因此需要制定一系列新的管理制度。

1. 各类机房安全运行管理制度。

设立机房主要有两个目的，一是给计算机设备创造一个良好的运行环境，保护计算机设备；二是防止各种非法人员进入机房，保护机房内的设备、机内的程序和数据的安全。机房安全运行是通过制定与贯彻执行机房管理制度来实施的。机房管理的主要内容包括：

（1）有权进入机房人员的资格审查。一般来说，系统管理员、操作员、录入员、审核员、维护人员以及其他系统管理员批准的有关人员可进入机房，系统维护员不能单独进入机房。

（2）机房内的各种环境要求。比如机房的卫生要求，防水要求。

（3）机房内的各种环境设备的管理要求。

（4）机房中禁止的活动或行为，例如，严禁吸烟、喝水等。

（5）设备和材料进出机房的管理要求，等等。

2. 信息系统的其他管理制度。

信息系统的运行制度，还表现为软件、数据、信息等其他要素必须处于监控之中。其他管理制度包括：

（1）重要的系统软件、应用软件管理制度。

（2）数据管理制度，如重要输入数据的审核、输出数据备份保管等制度。

（3）权限管理制度，做到密码专管专用，定期更改并在失控后立即报告。

（4）网络通信安全管理制度。

（5）病毒的防治管理制度，及时检查、清除计算机病毒，并备有检测、清除的记录。

（6）人员调离的安全管理制度。人员调离的同时马上收回钥匙、移交工作、更换口令、取消账号，并向被调离的工作人员申明其保密义务，人员的录用调入必须经过人事组织技术部门的考核和接受相应的安全教育。

三、系统维护

（一）系统维护的定义

系统维护是指在管理信息系统交付使用后，为了改正错误或满足新的需要而修改系统的过程。

管理信息系统是一个复杂的人机系统，系统内外环境，以及各种人为的、机器的因素都不断地在变化着。为了使系统能够适应这种变化，充分发挥软件的作用，产生良好的社会效益和经济效益，就要进行系统维护的工作。

另外，大中型软件产品的开发周期一般为 1 ~ 3 年，运行周期则可达 5 ~ 10 年，在这么长的时间内，除了要改正软件中残留的错误外，还可能多次更新软件的版本，以适应改善运行环境和加强产品性能等需要，这些活动也属于维护工作的范畴。能不能做好这些工作，将直接影响软件的使用寿命。

（二）系统维护的内容和类型

根据维护活动的具体内容不同，可将维护分成硬件维护、程序维护、数据库维护和代码维护四类。

1. 硬件的维护。

硬件系统的维护应该由专门的硬件维护人员负责，而且一般需要同硬件厂商合作来共同完成系统维护工作。通常地说，较大的维护工作一般是由销售厂家进行的。使用单位一般只进行一些小的维护工作，一般通过程序命令或各种软件工具即可满足要求。使用单位一般可不配备专职的硬件维护员，其职责由软件维护员担任，即通常所说的系统维护员。硬件系统的维护主要有两种类型：一种是进行硬件系统的更新；另一种是进行硬件系统的故障维修。

（1）硬件系统的更新。硬件系统的更新会影响系统的正常使用，进而影响企业内部使用该系统的各业务部门的工作。因此，在更新前需要制订更新计划，并与硬件供应商、企业内部有关业务部门及其他相关机构进行协调，做好充分的准备工作。另外，硬件系统更新时间不能过长，否则会耽误系统的正常运行。

（2）硬件系统的故障维修。对于硬件系统的故障维修，同样也不应该拖延过长的时间。系统硬件故障往往是突发性的，不可预见，为了防止由于硬件系统故障引起的系统应用中断，应该配有足够的备用设备，在系统出现故障时使用。对于非常重要的应用系统，一般采用并行服务结构。

2. 应用程序的维护。包括正确性维护、适应性维护和完善性维护。

（1）正确性维护。应用程序在运行之后，仍然需要进行系统的正确性维护。该阶段可能出现的错误主要有：系统测试尚未发现的错误；输入检测不完善引起的输入错误；以前未遇到过的数据输入组合或数据量增大引起的错误。对于影响系统运行的严重错误，必须及时进行修改，而且要进行复查。

（2）适应性维护。随着系统的运行，企业的外部环境、业务流程发生变化，网络系统、计算机硬件或操作系统等也可能进行更新；另外，从技术角度看，信息系统不可避免地存在一些缺陷与错误，它们会在运行过程中逐渐暴露出来。为了适应上述变化以及克服本身存在的不足，应用软件需要进行适应性维护。在适应性维护工作量很大的情况下，需要制订维护工作计划，并对维护后的软件进行测试，确保适应性维护后软件系统的正常应用。

（3）完善性维护。完善性维护是指为了改善系统的性能或者扩充应用程序的功能而进行的维护，这些系统的性能或功能要素一般是先前的功能需求中没有提出的。

总之，应用程序维护是整个系统维护工作中最麻烦的一项任务，负责这项工作的系统维护人员必须对整个系统有相当深入的了解，否则是很难进行下去的。

3. 数据库维护。数据库中存放着大量的数据，它是企业的宝贵资源，也是系统频繁处理的对象。数据库维护是系统维护的重要内容之一。

（1）数据库的转储。由于电源发生故障而突然断电，程序失控，外存储设备出现故障、病毒攻击等各种不可预见原因，数据库随时都可能遭到破坏。一旦数据库遭受破坏，就必须尽快使它恢复正常。为了有效地恢复被破坏的数据，通常为整个数据库制作备份，一般备份都存储在磁盘上。必要时，也可将备份脱机保存在更安全可靠的地方。数据库转储周期可以是一天，也可以是一周。

（2）数据库的重组织。由于系统反复不断地对数据库进行各种操作，致使数据库的存储效率和存取效率不断下降。一旦数据库的效率低得不能满足系统处理的要求时，就应该对数据库实施再组织，以便提高恢复数据库的效率。

4. 代码维护。当有必要变更代码时（如订正、新设计、添加、删除等），应由代码管理部门（最好由现场经办人和计算机有关人员等组成）讨论新的代码系统，确定之后用书面写清后再贯彻。代码维护困难不在代码本身的变更，而在于新代码的贯彻。为此，除了代码管理部门外，各业务部门都要指定负责代码管理的人员，通过他们贯彻使用新代码，这样可以明确职责，有助于防止和纠正错误。

（三）系统维护的成本

系统维护是一项耗资巨大的工作。从人力资源的分布看，现在世界上 90% 的软件人员在从事系统的维护工作，开发新系统的人员仅占 10%。20 世纪 70 年代时，维护费用约占开发费用的 35% ~40%，80 年代占到 40% ~60%，90 年代又增加到70% ~80%，甚至更多。信息系统投入运行的时间越长，系统维护的成本越高。一些老系统的维护成本可以占到开发总成本的 5 倍。系统维护成本随时间的推进以递增速度增长，如图 7 –6 所示。

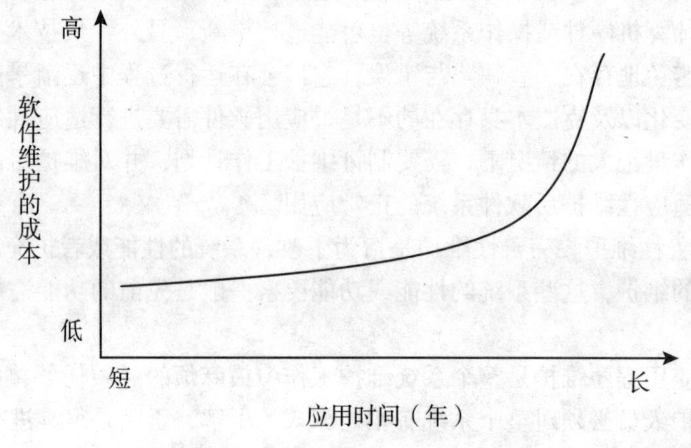

图 7 –6　系统维护成本的变动趋势

在系统投入运行后，管理者需要密切关注系统维护成本的变动趋势，在系统维护的成本投入和所获得的功能改善之间进行权衡，并考虑在适当的时间更换新系统。

（四）系统修改的步骤

应用软件系统是一个经过精心设计的整体，由于程序的修改涉及面较广，某处修改很可能会影响其他模块的程序。因而，系统的修改是一项非常严肃的工作。许多情况下，维护比开发更困难，需要更多的创造性工作。因此，首先维护人员必须用较多的时间理解别人编写的程序和文档，且对系统的修改不能影响该程序的正确性和完整性。其次，整个维护的工作又必须在所规定的很短时间内完成。通常对系统的修改应执行以下步骤（如图 7－7 所示）。

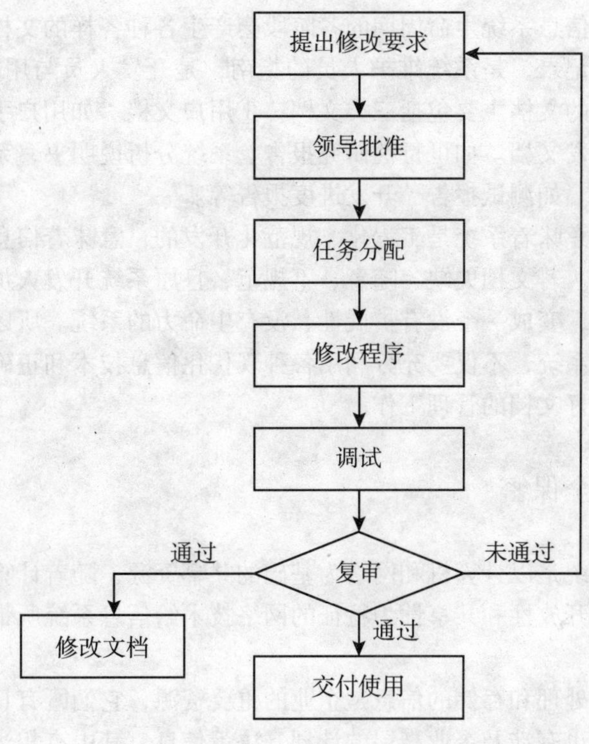

图 7－7　系统修改的步骤

（1）提出修改要求：操作人员或业务领导用书面形式向主管领导提出对某项工作的修改要求。这种修改要求不能直接向程序员提出。

（2）领导批准：系统主管人员进行一定的调查后，根据系统的情况和工作人员的情况，考虑这种修改的必要性、可行性，最后做出是否修改、何时修改、由谁修改的决定。

（3）任务分配：若系统主管人员认为需要修改，则向有关维护人员下达任务，说明修改内容、要求、期限。

（4）修改程序：接到任务的维护人员，按预定维护方案来修改程序。

（5）调试：对程序和系统的修改的有关部分进行重新测试。

（6）验收成果：系统主管人员对修改部分进行验收。若测试发现较大问题，则要重复上述步骤。若通过，则可修改相应文档，作为新版本要通报用户和操作人员，指出新的功能和修改的地方；将修改的部分嵌入系统，取代旧的部分，并交付使用，结束本次维护活动。

四、系统的文档管理

在整个管理信息系统生命周期的各阶段会产生各种各样的文档资料，它们是系统开发过程的记录，是系统维护人员的指南，是开发人员与用户交流的工具。管理信息系统中的文档主要包括三类文档：①用户文档。如用户手册、操作手册等。②技术和开发文档。如可行性研究报告、系统分析说明书、系统设计说明书等。③管理文档。如测试报告、开发进度报告等。

规范的文档意味着系统是工程化、规范化开发的，意味着信息系统的质量有了程序上的保障。若文档欠缺、随意、不规范，且原系统开发人员流动，系统则难以维护、升级，变成一个没有扩展性、没有生命力的系统。所以为了建立一个良好的管理信息系统，不仅要充分利用各种现代化信息技术和正确的系统开发方法，同时还要做好文档的管理工作。

五、系统的安全保密

现代信息系统是以计算机和网络为基础的共享资源，随着计算机和网络技术的加速普及，以开放性和共享性为特征的网络技术给信息系统所带来的安全性问题日益突出。

信息系统所处理和存储的信息是企业的重要资源，它们既有日常业务处理信息、技术信息，也有涉及企业高层的计划、决策信息，其中有相当部分信息是企业极为重要的并有保密要求的，这些信息几乎反映了企业所有方面的过去、现在与未来。如果信息泄露，就会给企业带来不可估量的经济损失，甚至危及企业的生存与发展。因此信息系统的保密是一项必不可少的、极其重要的信息系统管理工作。

互联网技术在企业信息化建设中的应用又使得企业与外界的信息交往日益广泛与频繁。近年来世界范围内的计算机犯罪、计算机病毒泛滥等问题，使信息系统安全上的脆弱性表现得越来越明显。所以信息系统安全的问题显得越发重要。

信息系统的安全与保密是两个不同的概念，信息系统的安全是为防止有意或无意的破坏系统软硬件及信息资源行为的发生，避免企业遭受损失所采取的措施；信息系统的保密是为防止有意窃取信息资源行为的发生，使企业免受损失而采取的措施。

第七节　系统评价与验收

信息系统的评价与验收是十分重要的。一个花费了大量人力、财力和物力建立起来的新系统，其性能和效益如何？管理措施和应用水平如何？是否达到了建立管理信息系统的目标？这些是用户和开发人员双方都关心的问题。因此，必须通过系统评价与验收来回答以上问题。

一、系统评价

信息系统的评价就是对系统在运行一段时间后的技术性能及经济效益等方面的评价。评价的目的是检查系统是否达到预期的目标，技术性能是否达到设计的要求，系统的各种资源是否得到充分的利用，经济效益是否理想，并指出系统不足，为以后的改进和扩展提出意见。

由于管理信息系统是一个复杂的社会技术系统，它所追求的不仅仅是单一的经济性指标。除了从费用、经济效益和财务方面的考虑外，还涉及技术先进性、可靠性、适用性和用户界面友好性等技术性能方面的要求，以及改善员工劳动强度和单位经营环境，增强市场竞争力等社会效益目标。目标的多重性产生了对管理信息系统进行多指标综合评价的必要性。

（一）系统评价指标

根据信息系统的特点，从系统性能指标、经济效益评价指标和综合评价指标等三个方面提出信息系统的评价指标。

1. 系统性能指标。

系统性能指标有如下方面组成：

①人机交互的灵活性与方便性。

②系统响应时间与信息处理速度满足管理业务需求的程度。

③输出信息的正确性与精确度。

④单位时间内的故障次数与故障时间在工作时间中的比例。

⑤系统结构与功能的调整、改进及扩展、与其他系统交互或集成的难易程度。

⑥系统故障诊断、排除、恢复的难易程度。

⑦系统安全保密措施的完整性、规范性与有效性。

⑧系统文档资料的规范、完备与正确程度等。

2. 经济效益评价指标。

使用新系统后产生的经济效益是评价新系统的一个决定性因素。但是经济效益的评价是一个非常复杂的问题，因为要搜集各种定量的指标值需要较长的时间。同时，有的经济效益是不能单纯通过数字来反映的。因此，系统经济效益评价指标包括与直接经济效益有关的指标和与间接经济效益有关的指标。

(1) 与直接经济效益有关指标。

①系统的投资额：包括系统硬件及软件的购置、安装，应用系统的开发等所投入的资金、人力、材料等成本。

②系统运行费用：包括消耗性材料费用、系统投资折旧费、硬件维护费及电费等其他费用。

③系统运行新增加的效益：主要反映在成本降低、库存积压减少、流动资金周转加快与占用额减少、销售利润增加及人力的减少等方面。新增效益可采用总括性的在同等产出或服务水平有无信息系统所致的年生产经营费用节约额来表示，计算公式如下：

$$U=\sum(C_i-C_a)+E\left[\sum(K_i-K_a)\right]+U_n$$

其中：C_i——运用计算机后节约的经营费用；C_a——运用计算机后增加的经营费用；E——投资效果系统；K_i——运用计算机后节约的投资；K_a——建立电子计算机管理信息系统要求的投资；U_n——本部门以外其他部门所获得的年度节约额。

④投资回收期：投资回收期为通过新增效益逐步收回投入的资金所需的时间，它也是反映信息系统经济效益好坏的重要指标。经简化后不考虑贴现率的投资回收期，可用下面公式计算：$T=t+I/(B-C)$

其中：T——投资回收期（年）；t——资金投入至开始产生效益所需的时间（年）；I——投资额（万元）。B——系统运行后每年新增的效益（万元/年）。C——系统运行中每年所花费的开销（万元年）。

(2) 与间接经济效益有关指标。

间接经济效益是通过改进组织结构及运作方式、提高人员素质等途径，促使成本下降，利润增加而逐渐地间接获得的效益。由于成因复杂，只能作定性分析，所以间接经济效益也称定性效益。一般地，间接经济效益有关指标有：

①对组织为适应环境所做的结构、管理制度与管理模式等的变革会引起巨大的作用，这种作用一般无法用其他方法实现。

②能显著改善企业形象，对外提高客户对企业的信任度，对内增强员工的自信心和自豪感。

③使管理人员获得许多新知识、新技术与新方法，进而提高他们的技能素

质，拓宽思路，进入学习与掌握知识的良性循环。

④系统信息的共享使部门间的管理人员的联系更紧密，提高他们的协作精神及企业的凝聚力。

⑤能对企业的基础管理产生很大的作用，为其他管理工作提供有利条件。

3. 综合评价指标。

综合评价是对系统总体性能的评价，综合评价指标包括：

①功能的完整性。功能是否齐全，是指能否覆盖主要的业务管理范围。还有各部分接口尽可能完备，数据采集和存储格式统一，便于共享，各部分协调一致形成三个整体。

②商品化程度。首先要考虑性能价格比，其次是文档资料的完整性，是否有成套的用户手册、系统管理员手册及维护手册等。是否有后援，能不能为用户培训人才。

③程序规模。总语句行数，占用存储空间大小。

④开发周期。从系统总体规划到新系统转换所花费时间。

⑤存在的问题。系统还存在哪些问题以及改进的建议。

信息系统在运行与维护过程中不断地发生变化，因此评价工作不是一项一次性的工作。应定期或当系统有较大改进后进行。评价工作由系统开发人员、系统管理与维护人员、系统用户及系统外专家等共同参与，评审方式可以是鉴定或评审意见。

完成系统评价工作后，应提交系统评价报告，就新系统的概况，系统组成，设计目标的实现程度，系统的可靠性、安全保密性、可维护性等的实现情况，系统的经济效益和社会效益等方面做出客观的评价。

（二）系统评价的方法

管理信息系统可以用定性与定量的方法进行评价。

1. 定性方法主要包括：①结果观察法：完全通过观察对系统的效果进行评价；②模拟法：采用人工或计算机做定性的模拟计算，估计实际的效果；③对比法：与基本相同的系统进行对比，得出大概的结果；④专家打分法：同行专家评审打分，再加权平均。

2. 定量方法主要有：德尔菲法（Delphi）方法、贝德尔（Beded）方法、卡尼斯（Chames）方法等。

（三）系统评价报告

系统评价结束后应形成正式书面文件即系统评价报告。系统评价报告既是对新系统开发工作的评定和总结，也是今后进行系统维护工作的依据。因此，必须认真、客观地编写。

系统评价报告通常由以下主要内容组成。

1. 引言。

（1）摘要：系统名称、功能；（2）背景：系统开发者、用户；（3）参考资料：设计任务书、合同、文件资料等。

2. 系统评价的内容。

（1）系统性能评价：包括整体性评价（设计任务书要求是否达到，功能设置是否合理）；可维护性评价；适应性评价；工作质量评价（操作的方便、灵活性、系统的可靠性、设备利用率、响应时间，用户的满意程度）；安全及保密性评价。

（2）经济评价：包括系统开发与试运行费用总和，将它与设计时的预计费用进行比较，若有不符，则找出原因；新系统带来的直接和间接效益；系统后备需求的规模与费用。

（3）综合性评价：包括文档的完整性和质量评价；开发周期和程序规模；各类指标的综合考虑与分析；系统的不足之处和改进建议。

二、系统验收

对于管理信息系统这样大的项目，在系统完成并试运行了一段时间（一般为半年或一年）之后，要进行必要的验收。系统评价是专业人员分别对技术、经济等指标进行评定，而系统验收则是投资并使用系统的企业，聘请有关专家和主管部门人员参加，按照系统总体规划和合同书、计划任务书进行的全面检查和综合评定。其内容不仅包括上述系统评价的各项指标，还包括企业的相应管理措施和应用水平，检查是否达到建立管理信息系统的目标。系统通过验收，标志着整个开发阶段的结束。

下面的各项要求可供系统验收时参考：

1. 管理机构。

①企业应有领导分管信息工作；②有信息管理机构负责 MIS 的规划、开发、运行、维护以及数据管理等综合管理工作；③配备必要的专业技术人员；④各业务部门应设有专职或兼职的信息工作人员。

2. 建立信息分类编码体系。

①建立企业的信息分类编码体系表；②各部门应有相应的编码规划，使用的标准要明确，比如使用国家标准、行业标准或企业标准等；③各类企业编码的编制、修改、维护和审批的权限。

3. 信息管理的工作规范和制度。

①制定必备的信息、软件、文档管理制度和各工作岗位规范；②基层数据采集、维护由各部门负责，信息部门协调各部门对数据的更新、维护等日常工作，并定期提出评价；③对外部信息网络的数据交换由信息部门统一负责并组织实施。

4. 总体规划和系统分析。

①经过评审的总体规划报告应包括：需求调查分析、目标系统规划、开发策略和计划、可行性分析及效益分析；②系统分析报告包括：现行系统的分析、系统目标及总体结构、逻辑模型、子系统划分、数据库模式、基本处理功能、数据库模式、基本处理功能、数据字典等；③物理配置及网络规划应包括：规模、配置、选型、通信条件及拓扑结构等；④信息分类编码表，应包括部门代码明细表等。

5. 系统功能。

①建成以企业关键指标体系为对象的共享数据库和部门的专用库；②按规划建成能覆盖企业主要管理职能和生产过程的子系统；③建成数据传输网络，能覆盖企业主要管理部门和生产车间；④随时查询订单执行情况和生产进度，编制生产计划，根据市场或合同变化调整计划；⑤具有为企业领导决策服务的动态信息查询、综合分析信息预测功能；⑥具有为企业其他系统资源共享功能，以统一的接口与多种外部信息网络连接为 MIS 传输数据。

6. 技术指标。

①系统的平均无故障时间；②联机作业响应时间、作业处理速度等。

信息系统的评价和验收都是信息系统运作的关键步骤。信息系统投入运行后，要在平时运行管理工作的基础上，定期地对其运作状况进行追踪和监督，并作出评价。通常新系统的第一次评价与系统验收同时进行，以后每隔半年或 1 年进行一次，以确保管理信息系统的顺利运行。

本章小结

本章首先概述了管理信息系统实施的主要任务、特点，建立对系统实施的总体认识。然后，详细讲述了软、硬件及网络结构的建设；程序设计的任务和基本要求，编程语言的选用原则以及常用的语言；系统调试的原则、方法和过程；人员培训；系统切换的几种方式以及各自的特点；系统运行的和维护的有关知识。最后给出了系统评价的体系和有关指标，并对系统验收的相关内容进行介绍。

习题

1. 什么是系统实施？系统实施的主要任务是什么？
2. 程序设计的基本要求是什么？如何选择程序设计语言工具？
3. 为什么要进行系统调试？系统调试有哪些方法？
4. 简述系统调试的过程。
5. 信息系统开发需要对哪几方面的人才进行培训？
6. 系统切换的方式有几种？它们各自的优缺点是什么？
7. 管理信息系统运行管理包括哪些内容？
8. 系统维护包括哪些内容？
9. 系统评价的指标有哪些？
10. 系统评价报告应包括哪些主要内容？

第八章

管理信息系统的发展与应用

第一节　决策支持系统

著名的管理学家西蒙指出，管理是一个决策的过程。可以说，决策是企业最重要、意义最重大的活动之一。由于决策需要大量的随机的信息，在决策过程中，企业要花费大量的时间、资金等。由于传统的管理信息系统没有给企业带来巨大的效益，随着计算机应用技术的发展，以及人们对信息处理规律认识的提高，面对不断变化的环境需求，人在管理中的积极作用要得到发挥，要求更高层次的系统来直接支持决策，于是决策支持系统出现。它的目标是帮助决策者提高分析信息决策水平和质量。

一、决策支持系统

（一）决策支持系统的概念

1. 决策支持系统的产生与发展。

20 世纪 70 年代决策支持系统（Decision Support Systems，DSS）由美国麻省理工学院的米切尔 · S. 斯科特（Michael S. Scott）和彼德 · G. W. 基恩（Peter G. W. Keen）首次提出，决策支持系统新学科也由此产生。许多较有代表性的 DSS 被研发出来：支持投资者对顾客证券管理日常决策的"Profolio Management"；用于产品推销、定价和广告决策的"Brandaid"；用以支持企业短期规划的"Projector"及适用于大型卡车生产企业生产计划决策的"Capacity Information

System”等等。到70年代末，DSS的系统结构大都是两库结构，由模型库、数据库及人机交互系统等三个部件组成。

80年代初，DSS发展出三库系统或四库系统，它是在两库结构基础上增加了知识库与方法库。80年代后期，人工神经元网络及机器学习等技术的研究与应用为知识的学习与获取开辟了新的途径。专家系统与DSS相结合，形成了智能决策支持系统IDSS。IDSS充分利用专家系统定性分析与DSS定量分析的优点，提高了DSS支持非结构化决策问题的能力。

近年来，DSS与计算机网络技术结合，形成了群体决策支持系统GDSS，为异地决策者共同参与进行决策提供了便利。在GDSS的基础上，为了支持包括个人与组织共同参与大规模复杂决策，分布式决策支持系统（DDSS）被研发出来。

DSS自产生以来，研究与应用一直很活跃，新概念新系统层出不穷。组成部件不断扩展，系统结构不断变化，研究与应用范围不断扩大，层次不断提高。多种高功能的通用和专用DSS相继出现。现在，决策支持系统已逐步应用于大、中、小型企业中的预算分析、预算与计划、生产与销售、研究与开发等智能部门，并在军事决策、工程决策、区域开发等方面也有所应用。

2. 决策支持系统概念。

DSS是一种以计算机为工具，应用决策科学及有关学科的理论与方法，以人机交互方式辅助决策者解决半结构化和非结构化决策问题的信息系统。

DSS是MIS向更高一级发展而产生的先进信息管理系统。它为决策者提供分析问题、建立模型、模拟决策过程和方案的环境，调用各种信息资源和分析工具，帮助决策者提高决策水平和质量。在组织中，决策任务在不同的个人，不同的决策行为，不同部门之间都存在差异，因此决策支持系统存在多种形式。

（二）决策支持系统的功能

（1）管理并随时提供与决策问题有关的组织内部信息。如：订单要求、库存状况、生产能力与财务报表等。

（2）收集、管理并提供与决策问题有关的组织外部信息。如：政策法规、经济统计、市场行情、同行动态与科技进展等。

（3）收集、管理并提供各项决策方案执行情况的反馈信息。如：订单或合同执行进程、物料供应计划落实情况、生产计划完成情况等。

（4）能以一定的方式存储和管理与决策问题有关的各种数学模型。如：定价模型、库存控制模型与生产调度模型等。

（5）能够存储并提供常用的数学方法及算法。如：回归分析方法、线性规划、最短路径算法等。

（6）上述数据、模型与方法能容易地修改和添加。如：数据模式的变更、模型的连接或修改、各种方法的修改等。

(7) 能灵活地运用模型与方法对数据进行加工、汇总、分析、预测，得出所需的综合信息与预测信息。

(8) 具有方便的人机对话和图像输出功能，能满足随机的数据查询要求，回答“如果……则……”之类的问题。

(9) 提供良好的数据通信功能，以保证及时收集所需数据并将加工结果传送给使用者。

(10) 具有使用者能忍受的加工速度与响应时间，不影响使用者的情绪。

(三) 决策支持系统的系统结构

DSS 的系统结构以斯普拉格与卡尔森所提出的对话—数据—模型（Dialog-Data-Modeling，DDM）结构最为学术界所接受，认为 DSS 有三大部件：数据库管理子系统、模型库管理子系统和对话管理子系统，也称为“两库结构”（如图 8-1（a）所示）。两库结构上加入方法库构成的三库结构的 DSS（如图 8-1（b）所示）。三库结构再与基于知识的 DSS 结构结合就是四库结构的智能决策支持系统。此外，还有以对话管理子系统牵头，将模型库与数据库以直线方式联结的串联结构，将数据库子系统与模型库子系统融为一体的融合式系统结构等。

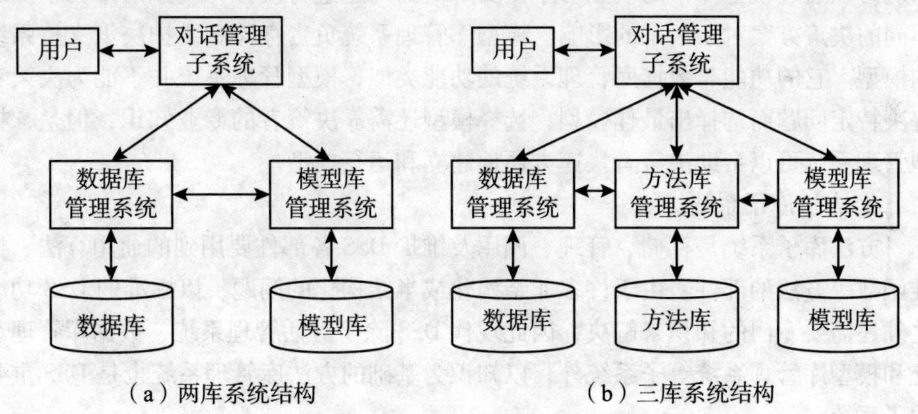

图 8-1　DSS 的系统结构

1. 对话管理子系统。

对话管理子系统是 DSS 中用户和计算机的接口，是决策者与 DSS 之间沟通的桥梁。通过 DSS 的接口，模拟结果的输出、输入的数据以及其他决策变量在一个屏幕上显示，给人以直观的感觉。

决策者在使用 DSS 时，首先通过用户接口告诉 DSS 将采用哪个模型用于哪些信息；模型需要利用来自数据库中的信息，并对这些信息加以分析，然后将分析结果返回到用户接口，显示于人机界面。DSS 正是通过不同组成部分之间的协同工作，从而协助决策者做出决策。

2. 数据库管理子系统。

数据库管理子系统是存储、管理、提供与维护用于决策支持数据的 DSS 基本部件。包括数据库、数据析取模块、数据字典、数据库管理系统及数据查询模块。

DSS 的数据库包含大量内部资料（例如金融指数资料），或者外部资料（例如企业内部会计资料），这些资料需要经过搜集与萃取，成为有助于决策的资讯形式与数据结构，以供使用者进行管理、分析、更新与检索。数据库是组织的现在和历史数据的集合，并应用于组织环境内部的数据集合。数据库管理系统在计算机中是用于管理数据库。

3. 模型库管理子系统。

模型库管理子系统是构建和管理模型的计算机软件系统，它是 DSS 中最复杂与最难实现的部分。DSS 用户使用模型库中的模型进行决策的，可以说，DSS 是由“模型驱动的”。

模型是对于某些现象的抽象，或者说是它代表了某些现象的特征。在 DSS 中系统可以通过模型库中的模型对于需要解决的问题进行模拟，模拟的结构预测了不同的决策方案对于未来的影响。模型库管理系统负责存储和维护决策支持系统的模型。它的功能与数据库管理系统的功能类似，模型管理系统并不能为决策者解决特定问题而选择出最佳模型，选择模型还需靠决策者的专业知识，但是，模型管理系统可以帮助决策者快速方便地建立和运行模型。

4. 方法库子系统。

方法库子系统是存储、管理、调用及维护 DSS 各部件要用到的通用算法、标准函数等方法的部件。由于许多非结构化或半结构化的问题，以标准的 DSS 功能之外还需要专门的知识来解决，因此现代 DSS 除了对话管理系统、数据库管理系统和模型库管理系统等子系统外，以知识为基础的方法库管理系统也是 DSS 重要的子系统。

方法库是存储方法模块的工具，一般用程序的方式存储。方法程序一般有：排序算法、分类算法、最小生成树算法、最短路径算法、计划评审技术、线性规划、整数规划、动态规划、各种统计算法、各种组合算法等。方法库管理系统是方法库系统的核心部分，是方法库的控制机构。

（四）决策支持系统在现代组织中的应用

DSS 可以通过各种方式支持组织的决策，具有较高的商业价值。DSS 能帮助组织精确地协调内外部的企业过程，对企业的供应链、客户关系进行管理。DSS还能强有力地、综合地为决策提供信息，支持企业的营销活动。

1. 用于供应链管理的DSS。

供应链涉及从采购、运输材料和零部件，经过制造和分销到递送这些产品给顾客的过程。供应链管理系统利用库存、供应商业绩、物流、生产和成本等数据，帮助经理在众多组合方案中找到最有效的供应链运送物资的方案。Sonoco Products是一家全球工业品和消费品包装的制造商，在世界各地运营着几百个制造运行单位，有一个复杂的供应链。Sonoco Products使用Optiant的PowerChain4.0分析和设计软件来配置最优库存并开发各种方案，包括提前期、成本、原材料库存和其他因素。该软件帮助Sonoco在合适的时间、地点拥有合适的库存，使Sonoco保证库存供应的时间由原来的90%提高到95%。

2. 客户关系管理的DSS。

客户关系管理（CRM）是许多成功的公司战略的重要组成部分。而决策支持系统是CRM的重要组成部分，它利用数据挖掘指导有关定价、顾客保留、市场分享和新的收入流的决策。华尔街的零售业经纪公司利用决策支持系统分析客户行为和目标，从而展现机遇并警示经纪人注意最新出现的问题。

3. 营销决策的DSS。

DSS技术应用于市场营销决策的研究始于20世纪90年代初，在市场营销决策中的应用主要是用于市场分析方面。营销决策支持系统以模型技术为主题，通过人机交互功能，创建、修改、选择、组合、运行模型，形成市场营销决策问题的解决方案，为决策者提供更有力的决策依据。

一家保险公司在给有酒后驾车历史的司机保险时，利用决策支持系统分析公司遭受风险的金额。系统揭示出：曾有一次酒后驾车历史的40岁以上的已婚有房男性很少再次犯规。通过降低这些人的保险费率，公司在不增加遭受风险损失的情况下，提高了市场占有率。

二、群体决策支持系统

（一）群体决策支持系统的概念

早期的决策支持系统主要是支持组织的个人作决策，但事实上组织中很多决策是大家一起完成的。20世纪80年代后期，决策支持开始转向对群体的决策支持，出现了群体决策支持系统（Group Decision Support System，GDSS）。GDSS是在DSS基础上利用计算机网络与通信技术发展起来的信息系统，可供多个决策者为了一个共同目标，通过某种规程相互协作地探索半结构化或非结构化决策问题的解决方案。GDSS 使得多个决策者实现在一个周期内异地合作协商寻求解决问题的方案成为可能。

作为 DSS 的一个发展方向，GDSS 包括以下几个基本特征。

（1）GDSS 应有自己的系统设计，而不是一些现成的 DSS 的简单组合。

（2）GDSS 必须能够改善决策过程和决策方案。

（3）GDSS 应是对用户友好的，能适应不同知识层次的用户。

（4）GDSS 可以是专用的（能够解决某一类问题）或者是通用的（能够解决特定决策层的多类问题）。

（5）GDSS 应该能抑制不良群体行为（如思维的“群体效应”等）。

（二）群体决策支持系统的组成

GDSS 在计算机网络的基础上，由私有 DSS、规程库子系统、通信库子系统、共享的数据库、模型库及方法库、公共显示设备等部件组成（如图 8－2 所示）。

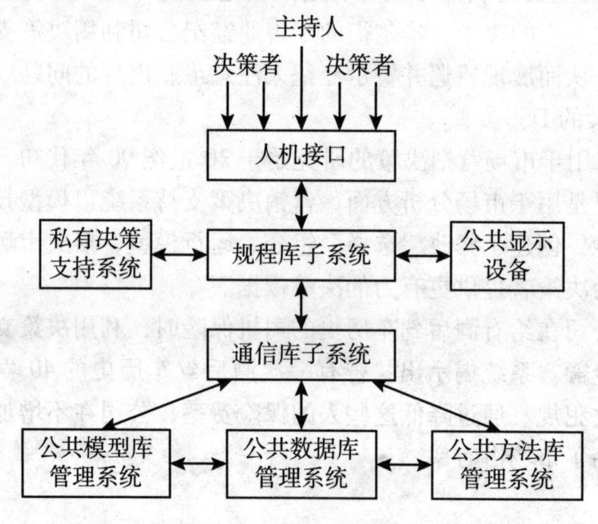

图 8－2　GDSS 的系统结构

较之 DSS，GDSS 建立在一个局域网或广域网上，能非常有效的解决通信问题，并且增设了规程库、通信库、共享的公共数据库、模型库和方法库等构件。

GDSS 各个构件各司其职：人机接口负责接收主持人及决策群体的各种请求（包括主持人关于会议要求与安排的发布请求，与会者对数据、模型、方法等资源的请求）；通信库子系统负责对管理主题信息、会议进程信息及与会者的来往信息的存储、收发，沟通与会者之间、与会者与公共数据库、模型库与方法库之间的通信；公共显示屏信息也是由通信库子系统传送至各与会者的站点；规程库子系统存储与管理 GDSS 的运作规则及会议事件流程规则等。

GDSS 使与会者集中于评价思想本身，能营造一种合作的气氛。在 GDSS 软件工具的支持下，GDSS 会议可以增加思想产生的数量和决策的质量，在较少地进行面对面的和分布式的会议情况下产生所要求的结果，并能保存会议结果，使未参加者会后能获得需要的信息。

三、智能决策支持系统

（一）智能决策支持系统

1. 人工智能。

人工智能（Artificial Intelligence，AI）是研究、开发用于模拟、延伸和扩展人的智能的理论、方法、技术及应用系统的一门新的技术学科。它与原子能技术和空间技术一起被称为 20 世纪的三大科学技术成就。

人工智能借助计算机建造的智能系统，完成诸如模式识别、自然语言理解、程序自动设计、定理自动证明、机器人和专家系统等智能活动，它的最终目的就是构造智能机器。作为一个专门的学科，人工智能陆续延展出既有关联又相对独立的多个研究与应用领域。其中最为主要的领域有专家系统、人工神经网络及遗传算法。

2. 智能决策支持系统的概念。

DSS 借助计算机强大的运算能力与人灵活的分析判断能力交互协作，为人们解决半结构化与非结构化的决策问题提供了有力的支持。但由于 DSS 中计算机的重点在于模型的定量技术，人机对话方式与大多数不熟悉计算机的使用者尚存在一定距离，限制了 DSS 的应用效果。

20 世纪 80 年代美国的伯恩切克将人工智能技术引入传统 DSS，提出了智能决策支持系统（Intelligence Decision Supporting System，IDSS）。IDSS 是人工智能和 DSS 相结合，应用专家系统技术，使 DSS 能够更充分地应用人类的知识，如关于决策问题的描述性知识，决策过程中的过程性知识，求解问题的推理性知识，通过逻辑推理来帮助解决复杂的决策问题的辅助决策系统。IDSS 既能处理定量问题，又能处理定性问题，较大地改进了 DSS 的性能。

3. 智能决策支持系统的结构。

较完整与典型的 IDSS 结构是在传统三库 DSS 的基础上增设知识库与推理机，在对话管理子系统中加入自然语言处理系统（LS），形成智能人机接口，在四库之中插入问题处理系统（PSS）而构成的四库系统结构（见图 8 - 3 所示）。

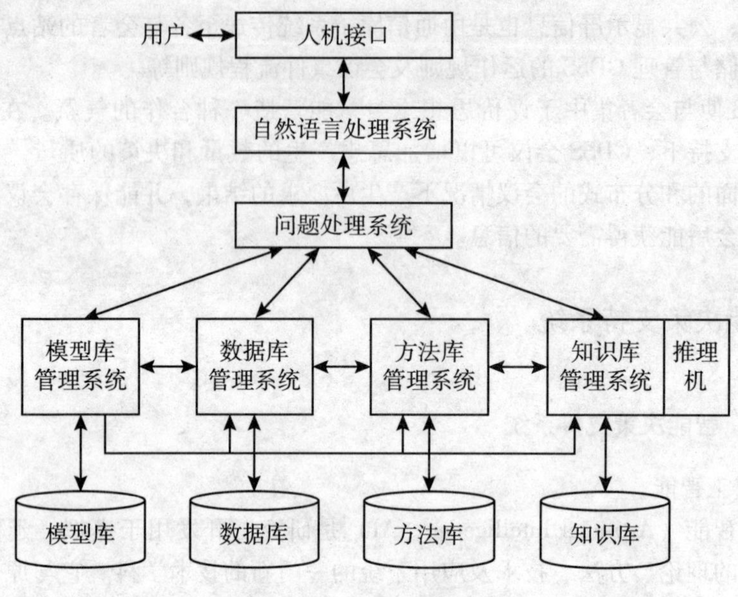

图 8－3　IDSS 的系统结构

（1）智能人机接口。

四库系统的智能人机接口接受用自然语言或接近自然语言的方式表达的决策问题及决策目标，较大地提高了人机界面的性能。智能人机接口使用户能够以方便、直观的形式进行人机对话。同时充分发挥用户在人机对话中的主观能动性，并尽可能地避免用户的错误操作。

（2）问题处理系统。

问题处理系统处于 IDSS 的中心位置，是联系人与机器及所存储的求解资源的桥梁，主要由问题分析器与问题求解器两部分组成。

①自然语言处理系统：转换产生的问题描述，由问题分析器判断问题的结构化程度，对结构化问题选择或构造模型，采用传统的模型计算求解；对半结构化或非结构化问题则由规则模型与推理机制来求解。

②问题处理系统：是 IDSS 中最活跃的部件，它既要识别与分析问题，设计求解方案，还要为问题求解调用四库中的数据、模型、方法及知识等资源，对半结构化或非结构化问题还要触发推理机作推理或新知识的推求。

（3）知识库子系统和推理机。

知识库子系统的组成可分为三部分：知识库管理系统、知识库及推理机。

①知识库管理系统。功能主要有两个：一是回答对知识库知识增、删、改等知识维护的请求；二是回答决策过程中问题分析与判断所需知识的请求。

②知识库。知识库是以某种表示形式存储于计算机中的知识的集合，是知识

库子系统的核心。知识库的知识是决策专家的决策知识和经验知识，同时也包括一些特定问题领域的专门知识。一旦获得了某领域的知识，必须以某种形式表达。知识库中的知识表示是为描述事件所作的一组约定，是知识的符号化过程。

知识库包含事实库和规则库两部分。事实库用于存放事实，如“任务 A 是紧急订货”。规则库则存放规则，“if - then”形式的规则是最常见的，如“IF 任务 i 是紧急订货，THEN 任务 i 按优先安排计划”。

③推理机。所谓推理机，就是实现（机器）推理的程序。推理机是使用知识库中的知识进行推理而解决问题的，所以推理机也就是专家的思维机制，即专家分析问题、解决问题的方法的一种算法表示和机器实现。其推理原理如下：若事实 M 为真，且有一规则“IF M THEN N”存在，则 N 为真。因此，如果事实“任务 A 是紧急订货”为真，且有一规则“IF 任务 i 是紧急订货，THEN 任务 i 按优先安排计划”存在，则任务 A 就应优先安排计划。

推理机主要有两个任务：一是推理，即从知识库中已有的知识推导出所需要的结论和知识；二是控制搜索过程，即确定在知识库中对规则的扫描顺序，决定在每个控制信息下要触发的规则（也称知识的选择）。

（二）专家系统

1. 专家系统概念。

专家系统（Expert System，ES）是当前人工智能应用中最成功的一个领域。专家系统是一个智能计算机程序系统，其内部含有大量的某个领域专家水平的知识与经验，能够利用人类专家的知识和解决问题的方法来处理该领域问题。

人类专家拥有广泛的问题领域的知识。一个计算机程序为了达到一个与之可比的表现水平，人类专家的知识域就必须被捕获并体现在这个程序里面。专家系统应用人工智能技术和计算机技术，捕捉并转化专家的知识和经验，并以此为依据，进行推理和判断，模拟人类专家的决策过程，以便解决那些需要人类专家处理的复杂问题。简言之，专家系统是一种模拟人类专家解决领域问题的计算机程序系统。

2. 专家系统在组织决策中的应用。

从 1965 年美国斯坦福大学的费根鲍姆（E. A. Feigenbaum）教授研制出第一个专家系统 DENDRAL 以来，专家系统以它所产生的巨大经济效益和社会效益，已扩展到数学、物理、化学、医学、地质、气象、农业、法律、教育、交通运输、机械、艺术以及计算机科学本身，甚至还渗透到政治、经济、军事等重要决策部门。在组织决策中的应用有：

（1）规划。最出名的有辅助规划 IBM 计算机主架构的布置、重安装与重安排的专家系统 CSS，以及辅助财物管理的 Plan Power 专家系统。

(2) 生产作业调度。美国卡内几——梅隆大学用人工智能技术建立了智能生产计划编制与信息管理系统，用于生产作业调度的专家系统。又例如，OPLA 系统是适合于中小型离散生产车间作业调度的通用专家系统，它可以确定关键任务及任务的优先次序。

(3) 行程安排。如制造与运输行程安排的专家系统 ISA。又如工作站（work shop）制造步骤安排系统。

(4) 控制。帮助 Digital Corporation 计算机制造及分配的控制系统 PTRANS。

(5) 分析。如分析油井储存量的专家系统 DIPMETER 及分析有机分子可能结构的 DENDRAL 系统。它是最早的专家系统，也是最成功者之一。

(三) 人工神经网络

1. 人工神经网络的概念。

人工神经网络，又称为神经网络（Artificial Neural Network，ANN），是可以发现和辨别模式的人工智能系统。它是一种模仿动物神经网络行为特征，进行分布式并进行信息处理的算法数学模型。这种网络依靠系统的复杂程度，通过调整内部大量节点之间相互连接的关系，从而达到处理信息的目的。

人工神经网络具有自学习和自适应的能力，可以通过预先提供的一批相互对应的输入－输出数据，分析掌握两者之间潜在的规律，最终根据这些规律，用新的输入数据来推算输出结果，这种学习分析的过程被称为“训练”。

2. 人工神经网络的在组织决策中的应用。

人工神经网络有多种用途，广泛地用于图像模式和语言的分辨系统中。目前，人工神经网络已经出现在医疗、科学和企业中，负责模式分类、预测、财务分析、控制和最优化等。

(1) 在医疗中，人工神经网络被用来查找病人的冠状动脉疾病，诊断病人的癫痫病和 Alzheimer 病，以及病理影像的模式识别等。

(2) 在商业方面，用人工神经网络识别大量数据中的模式，这可以帮助投资公司预测抵押金额外的资产价值、公司债券率、公司破产等，人工神经网络还可以应用于证券交易、检测诈骗行为、房地产评估、贷款申请评估、目标市场分析等方面。

人工神经网络被用于模拟复杂的、难以理解的问题，并收集了有关问题的大量数据。它们对发现大量数据之间的模式和关系特别有用，要是用人工分析，就将很复杂、很困难。人工神经网络发现这些知识的方法是利用硬件和软件模拟生物大脑的处理模式。在最近的应用中，人工神经网络被充分地用于辅助人员决策，而不是代替人员决策。

（四）遗传算法

1. 遗传算法的概念。

遗传算法（genetic algorithms，GA）是人工智能的重要分支，是基于自然选择和遗传机制，在计算机上模拟生命进化机制的方案生成与寻优搜索算法。由美国约翰·霍兰德（J. Holland）教授提出，其主要特点是群体搜索策略和群体中个体之间的信息交换，搜索不依赖于梯度信息。

遗传算法尤其适用于处理传统搜索方法难以解决的复杂和非线性问题，可广泛用于组合优化、自适应控制、规划设计和人工生命领域，是21世纪智能计算的关键技术之一，遗传算法作为一种新的全局优化搜索方法，具有简单通用、鲁棒性强，适应于处理和应用范围广泛之优点。目前，遗传算法已在组合优化问题求解、自适应控制、程序自动生成、机器学习、神经网络训练、人工生命研究、经济预测等领域取得了令人瞩目的应用成果。

2. 遗传算法在组织决策中的应用。

组织中存在许多最优化的问题，例如成本最小、利润最高、高效率调度和资源的有效使用等。如果这些决策问题是动态的、复杂的、涉及大量的变量和公式的，遗传算法是能够加速求解的过程的。以下是遗传算法在组织中的一些应用：

（1）美国西部公司需确定包括多达10万个连接点的网络中的最佳光缆结构。要完成这个任务需要一个有经验的工程师花费两个多月的时间才能完成。当美国西部公司使用遗传算法，通过选择、交叉和变异操作，遗传算法能够产生并评价几百万种线缆结构，并选择所用线缆最少的一种。整个过程可以在两天内完成，并为公司节省100万~1000万美元。

（2）通用电气的工程师利用遗传算法实现喷气涡轮飞机发动机的最优化设计，其中每个设计修改可达100个变量。

（3）组织利用遗传算法对材料和资源进行优化。例如，在消费者购买的每件衣服中，织物本身占销售价格的35%~40%。因此，制衣企业在制作衣服的剪裁阶段尽量减少衣料浪费是很重要的。遗传算法可以帮助企业设计出衣料浪费最少的剪裁图样和剪裁方式。

第二节 企业资源计划

一、ERP系统的概念

企业资源计划（Enterprise Resource Planning，ERP）是20世纪90年代初由

美国著名的 IT 分析公司 Gartner Group Inc. 提出的。Gartner Group Inc. 根据当时计算机信息处理技术的发展趋势和企业对供应链管理的需要，对信息时代的制造业管理信息系统的发展趋势和即将发生的变革做出预测，从而提出了企业资源计划这个概念。

所谓企业资源计划，是指涵盖企业所有活动，包括财务、会计、生产、物料管理、品质管理、销售、人力资源管理、供应链管理等，利用信息技术整合、链接在一起。ERP 的作用是将各个部门连贯起来，让企业的所有信息在网上显示，不同管理人员在一定的权限范围内，通过自己专用的账号、密码，可以从网上轻易获得与自身管理职责相关的其他部门的数据，如企业订单和出库的情况、生产计划的执行情况、库存的状况等。企业管理人员通过 ERP 可以避免资源和人事上的不必要的浪费，高层管理者也可以根据这些及时准确的信息，做出好的决策。

二、ERP 的形成历程

ERP 形成大致经历了订货点法、开环 MRP、闭环 MRP、MRPⅡ和 ERP 五个阶段。

（一）订货点法

在计算机出现之前，发出订单和进行催货是一个库存管理系统在当时所能做的一切。库存管理系统发出生产订单和采购订单，但是确定对物料的真实需求却是靠缺料表。这种表上所列的是马上要用，但发现没有库存的物料，然后，派人根据缺料表进行催货。

订货点法是在当时的条件下，为改变这种被动的状况而提出的一种按过去的经验预测未来的物料需求的方法。这种方法有几种不同的形式，但其实质都是着眼于“库存补充”原则。“补充”的意思是把库存填满到某个原来的状态。“库存补充”的原则是保证在任何时候仓库里都有一定数量的存货，以便需要时随时取用。当时人们希望用这种做法来弥补“临时抱佛脚”所造成的缺陷。订货点法依靠对库存补充周期内的需求量预测，并保留一定的安全库存储备来确定订货点，而安全库存的设置是为了应对需求的波动。一旦库存储备低于预先规定的数量，即订货点，则立即进行订货来补充库存（如图 8 -4 所示）。订货点的基本公式是：

订货点 = 单位时间的需求量 × 订货提前期 + 安全库存量

例：如果某项物料的需求量为每周 100 件，提前期为 6 周，并保持两周的安全库存量，那么，该项物料的订货点可如下计算：$100 \times 6 + 200 = 800$。

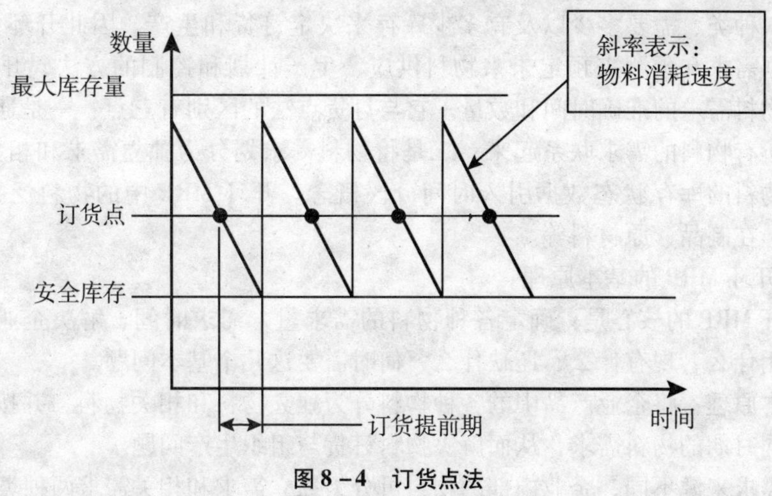

图 8-4　订货点法

当某项物料的现有库存和已发出的订货之和低于订货点时，则必须进行新的订货，以保持足够的库存来支持新的需求。订货量的计算公式为：净需求量+安全库存+已分配量-计划收到量-现有库存量。

订货点法是在某些假设之下，追求数学模型的完美。

(1) 对各种物料的需求是相互独立的。订货点法不考虑物料项目之间的关系，每项物料的订货点分别独立地加以确定。因此，订货点法是面向零件的，而不是面向产品的。

(2) 物料需求是连续发生的。按照这种假定，必须认为需求相对均匀，库存消耗率稳定。而在制造业中，对产品零部件的需求恰恰是不均匀、不稳定的，库存消耗是间断的。这往往是由于下道工序的批量要求引起的。

(3) 物料的供应比较稳定。由于市场变化无常，物料的供应很难保持稳定。

(4) 库存消耗之后，应被重新填满。按照这种假定，当物料库存低于订货点时，则必须发出订货，以重新填满库存。但如果需求是间断的，那么这样做不但没必要，也不合理，因为可能会造成库存的积压。

(5)“何时订货”是一个大问题。“何时订货”被认为是库存管理的一个大问题。订货点法通过触发订货点来确定订货时间，再通过提前期来确定需求日期，其实是本末倒置的。

订货点法作为一个库存控制模型是那个时代的理论错误，因此不再具有重要的实用价值。但它毕竟提出了许多在当时的条件下应当解决的问题，从而引发了MRP的出现。

（二）开环 MRP

开环 MRP 是在订货点法的基础上提出来的。它根据当时主生产计划表上需要的物料种类、需要多少以及有多少库存来决定订货和生产。因此开环 MRP 是一种根据需求和预测来预定未来物料供应、生产计划和控制的方法，开环 MRP 提供了物料需求的准确时间和数量。它与订货点法的区别有三点：一是通过产品结构将所有物料的需求联系起来；二是将物料需求划分为独立需求和相关需求；三是对物料的库存状态数据引入时间分段概念。开环 MRP 中的物料泛指产品、零部件、在制品、原材料等。

1. 开环 MRP 的基本原理。

开环 MRP 的核心是：确定各种物料的需求量、需求时间、解决企业生产什么、需用什么、现有什么、还缺什么、何时需要这几个基本问题。

基本原理：将企业产品中的各种物料分为独立物料和相关物料，并按时间段确定不同时期的物料需求，从而解决物料订货与组织生产问题。

按需求来源不同，企业内部的物料可分为独立需求和相关需求两种类型。

（1）独立需求：是一种不能从上一级需求派生出下一级需求的需求模型，也就是说，某个项目的需求不能准确地从另一个项目的需求中计算出来，它们之间没有任何联系。独立需求可以用订货点方法加以确定。如客户订购的产品与科研试制需要的样品等是独立需求项。

（2）相关需求：是一种能够从上一级需求项目派生出下一级需求项目的需求模型。相关需求是从独立需求中推导出来的。如半成品、零部件和原材料等的需求。如图 8 – 5 所示，需求项 B 和 C 的需求时间和需求量取决于对需求项 A 的需求，即一个产品的部件、零件和原材料的需求量和需求时间，往往取决于对产品的需求量和需求时间。

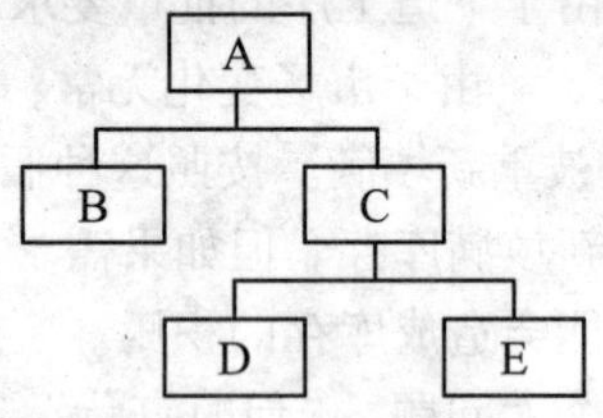

图 8 – 5　相对需求关系

2. 开环 MRP 的基本任务。

如图 8 – 6 所示：

（1）从最终产品的生产计划（独立需求）推导出相关物料（原材料、零部件等）的需求量和需求时间（相关需求）；（2）根据物料的需求时间和生产（订货）周期来确定其开始生产（订货）的时间。

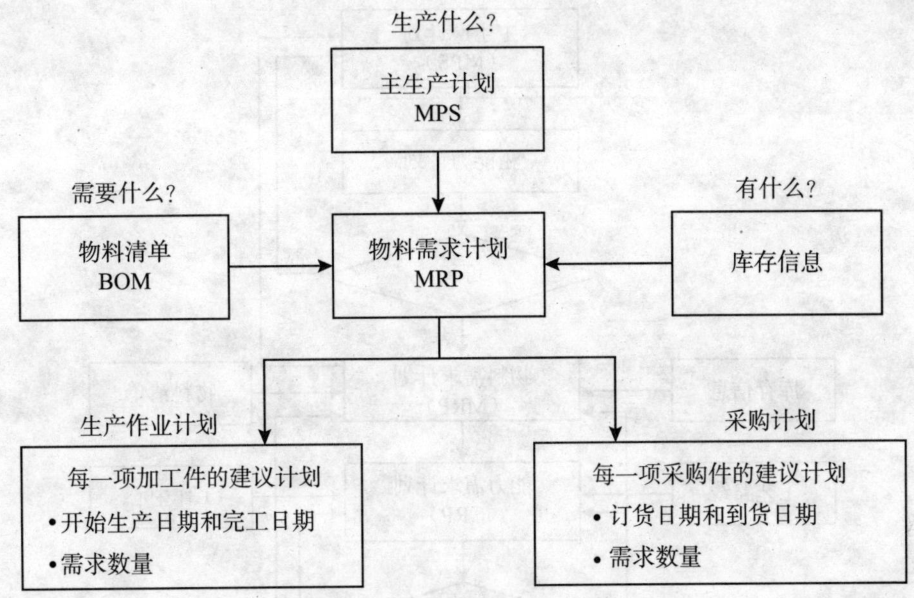

图 8-6　开环 MRP 逻辑流程

因此，开环 MRP 的基本内容是编制零件的生产作业计划和采购计划，即按照产品的零件结构——物料清单（Bill of Material，BOM），把主生产计划（Master Production Schedule，MPS）展开形成零件计划，同时准确计算出零件的采购数量。

（三）闭环 MRP

开环 MRP 是建立在两个假设的基础上的。一是假定有了主生产计划，并且主生产计划是可行的，这也就意味着已经考虑了生产能力是在可能实现的情况下，有足够的生产设备和人力来保证生产计划的实现；二是假设物料采购计划是可行的，即认为有足够的供货能力和运输来保证完成物料的采购计划。然而实际上生产能力和物料资源都是有限的，因此，用开环 MRP 方法所计算出来的物料需求的日期有可能因设备和工时的不足而没有能力生产，或者因物料的不足而无法生产。

为了解决上述问题，20 世纪 70 年代末研究者在开环 MRP 的基础上增加了能力需求计划，使系统具有生产计划与能力的平衡过程，形成了闭环 MRP（如图 8-7 所示）。

能力需求计划主要根据物料需求计划、工作中心、工艺路线等对企业的生产能力进行详细计划，其目的是保证生产计划的可执行性。一般地，MPR 与能力

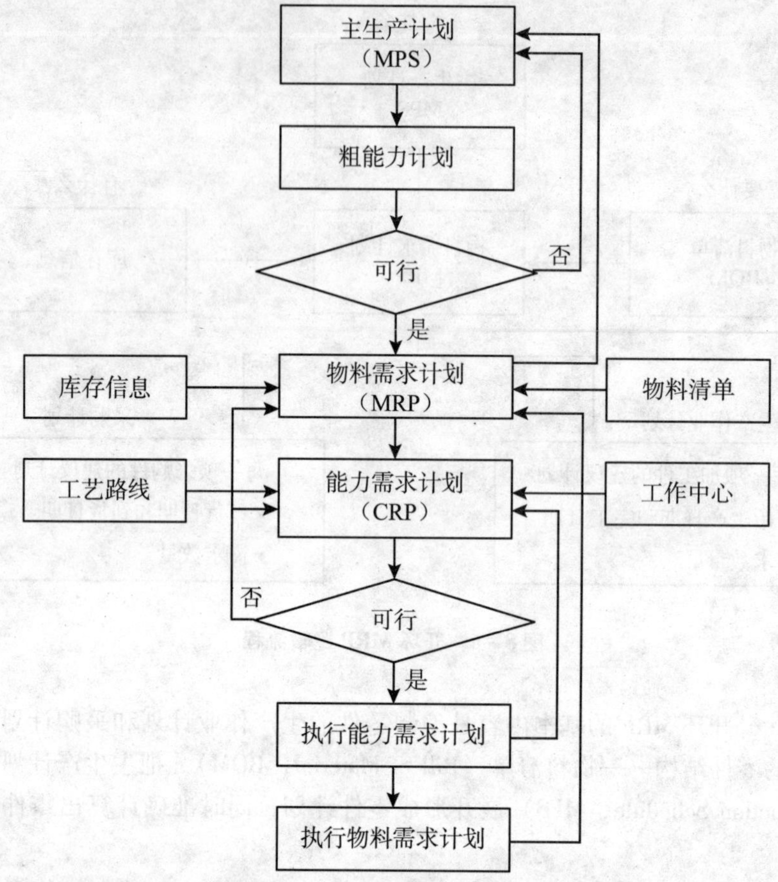

图 8-7　闭环 MRP 的逻辑流程

需求计划（Capacity Requirements Planning，CRP）要根据车间、供应商和计划人员的反馈信息，进行计划的平衡调整，使生产计划方面的各个子系统得到协调统一；当 MRP/CRP 反复运算调整仍无法解决矛盾时，要修改主生产计划。只有经过 MRP/CRP 运行落实后，才能将生产计划下达给执行层。其工作过程是一个“计划——实施——评价——反馈——计划”的封闭循环过程。

（四）MRP Ⅱ

闭环 MRP 的出现，使生产活动方面的各子系统得到了统一。但闭环 MRP 仅仅考虑企业管理中的物流而不考虑资金流，给企业管理造成很大不便。为了解决这一问题，1977 年美国生产管理专家提出了制造资源计划 MRPⅡ的概念。

1. MRP Ⅱ的基本思想。

MRP Ⅱ是一种在对一个企业所有资源进行有效的计划安排的基础上，以最大的客户服务、最小的库存投资和高效率的工厂作业为目的的先进的管理思想和方法。它是将企业的生产、财务、销售、采购、技术管理等子系统综合起来的一体化系统，各部分相互联系、相互提供数据。MRP Ⅱ的基本思想是把企业看作一个有机的整体，从整体优化的角度出发，通过运用科学的方法，对企业的人、财、物等各种制造资源和产、供、销、财等各个环节进行统一地计划、控制和管理，以充分地利用企业的各项资源，保证各项活动在生产经营过程中得以协调有序、并充分地发挥其作用，进而提高企业的管理水平和经济效益。MRP Ⅱ的管理目标是通过反馈库存和车间在制品信息，制订生产计划，在保证按期供货的前提下，减少在制品和库存的资金占用。

2. MRP Ⅱ系统组成。

图8－8是MRP Ⅱ的逻辑流程图。在流程图的右侧是计划与控制的流程，它包括了决策层、计划层和控制执行层，可以理解为经营计划管理的流程；中间是基础数据，要储存在计算机系统的数据库中，并且反复调用。这些数据信息的集成，把企业各个部门的业务沟通起来，可以理解为计算机数据库系统；左侧是主要的财务系统，这里只列出应收账、总账和应付账。各个连线表明信息的流向及相互之间的集成关系。

3. MRP Ⅱ的局限性。

MRP Ⅱ项目实施是一个复杂的系统工程，一般需要2～3年的时间。它适用于“小批量、多品种”制造企业管理，在解决物料供应与生产计划的矛盾、计划相对稳定和用户需求多变等方面发挥了重要作用。但随着市场竞争日趋激烈、企业管理模式不断创新和科学技术的不断进步，MRP Ⅱ也逐渐表现出了其局限性：

(1) 企业竞争范围的扩大，要求在企业的各个方面加强管理，并要求企业有更高的信息化集成，要求对企业的整体资源进行集成管理，而不仅仅是对制造资源进行集成管理。

(2) 企业规模不断扩大。多集团、多工厂要求协同作战，统一部署，这已超出了MRP Ⅱ的管理范围。

(3) 信息全球化趋势的发展要求企业之间加强信息交流和信息共享。企业之间既是竞争对手，又是合作伙伴。信息管理要求扩大到整个供应链的管理，这些更是MRP Ⅱ所不能解决的。

(五) ERP的提出

由于MRP Ⅱ的资源概念始终局限于企业内部，在决策支持方面主要集中在结构化决策问题上。随着企业经营的国际化，包括供应商在内的供应链管理已经成为企业生产管理的重要部分，MRP Ⅱ系统已无法满足企业对资源全面管理的要求，MRP Ⅱ逐渐向ERP方向发展。ERP与MRP Ⅱ的主要区别在于：

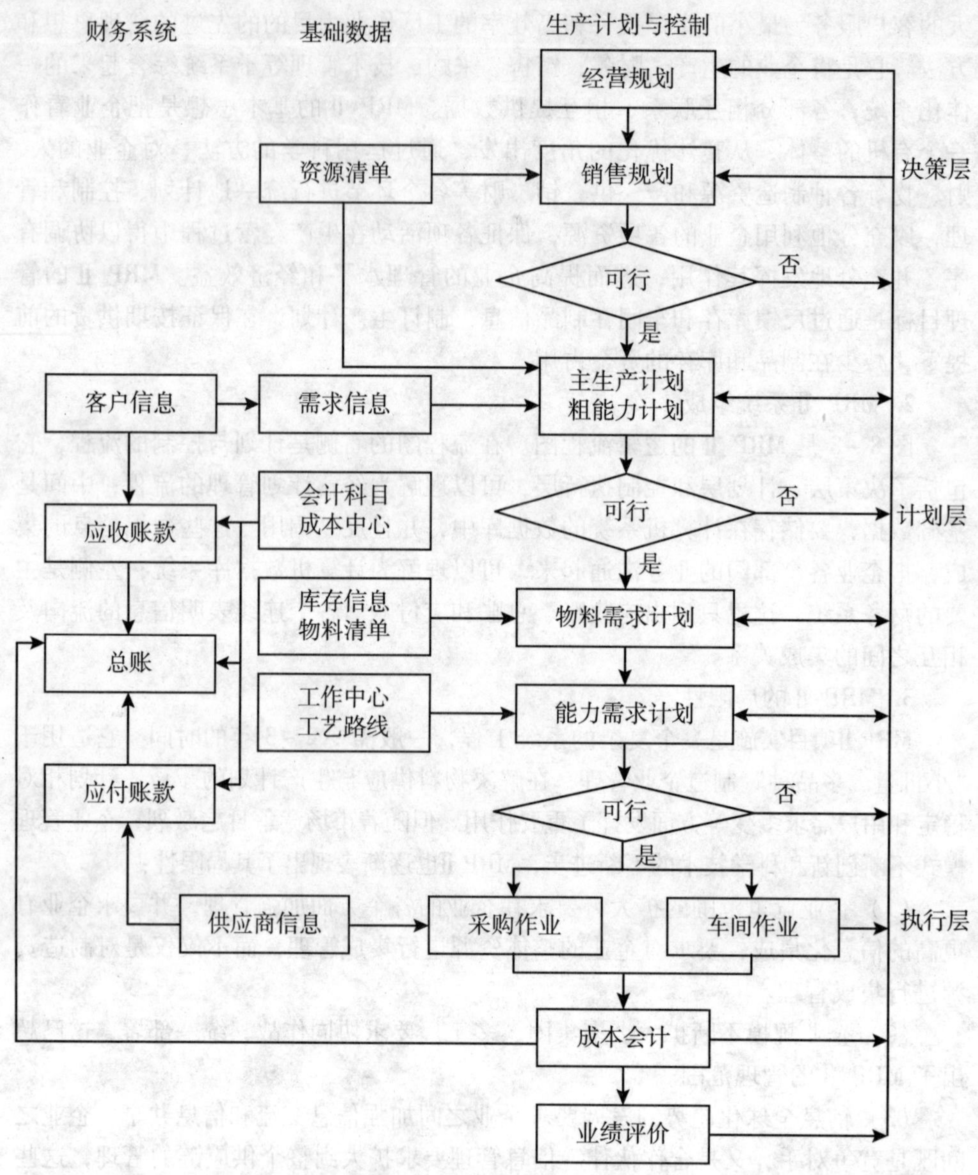

图8－8　MRP Ⅱ逻辑流程

1. 在资源管理范围方面的差别。

MRP Ⅱ主要侧重对企业内部人、财、物等资源的管理，ERP系统在MRP Ⅱ的基础上扩展了管理范围，它把客户需求和企业内部的制造活动，以及供应商的制造资源整合在一起，形成一个完整的供应链并对供应链上所有环节进行有效管理。

2. 在生产方式管理方面的差别。

MRP Ⅱ系统把企业归类为几种典型的生产方式进行管理，如重复制造、批量生产、按订单生产、按订单装配、按库存生产等，对每一种类型都有一套管理标准。而在20世纪80年代末90年代初，为了紧跟市场的变化，多品种、小批量生产以及看板式生产等则是企业主要采用的生产方式，由单一的生产方式向混合型生产发展，ERP则能很好地支持和管理混合型制造环境，满足了企业这种多元化经营的需求。

3. 在管理功能方面的差别。

ERP除了MRP Ⅱ系统的制造、分销、财务管理功能外，还增加了支持整个供应链上物料流通体系中供、产、需各个环节之间的运输管理和仓库管理；支持生产保障体系的质量管理、实验室管理、设备维修和备品备件管理；支持对工作流（业务处理流程）的管理。

4. 在事务处理控制方面的差别。

MRP Ⅱ以企业生产线为中心，通过计划的及时滚动来控制整个生产过程，它的实时性较差，一般只能实现事中控制。而ERP系统是以企业管理体系为中心，支持在线分析处理OLAP（Online Analytical Processing）、售后服务及质量反馈，强调企业的事前控制能力。

此外，在MRP Ⅱ中，财务系统只一个信息的归结者，它的功能是将供、产、销中的数量信息转变为价值信息，是物流的价值反映。而ERP系统则将财务计划和价值控制功能集成到了整个供应链上。

5. 在跨国（或地区）经营事务处理方面的差别。

MRP Ⅱ面对的是企业内部的事务处理，而ERP系统提供了完整的组织架构，可以支持跨国经营的多国家地区、多工厂、多语种、多币制的应用需求。多集团、多工厂要求协同作战，统一部署，这些既要独立，又要统一的资源共享管理已超出了MRP Ⅱ的管理范围。

6. 在计算机信息处理技术方面的差别。

由于ERP系统对是整个供应链的信息进行集成管理，因此，ERP要求企业实现Intranet（企业内部网）和Extranet（企业外部网），以完成企业外部资源的收集加工和向外提供本企业的广告性信息。

7. 应用行业的差别。

MRP Ⅱ只局限于传统制造业，ERP把触角伸向各个行业，特别是金融业、通信业、高科技产业、零售业等，大大扩展了应用范围。

总而言之，实现企业ERP就是把企业的管理基础、网络基础、MIS基础和Intranet用ERP的思路集成起来。随着IT技术的飞速发展，网络通信技术的应用，建设企业ERP已经成为可能。

（六）ERP Ⅱ阶段

ERP Ⅱ的概念是Gartner公司于2000年在*ERP is Dead-Long Live ERP Ⅱ*报告

中首次提出的，并且预言，到2005年之后，ERP Ⅱ将取代ERP而成为企业信息化管理的发展趋势之一。ERP Ⅱ对传统的ERP在角色、领域、功能、过程、构架、数据等各方面都进行了本质上的扩展。ERP Ⅱ重点强调并解决两个方面的问题：①面向具体行业。ERP Ⅱ应用是根据具体的领域（行业群）和具体的行业（例如，包装消费品行业、服装业、采矿业等）而专门设计与开发的，行业应用深度更加专业化；而传统的ERP则没有考虑到各个领域和各个行业的特性。②强调企业之间的业务协同，而传统的ERP则更强调企业内部的业务协同。

该阶段企业所处的市场环境主要表现为：企业与外部组织的联系更加密切，企业不仅注重商务协同的模式，同时更注重协同过程，这些变化使得企业客户或解决方案供应商需要重新考虑和再设计企业MIS系统，以包括更多的外向型系统元素，提高系统的开放性及协作柔性。该阶段的技术环境相比目前阶段将更加丰富，支持企业间协同的新标准、新技术、新方法将会出现并将逐渐成熟。

三、ERP系统的结构

（一）ERP的管理思想

ERP把客户需求和企业内部的制造活动以及供应商的制造资源整合在一起，形成企业一个完整的供应链，其核心管理思想主要体现在以下三个方面：

1. 体现对整个供应链资源进行管理的思想。

在知识经济时代，企业不能单独依靠自身的力量来参与市场竞争，企业的整个经营过程与整个供应链中的各个参与者都有紧密的联系。企业必须将供应商、制造厂商、分销商、客户等纳入一个衔接紧密的供应链中，这样才能合理有效地安排企业的产供销活动，才能满足企业利用全社会一切市场资源进行高效的生产经营的需求，以期进一步提高效率，并在市场上赢得竞争优势。换句话说，现代企业竞争不是单一企业与单一企业间的竞争，而是一个企业供应链与另一个企业供应链之间的竞争。

ERP系统实现了对整个企业供应链的管理，适应了企业在知识经济时代市场竞争的需要。ERP将制造企业的制造流程看作是一个紧密连接的供应链，其中包括供应商、制造工厂、分销网络和客户；将企业内部划分成几个相互协同作业的支持集体，如财务、市场、销售、质量、工程等，还包括竞争对手的监视管理。

2. 体现精益生产、同步工程和敏捷制造的思想。

ERP系统支持对混合型生产方式的管理，其管理思想表现在两个方面。一方面是“精益生产（Lean Production，LP）”的思想，它是美国麻省理工学院提出的一种企业经营战略体系。即企业同其销售代理、客户和供应商的关系，已不再是简单的业务往来关系，而是利益共享的合作伙伴关系。这种合作伙伴关系组成了一个企业的供应链，即是精益生产的核心思想。另一方面是“敏捷制造（Agile Manufacturing，AM）”的思想。当市场发生变化，企业遇有特定市场和产品需求时，企业的基本合作伙伴不一定能满足新产品开发生产的要求，这时，企业会组织一个由特定的供应商和销售渠道组成的短期或一次性供应链，形成“虚拟工厂”，把供应和协作单位看成是企业的一个组成部分，运用“同步工程”组织生产，用最短的时间将新产品打入市场，时刻保持产品的质量、多样化和灵活性，这即是“敏捷制造”的核心思想。

3. 体现事先计划与事中控制的思想。

ERP 强调企业的事前控制能力，它为企业提供了对质量、适应变化、客户满意、绩效等关键问题的实时分析能力，还为计划提供了多种模拟功能和财务决策支持系统，使其能对每天将要发生的情况进行分析，而不像 MRP Ⅱ那样只能作月度分析。这样，财务的计划系统将不断地接收来自制造过程、分析系统和交叉功能子系统的信息，可正确快速地做出决策；生产管理则在管理事务级集成处理的基础上给管理者以更强的事中控制能力，如通过计划的及时滚动，保证计划的顺利执行，通过财务系统来监控生产制造过程等。

另外，ERP 系统通过定义与事务处理相关的会计核算科目与核算方式，以在事务处理发生的同时自动生成会计核算分录。保证资金流与物流的同步记录和数据的一致性。从而实现根据财务资金现状，可以追溯资金的来龙去脉，并进一步追溯所发生的相关业务活动，改变资金信息滞后于物料信息的状况，便于实现事中控制和实时做出决策。

（二）ERP 系统的结构

ERP 系统不仅仅是 MRP Ⅱ系统的扩展，而且是新的市场环境下的全新的经营理念，ERP 系统实际上包含着一系列管理思想和方法的变革。ERP 系统是结构化的信息系统包，将组织中各个功能领域的信息和信息过程整合起来。

ERP 是将企业所有资源进行整合的集成管理，简单地说是将企业的三大流：物流、资金流和信息流进行全面一体化管理的管理信息系统。不同的 ERP 厂商提供的 ERP 系统具有不同程度的专业性，但是他们的核心功能都是类似的。在企业中，一般的管理主要包括：生产管理（计划、制造）、供应链管理（销售、采购、库存管理）和财务管理（会计核算、财务管理）。本节将以典型的生产企业为例来介绍 ERP 的功能模块。

1. 生产管理模块。

生产管理系统是企业管理软件的重要组成部分，是企业信息化管理核心。它遵循以客户为中心的经营战略，以销售订单及市场预测需求为导向，以计划为主轴，覆盖面向订单采购、订单生产、订单装配和库存生产四种制造业生产类型，并广泛应用于机械、电子、食品、制药等行业。

(1) 生产管理系统的结构。

以产品销售订单为导向，以计划为主轴的生产经营管理活动的流程如图 8-9 所示。企业销售部门业务员根据客户的需求，对客户进行产品报价，从产品、规格型号、价格、有效期限、折扣等方面，了解客户的购买意愿和需求；当与客户签订销售合同后，将客户的实际需求和市场预测的需求相结合，由企业的规划部门制作出主生产计划和物料需求计划，然后，进一步结合企业的产能情况分析编制企业的采购计划、生产计划和委外计划，以便采购部门和生产部门组织对外采购和生产制造的业务工作；采购部门按照采购计划组织安排采购人员开展采购所需料品的业务活动，生产部门根据生产计划组织车间或工作中心完成生产任务，按照委外计划安排委托外商来企业领料回厂加工生产；采购部门将采购到货的物料交付给仓库，仓库负责入库业务处理；委外加工完成和生产完工的料品交给仓库，仓库负责人办理入库处理业务；销售部门根据销售订单或销售合同组织向客户发货，由仓库负责出库业务处理；财务部门负责对采购和委外的料品的应付款项进行结算和账务处理，对销售部门销售的物品进行收款结算和账务处理。

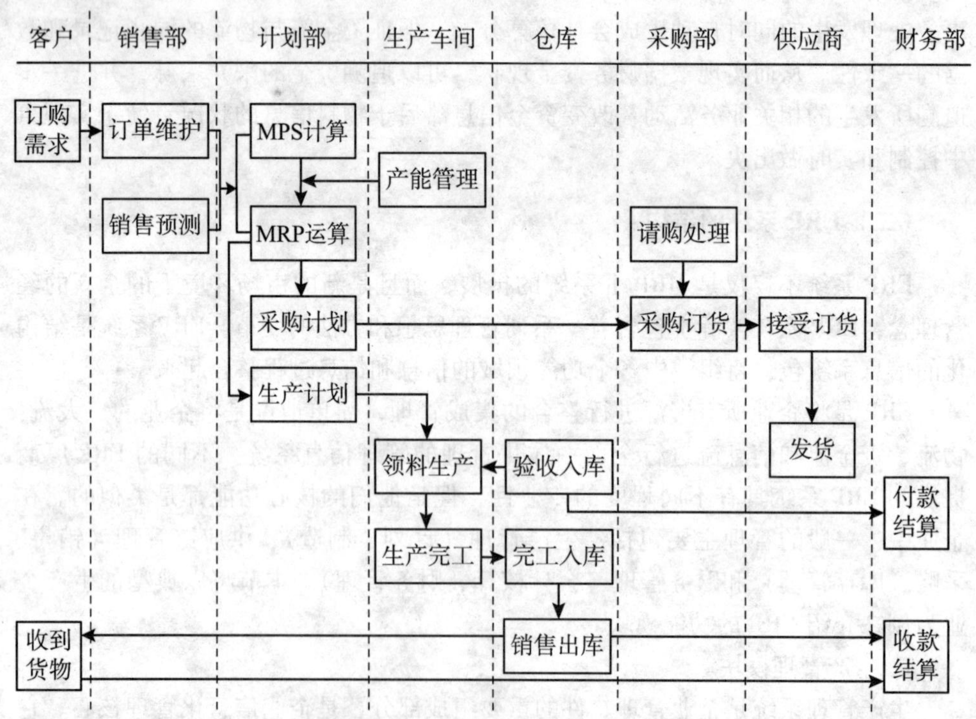

图 8-9　企业生产经营活动工作流程

(2) 生产管理系统功能模块。

生产管理系统的业务活动涉及企业的销售、计划、生产、采购、委外、库存、财务等业务管理内容，因此，软件就是通过相应功能对上述各项业务内容进行处理，从而完成企业的各项业务活动。这些模块共用的基础信息包括企业部门、人员、岗位、存货、仓储、客户、供应商及财务等方面的多种资料，这些公共资料数据被各子系统共享。系统功能模块之间的关系如图 8 - 10 所示。

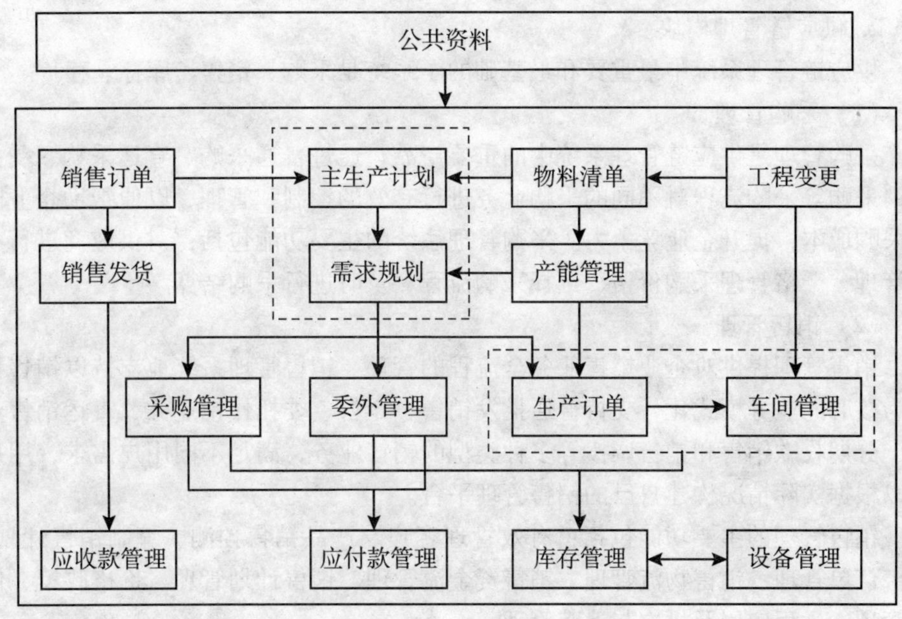

图 8 - 10 系统功能模块的关系

①主生产计划。它是根据生产计划、预测和客户订单的输入来安排将来的各周期中提供的产品种类和数量，它将生产计划转为产品计划，在平衡了物料和能力的需要后，精确到时间、数量的详细的进度计划。是企业在一段时期内的总活动的安排，是一个稳定的计划，是以生产计划、实际订单和对历史销售分析得出的预测产生。

②物料需求计划。在主生产计划决定生产多少最终产品后，再根据物料清单，把整个企业要生产的产品的数量转变为所需生产的零部件的数量，并对照现有的库存量，可得到还需加工多少，采购多少的最终数量。这才是整个部门真正依照的计划。

③能力需求计划。它是在得出初步的物料需求计划之后，将所有工作中心的总工作负荷，在与工作中心的能力平衡后产生的详细工作计划，用以确定生成的

物料需求计划是否是企业生产能力上可行的需求计划。能力需求计划是一种短期的、当前实际应用的计划。

④车间控制。这是随时间变化的动态作业计划，是将作业分配到具体的各个车间，再进行作业排序、作业管理和作业监控。

⑤制造标准。在编制计划中需要许多生产基本信息，这些基本信息就是制造标准，包括零件、产品结构、工序和工作中心，都采用唯一的代码在计算机中识别。

2. 供应链管理模块。

供应链管理系统中最重要和最基础的子系统是采购、销售、库存、存货。

（1）采购管理。

采购管理是供应链管理系统中的重要产品，通过普通采购、直运采购、受托代销采购等采购流程对不同的采购业务进行有效的控制和管理，以便帮助企业降低采购成本，提升企业竞争力。采购管理系统的主要功能包括：对供应商进行有效管理、严格管理采购价格、选择采购流程、及时进行采购结算。

（2）销售管理。

销售管理提供对企业销售业务全流程的管理。销售管理系统地支持以销售订单为核心的业务模式化，支持普通批发销售、零售、委托代销业务、直运销售业务、分期收款销售和销售调拨等多种类型的销售业务，满足不同用户需求，用户可以根据实际情况构建自己的销售管理平台。

销售管理的主要功能包括：有效管理客户、产品销售预测、编制销售计划、销售订单管理、销售物流管理、销售资金流管理、销售计划管理、价格政策、信用管理、远程应用及批次与追踪管理。

（3）库存管理。

库存管理能帮助企业的仓库管理人员对库存物品的入库、出库、移动、盘点、补充订货和生产补料等操作进行全面的控制和管理，以达到降低库存、减少资金占用，避免物料积压或短缺现象，保证生产经营活动顺利进行的目的。库存管理子系统用来控制存储物料的数量，以保证稳定的物流支持正常的生产，但又最小限度的占用资本。它是一种相关的、动态的及真实的库存控制系统。它能够结合、满足相关部门的需求，随时间变化动态地调整库存，精确地反映库存现状。

（4）存货管理。

存货核算用于核算和分析所有业务中的存货耗用情况，正确计算存货购入成本，为企业提供成本核算的基础数据；动态掌握存货资金的变动，减少库存资金积压，加速资金周转，支持工商业多种核算方法；与采购管理或销售管理一起使用，可暂估采购入库或销售出库的成本核算。

存货核算的功能包括：添加或修正存货暂估价格；对存货价格、价值进行调整；对业务单据进行记账处理；对记账单据按照存货计价方法进行计算，为成本计算提供数据等。

3. 财务管理模块。

财务管理模块是企业 ERP 方案中不可或缺的部分，一般的 ERP 软件的财务部分分为会计核算与财务管理两大块。

（1）会计核算。

会计核算主要是记录、核算、反映和分析资金在企业经济活动中的变动过程及其结果。它由总账、应收账、应付账、现金、固定资产、多币制等部分构成。包括总账模块、应收账模块、应付账模块、现金管理模块、固定资产核算模块、多币制模块、工资核算模块和成本模块。

（2）财务管理。

财务管理的功能主要是基于会计核算的数据，再加以分析，从而进行相应的预测、管理和控制活动。它侧重于财务计划、控制、分析和预测。财务计划就是根据前期财务分析做出下期的财务计划、预算等；财务分析就是提供查询功能和通过用户定义的差异数据的图形显示进行财务绩效评估、账户分析等；财务决策是财务管理的核心部分，中心内容是做出有关资金的决策，包括资金筹集、投放及资金管理。

四、ERP 的应用

（一）ERP 的意义

一套 ERP 系统应该能同时改进后台操作和前台操作功能。组织选择和采纳 ERP 将会给组织带来切实的效益。

1. 实施 ERP 的好处。

（1）ERP 的应用理顺了业务流程，简化了工作程序。使组织的管理更加规范，决策更加科学，员工从烦琐的手工管理中解脱出来，有更多的时间从事真正的管理工作。

（2）ERP 的应用保证了数据的准确性、及时性。在 ERP 环境下，数据信息的键入只需一次，各个需要数据的部门通过公共的数据库就可实现数据信息的共享。由于对信息掌握能力的加强和对市场需求变化迅速的反应，可以及时给顾客提供高品质的产品或服务，从而增进企业与供应商、经销商、客户的联系，提高了客户的满意度，企业形象和竞争力得到巩固和加强。

（3）提高了生产计划的准确性，更加有效地确定生产批量和调度生产，降低了生产线上的非常停产时间，减少了生产过程中由于无法及时协调而出现的差错率，提高了生产效率。

（4）ERP 的应用降低了企业的成本，增加了收益。企业的库存量大大减少，降低了库存成本；企业各环节的沟通都在网上进行，许多事务性的工作流程被消除，从而减少了管理费用，降低了经营成本。

（5）提高了设备的管理水平，可以充分利用企业的现有设备，从而可以降低设备投资。

2. ERP 的障碍。

ERP 系统不可能一夜之间提高组织的功能性。是否能够达到节约成本和改善服务的高期望还要依赖于以下两方面：选择的 ERP 系统适应组织功能性的好坏，选择和配置系统的过程与企业文化、战略和组织结构的契合程度。ERP 系统与其他的软件系统一样存在着缺点，这些缺点可能会制约 ERP 在组织中的应用，影响 ERP 在组织中的发挥。因此，组织在实施 ERP 时，必须充分地了解 ERP，权衡组织的实际情况，以避免盲目地使用，最终导致 ERP 项目的失败。

（1）ERP 系统的实施是非常复杂的，实施过程具有很大的风险。

（2）与传统系统的集成问题。接口、数据等如何更好地处理是实施 ERP 系统面临的一个重要问题。

（3）客户定制问题。如何更好、更快地满足客户的要求。

（4）实施成本高昂。ERP 系统的成本可能从几千元到几百万元不等，大多数 ERP 系统的实施都超过了预期的成本。另外，业务流程重组的成本可能非常高。

（5）模块之间缺乏一致性。选择的 ERP 系统的结构和组成与企业的流程、文化和组织战略目标出现冲突。

（6）计算机系统的安全性问题和病毒问题，都会给企业的正常生产经营活动带来严重危害。

（二）ERP 的实施过程

ERP 实施的成败最终决定着 ERP 效益的充分发挥。一个典型的 ERP 实施进程主要包括以下几个阶段，如图 8－11 所示。

1. 前期工作。

这个阶段非常重要，关系到项目的成败，但往往在实际操作中被忽视。这个阶段的工作主要包括：

（1）领导层培训及 ERP 原理的培训。主要的培训对象是企业高层领导及今后 ERP 项目组人员，使他们掌握 ERP 的基本原理和管理思想。这是 ERP 系统应用成功的思想基础。

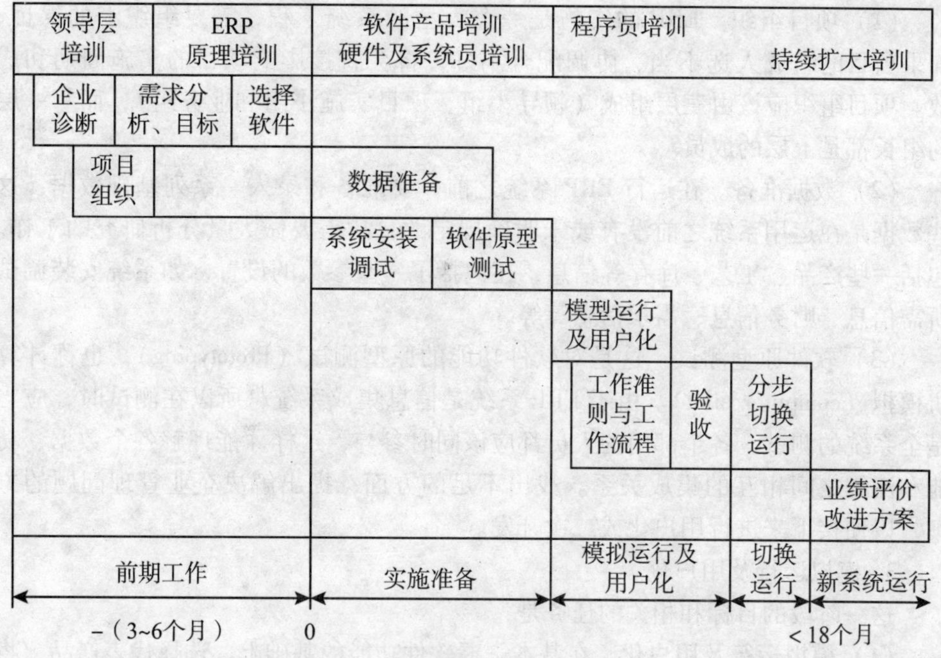

图 8-11 ERP 实施进程图

（2）企业诊断。由企业的高层领导和今后各项目组人员用 ERP 的思想对企业现行管理的业务流程和存在的问题进行评议和诊断，找出问题，寻求解决方案，用书面形式明确预期目标，并规定评价实现目标的标准。

（3）需求分析，确定目标。企业在准备应用 ERP 系统之前，还需要理智地进行立项分析：

①企业是不是到了该应用 ERP 系统的阶段？

②企业当前最迫切需要解决的问题是什么，ERP 系统是否能够解决？

③ERP 系统的投资回报率或投资效益的分析？

④在财力上企业能不能支持 ERP 的实施？

⑤ERP 的目的所在，系统到底能够解决哪些问题和达到哪些目标？

⑥基础管理工作有没有理顺或准备在上 ERP 之前让咨询公司帮助理顺，人员的素质够不够高？

然后将分析的结果写成需求分析和投资效益分析正式书面报告，从而做出是否上 ERP 项目的正确决策。

2. 实施准备阶段。

这一阶段要建立的项目组织和所需的一些静态数据可以在选定软件之前就着手准备和设置。在这个准备阶段中，要做这样几项工作：

（1）项目组织。ERP 的实施是一个大型的系统工程，需要组织上的保证，如果项目的组成人选不当、协调配合不好，将会直接影响项目的实施周期和成败。项目组织应该由三层组成（领导小组、项目实施小组和业务组），而每一层的组长都是上层的成员。

（2）数据准备。在运行 ERP 系统之前，要准备和录入一系列基础数据，这些数据是在运用系统之前没有或未明确规定的，故需要做大量分析研究的工作。包括一些产品、工艺、库存等信息，还包括了一些参数的设置，如系统安装调试所需信息、财务信息、需求信息等等。

（3）软件原型测试。这是对软件功能的原型测试（Prototyping），也称计算机模拟（computer pilot）。由于 ERP 系统是信息集成系统，所以在测试时，应当是全系统的测试，各个部门的人员都应该同时参与，这样才能理解各个数据、功能和流程之间相互的集成关系。找出不足的方面，提出解决企业管理问题的方案，以便接下来进行用户化或二次开发。

3. 模拟运行及用户化。

这一阶段的目标和相关的任务是：

（1）模拟运行及用户化。在基本掌握软件功能的基础上，选择代表产品，将各种必要的数据录入系统，带着企业日常工作中经常遇到的问题，组织项目小组进行实战性模拟，提出解决方案。

（2）制定工作准则与工作规程。进行了一段时间的测试和模拟运行之后，针对实施中出现的问题，项目小组会提出一些相应的解决方案，在这个阶段就要将与之对应的工作准则与工作规程初步制定出来，并在以后的实践中不断完善。

（3）验收。在完成必要的用户化的工作、进入现场运行之前还要经过企业最高领导的审批和验收通过，以确保 ERP 的实施质量。

4. 切换运行。

要根据企业的条件来决定应采取的步骤，可以各模块平行一次性实施，也可以先实施一两个模块。在这个阶段，所有最终用户必须在自己的工作岗位上使用终端或客户机操作，使切换运行处于真正应用状态，而不是集中于机房。如果手工管理与系统还有短时并行，可作为一种应用模拟看待（live pilot），但时间不宜过长。

5. 新系统运行。

一个新系统被应用到企业后，实施的工作其实并没有完全结束，而是将转入到业绩评价和下一步的后期支持阶段。这是因为我们有必要对系统实施的结果作一个小结和自我评价，以判断是否达到了最初的目标，从而在此基础上制定下一步的工作方向。还有就是由于市场竞争形势的发展，将会不断有新的需求提出，再加之系统的更新换代，主机技术的进步都会对原有系统构成新的挑战，所以，无论如何，都必须在巩固的基础上，通过自我业绩评价制定下一个目标，再进行改进，不断地巩固和提高。

实施 ERP 的这些阶段是密切相关的，一个阶段没有做好，绝不可操之过急进入下一个阶段，否则，只能是事倍功半。值得注意的是，在整个实施进程中，培训工作是贯彻始终的。我们只是对第一个阶段的领导层培训和 ERP 原理培训作了详细的介绍。而那些贯穿于实施准备、模拟运行及用户化、切换运行、新系统运行过程中的有关培训，如软件产品培训、硬件及系统员培训、程序员培训和持续扩大培训也都是至关重要的。这个道理，应该说是显而易见的。因为只有员工才是系统的真正使用者，只有他们对相关的 ERP 软件产品及所要求的硬件环境有了一定的了解，才能够保证系统最终的顺利实施和应用。

（三）ERP 软件

1. ERP 软件的供应商。

ERP 软件是一种企业管理软件，国内外都有很多的供应商。国际上具有代表性的有 SAP，Oracle/PeopleSoft，SSA Global，Microsoft，这些 ERP 供应商都在某一特殊模块领域有自己的专长。例如，SAP 在物流领域、Oracle/PeopleSoft 在财务领域、SSA Global 在制造领域、Microsoft 在零售管理领域。国内具有代表性的 ERP 软件有用友 ERP、金碟 ERP 等，这些软件以财务、进销存为主，功能相对简单。

2. ERP 软件的发展趋势。

ERP 软件市场的竞争是非常激烈的，重叠的产品很难区分。企业和技术因素共同推进着 ERP 市场的成长，ERP 软件供应商正在持续地更新他们的产品，同时增加新的基于技术的特性。

随着企业全球化进程的加快，一些大公司对信息有了更高的需求。另外，企业之间的竞争增加了客户的权力，从而推动企业提高他们业务过程的效率。这些原因要求企业加快信息化的进程，于是，ERP 软件的市场势必迅速增长。

（四）ERP 系统应用实例

1. ERP 成功案例。

案例：海尔物流管理信息系统

为了与国际接轨，建立高效、迅速的现代物流系统，海尔采用了 SAP 公司的 ERP 系统和 BBP 系统（原材料网上采购系统），对企业进行流程改造。经过几年的实施，海尔的现代物流管理系统不仅很好地提高了物流效率，而且将海尔的电子商务平台扩展到了包含客户和供应商在内的整个供应链管理，极大地推动了海尔电子商务的发展。

一、需求分析

海尔集团认为，现代企业运作的驱动力只有一个：订单。没有订单，现代企业就不可能运作。围绕订单而进行的采购、设计、制造、销售等一系列工作，最重要的一个流程就是物流。离开物流的支持，企业的采购与制造、销售等行为将会带有一定的盲目性和不可预知性。

建立高效、迅速的现代物流系统，才能建立企业最核心的竞争力。海尔需要这样一套信息系统，使其能够在物流方面一只手抓住用户的需求，另一只手抓住可以满足用户需求的全球供应链。海尔实施信息化管理的目的主要有以下两个方面：

①现代物流区别与传统物流的主要特征是速度，而海尔物流信息化的建设需要以订单信息流为中心，使供应链上的信息同步传递，能够实现以速度取胜。

②海尔物流需要以信息技术为基础，能够向客户提供竞争对手所不能给予的增值服务，使海尔顺利从企业物流向物流企业转变。

二、解决方案

海尔采用了SAP公司提供的ERP系统和BBP系统，组建自己的物流管理系统。

1. 系统构成。

(1) ERP系统。

海尔物流的ERP系统共包括四大模块：MM（物料管理）、PP（制造与计划）、SD（销售与订单管理）、FI/CO（财务管理和成本管理）。

ERP实施后，打破了原有的“信息孤岛”，使信息同步而集成，提高了信息的实时性与准确性，加快了对供应链的响应速度。如原先，原料订单从客户下达传递到供应商需要10天以上的时间，而且准确率低，实施ERP后订单不但1天内就能完成“客户→商流→工厂计划→仓库→采购→供应商”的过程，而且准确率极高。

另外，对于每笔收货，扫描系统能够自动检验采购订单，防止暗箱收货，而财务在收货的同时自动生成入库凭证，使财务人员从繁重的记账工作中解放出来，发挥出真正的财务管理与财务监督职能，而且效率与准确性大大提高。

(2) BBP系统。

BBP系统主要是建立了与供应商之间基于因特网的业务和信息协同平台。该平台的主要功能是：

①通过平台的业务协同功能，使得海尔通过因特网既可以进行招投标，又可以向供应商发布与其相关的物流管理业务信息，如采购计划、采购订单、库存信息、供应商供货清单、配额以及采购价格和计划交货时间等，使供应商足不出户就可以全面了解与自己相关的物流管理信息。

②对非业务信息的协同，SAP使用架构于BBP采购平台上的信息中心为海尔与供应商之间进行沟通和反馈提供集成环境。信息中心利用浏览器和互联网作为中介整合了海尔过去通过纸张、传真、电话和电子邮件等手段才能完成的信息交互方式，实现了非业务数据的集中存储和网上发布。

2. “一流三网”。

“一流”指现代物流以订单信息流为中心；“三网”是指全球供应链资源网络、全球用户资源网络和计算机信息网络。海尔的物流管理系统围绕订单信息流，将海尔遍布全球的分支机构整合。该物流平台使供应商和客户、企业内部信息网络这“三网”同时开始执行，同步运行，为订单信息流的增值提供支持。

3. 经验总结。

(1) 海尔选择了SAP/R3成熟的ERP系统，而不是请软件公司根据海尔物流的现状进行开发，主要目的是借助于成熟的先进流程提升自己的管理水平。

(2) 实施“一把手”工程与全员参与，有效推进信息系统的执行。

海尔物流所有信息化的建设均是基于流程的优化，提高对客户的响应速度来进行的，所以应用面涉及海尔物流内部与外部很多部门，有时打破旧的管理办法，推行新流程的阻力非常巨大。海尔物流的信息化建设一直是部门“一把手”亲自抓的工作，亲自在现场发现问题，亲自推动，保证了信息化实施的效果。如在ERP上线初，BOM与数据不准确是困扰系统正常运转的“瓶颈”，它牵扯到企业的基础管理工作与长期工作习惯的改变，物流推进本部部长发现问题后，亲自推动、制定出有效的管理方式，不但提高了系统的执行力，而且规范并提升了企业基础管理BOM的准确率、现场管理，保证了信息系统的作用的发挥。

(3) 培训工作同步进行，保证信息系统的实施效果。

由于信息化工作的不断推进，原有的手工管理变为计算机操作，这对物流的基层工作者如保管员、司机、年纪较大的采购员均是挑战。在实施ERP信息系统时，海尔物流开展了全员培训，并对相关操作人员进行了严格的技能考试，考试通过后才能获得上岗证书。物流信息中心也开通了内部培训的网站，详细介绍系统的基础知识、业务操作指导书并对操作中的问题进行答疑，保证了信息化使用的效果。

该系统“通过业务流程的再造，建立现代物流”以及利用MYSAP.COM协同化电子商务解决方案，成功地将海尔的电子商务平台扩展到客户和供货商在内的整个供应链管理，有效地提高了采购效率，大大降低了供应链的成本。

该系统是为订单采购设计的，其结果是使采购成本降低，库存资金周转从30天降低到12天，呆滞物资降低73.8%，库存面积减少50%，节约资金7亿元，同比减少67%。整合了2336家供货商，优化为840家，提高了国际化大集团组成的供货商的比例，达到71.3%。

该系统是基于 SAP 系统基础上开发而成的，所开发的 ERP 和 BBP 具有典型的企业标准化的特征，开发的系统覆盖了集团原材料的集中采购、库存和立体仓库的管理、19 个事业部的生产计划、原料配送、成品下线的原料消耗倒冲以及物流本部零部件采购公司的财务等业务，建立了海尔集团的内部标准供应链。

海尔已实现了即时采购、即时配送和即时分拨物流的同步流程。100% 的采购订单由网上下达，提高了劳动效率，以信息代替库存。

海尔的物流系统不仅实现了"零库存"、"零距离"和"零营运资本"，而且整合了内部，协同了供货商，提高了企业效益和生产力，方便了使用者。

2. ERP 失败案例。

虽然有很多企业实施 ERP，其中有成功的案例，但更多的是失败的案例，成功的案例自然可以借鉴和学习，但是，从 ERP 失败案例的前车之鉴中，也许比正面的借鉴更为有效。

案例 1：2000 年，哈尔滨医药集团决定上 ERP 项目，参与软件争夺的两个主要对手是 Oracle 与利玛。一开始，两家软件供应商在 ERP 软件上打得难解难分，一年之后，Oracle 击败利玛，哈药决定选择 Oracle 的 ERP 软件。然而事情发展却极具戏剧性，尽管软件选型已经确定，但是，为了争夺哈药实施 ERP 项目的"另一半"，2001 年 10 月，利玛联手哈尔滨凯纳击败哈尔滨本地的一家公司——华旭，成为哈药 ERP 项目实施服务的"总包头"。但是，但令人始料不及的是，到了 2002 年 3 月份，哈药 ERP 实施出现了更加戏剧性的变化——因为实施方利玛副总经理蒋明炜与 60 多名同事集体哗变，利玛在哈药 ERP 项目的实施团队全部离职。城门失火，殃及池鱼，整个哈药项目也被迫终止。真可谓一波三折。

案例 2：戴尔计算机花费了 2 年时间和 2.5 亿美元定制了一套 ERP 系统，然而却发现它并没有足够的柔性来满足被大肆鼓吹的订货生产方式企业模型快速变化的业务过程。而这种模型正是推动戴尔在网络上成功的模型。

五、ERP 的发展——ERP Ⅱ

（一）ERP Ⅱ的概念

ERP Ⅱ（Enterprise Resource Planning Ⅱ）是 2000 年由美国调查咨询公司 Gartner Group 在原有的 ERP 的基础上扩展后，提出的新概念。Gartner 给 ERP Ⅱ下的定义是：ERP Ⅱ是通过支持和优化企业内部和企业之间的协同运作和财务过程，以创造客户和股东价值的一种商务战略和一套面向具体行业领域的应用系统。为了区别于 ERP 对企业内部管理的关注，Gartner 在描述 ERP Ⅱ时，引入了"协同商务"的概念。协同商务是指企业内部人员、企业与业务伙伴、企业与客户之间的电子化业务的交互过程。为了使 ERP 流程和系统适应这种变化，企业对 ERP 的流程以及外部的因素提出了更多的要求，这就是 ERP Ⅱ。

（二）ERP Ⅱ 的核心思想

通过 Gartner Group 对 ERP Ⅱ 的描述不难发现，所谓 ERP Ⅱ，其核心是指企业从过去主要强调内部运作转向企业之间的外部协作，也就是协同商务。

对于信息技术应用的发展与趋势，可以划分为三个阶段：第一阶段，信息技术主要是在单个企业内部应用；第二阶段，E-Commerce 电子交易成为主流；第三阶段，带有“协同商务”鲜明标签的后 ERP 时代就在众多企业应用者和 ERP 供应商的簇拥下到来了。

世界经济全球化的结构使得资源通过全球市场进行配置，也将商业、贸易推向了全球化，而其最为突出的形式就是信息网络全球化。在网络世界中，商务、交易都将趋向无国界化。在这种环境下，企业间的交往日趋频繁，社会化分工越来越细，业务往来也越来越紧密复杂。如何协调企业间众多复杂的业务往来关系，是每一个企业管理者所面临的新问题。

随着电子商务的出现，人们有能力从单纯关注交易这一节点向关注商务全过程转移，这将涉及整个供应链上各业务方之间的协作。在企业内部，有各部门之间的业务协同、不同的业务指标和目标之间的协同，以及各种资源约束的协调，如多股东间的协同，库存、生产、销售、财务部门计划间的协同，公司战略、战术、运作层次计划间的协同，长短期计划间的协同等。这些都需要一些工具来进行协调和统一。例如，协同的后勤管理能确定对不同客户、不同路线配货、调度、运输的最佳方案；协同的生产管理能根据现有可调配的人力、物力和设备能力等资源进行优化排产，以便实现按期交货等等。

（三）ERP Ⅱ 与 ERP 的区别

ERP－Ⅱ对 ERP 的主要区别是强调了协同商务的作用。ERP Ⅱ 系统包含 6 个基本特征，从这些特征中将说明其对于 ERP 的优势（如表 8－1 所示）。

表 8－1　　ERP Ⅱ 对 ERP 的扩展

	ERP	ERP Ⅱ
角色	企业优化	价值链/协作商务
领域	制造和分销	所有行业部门
功能	制造/销售/分销财务流程	跨行业、行业部门、特定行业业务过程
过程	内部的、隐闭的	连接外部伙伴、跨组织的
架构	支持 Web 的、封闭的、整体式的	基于 Web 的、开放的、组件化的
数据	在企业产生及企业内部使用	企业内部及外部的数据发布及订阅

（1）ERP Ⅱ的角色：从传统的 ERP 的资源优化和业务处理扩展到利用企业间协作运营的资源信息，并且不仅仅是电子商务模式的销售和采购。

（2）领域：ERP Ⅱ的领域已经扩展到非制造业。

（3）功能性：超越传统通用的制造、分销和财务部门，而扩展到那些针对特定行业或跨行业业务。

（4）业务处理：从注重企业内部流程管理发展到外部联结。

（5）系统结构：与单调的 ERP 系统结构不同，ERP Ⅱ系统结构是面向 Web 和面向集成设计的，同时是开放的、组件化的。

（6）数据处理方式：与 ERP 系统将面向企业内部的业务数据进行处理不同，ERP Ⅱ面向分别对整个商业社区的业务数据进行处理。

从表 8－1 可以看出 ERP Ⅱ在这六大方面都远远超越传统的 ERP。除了系统结构的不同之外，ERP Ⅱ的这些特征代表了传统 ERP 的扩展。ERP Ⅱ方案可以增强企业改善内部效率及数据自动化的能力，提升企业对后勤功能的控制，帮助分享客户、产品、竞争对手及市场信息。这个新的模式利用开发的架构及数据分配设计扩展，以支持企业对内及对外的协同流程。协同方案为商业价值链上的每一位参与者提供功能及中央信息，这是一个最重要的、支持商业运作需求的概念。这个概念意味着商业流程中的每个参与者都可随时取得所需的功能及信息。

第三节　电子商务

一、电子商务概述

（一）电子商务概念

随着互联网的飞速发展和信息经济、网络经济等概念的提出，电子商务受到人们越来越多的关注。近年来，无论是在报刊、杂志、电视等传统媒体上，还是在互联网上，电子商务（Electronic Commerce，EC）成了一个出现频率最高的新词汇。对于很多人来说，电子商务就是在互联网上购物，但电子商务的业务领域并不仅局限于网上购物，它还包括很多其他的商业活动。

对于电子商务，许多国际机构、各国政府、信息技术公司等，从各自所处的地位并根据自己的理解，对电子商务做出了各自的定义。

（1）1997 年 11 月，在世界电子商务会议上，全世界商业、信息技术、法律等领域的专家和政府部门的代表，共同探讨了电子商务的概念问题。这是迄今为止电子商务最有权威的概念阐述：电子商务是指实现整个贸易活动的电子化。

从涵盖范围方面可以定义为：交易各方以电子交易方式而不是通过当面交换或直接面谈方式进行的任何形式的商业交易；从技术方面可以定义为：电子商务是一种多技术的集合体，包括交换数据（如电子数据交换、电子邮件）、获得数据（如共享数据库、电子公告牌）以及自动捕获数据（如条形码）等。电子商务涵盖的业务包括：信息交换、售前售后服务（如提供产品和服务的细节、产品使用技术指南、回答顾客意见）、销售、电子支付（如使用电子资金转账、信用卡、电子支票、电子现金）、运输（包括商品的发送管理和运输跟踪，以及可以电子化传送的产品的实际发送）、组建虚拟企业（组建一个物理上不存在的企业，集中一批独立中小公司的权限，提供比任何单独公司多得多的产品和服务）、公司和贸易伙伴可以共同拥有和运营共享的商业方法等。

（2）电子商务是指采用数字化电子方式进行商务数据交换和开展商务业务活动。它是在因特网的广阔联系与传统信息技术系统的丰富资源相互结合的背景下应运而生的一种相互关联的动态活动，在因特网上展开。

（3）电子商务系统是指商务活动的各方，包括商店、消费者、银行或金融机构、信息公司或证券公司和政府等，利用计算机网络技术全面实现在线支付功能，所以，为了顺利完成整个交易过程，需要建立电子商务服务系统、通用的电子交易支付方法和机制，还要切实保证参加交易各方和所有合作做伙伴都能够安全可靠地进行全部商业活动。

电子商务范围广阔，涉及 LAN、Internet 和 Internet 等领域。它利用一种前所未有的网络方式将顾客、销售商、供货商和雇员联系在一起，将有价值的信息迅速传递给有需要的人们。

由于电子商务是在因特网等网络上进行的，因此网络是电子商务最基本的构架。电子商务还强调要使系统的软件和硬件、参加交易的买方和卖方、银行或金融机构、厂商、企业和所有合作伙伴，都要在 Intranet、Extranet、Internet 中密切结合起来，共同从事在网络计算机环境下的商业电子化应用。Intranet 是整个交易的基础，通过 Intranet 的建立和完善，解决好内容管理和协同及信息问题。在此基础上才能顺利扩展 Intranet，最后扩展到 Internet，完成真正意义上的电子商务。

（二）电子商务的优势

（1）电子商务可以为企业带来利润。对企业来说，电子商务的优势可以归纳为一句话：电子商务可以增加销售额并降低成本。一家小企业在网上做的广告可以把企业的促销信息传递到世界各地的潜在顾客手中。

（2）电子商务将传统的商务流程电子化、数字化，一方面以电子流代替了实物流，可以大量减少人力、物力，降低了成本；另一方面突破了时间和空间的限制，使得交易活动可以在任何时间、任何地点进行，从而大大提高了效率。企业在销售商品和处理订单时，用电子商务可以降低销售询价、提供报价和确定存货等活动的处理成本。

（3）电子商务具有开放性和全球性，为企业创造了更多的贸易机会。企业在采购时利用电子商务可以找到新的供应商和贸易伙伴。在电子商务中，讨价还价和交易条款的传递都十分便捷，因为 WWW 可以高效地传递报价。电子商务提高了企业间信息交换的速度和准确性，降低了交易双方的成本。电子商务使企业可以用相近的成本进入全球电子化市场，使得中小企业有可能拥有和大企业一样的信息资源，提高了中小企业的竞争能力。

（4）电子商务给买主提供了更多的选择，因为买主可以考虑更多卖主的产品和服务。买主每天 24 小时都可以与卖主接触。电子商务可以使顾客根据自己的需要决定获得信息的多少。在电子商务的情况下，买主可以通过 WWW 立即得到所需的信息。有些产品（如软件、声音和图像等）甚至可以直接通过互联网传递，这样就减少了买主的等待时间。

（5）电子商务重新定义了传统的流通模式，减少了中间环节，使得生产者和消费者的直接交易成为可能，从而在一定程度上改变了整个社会经济运行的方式。电子商务的好处可以惠及整个社会。

（三）电子商务的类型

电子商务的应用形式多种多样，要准确描述电子商务的类型，首先要确定分类准则。不同的分类准则会产生不同的电子商务类型，其中最基本的是根据参与交易主体将电子商务分为：企业对消费者的电子商务 B2C（Business to Consumer），企业对企业的电子商务 B2B（Business to Business），消费者对消费者的电子商务 C2C（Consumer to Consumer），企业对政府管理部门的电子商务 B2G（Business to Government），消费者对政府管理部门的电子商务 C2G（Consumer to Government）五种经营模式。

1. B2C：企业与消费者之间的电子商务。

B2C 电子商务在日常生活中最为人所知，其产品或服务提供方是各类组织，而个人是产品或服务的接收方。企业厂商直接将产品或服务推上网络，并提供充足资讯与便利的接口吸引消费者选购，这也是目前一般最常见的作业方式。消费者在家中通过与因特网连接的计算机，便可以在网上选购自己需要的商品，而不必亲自到商场或售货店去购买。B2C 电子商务完全区别于传统的面对面的交易方式，对于消费者来讲，利用电子商务更加便捷、主动、及时、安全。当当、卓越等是国内比较成功的 B2C 企业网站。

2. B2B：企业与企业之间的电子商务。

B2B 方式中所有参与者都是企业或其他各类组织，是电子商务中最早使用、最为典型的、应用最多和最受企业重视的模式，也是利润最丰厚的电子商务领域。B2B 主要是针对企业内部以及企业与上下游协作厂商之间的资讯整合，并在互联网上进行的企业与企业间交易。企业可以使用 Internet 或其他网络对每笔交易寻找最佳合作伙伴，完成从定购到结算的全部交易行为。近年来，随着因特网的发展，越来越多的企业和公司已经开始利用 Extranet 进行贸易活动。阿里巴巴、HC360 慧聪网等就是知名的 B2B 网站。

3. C2C：消费者与消费者之间的电子商务。

C2C 电子商务的所有参与者是个人，个人消费直接将产品或服务卖给其他消费者。通过为买卖双方提供一个在线交易平台，使卖方可以主动提供商品上网拍卖，而买方可以自行选择商品进行竞价。网站经营者不负责物流，而是协助市场资讯的汇集，以及建立信用评级制度。买卖两方消费者看对眼，自行商量交货和付款方式。典型的 C2C 电子商务网站如 eBay、淘宝等。

C2C 并不局限于物品与货币的交易，在这个虚拟的网站中，买卖双方可选择以物易物，或以人力资源交换商品。例如一位家庭主妇以准备一桌筵席的服务，换取心理医生一节心灵澄静之旅。

4. B2G：企业与政府之间的电子商务。

B2G 电子商务涵盖了政府与企业间的各项事务，包括政府采购、税收、商检、管理条例发布，以及法规政策颁布等。例如，在美国，政府采购清单可以通过因特网发布，企业、公司可以以电子化方式来完成对政府采购的响应。政府一方面作为消费者，可以通过 Internet 发布自己的采购清单，公开、透明、高效、廉洁地完成所需物品的采购。B2G 的平台为政府与它的商业伙伴之间进行信息沟通，信息共享以及处理商务活动。另一方面，政府对企业宏观调控、指导规范、监督管理的职能通过网络以电子商务方式更能充分、及时地发挥。借助于网络及其他信息技术，政府职能部门能更及时全面地获取所需信息，做出正确决策，做到快速反应，能迅速、直接地将政策法规及调控信息传达于企业，起到管理与服务的作用。在电子商务中，政府还有一个重要作用，就是对电子商务的推动、管理和规范。

5. C2G：消费者与政府之间的电子商务。

C2G 是指消费者与政府之间的商务活动，包括缴纳税费、交通工具登记、提供信息和服务等。政府随着商业机构对消费者、商业机构对行政机构的电子商务的发展，将会对社会的个人实施更为全面的电子方式服务。C2G 模式的典型代表是政府的海关电子商务平台。

二、电子商务的支撑系统

要实现完整的电子商务还会涉及很多方面，除了买家、卖家外，还要有银行或金融机构、政府机构、认证机构、配送中心等机构的加入才行。由于参与电子商务中的各方在物理上是互不谋面的，因此整个电子商务过程并不是物理世界商务活动的翻版，网上银行、在线电子支付等条件和数据加密、电子签名等技术在电子商务中发挥着重要的不可或缺的作用。

（一）电子数据交换系统

1. 电子数据交换的定义。

电子数据交换（Electronic Data Interchange，EDI），它是以某种标准形式在企业之间以计算机对计算机的方式传递企业信息。由于 EDI 大大减少了纸张票据，因此，人们也形象地称之为“无纸贸易”或“无纸交易”。

20 世纪 60 年代，很多企业认识到，它们和其他企业交换的许多单据都和商品运输有关，比如发票、订单、提货单等，这些单据几乎在每笔交易中都包括了同样的内容。另外，这些企业也意识到他们花费了大量的时间和金钱来向计算机输入数据，再打印出来后，交易的对方又要重新输入这些数据。通过创建一套电子传输信息的标准化格式，接收信息的企业可以不必重新录入数据以减少失误，发送信息的企业也消除了打印和邮寄成本。实施 EDI 将给企业在很多方面带来方便。

2. EDI 的标准。

电子数据交换是目前为止最为成熟和使用范围最广泛的电子商务应用系统。其根本特征在于标准的国际化，标准化是实现 EDI 的关键环节。1987 年联合国以“管理、商务和运输 EDI”（EDI FACT）的名义下公布了第一个标准。国际标准的出现，大大地促进了 EDI 的发展。随着 EDI 各项国际标准的推出，以及开放式 EDI 概念模型的趋于成熟，EDI 的应用领域不仅限于国际贸易领域，而且在行政管理、医疗、建筑、环境保护等各个领域得到了广泛应用。可见 EDI 的各项标准是使 EDI 技术得以广泛应用的重要技术支撑，EDI 的标准化工作是在 EDI 发展进程中不可缺少的一项基础性工作。

我国根据国际标准体系和我国 EDI 应用的实际以及未来一段时期的发展情况，制定了 EDI 标准体系，以《EDI 系统标准化总体规范》作为总体技术文件。根据该规范，EDI 标准体系分为基础、单证、报文、代码、通信、安全、管理应用七个部分。

（二）网络安全

互联网正以惊人的速度彻底地改变着人们的工作效率和生活方式，通过它，人们可以方便快捷地完成许多的商务和政务。然而，由于互联网的开放性和匿名性，不可避免地存在许多安全隐患。在安全方面，需要考虑加密技术、安全套接层以及防火墙和数字签名技术等问题，这部分内容将在第十章第二节进行介绍。

（三）电子支付系统

电子支付工具很多，可分为三大类：电子货币类，如电子现金、电子钱包等；支付卡类，包括信用卡、智能卡、借记卡、电话卡等；电子支票类，如电子支票、电子汇款、电子结账等。

1. 电子现金。

电子现金（E-cash）又称为电子货币或数字货币，是一种非常重要的电子支付系统，它被看作是现实货币的电子或数字模拟，电子现金以数字信息形式存在，通过互联网流通。但比现实货币更加方便、经济。

2. 电子钱包。

电子钱包的功能和实际钱包一样，可存放信用卡、电子现金、所有者的身份证书、所有者地址以及在电子商务网站的收款台上所需的其他信息。电子钱包提高了购物的效率。消费者选好要采购的商品时，可立即点击自己的钱包，从而加速了订购的过程。电子钱包是电子商务购物活动中常用的一种工具，适于小额购物。电子钱包的使用需要在电子钱包服务系统中，它的软件通常都是免费提供的。世界上有 VISA Cash 和 Mondex 两大在线电子钱包服务系统。

3. 电子智能卡。

智能卡就是嵌入了一个微处理芯片的塑料卡，芯片中可以存储和更新数字信息。智能卡的信息存储量比一个磁卡大 100 倍，可存储用户的个人信息，如财务数据、私有加密密钥、账户信息、信用卡号码及健康保险信息等。智能卡便于携带、使用方便，存储的信息是加密的。当你刷卡进行支付时，刷卡设备将从储存在芯片里的数额中减去你购买的金额。

4. 信用卡。

目前，在线购物大部分用信用卡进行结算。信用卡是一种非现金交易付款方式，它是银行提供给用户的一种先消费后还款的小额信贷工具。银行或信用卡公司依照用户的信用度与财力发给持卡人，持卡人持信用卡消费时无须支付现金，待结账日时再还款。

5. 电子支票。

电子支票（Electronic Check）是纸质支票的电子替代物，它与纸质支票一样是用于支付的一种合法方式，它使用数字签名和自动验证技术来确定其合法性。监视器的屏幕上显示出来的电子支票样式与纸质支票十分相似，填写方式也相同，支票上除了必需的收款人姓名、账号、金额和日期外，还隐含了加密信息。电子支票通过电子函件直接发送给收款方，收款人从电子邮箱中取出电子支票，并用电子签名签署收到的证实信息，再通过电子函件将电子支票送到银行，把款项存入自己的账户。电子支票有多种实现形式，最典型的一种就是在线银行。

在电子商务的世界里，企业必须建立能够支持客户进行便捷、安全、电子化支付的 IT 系统。

三、电子商务在现代组织中的应用

（一）适合网络销售的商品

网络销售商家众多，商品种类也成千上万，公认的最适合网络销售的是以下类型的商品：

1. 计算机硬件和软件。

计算机硬件和软件是在线销售量上最大的商品，人们在线选购大量的计算机硬件和软件。戴尔公司是计算机硬件和软件的主要在线销售商，其 2004 年的在线销售额超过 200 亿美元。

2. 电子消费品。

据相关统计，有 10% ~15% 的电子消费品在网上销售。数码相机、打印机、扫描仪和无线设备（包括个人数字助理和手机）都是一些可在网上买到的电子消费品。

3. 办公设备。

著名的办公设备企业 Office Depot. com 是世界上最大的电子商务企业之一，网上年销售额达 47 亿美元。全世界 B2C 和 B2B 中的办公设备销售都在快速增长。

4. 运动器材。

互联网上运动器材销售非常好。但是，由于只有少数是特许电子零售商在线销售运动器材，准确统计其销售数量有些困难。

5. 图书和音乐。

亚马逊和巴尼斯诺贝尔（barnesandnoble. com）网站是主要的图书销售商。另外还有数百家电子零售商在互联网上销售图书，特别是特色图书（例如电子图书、儿童读物）。

6. 玩具。

在线玩具销售的先行者是美国的玩具连锁公司和亚马逊。消费者也可以通过互联网从打折商店、专卖店购买喜爱的玩具，或者在线直接向玩具制造商订购。

7. 保健和美容。

大型零售商和特许销售商在线销售维生素、化妆品和珠宝饰品等种类繁多的保健美容商品。

8. 文化娱乐。

文化娱乐是电子零售业的另一个领域，拥有数百万全球客户。销售的产品也非常多，范围包括演唱会及比赛入场券，付费虚拟游戏等等。

9. 服装和纺织品。

服装和纺织品在线销售量也在不断增长，与此同时，消费者可以在互联网上定制购买衬衫、裤子，甚至鞋。

10. 珠宝。

一些公司在通过电视频道售卖珠宝饰品取得成功之后，现在又通过互联网销售珠宝商品。在国外，布鲁尼罗、戴尔曼和艾丝是在线珠宝销售商的先行者，紧随其后的有 mazon 和 Ebay。国内在线珠宝销售发展也很快，如戴维尼（www. popdiamond. com）、中国珠宝网（www. gembao. com）。珠宝销售将会成为未来六个成功的电子零售领域之一。

11. 汽车。

互联网汽车销售还处于起步阶段（人们仍然喜欢亲临现场去“踢踢轮胎”），但是汽车必将成为互联网上热销商品之一。提供汽车销售服务的制造商、零售商和中介商，无论是网络公司还是非网络公司，都正在加入到互联网汽车销售的行列中。涵盖 B2B、B2C 和 G2B 汽车交易市场的交易量有数万亿美元，涉及新车和二手车交易、汽车运输公司或汽车出租公司。尽管购车者喜欢亲临现场体验汽车性能，但是网络汽车销售仍具有优势，并且增长迅速。正如古董在线拍卖被大众所接受一样，新车或二手车在线销售也一定会被大众所接受。有一些公司提供在线汽车销售服务支持，消费者可以在线办理融资、担保和保险。

12. 服务业。

服务业，特别是旅游、股票交易、电子银行、房地产和保险在线营销正在持续增长，一些领域每年增长率甚至超过 100%。其中在线银行和在线支付逐渐成为大众普遍接受的电子商务领域。

13. 其他商品。

随着越来越多的零售商开展网络销售，互联网上销售的商品种类越来越多。实际上，凡是可以在实际商店销售的商品同样可以在网上销售。通过互联网销售的商品有许多是特殊或特需商品。互联网提供了一个开放的全球性的市场，有一些难以通过其他方式卖出的特殊商品（如老式可口可乐瓶和茶树油）也在通过互联网寻找买主。

（二）电子商务给企业带来的效益

1. 降低采购价格。

物资采购对企业来说是一个复杂的过程。企业经历了寻找供应商→与供应商谈判→发出采购订单→收货→订单确认→付款这样一个多阶段的过程。若原有订单发生变更，企业的采购过程将更加复杂。

电子商务将帮助企业简化这一过程，从而降低采购价格。一些企业使用了电子数据交换（EDI），自动地完成例行的采购，减少了采购过程中的劳动力、印刷和邮寄等方面的成本，使采购人员把更多的时间和精力集中在价格谈判及改善与供应商关系上。通过 Internet 进行的采购，降低了处理费用，公开的网上招标也为企业提供了更多的销售机会。

2. 减少库存和产品的积压。

对于企业来说，库存占用企业资金，库存越多运转的费用也将越高。因此，维持适当的库存对企业是十分必要的，这将有助于企业将运转费用控制在一个较低的水平。较低的库存意味着库存周转频率的增加，使企业降低在库存方面的利息、搬运和存储方面的花费。

3. 缩短生产周期。

企业与供应商和客户之间的电子数据交换，减少了企业收发采购订单、发货单和发货通知的时间。同时，Internet 可以使企业不同的工作小组在不同的地点共享信息，进行项目合作，加速产品的设计与研制。电子商务活动缩短了企业生产周期。

4. 提高顾客服务水平。

B2C 电子商务为企业和顾客搭建了一个很好的交易平台。企业可以在网上提供产品介绍、技术服务、订单处理信息处理等服务。顾客也可以通过 Internet 了解发货、到货时间、跟踪自己的订单，下载软件等。通过电子商务，企业服务人员将能更好地为顾客服务，从而实现企业与顾客的双赢。

5. 更多的销售机会。

因特网用户数以亿计，通过适当的营销组合，企业可以吸引更多的顾客到自己的电子商务网站上来，从而为企业赢得更多的销售机会。另一方面，企业通过 Internet 可以搜寻到更多的供应商，获得更多的信息，选择合适的供应商。

（三）电子商务应用实例

案例：通用汽车的 B2B 方案

通用汽车（GM）是全球最大的汽车制造商。该公司向 190 个国家销售汽车，并在约50个国家建有生产基地。由于汽车行业竞争十分激烈，GM一直在寻找提高效率的方法。最引人注目的新动议就是GM期望能在几年内实现大部分汽车的用户定制化。公司希望通过B2B方案来减少成品汽车库存，从而节约数以亿计的资金。

同时，GM通过其经销商的网站来销售用户定制汽车。因为这种在线销售并不是面向最终用户的直接市场，GM可以避免与网络经销商发生渠道冲突。这种合作需要与经销商共享在线市场和汽车服务，保修方面的信息。GM及其经销商需要与GM的供应商合作。这些供应商同样也要与其他汽车制造商合作。因此一个好的沟通体系非常必要。

除了需要有效的沟通，GM还要面临许多问题。其一就是关于如何处置那些不能再有效生产的机械设备。这些固定资产随着时间贬值并最终被取代。GM一直是通过中介商采取实物拍卖的方式来出售这些资产。问题在于此类拍卖要花费几周甚至是几个月来完成。更糟的是拍卖价格非常低，并且还要支付给第三方拍卖行20%的佣金。

GM另一个问题与商品采购有关，这些商品包括直接和间接用于制造汽车的原材料，诸如灯泡或者是办公用品。GM每年要花费超过1000亿美元从2万家供应商那里购买大约20万种不同的商品。公司以前采用人工招标的方式与潜在的供应商洽谈，签订合同。所需物料的详细要求将邮寄给各个潜在的供应商，供应商应标，GM从中选择价格足够低的供应商作为中标者。如果所有的投标价格都太高了，就将举行第二轮甚至是第三轮投标。有的时候，在GM确信价格和品质均为最优之前，这一程序已经耗费了几周或几个月的时间。投标所涉及的准备费用使得一些供应商选择放弃，因而没有足够的供应商参与投标，结果就是GM公司必须以更高的价格来购买商品。

为了解决这个涉及经销商和供应商的问题，GM设立了一个外部网络，称为ANX（网络自动交易）。ANX逐渐发展成为一个B2B交易市场Covisint（covisint.com)，得到其他的汽车制造商的支持。早在2000年初，GM在covisint.com上实现了自己的电子市场，并在这里进行拍卖操作。第一批拍卖的物品是8个75吨级冲压机。GM邀请了140名被认可的投标人在网上观看了冲压机的图片和相关服务记录。仅用一周准备，拍卖就在网上展开，不到2个小时，冲压机就被全部卖掉了。

在最先进行的公开正向拍卖的89分钟内，8台冲压机卖了180万美元。如果使用传统的离线方式，同样的物品只能卖到网上价格的一小半，并且需要4~6个星期。自2001年以来，GM进行了数以百计的电子拍卖。其他卖家也很受鼓舞，纷纷到该网站拍卖他们的物品，并根据最终价格向GM支付佣金。

至于物资采购问题，GM在它的电子采购网站上通过反向拍卖的方式使得拍卖过程自动化。有资质的供应商在互联网上对GM公司需要采购的商品进行投标。投标是“公开的”，这意味着所有供应商都能够看到他们竞争对手的投标。GM公司可以同时接受多个供应商的投标，通过提前设定的标准，例如价格、交货期限和付款方式，可以很快地和最合适的投标人成交。

第一次参与网上逆向拍卖时，GM采购了一大批用于生产汽车的橡胶封圈。GM支付的价格明显低于该公司以前采用人工协商购买的相同物品的价格。现在每周这个网站上都要进行许多类似的投标。每一单的管理成本节约了40%，甚至更多。

第四节　数据仓库与数据挖掘

数据仓库与数据挖掘是20世纪90年代以来决策支持系统的重要发展。近年来得到了理论界和信息产业界的高度重视。数据仓库是创建商务智能过程中，继数据库技术之后进一步的发展。数据挖掘是人们用于数据仓库和商务智能推理过程中，支持决策、解决问题或创造竞争优势而挖掘有价值的信息。数据仓库将提供联机的分析手段来查询和分析相关的动态信息，数据挖掘将从信息资源中发掘知识满足企业的新需求。

一、数据仓库

企业和组织管理的核心是决策，决策需要数据，通常的数据库系统适合于在线事务处理（OLTP），并不能很好地支持企业和组织的决策。企业或组织在作决策时，需要综合分析组织中各个部门的数据（这些数据可能在不同的位置，甚至可能由不同的系统管理），在这种实际需求的背景下，数据仓库技术应运而生。数据仓库（Data Warehouse，DW）可满足决策分析的需要，它包括来自多个数据源的历史数据和当前数据，提供对决策的支持。

（一）数据仓库的定义

被誉为数据仓库之父的比尔·英蒙（Bill Inmon）对数据仓库作了如下定义：数据仓库是在支持管理的决策生成过程中，一个面向主题的、集成的、时变的、非易失的数据集合。数据仓库是一个对历史数据进行处理的集成化的数据收集和信息处理机构，这些信息来自于许多不同的业务数据库。在一般情况下，数据仓库的数据输入部分是来自一个操作性的环境，该部分的作用是将这个环境中的数据送到另一个在物理上相分离的数据存储机构中去。而数据仓库则不断地对信息系统中的数据进行整理，从而辅助决策者有效地发现问题。

（二）数据仓库的基本构架

1. 数据源。

构建一个数据仓库，充足的数据来源是非常必要的。它包括来自由联机事务处理系统（OLTP）生成和管理的数据，如企业中心数据仓库的数据，企业各部门的数据库或文件系统中的数据，工作站和私有服务器上的私有数据，外部系统的数据等。

2. 装载管理器（又称前端部件）。

它完成所有与数据抽取和装入数据仓库有关的操作。目前有许多商品化的数据装载工具，用户可根据需要进行选择和裁剪。

3. 数据仓库管理器。

数据仓库管理器管理仓库中数据的有关操作，包括分析数据，确保数据的一致性；暂存、转化、合并源数据到数据仓库的基表中；创建数据仓库基表中的索引和视图；备份和归档数据等。数据仓库管理器可通过扩展企业现有的数据库管理系统（DBMS）的功能来实现。

4. 查询管理器（又称后端部件）。

用以完成所有与用户查询有关的操作。

5. 详细数据。

在数据仓库的这一区域里存储数据库模式中的详细数据，通常这些数据不能联机存取。详细数据包括当前详细数据和历史详细数据。当前详细数据（Current Detail Data）反映了当前发生的、用户感兴趣的数据，当前详细数据往往是数量庞大的，它是存储在最低粒度级上。当前详细数据一般存储在磁盘上，它可以被快速存取，但对其管理比较复杂，而且成本较高。历史详细数据（Older Detail Data）是按照一定的格式存储在海量存储器上的，它们不经常被存取，而是被存储在一个与当前详细数据相应的详细水平上。

6. 轻度和高度汇总的数据。

在数据仓库的这一区域中存储所有经数据仓库管理器预先轻度和高度汇总（聚集）过的数据。轻度汇总数据（Lightly Summarized Data）是从底层的当前详细数据提炼出来的数据，一般也存在磁盘上，关联到轻度概略数据的建立的问题包括时轴单位的确定和该类数据应该包括什么内容或者属性等。高度汇总数据（Highly Summarized Data）是高度压缩的，容易存取的数据。有时候高度概略数据可以被外部环境所引用，有时候高度概略数据在当前数据仓库之外引用。这一区域的数据是变换的，随所执行的查询而改变。数据汇总的目的是为了提高查询的性能。

7. 归档/备份数据。

这一区域存储为归档和备份用的、详细和汇总过的数据，数据将要被转换到磁盘或光盘上。

8. 元数据。

元数据是关于数据仓库中数据、操作数据的进程以及应用程序的结构和意义的描述信息。在数据仓库的建立过程中，元数据描述的对象涉及数据仓库的各个方面，是整个数据仓库中的核心部件。

9. 终端用户访问工具。

数据仓库的目的是为企业决策者作战略决策提供信息，这些用户利用终端用户访问工具与数据仓库打交道。共有五类访问工具：报表和查询工具、应用程序开发工具、执行信息系统（EIS）工具、联机分析处理（OLAP）工具、数据挖掘工具。

（三）数据仓库在现代组织中的应用

1. 数据仓库的使用给组织带来的好处。

数据仓库的最终目的是将企业范围内的全体数据集成到一个数据仓库中，它提供了一个决策支撑环境，是一种数据管理和数据分析的技术。数据仓库将给组织带来以下好处：

（1）提高企业决策能力。数据仓库提供给企业较全面的数据，让决策者能进行更多、更有效的分析。

（2）竞争优势。由于决策者能方便地存取许多过去不能存取或很难存取的数据，所以能凭借数据仓库做出更准确的决策，为企业获得更大的竞争优势。

（3）潜在的高投资回报。为确保成功实现数据仓库，企业必须投入大量的资金，但据国际数据公司（IDC）1996 年的研究，对数据仓库三年的投资利润可达40%。

2. 数据仓库在组织中的应用。

例如，美国沃尔玛连锁店是世界上最大的零售公司。几年来他们的数据仓库规模从 6TB 增加到现在的 100TB。与此同时，公司实现了存货少、效益高的良性循环，一直保持了行业的领先地位。他们利用数据仓库，通过网上供货商随时补充货源，实现对库存商品更有效的控制，达到最小库存量。

数据仓库在电信行业发挥了巨大作用。当电信行业出现竞争时，就会出现企业客户的流失，这将使电信企业面临着巨额的损失。数据仓库的使用，将帮助电信企业对这种客户的流失进行预测，并能了解哪些客户将转换到竞争对手企业。如果企业能够事先进行预测，并在客户流失之前采取适当的措施，将能够挽留这些客户，减少客户的流失。保留老客户将给电信企业带来巨大的收益，从而使电信企业在较短的时间内收回数据仓库的投资成本。

数据仓库在银行业也得到了较为广泛的应用。以美国为例，许多大银行建立了自己的数据仓库系统，储存大量的客户信息。数据仓库可以有效地帮助银行从这些海量的信息资料中发掘有价值的部分。目前，数据仓库被银行用来进行多种分析：分析现有顾客的消费行为，挖掘这些顾客的潜在消费；分析信用卡的使用情况，预防信用卡犯罪的发生；分析不同类型客户对金融产品的偏好，协助市场营销部门针对不同类型的目标客户展开营销，为客户提供个性化的服务。

二、数据挖掘

（一）数据挖掘的定义

数据挖掘（Data Mining，DM）在 1989 年 8 月美国底特律市召开的第十一届国际联合人工智能学术会议上正式形成。DM 还被译为数据采掘、数据开采和数据发掘等，但 DM 还未有一致的定义。

1. 技术上的定义及含义。

定义 1：数据挖掘就是从大量的、不完全的、有噪声的、模糊的、随机的实际应用数据中，提取隐含在其中的、人们事先不知道的、但又是潜在有用的信息和知识的过程。

定义 2：数据挖掘就是数据库中知识的发现。

定义 3：数据挖掘为发现数据中隐藏的模式和关系的过程。

综上所述，我们定义数据挖掘为在通过一定的工具与方法寻找出有价值的知识的一类深层次的数据分析方法。

2. 商业角度的定义。

数据挖掘是一种新的商业信息处理技术，其主要特点是对商业数据库中的大量业务数据进行抽取、转换、分析和其他模型化处理，从中提取辅助商业决策的关键性数据。

简言之，数据挖掘其实是一类深层次的数据分析方法。数据挖掘是从大量的数据中抽取出有效的、新颖的和潜在有用的知识的过程。其目的是提高市场决策能力、检测异常模式、在过去的经验基础上预言未来趋势等。

（二）数据挖掘技术

1. 数据挖掘的过程。

数据挖掘过程一般由以下阶段组成：定义问题、数据准备、挖掘操作、结果表达和解释及知识的运用。

（1）定义问题。清晰地定义出业务问题，确定数据挖掘的目的。

（2）数据准备。这个阶段又可进一步分为 3 个子步骤：数据集成、数据选择、数据预处理。数据集成将文件或多数据库运行环境中的数据进行合并处理，解决语义模糊性、处理数据中的遗漏和清洗脏数据等。数据选择是在大型数据库和数据仓库目标中提取数据挖掘的目标数据集，选择的目的是辨别出需要分析的数据集合，缩小处理范围，提高数据挖掘的质量。数据预处理是为了克服目前数据挖掘工具的局限性，进行数据再加工，包括检查数据的完整性及数据的一致性，填补丢失的域，删除无效数据等。

（3）数据挖掘。根据数据的类型和数据的特点选择相应的算法，在净化和转换过的数据集上进行数据挖掘。主要包括：①决定如何产生假设，是让数据挖掘系统为用户产生假设，还是用户自己对于数据库中可能包含的知识提出假设；②选择合适的工具；③挖掘知识的操作；④证实发现的知识。

（4）结果表述和解释。根据最终用户的决策目的对提取的信息进行分析，把最有价值的信息区分开来，并且通过决策支持工具提交给决策者。

（5）知识的运用。将分析所得到的知识集成到业务信息系统的组织结构中去。

2. 数据挖掘常用的技术。

数据挖掘并不是一项全新的技术。实际上，数据挖掘的技术是以人工智能为基础，并利用其他技术，如多元统计分析方法等而形成的。最常用的数据挖掘技术是：

（1）人工神经网络。人工神经网络由于本身良好的鲁棒性、自组织自适应性、并行处理、分布存储和高度容错等特性，非常适合解决数据挖掘的问题，因此近年来越来越受到人们的关注。它从结构上模仿生物神经网络，具有对非线性数据的快速拟合能力，是一种通过训练来学习的非线性预测模型，可以完成分类、聚类、特征挖掘等多种数据挖掘任务。

（2）决策树。决策树是一种常用于预测模型的算法，它通过将大量数据进行有目的地分类，从中找到一些有价值的，潜在的信息。它的主要优点是描述简单，分类速度快，特别适合大规模的数据处理。

（3）遗传算法。遗传算法是一种基于生物自然选择与遗传机理的随机搜索算法，是一种仿生全局优化方法。遗传算法具有的隐含并行性、易于和其他模型结合等性质使得它在数据挖掘中被加以应用。为了应用遗传算法，需要把数据挖掘任务表达为一种搜索问题而发挥遗传算法的优化搜索能力。

（4）简单贝叶斯。这是一种对无条件数据限制其输入的技术。它仅适用于分类问题（这里的“简单”是假定变量是独立的）。该技术是基于这样一个概念：把在训练数据中观测到的频率作为条件频率。

（5）模糊和粗集方法。应用模糊和粗集理论进行数据查询排序和分类也是数据挖掘的重要的方法。模糊集合理论对实际问题进行模糊评判、模糊决策、模糊模式识别和模糊聚类分析。系统的复杂性越高，模糊性越强，一般模糊集合理论是用隶属度来刻画模糊事物的亦此亦彼性的。粗集理论是一种研究不精确、不确定知识的数学工具。粗集处理的对象是类似二维关系表的信息表。目前成熟的关系数据库管理系统和新发展起来的数据仓库管理系统，为粗集的数据挖掘奠定了坚实的基础。

(6) 统计分析方法。在数据库字段项之间存在两种关系：函数关系（能用函数公式表示的确定性关系）和相关关系（不能用函数公式表示，但仍是相关确定性关系），对它们的分析可采用统计学方法，即利用统计学原理对数据库中的信息进行分析。

（三）数据挖掘的应用

数据挖掘是目前国际上数据库和信息决策领域的最前沿研究方向之一。越来越多的大中型企业开始利用数据挖掘技术来分析公司的数据，以辅助决策，数据挖掘正逐渐成为他们在市场竞争中立于不败之地的法宝。

目前数据挖掘应用于不同领域，而每个领域又都有自己的应用领域和应用背景。

1. 金融。

金融事务需要收集和处理大量的数据，通过对这些数据进行分析，发现其数据模式及特征，然后可能发现某个客户、消费群体或组织的金融和商业兴趣，也可观察到金融市场的变化趋势。数据挖掘在金融领域的应用较为广泛，包括数据清理、金融市场分析预测、账户分类、信用评估等。

典型的金融分析领域有投资评估和股票交易市场预测，分析方法一般采用模型预测法。由于金融投资的风险很大，在进行投资决策时，更需要通过对各种投资方向的有关数据进行分析。

2. 医疗保健。

医疗保健业有大量的数据需要处理，但这个行业的数据是由不同的信息系统管理，数据以不同的格式保存，从总体看，数据是无组织的。在这个行业中，数据挖掘的关键任务是进行数据清理、预测医疗保健的费用。

3. 市场营销。

市场营销应用数据挖掘技术进行市场定位、顾客描述、客户细分、客户保留、辅助制定市场营销策略等。

4. 零售业。

零售业是最早运用数据挖掘技术的行业。目前，主要运用于销售预测、交叉销售库存需求、零售点的选择、货架的摆放、价格分析等。

5. 制造业。

制造业应用数据挖掘技术进行零部件故障诊断、资源优化、生产过程分析等。

6. 诈骗检测。

数据挖掘也可应用于案件调查、诈骗检测、犯罪行为分析等方面。在很多行业，企业诈骗是一个很严重的问题，这些行业包括银行、信用卡发行者和健康保险提供者。每年由于企业诈骗，产业和政府损失亿万美元。尽管如此，不是不可能但是很难防范这些企业诈骗行为，因为诈骗类型和其复杂度是多样化的。数据挖掘可以帮助减少诈骗风险。

7. 工程和科学。

在信息量极为庞大的天文、气象、生物技术等领域中，所获得的大量实验和观察数据靠传统的数据分析工具难以应付，因此，对功能强大的智能化自动分析工具要求迫切，这种需求推动了数据挖掘技术在科学研究领域的应用发展，目前已获得了一些重要的研究成果。

8. 保险业。

分析决定保险额的主要因素，预测顾客保险的模式。通过数据挖掘以得到不同行业、不同年龄段、不同社会层次的人，他们的保险金应该如何确定。另外，还可进行险种关联分析，分析购买了某种保险的人是否又同时购买了另一种保险，也可预测什么样的顾客将会购买新险种。

总之在选择一种数据挖掘技术的时候，应根据问题的特点来决定采用哪种数据挖掘形式比较合适。应选择符合数据模型的算法，确定合适的模型和参数，只有选择好正确的数据挖掘工具，才能真正发挥数据挖掘的作用。

(四) 数据挖掘在组织中的应用实例

案例 1：加拿大 LAURENTIAN 银行的 SAS 信用记录

数据挖掘的应用无处不在，它能帮助商家做出更好的决策。在金融服务业，加拿大的 Laurentian 银行求助于主要的统计工具提供商 SAS 创建了一个信用评级模型，以批准对雪地汽车、全地形汽车、船艇、娱乐车和摩托车的贷款。

Laurentian 银行希望改善对数据采掘和分析工具的应用，开发一个内部的计分卡。开发一个柔性系统来帮助银行了解申请贷款的消费者和商家。这个叫做 SAS 信用计分的系统为每一个贷款申请者设立一个信用风险计分卡，它以包括社会经济数据在内的多种信息为基础，用计分的形式确定贷款申请者的风险级别。

在短短的几个月内，这家银行就实现了 33% 的投资收回率，而且预计在汽车贷款上的亏损将降低 8%。

案例 2：塞夫维（Safeway）曾是英国的第三大连锁超市，年销售额超过 100

亿美元，提供的服务种类达 34 种。为了取得竞争优势，塞夫维以顾客为导向，利用数据挖掘技术，分析顾客的购买记录，并采取相应的营销手段，使得塞夫维的销售量获得了较大幅度的增长。塞夫维根据客户的相关资料，将客户分为 150 类，再用关联的技术比较这些资料集合（包括交易资料以及产品资料），然后将列出产品相关度的清单（例如，“在购买烤肉炭的客户中，75% 的人也会购买打火机燃料”），将关联度高的产品摆放在一起，既方便了顾客，又增加了产品的销售。塞夫维还对商品的利润进行了细分。例如塞夫维发现，在 28 种品牌的橘子汁中，有 8 种特别受消费者欢迎。因此，超市重新安排货架的摆设，使橘子汁的销量能够大幅增加。塞夫维通过对购买记录的分析，找出长期的经常性购买行为，再将这些资料与主数据库的人口统计资料结合在一起，塞夫维的营销部门根据每个家庭在不同季节的购买倾向，设计并发出相关商品信息邮件，刺激消费者的购买。

案例 3：一个大的消费者货物包裹公司可以利用数据挖掘来改进对零售商的销售流程。来自消费者组织、运输商以及竞争对手活动的数据，可以用于理解打上印记和仓储转移的原因。通过这些分析，制造商可选择能最好地运抵目标客户地区的运输商推荐策略。

每一个这样的例子都有一个共同的基础，他们利用在数据仓库里隐藏的关于客户的知识，来减少费用并改善客户关系的价值。这些组织现在可以集中精力于最重要的客户和有前景的商务，并设计可以最好实现这些目标的市场策略。

本章小结

本章介绍了管理信息系统的新发展，包括决策支持系统、企业资源规划、电子商务和数据仓库。分别从概念、基本结构以及在组织中的应用等方面进行说明。通过本章的介绍，使读者对管理信息系统在实践中的应用有更深刻的认识。

习题

1. 什么是决策支持系统？它与 MIS 的区别与联系是什么？
2. 群决策支持系统的三个基本要素是什么？
3. 什么是人工智能？它的研究领域都有哪些？
4. 什么是专家系统？其组成是怎样的？
5. 简述 ERP 的发展历程。

6. ERP 的管理思想是什么？
7. ERP 与 ERPⅡ有何区别？
8. 什么是电子商务？电子商务可归纳为几种类型？
9. 电子商务的支撑系统有哪些部分？
10. 什么是数据仓库？数据仓库的组成部分有哪些？
11. 什么是数据挖掘？简述数据挖掘的基本过程。
12. 数据挖掘的应用领域有哪些？

第九章

管理信息系统开发的项目管理

第一节　项目管理

一、项目与项目管理

1. 项目的概念。

项目是为创建某一独特产品、服务或成果而临时进行的一次性努力。对项目更具体的解释是用有限的资源、有限的时间为特定客户完成特定目标的一次性工作。这里的资源指完成项目所需要的人、财、物；时间指项目有明确的开始和结束时间；客户指提供资金、确定需求并拥有项目成果的组织或个人；目标是满足要求的产品和服务，并且有时它们是不可见的。

2. 项目管理的概念。

项目管理指的是通过项目经理和项目组织的共同努力，运用系统工程的理论和方法，对项目及其资源进行计划、组织、协调和控制，来实现项目的特定目标的管理方法体系。对于一个确定的项目，其任务范围是确定的，项目管理就转化为在一定的任务范围下，如何处理好时间、成本和质量三者之间的关系的问题。项目管理要解决的基本问题就是如何按所选择的研制方法，对开发项目进行有效的计划、组织、协调、领导、控制。

3. 信息系统开发中的项目管理。

管理信息系统的开发是在用户和各类开发人员的共同努力下完成的，处理、协调好各类人员的关系，将直接影响开发工作的时间、成本、质量，是项目管理的重要内容。实际上，信息系统开发的项目管理，也是一项复杂的系统工程，需要协调、处理各类开发人员和各级用户的关系，做好文档管理工作，制定、控制系统开发进度，并对项目经费开支的预算和使用等进行监督。

二、项目管理的过程

项目管理是在项目活动中运用知识、技能、工具和技术以确保满足项目的要求。项目管理不仅应用了项目管理的知识和技术，同时也应用了项目管理的过程。项目管理通过一系列的过程来完成，每个过程都会接受输入、使用相应的工具和技术来产生输出。项目管理是一项整体活动，某一过程中的工作失误通常会影响到与之相关的其他过程。因此，需要从整体上要求每个过程都恰当地与其他过程排列和连接起来，以利于相互协调。成功的项目管理应该是能积极管理这些交互作用来成功地满足项目的要求。

任何项目都必须经历五个项目过程，它们具有明确的依存关系并在各个项目中按一定的次序执行。这些过程与应用的领域或特定行业无关。在项目完工前，通常个别项目过程可能会反复出现。它们包括：①启动过程，就是正式批准开始一个新项目所必需的一些过程。例如，在项目启动之前，要制定项目章程、制定项目范围说明书。②计划编制过程，即定义和细化目标，规划最佳的行动方案。换句话说就是从各种备选方案中选择最优的方案，实现项目的目标。计划过程包括定义项目范围、制订项目管理计划、识别项目活动并安排进度等过程。③执行过程，就是整合人员和其他资源，在项目的生命周期或某个阶段执行项目的管理计划。涉及指导和管理项目执行、执行质量保证、项目团队建设、信息发布、获取供方响应和选择供方几个过程。④监督与控制过程，即定期测量和监控项目的进展，识别与项目管理计划的偏差并及时采取纠正措施，确保项目目标的达成。⑤收尾过程，即正式接受产品、服务或工作的成果，有序地结束项目。包括正式终止项目阶段所有活动、将完成的产品递交给其他人或者取消项目所需的过程。

第二节　项目进度管理

一、项目进度管理的含义

项目进度管理是指项目按时完成所必需的管理过程。进度安排的准确程度在信息系统的开放过程中十分重要。如果进度计划不能得到实施将导致市场机会的丧失或者用户的不满意，而且会使成本增加。因此在考虑进度安排时要把人员的工作量与花费的时间联系起来，合理分配工作量，利用进度安排的有效分析方法来严密监视项目的进展，以使项目的进度不被拖延。

二、进度安排

项目进度管理内容包括：任务分解、任务排序、制订进度计划及进度控制。

（一）任务分解

任务分解（Work Breakdown Structure），又叫任务划分或工作分解结构，就是把整个信息系统项目的开发工作定义为一组任务的集合，这组任务进一步划分为若干个子任务，子任务进一步进行细划，最后形成具有层次结构的任务群。为了得到工作分解结构必须执行一系列的活动。

1. 进行任务分解，是实施项目管理的第一步，也是关键的一步。

具体的内容包括：

（1）任务设置。在统一文档格式的基础上，详细说明每项任务的内容，应该完成的文档资料，以及任务的验收标准等。

（2）资金划分。根据任务的大小、复杂程度，需要的软件、硬件以及技术等因素，确定完成该任务所需的资金、资金使用分配情况。

（3）任务计划时间表。根据所设置的任务确定各任务的完成时间及计划。

（4）协同过程与保证完成性。主要是指在进行任务划分时，考虑为了完成该任务所需要的外部、内部条件，即哪些人要协助、参与该项任务，确定保证任务按时完成的人员、设备、技术支持等。

2. 进行任务划分主要有以下几种方法：

（1）按信息系统项目的结构和功能进行划分。将整个系统分为硬件系统、软件系统和应用软件系统。对于硬件系统，可以进一步划分为服务器、工作站、计算机网络环境等，考虑这些硬件的选型方案、购置计划、购置管理、检验标准、安装调试计划等内容，制定相应的任务；对于软件系统，可以进一步划分为网络操作系统软件、后台数据库管理系统、前台开发平台等，考虑这些软件的选型、配置、购置、安装调试等内容，并制定出相应的任务；对于应用软件系统，可以进一步划分为输入、显示、查询、打印、处理等功能，并考虑与之相关的需求分析，进行编程、设计的工作内容，以及如何保证质量和进行验收等内容，制定出相应的任务。

（2）按系统开发阶段进行划分。按照系统开发经历的可行性分析、总体规划、系统分析、系统设计、系统实施、系统运行等各个阶段，划分出每个阶段应该完成的任务、技术要求、软件硬件系统的支持、完成的标准、人员的组织及其责任、质量保证、检验及审查标准等内容，同时还可以根据完成各阶段任务所需的步骤将这些任务进行更进一步的细划。

（3）上述两种方法结合使用。考虑信息系统项目的实际情况，兼顾两种方法的特点，利用优点，摒弃缺点和不足，结合进行。

（二）制订进度计划

时间是系统开发中最简单的因素，也是系统开发成功与否的关键因素。要想保证信息系统项目成功实现，必须做好时间计划，使开发工作在一定的时间内按计划保质保量完成。制订进度计划就是决定项目活动的开始和完成的日期。根据对项目工作进行的分解，找出项目活动的先后顺序、估计出工作的历时之后，再制订好活动的进度计划。常用的制订工作进度计划的方法有甘特图法和网络图法。

1. 甘特图法。

20 世纪初亨利·甘特开发了甘特图（Gantt Chart），也叫横道图或条形图。它是以水平线段表示子任务的工作进度的计划编制方法，主要用于项目计划和项目进度安排（如图 9－1）。图中每一条线段，表示某项具体任务，线段的始点、终点分别对应着这一任务的开工时间和完成时间，线段的长度表示完成该任务所需的时间。甘特图是对简单项目进行计划与排序的一种常用工具，它基于作业排序的目的，将任务与时间联系起来。甘特图被广泛地应用于现代的项目管理中，它是最容易理解、最容易使用并最全面的一种进度计划工具。它可以预测时间、成本、数量及质量上的结果。

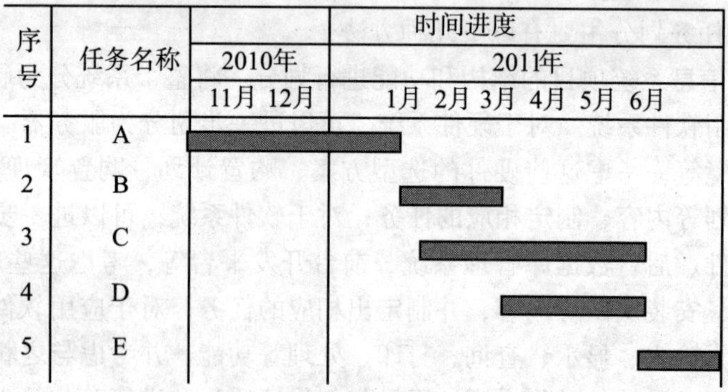

序号	任务名称	时间进度	
		2010年	2011年
		11月 12月	1月 2月 3月 4月 5月 6月
1	A		
2	B		
3	C		
4	D		
5	E		

图 9－1　工作进度甘特图

2. 网络图。

网络图是制定进度计划的另一种常用工具，它的组成元素为箭线、节点和线路（如图 9－2）。

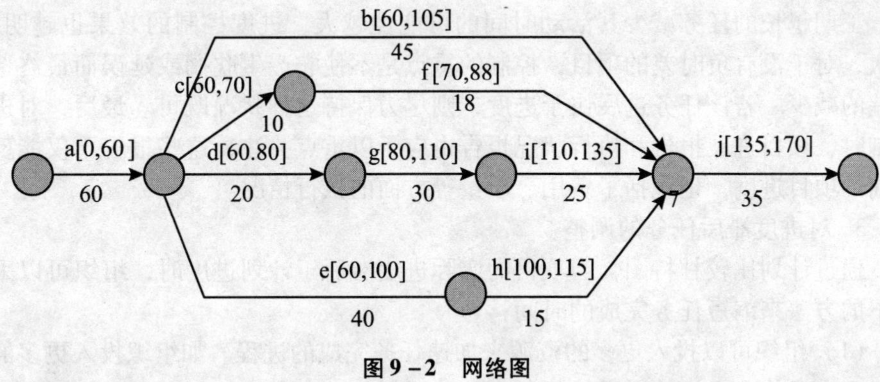

图 9－2　网络图

箭线表示工作任务及走向，节点表示工作的开始和结束。线路是指从起点到终点的一条通路，一个项目网络图有很多条线路。工作的最迟开始时间与最早开始时间之差称为总时差。网络图中线路可以是正时差，也可以是负时差。负时差的线路中，工期最长的一条线路称为关键线路，关键线路上工作的时间必须保证，否则会出现工期的延误。网络图可以描绘任务分解后，各项任务的开始时间和结束时间，同时还能突出各项任务之间的依赖关系，是一种比较理想的制定进度计划工具。

三、进度控制

1. 进度控制的步骤。

项目进度控制是依据项目进度计划对项目的实际进展情况进行控制，使项目能够按时完成。有效项目进度控制的关键是监控项目的实际进度，及时、定期地将它与计划进行比较，一旦发现进度滞后则采取措施予以纠正，如果纠正所引起的变更被列入计划并取得了客户的同意就必须修改基准计划。项目进度控制必须与其他变化控制过程紧密结合，并且贯穿项目的始终。进度控制有如下步骤：

（1）分析进度，找出那些地方需要采取纠正措施；

（2）确定应采取哪种具体纠正措施；

（3）修改计划，将纠正措施列入计划；

（4）重新计算进度，估计计划采取的纠正措施的效果。

2. 进度控制的内容。

在对项目进度进行控制的时候，首先，应该把重点放在负时差的线路上，时差负值越大的线路考察的优先级越高。在分析负时差的任务线路时，应把精力主要放在近期内的任务和工期较长的任务上，对这类任务越早采取纠正措施就越有效，工期越长的任务减少其活动时间的可能性越大，进度控制的效果也越明显。其次，对于没有负时差的项目，控制的重点是不使它产生耽搁或延误而最终造成时差的减少。若该任务进展快于进度，则尽力保持这种状况既可。最后，对进度控制时，项目进展报告和执行状况报告也应予以重点关注，这些报告不仅能反映当前的项目进度，也包括了费用、质量等方面的执行情况。

3. 对进度滞后任务的调整。

通过计划比较甘特图，当项目的实际进度滞后于计划进度时，组织可以采取以下的方法来缩短任务完成的时间：

（1）组织可以投入更多的资源来加速任务完成的进程。如组织投入更多的资金、人力或物力来支持滞后的任务，缩减时间；

（2）指派经验更丰富的人去完成或帮助完成项目工作；

（3）改进原有的方法或技术从而达到提高生产效率的目的，最终实现缩短工作时间。

第三节 项目成本管理

一、项目成本管理的概念

项目成本管理是信息系统项目管理的一个重要组成部分，它是指在项目的实施过程中，为了保证完成项目所花费的实际成本不超过其预算成本而展开的项目成本估算、项目预算编制和项目成本控制等方面的管理活动。

有效地管理信息系统项目的成本是需要项目成本估算、预算和控制环节的相互配合。成本估算和成本预算彼此之间联系紧密，是信息系统开发项目早期阶段的关键，组织应尽可能形成合理的成本预算。进一步地，成本控制工作质量的好坏关系到组织的成本计划能否顺利地实现。

二、成本估算

项目成本管理首先需关注完成项目活动所需资源的成本。成本估算就是对完成项目各项活动所必需的各种资源的成本做出近似的估算。有多种因素都将影响项目成本的大小，如项目所耗费的资源数量、质量和价格；项目工期长短；项目质量结果；项目范围的宽度和深度。

（一）成本估算步骤

项目成本估算分为三个步骤。①识别并分析项目成本的构成科目，即项目成本中包括的资源或服务的类目。如：人工费、材料费、咨询费等。②根据已识别的项目成本构成科目，估算每一成本科目的成本大小。③分析成本估算结果，找出各种可以相互替代的成本，协调各种成本之间的比例关系。

（二）成本估算的工具和技术

1. 类比估算法。

类比估算法又称为“自上而下估算法”。它实质上是一种专家判断法，是最简单的成本估算方法。类比估算法通过与以往类似项目相类比而得出估算：首先，项目上层管理人员收集以往类似项目的有关历史资料；接着，与有关的成本专家对当前项目的总成本进行估算；最后，将估算结果按照项目任务分解结构图的层次逐层传递给下一层管理人员，这些管理者将对自己所负责的工作的成本进行估算。类比估算法简单易行并且花费较少，当项目的详细资料难以得到时，此方法是估算项目总成本的一种有效方法。但是，项目是具有一次性和独特性的，因此，实践中不存在两个完全相同的项目，这限制了类比估算法的准确性。

2. 自下而上的成本估算。

自下而上的成本估算方法也叫工料清单法。这种成本估算方法是利用项目工作分解结构图，先由基层管理人员计算出每个工作单元的生产成本，再将各个工作单元的成本自下而上逐级累加，直至项目的高层管理者，由高层管理者汇总得到项目的总成本。这种估算方法得到的结果是非常详细、准确的。但该方法操作起来非常耗时，并且将耗费大量的资金。

3. 资源单价法。

估算单价的个人和准备资源的小组必须清楚了解资源的单价，然后对项目活动进行估计。但如果不能知道确切的单价，资源单价法估算的准确性较差甚至将难以完成成本的估算。

4. 利用计算机工具。

利用计算机工具，如项目管理软件，组织可以通过直接输入项目成本的有关数据或者自定义项目成本函数，便能够快速地得到项目成本的估算结果。

三、成本预算

（一）成本预算的内容

成本预算就是将项目的成本估算分配到项目的各具体工作上，是进行项目成本控制的基础，是度量管理信息系统项目的各项工作在实际实施过程中资源使用数量和效率的标准。通过成本预算，可以保证管理信息系统项目的各项工作能够获得所需的各种资源。

成本预算主要涉及系统开发各阶段成本的计算。在系统计划期，经费支出主要是进行系统开发规划、初步调查、系统的初步设计等一些调研费。在系统的开发期，经费支出主要受系统规模、开发期长短以及开发人员技术水平和工作效益的影响。开发期越长，成本会越高。交付用户使用以后，经费支出主要集中在对系统所进行的维护工作上，如改正错误、完善系统功能、对系统进行优化等等。系统开发各阶段的成本费用，对于不同项目是不同的，但从总体上呈现出一定的规律。计划期费用约占系统总费用的10%，开发期约占30%，维护期约占60%。

（二）成本预算步骤

组织编制项目的成本预算需经过以下三个步骤：首先，将项目估算获得的总成本分摊到任务划分的各个工作包中，为每一个工作包建立总预算成本，分配过程中需保证所有工作预算成本总和不超过项目的总预算成本。其次，在每个工作包内进行二次预算分配，即将工作包的总预算成本分配到工作包所含的各项工作上。最后，确定各项成本预算支出的时间计划以及每一时间点对应的累计预算成本，制订出项目成本预算计划。

（三）成本预算的工具和技术

1. 成本总计。

依据任务划分的工作包对成本预算总计。工作包成本预算接着被综合到任务划分中更高一级的机构，直至整个项目。

2. 管理储备。

管理储备是为未来计划但是为成本的潜在变化而预留的预算。这是“未知的”部分，项目经理在使用之前必须得到批准。管理储备不是项目成本基线的一部分，但包含在项目的预算中。他们未被作为预算进行分配。

3. 参数模型。

建立参数模型在数学模型中运用项目参数来预测项目成本。所建模型可以是简单的，也可以是复合模型。参数模型在组织有较准确的历史资料，并且模型所使用的参数容易量化的情况下使用起来是比较可靠的。

四、成本控制

（一）成本控制的内容

为保证信息系统项目能够完成预定的目标，必须加强对项目实际发生成本的控制，一旦成本失控，就很难在预算内完成项目，成本控制的不良将导致项目处于超出预算的境地。因此，在信息系统开发的过程中，对成本进行控制是十分必要的。

成本控制主要包括以下内容：

(1) 识别可能引起项目成本基准计划发生变动的因素，并对这些因素加以影响，以保证其朝着有利的方向发展。

(2) 做好实施成本的分析评估工作。监督成本的实施情况，及时发现实际成本与预算成本之间的偏差，并查找产生偏差的原因。

(3) 对发生成本偏差的工作采取适当的纠正措施。必要时可以根据实际情况对项目成本基准计划进行适当地调整和修改，并将所有的变更记录在成本基准计划中。

(4) 核准后的成本变更和调整后的成本基准计划必须及时通告项目的相关人员。

(5) 检查项目变更所发生的所有费用，避免不正确的、不合适的或未授权的费用被列入项目成本预算。

(6) 成本控制工作与项目进度计划变更、质量控制等紧密结合，防止因单纯控制成本而引起其他方面的问题或风险。

尽早发现成本差异，有针对性地采取纠正措施是有效成本控制的关键。管理信息系统在实际开发过程中存在着不确定性，但只要管理者能够采取适当的方法，按照一定的程序，根据成本估算和预算做好控制工作，是完全能够将项目的实际成本控制在预算成本范围内的。

(二) 成本控制的工具和技术

1. 成本变更控制系统。

成本变更控制系统主要通过建立项目成本变更控制体系，对项目成本进行控制，是一种项目成本控制的程序性方法。系统包括成本变更申请、批准成本变更申请和变更项目成本预算。由项目业主/客户、项目管理者、项目经理等与项目相关的人提出项目成本变更的申请，项目经理或项目其他成本管理人员收到申请后，遵循项目成本变更控制流程，对这些变更申请进行评估，确定该项变更将引起的成本和时间代价。分析后的结果将反馈给项目业主/客户，对变更代价的可接受性进行核准。变更申请核准后，调整相关工作的成本预算，并修改成本基准计划。在使用成本变更控制系统时应注意与其他变更控制系统相协调。

2. 绩效测量。

组织可以使用挣值管理的方法对信息系统项目的成本进行管理。挣值管理 (Earned Value Management) 通过与计划完成的工作量、实际获得的收益、实际的成本进行比较，确定成本、进度是否按计划执行，是一种综合了范围、时间、成本绩效测量的方法。挣值分析法是常用的绩效测量方法。它通过计算每个工作的计划值、实际成本、挣值和剩余工作的成本估算，经过数学公式的推算最终提供评价工作是否按照计划完成的尺度（常用的尺度包括成本偏差、进度偏差、成本绩效指数和进度绩效指数）。

3. 计算机工具。

组织可以使用项目管理软件、电子表格等工具，跟踪、比较计划费用和实际费用，辅助项目成本管理人员找出二者的偏差，及时采取措施纠正项目实施过程中的成本问题。另外，计算机工具还可以对费用变更的后果进行预测。

第四节　项目质量管理

能否成功地管理一个项目，质量的好坏非常重要。一个管理信息系统项目，从立项开始，直到投入运行，其质量受到各种因素的影响。如何保证系统开发中各阶段的工作质量，是一个重要问题。

一、项目质量管理

质量管理是在质量方面指挥和控制组织的协调的活动。这些活动通常包括质量方针和质量目标以及质量策划、质量控制、质量保证和质量改进。质量管理是企业经营发展战略的一部分。最高管理者应根据企业经营发展战略目标领导制定企业的质量方针。

项目质量管理起源于20世纪后半期，是项目管理与质量管理的交叉学科。项目质量管理过程包括执行组织关于确定质量方针、目标和职责的所有活动，使得项目可以满足其需求。它通过质量计划编制、质量保证、质量控制程序和过程以及连续的过程改进活动来实现质量管理系统。

二、项目质量管理在信息系统开发的必要性

质量管理是为了保证和提高产品质量而进行的调查、计划、组织、协调、控制等一系列活动的总称。无论是企业管理中，还是在工程项目的管理中，质量管理都是重要的组成部分。对于管理信息系统项目的质量管理，应该着眼于系统开发的各阶段。由于受信息系统项目本身的特点影响，对于管理信息系统项目的质量，不同人员会有不同的标准。对于用户来说，他们往往只关心其提出的要求能

否得到满足，软件运行是否可靠，运行效率的高低以及系统的适应性强弱等问题，至于系统内部结构如何、是如何开发实现的等等，他们并不关心。对于开发人员，要求在系统开发的各阶段，高质量的工作，同时亦应是在总体目标约束下满足系统的质量要求。对于系统维护人员来说，他们对质量的要求往往是系统各阶段的文档资料清楚完整，系统的维护工作简便、易行。

三、项目质量计划编制

（一）项目质量计划

为了确保项目的质量标准能够得以满意的实现，信息系统项目管理者应该编制项目质量计划。质量计划的编制包括识别与信息系统项目相关的质量标准以及确定如何满足这些标准。质量计划编制首先应该识别相关的质量标准，通过参照或者依据实施项目组织的质量测量、项目的范围说明书、产品说明书等作为质量计划编制的依据，识别出项目相关的所有质量标准。

（二）项目质量计划编制的工具和技术

项目质量计划的编制以项目章程、项目管理计划、项目范围说明书、组织过程资产（质量政策、过程和影响项目应用领域的方针）及环境和组织因素（政府机构的规章、规则、标准）作为输入，采用以下方法进行质量计划的编制。

1. 利益/成本分析。

在质量计划编制的过程中，必须综合考虑利益/成本的交换，满足质量需求的主要利益，减少重复性工作，这就意味着高的产出、低的支出以及增加投资者的满意度。利益是指项目的各项工作做得好，能满足项目的质量要求，其主要目标是减少返工，提高生产率，降低项目的成本，提高项目的满意程度。质量管理的基本原则是利益与成本之比尽可能的大。项目质量计划编制的目标就是使获得的利益超过实施过程中所消耗的成本。

2. 基准分析。

基准主要是通过比较实际或计划项目的实施与其他同类项目的实施过程，为改进项目实施过程提供思路和提供一个实施的标准。其他项目可以是执行组织内部的项目，也可以是外部的项目。

3. 试验设计。

试验设计是一种统计分析技术，对于分析辨明对整个项目输出结果最有影响的因素是很有效的，然而这种方法的应用存在着费用进度交换的问题。试验设计技术可以用于项目产品或服务问题，成本和进度计划平衡的项目管理问题。适当的试验设计，能计算项目的成本和工期，从有限的几种相关情况中决定最佳的方案。

四、项目质量保证

（一）项目质量保证

质量保证是项目管理的职能之一，是项目计划和系统工作实施达到质量计划要求的基础，为项目质量系统的正常运转提供可靠的保证，它应该贯穿于项目实施的全过程之中。在 ISO9000 系列实施之前，质量保证通常被描述在质量计划之中。

质量保证一般由质量保证部门或者类似的组织单元提供。通常提供给项目管理组以及实施组织（内部质量保证）或者提供给客户或项目工作涉及的其他活动（外部质量保证）。

（二）项目质量保证的内容

项目开发的质量保证包括以下几个方面的内容：

（1）确保获得完整正确的需求。

（2）在开发的每一阶段结束时，要休整一下以进行充分审查并确保该部分工作与系统相协调。

（3）采用具有质量控制内容的程序开发规范。这包括结构化设计，结构化程序设计，程序逻辑性的独立检查和程序测试。

（4）规范的安装调试。

（5）事后审计评价。

（三）项目质量保证的工具和技术

1. 质量审计。

质量审计是对其他质量管理活动的结构性的审查，是决定一个项目质量活动是否符合组织政策、过程和程序的独立评估。质量审计的主要目的是通过对其他质量管理活动的审查来得出一些经验教训，从而提高项目以及实施项目的组织内的其他项目的质量。

质量审计的分类包括：质量体系审计、项目质量审计、过程（工序）质量审计、监督审计、内部质量审计、外部质量审计。

质量审计可以是有计划的，也可以是随机的。质量审计常常由行业专家执行，他们通常为一个项目定义特定的质量尺度，并在整个项目过程中运用和分析这些质量尺度。

2. 过程分析。

过程分析遵循过程改进计划的步骤，从一个组织或技术的立场上来识别需要的改进。这个分析也检查了执行过程中的经历的问题、经历的约束和无附加价值的活动。过程分析是非常有效的质量保证方法，通过采用价值分析、作业成本分析及流程分析等分析方法，质量保证的作用将大大提高。

3. 基准分析。

不断维护项目基准的可用，是质量保证的诉求，同时也是质量保证方法。这一在质量计划编制中应用的技术也可以用于质量保证以及质量审计。

五、项目质量控制

（一）项目质量控制

质量控制是质量管理的一部分，致力于满足质量要求。质量控制的目的是确实保证产品和服务的质量能够满足顾客。项目质量控制在项目管理中占有特别重要的地位。项目质量控制（Project Quality Control）是指对于项目质量实施情况的监督和管理。这项工作的主要内容包括：项目质量实际情况的度量，项目质量实际与项目质量标准的比较，项目质量误差与问题的确认，项目质量问题的原因分析和采取纠偏措施以消除项目质量差距与问题等一系列活动。这类项目质量管理活动是一项贯穿项目全过程的项目质量管理工作。

项目具体结果既包括项目的最终产品或服务，也包括项目过程的结果。项目质量控制一般由质量控制职能部门来负责，而项目过程结果的质量，则需由项目管理组织的成员进行控制。项目质量控制工作是一个系统过程，应从项目的全过程入手，全面、综合地进行控制。

（二）质量控制的工具和技术

1. 检查法。

检查包括测量、检查和测试等活动，目的是确定结果与要求是否一致。检查表是常用的检查技术，是为了掌握过程中或试验现场的情况，根据分层的思想设计的一种统计图表。检查表不仅使用方便，而且还能自行整理数据，粗略地分析原因。检查表是用于检查和核对一系列必须采取的步骤是否已经实施的结构化工具。检查表的形式很多，随着使用场合、对象、范围的不同而不同。

2. 排列图法。

排列图又称为帕累托（Pareto）图，是一种表明“关键的少数和次要的多数”关系的一种统计图表（如图 9－3（a）所示）。后来由美国质量管理专家朱兰博士把这一原理应用于质量管理活动，用来寻找影响质量的主要因素，它已成为质量控制中经常使用的一种方法。

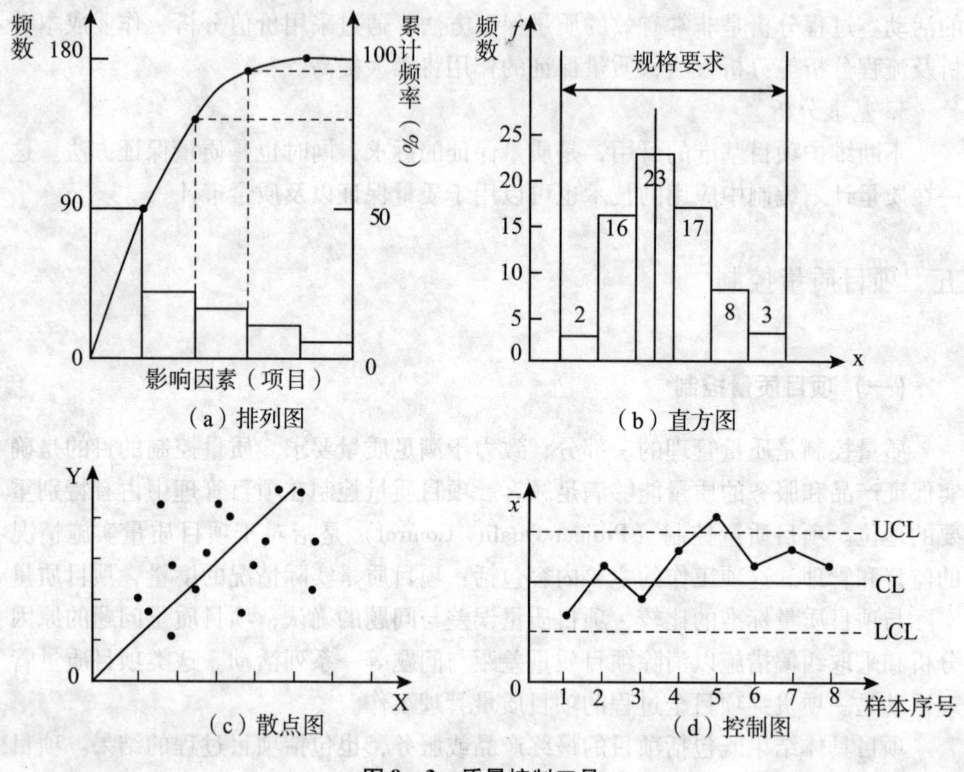

图 9－3　质量控制工具

3. 因果图法。

排列图只能找出影响质量的主要问题，但要解决这些问题，可以使用因果图。因果图以结果为特性，以原因为因素，直观地反映影响项目的各种潜在原因或结果及其构成因素同各种可能出现的问题之间的关系。它由质量问题和影响因素两部分组成。其中主干线箭头所指的是质量问题，主干上的大枝表示大原因（影响因素），中枝、小枝则分别表示中、小原因。因果图可以帮助项目管理者事先估计可能发生哪些质量问题，然后指定解决这些问题的途径和方法。

4. 直方图法。

直方图是频数直方图的简称。所谓的直方图就是将数据按其大小顺序分成若干间隔相等的组，以组距为底边，以落入各组的频数为高所构成的矩形图（如图 9－3（b）所示）。它通过对数据进行加工整理，找出分布规律，从而验证生产过程是否处于稳定状态。直方图是不能反映生产过程中质量随虽时间的变化状态，是一种事后检验，属于静态控制，且对数据的需要量较大。

5. 散点图。

在分析产生质量问题的原因时，需要分析各个变量之间的关系。散点图就是将两个变量的数据对应列出，并标在坐标图中，以观察它们之间的关系（如图9-3（c）所示）。目的在于确定变量之间是否存在相关关系及其相关密切程度如何，从而帮助项目质量管理者判断各种因素对质量问题有无影响及影响程度的大小。

6. 控制图。

控制图的横坐标表示随时间变化而抽取的样本，纵坐标是所要控制的对象，在控制图上有三条线，细实线位于中间表示中心线，两条虚线分别位于中心线的两侧，分别代表上控制界限和下控制界限（如图9-3（d）所示）。控制图可用于监控任何类型的输出变化。它常用于跟踪重复性的活动，但也用于监控项目成本、进度或其他过程的偏差、范围变更的幅度和频度、项目文档中的错误或其他管理结果，以帮助确定“项目管理过程”是否“受控”。

7. 统计抽样。

统计抽样是选择一定数量的样本进行检验，从而推断总体的质量情况，以获得质量信息和开展质量控制的方法。适当的采样经常能够降低质量控制成本。

8. 趋势分析法。

趋势分析法是指根据历史结果、数学技术来预测分析项目质量未来发展趋势和结果的一种质量控制方法。它可用来跟踪一段时间内变量的变化。

第五节 文档管理

文档管理是管理信息系统开发管理中最关键的部分之一，文档管理工作质量的好坏将影响项目的进展状况，关系整个项目工作的效率与效益。

一、文档管理的概述

（一）文档管理的概念

管理信息系统的文档，记录了信息系统项目的建设过程，它作为系统建设中的重要文件，是系统维护人员的指南，同时也是系统开发人员与用户进行交流的重要工具。文档管理，是指在一个系统（软件）项目开发进程中将提交的文档进行收集管理的过程。完整、规范的文档，能有力保障系统的运行维护工作。如果系统的文档欠缺，不规范，将给系统的维护工作带来许多麻烦，特别是在系统的原班开发人员发生变化后，将会使系统维护与升级工作更难，甚至造成系统生命力提前丧失。因此，在信息系统项目的开发过程中，要做好文档的整理、管理工作。

（二）文档管理的作用

文档在信息系统项目的开发建设和运行维护过程中，最重要的作用是进行沟通，它在用户和系统开发的各类人员之间起着桥梁和纽带的作用。

（1）是开发人员、维护人员、用户及计算机间的接口；

（2）系统开发过程各阶段的联系桥梁，也是阶段性工作的评审依据；

（3）便于系统的运行与维护；

（4）评价 MIS 质量的依据。

文档的重要性决定了文档管理的重要性，文档管理有序地、规范地开发与运行是信息系统所必须做好的重要工作。

二、信息系统文档的内容

1. 信息系统文档编制的要求。

管理信息系统开发是应用软件的开发过程，软件有两大部分，即程序和文档。很多情况下，文档的作用事后才能体现出来，这也在一定程度上造成了系统开发人员缺乏书写文档的积极性和自觉性，甚至只是应付性地把要求提供的文档赶写出来，从而造成文档质量不高。最终导致文档难以理解，给使用造成不便，削弱对信息系统的管理（项目负责人难以确认、评价开发工作），增加了管理信息系统项目的开发成本，甚至造成操作失误等严重后果。高质量的文档应该符合以下标准：

（1）完整性：任何一个文档都应当是完整、独立的，应该自成体系。

（2）清晰性：文档编写应力求简明、扼要，在可能的情况下，适当插入图、表，并附有一定的说明和注释，以增加清晰性。

（3）针对性：文档的读者包括不同的类型和不同的层次，因此，文档编制过程中，应编制出适合他们需要的文档。比如，用户文档的读者主要是用户，在编制此类文档时，应尽量减少使用信息技术的专业术语，以免用户读不懂。

（4）易查阅：文档结构和文件装订应以方便查阅者进行查阅为宗旨。

（5）精确性：文档的行文应当确切，不能出现多义性的描述。同一个项目，在不同文档中，描述的内容应协调一致，无矛盾冲突。

(6) 可追溯性：在信息系统项目开发的各阶段，生成的文档与其对应阶段有紧密联系，前后两阶段生成的文档，应具有一定的继承性，即后一阶段的文档应是前一阶段文档随着开发工作的扩展，同一个项目各开发阶段提供的文档存在着可追溯关系。例如，某一软件需求，必定在设计说明书、测试计划及用户手册中有所体现，必要时应能做到跟踪追查。

(7) 灵活性：不同的信息系统项目，其规模和复杂程度存在着差别，文档的简、繁也应做适当处理。

信息系统文档的编制原则是在编写过程中立足于读者，立足于实际需要，文字准确，简单明了。在文档的编排上，应采用由一般到具体的层次结构，在条件允许的情况下，可以采用词汇之间互相链接，图表与其解释、说明性文字就近编排，文档正文亦可以采用不同版式、不同字体以区别文档内容，使文档的编排有利于用户迅速查到所需的内容。

2. 主要的文档。

在一个管理信息系统项目中可能需要管理的文档包括：

(1) 项目开发的立项报告：对现行系统的组织结构、功能、业务流程以及存在的主要问题进行概述。阐述开发新系统的意义和新系统实现后的功能、技术指标、安全和保密性、新系统运行环境等内容。同时对项目的成本、进度、验收标准等进行说明。

(2) 可行性研究报告：说明管理信息系统的开发在技术、经济和社会等因素上的可行性。评述为了合理地达到开发目标可供选择的各种可能实施方案，并论证所选定实施方案的理由。

(3) 项目开发计划报告：为管理信息系统软件开发项目实施方案制订出具体计划。包括系统开发的主要目标、基本方针、参加人员、开发的进度、开发的成本预算、所需的软硬件资源等。

(4) 项目分析报告：主要概述新系统的需求、目标、功能、逻辑模型、运行环境、验收标准与培训计划等内容。

(5) 概要设计报告：概要说明设计阶段的工作成果。概述系统总体结构、计算机系统配置方案、模块划分、代码设计、文件/数据库设计、输入输出及接口设计、计算机处理过程设计、安全保密设计、系统测试计划、培训计划等，为详细设计奠定基础。

(6) 详细设计报告：着重描述每一模块的实现。包括程序结构图、程序控制图、算法、程序流程图、源程序、程序注释及说明。

(7) 项目测试报告：管理信息系统软件测试阶段需要制订测试的计划并对测试的结果进行说明。项目测试报告内容包括：软件的测试环境（软、硬件、通信、数据库、人员的情况），项目测试的内容（系统、子系统、模块的名称、性能技术指标等），测试的方案（测试的方法、数据、步骤、故障的解决方案等），测试的实际情况及最终的结论。

（8）系统使用与维护手册：系统使用手册旨在使用户了解如何使用软件，为使用者提供软件各种运行情况的有关知识。在手册中需要详细描述软件的功能、性能、系统运行环境、系统安装和用户界面，说明操作的目的、过程、方式、输入输出的数据，便于使用者学习与操作。另外，还需说明系统使用中可能出现的问题，以及如何解决。

（9）开发进度月报：在项目开发的各阶段，软件开发人员按月向管理部门提交的项目进展状况报告。内容涉及进度计划与实际执行情况的比较、阶段成果、问题及解决的办法、下个月的进度安排等。

（10）项目开发总结报告：软件项目开发完成后，需要就项目构成与主要功能、项目性能技术指标、计划与实际进度对比、预算与实际费用对比等环节的完成情况进行总结。此外还需要对项目的主要特点、采用的技术方法、项目工作效率与质量、存在的问题与原因、用户的反馈等内容进行评价，并总结出经验和教训。

三、加强文档管理的途径

要想真正得到高质量的管理信息系统文档，在信息系统项目的建设过程中，必须加强对文档的管理，可以从以下几方面入手。

（1）文档管理制度化：制定、形成一套完整的文档管理制度。如文档标准、文档修改、编制条件、开发人员在系统建设不同阶段对其文档编制工作应该承担的任务、责任等。这样，在信息系统项目建设过程中，可以依据这一套完整的文档管理制度，来协调、控制系统开发工作，并据此对每个开发人员的工作进行评价。

（2）文档要规范化、标准化：在信息系统项目正式开发建设之初，应该选择制定文档标准，在统一标准的制约下，各类开发人员负责整理、编制相应工作任务的文档资料。

（3）专人负责制：信息系统项目在开发过程中，文档资料的管理要由专人负责，集中保管项目开发中形成的文档资料。

（4）维护文档的一致性：信息系统项目的开发建设过程是一个不断变化的动态过程，一旦需要对某一个文档进行修改，要及时准确地修改与之相关的文档，否则会引起系统开发工作的混乱。在工作实践中，常采取以下措施来保证文档的一致性。在项目建设过程中，各类开发人员可以根据工作需要，在自己手中保存一些个人文档（一般为主文本的复印件），若确实需要修改，应先修改主文本，并注意时刻与主文本保持一致。在项目开发结束时，文档管理人员要收回各类开发人员的个人文档，若发现个人文档与主文本有差别，应立即着手解决。当新文档取代了旧文档时，要及时注销旧文档。对于确实要做的文档修改工作，也必须谨慎行事，严格履行文档修改手续，以免造成不良后果。

（5）维护文档的可追踪性：鉴于信息系统项目开发建设的动态性特点，系统的某种修改是否合理，最终有效，往往要经过一段时间检验，因此，对文档要分成不同的版本来实现。

对于信息系统文档的管理，可以采用手工方式建立信息系统文档，但这一方式很难适应反复修改。文档管理还可以采用计算机管理的方式，随着信息技术的飞速发展，计算机管理的成本不断降低。组织可以利用现有的辅助开发工具和文字处理软件，建立信息系统的电子文档，既减少了手工劳动强度，又提高了文档编制效率和质量。另一方面，上述的措施主要是针对提高文档的质量，计算机技术的应用将有利于提高对文档的查询、检索速度，提高工作效率，充分发挥电子文档的作用。

第六节　人员管理

成功的项目开发管理除了管理好时间、成本及质量以外，项目管理中“人”的因素也极为重要。管理信息系统的开发是一项涉及多学科、多领域、多层次的系统工程，项目中所有的活动均由人来完成，因此，在项目的开发过程中，要想保证信息系统开发工作的顺利启动，首先要建立项目的组织机构——项目小组。

一、项目团队的组织结构

项目小组是指为了完成某个特定的项目任务而由不同部门、不同专业的人员所组成的一个特别的工作组织，它既不受既存的职能组织构造的束缚，也不能代替各种职能组织的职能活动。项目小组的设置完全是为了迅速、有效地对项目目标和客户需要做出反应。

管理信息系统开发过程中，项目团队的组织和人员结构是否合理，将直接影响系统开发进度和工作质量，根据开发工作的实际需要和工作性质以及职责要求，可以按以下框架设立开发人员组织机构，如图 9－4 所示。

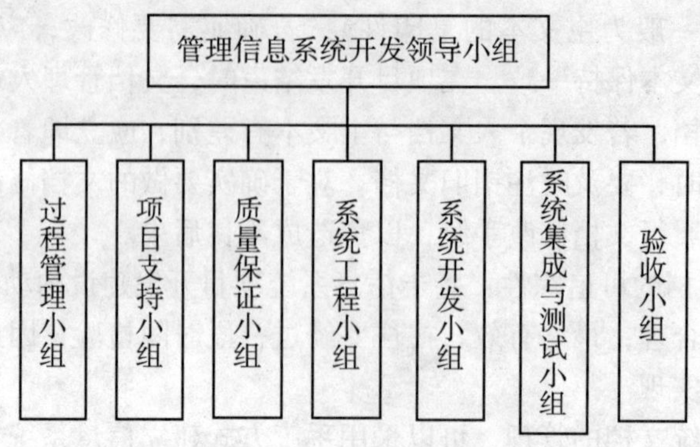

图 9-4 管理信息系统组织结构

1. 管理信息系统开发领导小组。

系统开发领导小组是整个系统研制开发工作的组织领导部门，具有以下职责：

（1）负责开发工作的规划、计划以及对经费进行预算；

（2）负责协调各部门对系统数据流程、工作制度、数据标准等方面的统一规范；

（3）协调各阶段开发工作的人员安排及人事调配；

（4）负责对各阶段开发工作方案的审核；

（5）在系统开发完成后，负责对系统组织验收和评审工作。

对于大型信息系统项目，因开发周期比较长、耗资巨大、涉及人员多，领导小组应作为一个常设机构。在考虑其组织构成上，应该按照“一把手”原则，即由使用和开发信息系统的企业最高层领导担任领导小组的组长，企业各业务部门的负责人作为组员，以保证机构的权威性，有利于系统开发过程中各相关部门的相互配合与支持；为了便于系统开发人员和用户之间进行有效交流，还应该吸收承担系统开发工作的负责人作为领导小组的成员。

2. 过程管理小组。

过程管理小组是一个综合机构，负责整个项目的成本及其进度控制、完成过程管理、安装调试、技术报告的出版、用户培训等任务，以保证整个项目开发的顺利进行。

3. 项目支持小组。

项目支持小组的任务是后勤支持，及时提供系统开发所需要的材料、设备；负责对项目开发成本进行核算；负责合同管理和安全保证等。尤其对于大型开发项目，由于涉及的资金多，开发人员多，材料消耗大，更要抓好科学管理。

4. 质量保证小组。

质量保证小组的任务是及时发现并解决影响系统开发的质量问题。问题发现越早，对整个项目的影响越小，解决起来难度越小，对系统开发的成本影响也越小，项目成功的把握就越大。一些信息系统项目，开发失败就是因为在整个开发过程中，产生了一些影响开发质量的问题没有被及时发现和解决，这些问题一直隐含在系统开发过程中，直到开发完毕投入试运行或运行时才被发现，此时已消耗掉了大部分资金和人力，损失巨大。要想纠正这些问题，必须增加资金、人力的投入，花大力气对整个系统进行维护，否则只能宣告失败，重新再来。

5. 系统工程小组。

信息系统开发是一项系统工程，可以按照工程的一般特性，用系统的观点制定出各开发阶段的任务。系统工程小组的任务是将各开发过程按阶段划分出若干任务，规定好每项任务的负责人、任务目标、检验验收标准、最后完成期限等。只有明确了每项任务的责、权、利，才能保证开发工作得以顺利进行。

6. 系统开发小组。

系统开发小组的任务是利用系统开发的一些关键技术、开发模型以及一些成熟的商品软件，进行各子系统的开发、集成，并对各子系统进行测试，这是整个项目开发的关键，要组织好该小组的每一位成员，采用统一的方法和标准进行工作。

7. 系统集成与测试小组。

系统集成与测试小组是把整个信息系统进行综合的过程，该小组的成员在充分注意软件、硬件产品与所开发的信息系统之间的结合，注意最大限度地保证系统的可靠性和高效率的前提下，完成对信息系统的软件、硬件的集成工作，并做好测试。一般来说，对于项目管理的力度，项目管理机构的组织，根据信息系统项目的规模大小来决定。

8. 验收小组。

验收小组主要负责对管理信息系统开发项目的阶段性成果和软件进行验收。他们需根据项目合同或项目小组制定的验收标准进行项目的阶段验收。对应用软件需求设计测试后的版本进行验收。对试运行顺利通过的最终版本进行验收。

阶段验收将由项目领导小组负责组建。成员包括客户、系统开发相关人员，也可以根据情况由外聘专家或代表来担任。

管理信息系统开发领导小组由项目经理领导，对于小型项目，项目经理可以独立进行工作，直接管理各类开发人员，必要时可以求得外部机构的支持；对于中型项目，应该划分出各个任务的界限，由不同人去管理，项目经理通过这些人来实现各项管理工作；对于大型项目，应该设立专门的管理机构进行辅助管理，项目经理应该能够保证其思想得以实施，并通过管理机构对各类开发人员的工作实施管理，同时对其工作成果进行审核。一个好的项目管理组织不一定能保证信息系统项目开发的成功，但一个差的管理组织必将导致项目的失败。因此，在建立项目管理组织时，要充分利用每个组织成员的特长，坚持把正确的开发方法贯穿开发过程的始终。

二、项目团队的人员结构

1. 项目经理。

管理信息系统开发小组由项目经理领导。作为整个项目的领导者，他的任务是保证整个开发项目的顺利进行，负责协调各类人员、各级用户之间、开发人员与广大用户之间的关系。项目经理拥有资金的支配、使用权，通过对资金的使用，对项目进行有效管理。

在实施项目管理工作过程中，项目经理要时刻注意系统的开发工作是否符合最初制定的目标规划；是否运用了预先选择的正确开发方法，人员分工是否合理，能够充分发挥个人才能等。只有目标明确、技术手段适用、用人合理，才能保证系统开发的顺利进行。

2. 行政保障人员。

行政保障人员是项目支持小组的重要成员。主要工作是按项目要求及时准备实施场地及条件，组织协作人员配合施工。为施工人员在通信、交通、进出工作场地等方面提供便利条件。在项目实施过程中及早筹款，按合同规定的日期付款。负责采买项目日常所需物资，是项目现场的后勤保障人员。

3. 质量监控人员。

质量监控人员负责对项目过程中的质量管理进行监控，定期向执行组长做出工作监控报告。质量监控人员的工作是发现存在的质量隐患，指出存在问题，提出解决方案。协助完成应用软件系统验收前的确认工作，及应用软件系统的验收工作。在项目支持人员的配合下，对客户进行应用培训，如应用软件系统操作培训和维护培训。

4. 系统分析人员。

系统分析人员是系统开发中的核心人物，起着联系广大用户和系统开发人员的作用。系统分析人员具有以下职责：

（1）在系统开发初期，负责正确理解用户的想法和需求，运用自己的计算机专业知识和管理知识，确立系统应具有的功能，然后用适当的方法将其表达出来，形成新系统的逻辑模型。该模型要能够充分满足用户的需求并得到用户的认可，同时，能够作为系统设计人员和程序设计人员进行后续工作的基础。

（2）在系统开发过程中，充分代表用户的利益，负责对系统设计人员、程序设计人员的工作进行监督和检查，使其符合系统的总体功能要求。

(3) 在系统开发结束，进行系统测试时，与用户一起制定测试标准、测试计划、准备测试数据，对系统进行全面测试，并对系统性能进行评审，做出切合实际的评审结论。

5. 系统设计人员。

在系统分析员的工作基础之上，负责进行系统的物理模型的设计，完成系统硬件环境、软件环境的总体设计，系统功能模块的划分以及各模块之间的接口设计。

6. 程序设计人员。

负责进行系统的程序设计，实现系统的各模块功能，对用户进行培训，以及进行系统的调试、测试及试运行等工作。

7. 文档管理人员。

负责制订系统开发项目的文档编制计划，并依照计划编制和管理文档，记录开发项目实施过程中的各项事件，将整个项目中的每一变化情况纳入受控状态。确保项目的各工作组都能及时得到项目进行的最新资料。文档管理员还需对系统开发各阶段形成的文档资料进行整理、加工和对技术文档进行管理，控制文档格式，编制文档清单，与用户交接。

8. 测试人员。

配合应用软件人员的测试工作，提供必要的测试数据和测试实例。配合应用系统的试运行，完成初始数据的准备工作。协助系统网络人员解决项目实施中所涉及的线路、通信等方面的问题。参加项目实施中的现场安装调试。配合、组织对人员的各项培训。协助客户完成试运行报告，为今后系统移交和系统运行维护做好各种人员和技术准备。

9. 用户。

管理信息系统是为用户开发的，最终要交给用户使用。在系统的开发过程中，由用户提出对系统的需求，在系统开发的各阶段对方案进行评审，及时纠正偏差，系统运行后，由其进行操作和使用，为管理工作服务。因此，在系统的开发过程中，必须做好广大用户的培训工作，提高他们的参与意识和使用新系统的积极性。

管理信息系统开发是分阶段、分小组来共同完成的过程，需要组织内外部不同人员的共同协作才能完成。项目团队成员必须具有以下两方面的技能：①较好地处理人际关系的技能。在处理人际关系方面，有较强的表达能力，同各类人员进行思想交流，具有解决争端和组织协调人际关系的能力。②解决专业技术方面的技术技能。项目团队成员必须具备各自工作领域的专业知识，同时要能够合理制订工作计划，在规定时间内较好地完成任务；能够充分发挥综合能力，在系统开发过程中，将技术因素和非技术因素结合在一起，解决问题。例如，系统开发人员应具有创造力，帮助用户出主意，并将其变成具体计划，开发出新系统以满足用户要求；具有解决问题的能力，分析问题时能提出多种解决方案，并能正确评判各方案的优缺点，供用户选择。

第七节　风险管理

管理信息系统开发过程受众多因素的影响，给开发项目带来风险。若对这些因素认识不足或者没有足够的力量加以控制，信息系统开发的过程和结果常常出乎意料，无法达到预期的效果，费用可能比计划的高，实现时间可能比预期的长，而且，硬件和软件的性能可能比预期的低，等等。管理信息系统开发过程中，如果对风险进行有效的管理，将能避免和减少损失，将威胁化为机会。因此，管理信息系统开发应将风险管理作为项目管理的重要内容。

一、风险和风险管理

1. 风险。

风险是指不幸事件发生的可能性，或者说风险是一个事件产生人们不希望的后果的可能性（或概率）。在管理信息系统开发中，风险是指在信息系统开发的生命周期全过程中，影响系统目标实现的不确定性产生的积极（或消极）影响的事件发生的机会。管理信息系统开发的不同阶段会有不同的风险。风险大多数随着开发的进展而变化，不确定性会随之逐渐减少。最大的不确定性存在于开发项目的早期。

管理信息系统开发过程中，组织需要关注的风险主要在于：什么样的风险会导致软件项目的彻底失败；用户需求、开发技术、目标计算机以及所有其他与项目有关的因素的改变将会对按时交付和总体成功产生什么影响；对于采用何种方法和工具，需要多少人员参与工作的问题，我们如何选择和决策；软件质量要达到什么程度才是“足够的”。

2. 风险管理。

风险管理是指在风险分析的基础上，为了将风险控制在最低限度而进行的各种项目管理工作的总称，其主要目标是预防风险。进行的风险管理需要辨识风险，评估它们出现的概率及产生的影响，然后建立一个规划来管理风险。管理信息系统开发时，风险管理指在开发过程中遇到的预算和进度等方面的问题以及这些问题对开发项目的影响。风险管理涉及的主要过程包括：风险识别，风险分析，风险应对计划制定和风险监控。

二、风险管理的过程

（一）风险识别

风险识别是确定何种风险可能会对项目产生影响。组织在能够标识出管理信息系统开发项目中的真正风险之前，识别出所有对管理者和开发者而言均为明显的风险是很重要的。由于在管理信息系统开发过程中很可能发现新的风险，因此，风险识别不是一次就可以完成的事，应当在项目的自始至终定期进行。

一般而言，风险识别的参与者尽可能包括以下人员：项目团队、风险管理小组、来自公司其他项目的专业人员、客户、其他项目经理、项目相关人员和组织外部的专家等。风险的识别首先列出一个潜在问题表，然后再考虑其中有哪些问题会出现风险。潜在的风险源主要是以下几方面。

（1）总体规划和系统分析阶段：需求风险、计划编制风险。

（2）程序设计过程：开发环境的风险、产品风险、设计和实现风险。

（3）人员风险：人员之间的关系、人员的能力、有效激励措施的缺乏。

（4）实施项目管理过程：过程风险、组织和管理风险。

（5）产品交付使用阶段：产品交付使用阶段的风险主要来自于客户。客户可能对于最后交付的产品不满意，要求重新设计。

风险识别除了需要组织识别潜在的风险外，还需要识别引起这些风险的主要因素，界定它们可能带来的各种后果。

（二）风险分析

对识别出的风险进行确认后分析风险概况，即假设某一风险出现后，分析是否会有其他风险出现，或是假设这一风险不出现，分析它将会产生什么情况，然后确定主要风险出现最坏情况后，如何将此风险的影响降低到最小，同时确定主要风险出现的个数及时间，这就是风险分析。它包括定性的风险分析和定量的风险分析。

1. 定性的风险分析。

风险定性分析是通过对风险的发生概率以及影响程度的综合评估来确定风险的优先级。组织通过对已识别风险进行优先级排序，以高级优先级的风险作为关注的重点，进一步采取措施，从而有效地提高项目的绩效。当风险处理措施与时间紧密相关时，风险的重要程度可能被放大。通过风险的概率和影响程度进行级别划分，同时借助专家评审，可以对该过程中经常出现的偏差进行纠正。

2. 定量的风险分析。

风险定量分析是定量地分析风险对项目目标的影响。尽管富有经验的风险管理者在风险识别的同时就完成了定量风险分析，但它通常跟随在定性风险分析之后。在某些情况下，为了进行有效的风险应对必须要对风险进行定量分析。到底采用定量的还是定性的风险分析取决于实际进度和预算情况。当定量风险分析不断重复时，可以从中发现一种趋势，它告诉组织需要采取更多还是更少的风险管理措施。

通过对风险的定量和定性分析，组织对风险发生情况有所了解，分析的结果将作为风险应对计划的输入，为计划的制订提供重要的依据。

（三）风险应对计划制定

在风险分析的基础上，可以对系统开发中的各类风险，制定出不同的风险管理策略，采取特殊的措施予以处理，并指定专人负责重要风险项目的实施，同时在风险管理计划中进行专门的说明。目前，常见的风险应对策略有以下几种：

1. 负面风险（威胁）的应对策略。

（1）风险回避。风险回避是指充分利用合同的条款，尽量减少风险的方法。如修改项目计划以消除相应的威胁、隔离项目目标免受影响、放宽项目目标（如获得更多的时间、减少项目范围等）。在管理信息系统开发早期中出现的风险很有可能通过澄清需求，获得相关信息，改良沟通，或者寻求专家指导而得到解决。

（2）风险的分散与转移。是指将风险向其他部门分散、转移，从而减少项目风险的方法。组织可以将风险转移给另外的团队，让他们负责处理，这种方法并没有解决问题。转移风险责任在处理财务问题的方面有一定的效果，接受所转移风险的人或团队可以得到相应的经济补偿，转移方法包括保险、性能约束、授权和保证。

（3）风险损失的控制。风险损失的控制是指通过工程项目内部的经营与管理对风险的控制而达到减少经济损失的方法，包括控制成本和提出索赔两方面。控制成本是将信息系统的各项开发费用控制在总成本之内。尽早采取行动减少风险发生的可能性比在它已经发生之后去弥补对项目的影响会更好。

2. 正向风险（机会）的应对策略。

（1）风险利用。在系统开发中，风险分为两类，一种是纯粹风险，另一种是可利用风险。纯粹风险是有害的，应该尽量减少或转移；而可利用风险存在着有利和不利两个方面，只要充分认识这种风险的有利的一面，创造条件使机会确实发生，减少不确定性。比较直接的做法包括分配更多好的资源给项目，使之可以提供比原计划更好的成果。

（2）分享机会。包括将相关重要信息提供给一个能够更加有效利用该机会的第三方，使项目得到更大的好处。如，形成风险—分享伙伴关系、团队合作、为更有效利用某种机会而建立有特别目标的公司或合作经营。

(3) 增大机会。通过增加可能性和积极的影响来改变机会的"大小"，发现和强化带来机会的关键因素，寻求促进或加强机会的因素，积极地加强其发生的可能性。

3. 适用威胁和机会的应对策略。

要避免来自项目的所有风险是不可能的，因此，组织可以采用同时适用于威胁和机会的策略。最常用的风险应对策略是预留突发事件预备资源，包括进度、成本或资源来处理已知的甚至是潜在的、突发的未知风险。

(四) 风险监控

1. 风险监控的内容。

执行风险应对措施后，应该对系统设计开发进行监控管理，确定还会有哪些变化，以便及时修正计划。风险监控是项目整个生命周期的一个持续进行的过程。具体内容包括：

(1) 实施对重要风险的跟踪。

(2) 每月对风险进行一次跟踪。

(3) 风险跟踪应与项目管理中的整体跟踪管理相一致。

(4) 风险的内容和对项目开发的影响应随着时间的不同而相应地变化。

因此，在项目实施管理过程中，随时研究项目的风险并做出相应的对策是风险管理工作的重要部分。

2. 风险监控的方法。

(1) 风险审计和定期的风险评审。在风险识别和风险应对中，通常需要进行风险审计并记录应对措施的效果。项目风险检查需要定期进行。

(2) 差异和趋势分析。通过对项目绩效数据的分析，项目管理者可以从中预测项目的发展趋势。趋势分析可以对项目的偏差进行分析，分析结果可以用来对项目的进度和成本等目标的潜在偏差进行预测，并能显示出威胁与机会的潜在影响。

除此以外，风险监控还可以使用风险评估、技术的绩效评估、预留管理等方法。

对管理信息系统的建设来说，风险管理十分重要，因其涉及多方面的开发人员和广大的最终用户。为了保证系统开发的顺利进行，必须要建立一整套的管理职责和规范。

三、风险管理的注意事项

管理信息系统开发项目实施过程中，尽管经过前期的可行性研究以及一系列管理措施的控制，但其效果一般来说还不能过早地确定。在风险管理中应注意以下几方面：

（1）技术方面，满足需求，尽量采用商品化技术，来降低系统开发的风险。

（2）成本方面，管理信息系统开发的费用应尽量控制在预算范围之内。

（3）进度方面，管理信息系统开发的进度应尽量控制在计划之内。

（4）沟通方面，管理信息系统开发过程中，注重与用户的沟通。注意倾听其他开发人员的意见，对可能出现的风险进行估计，并能及时采纳减少风险的建议。

本章小结

本章主要介绍了管理信息系统开发过程中的一系列管理问题。管理信息系统开发管理属于项目管理的范畴，但又具有自己的特点，本章结合管理信息系统开发管理的特点，就管理信息系统开发管理中的进度管理、成本管理、质量管理、文档管理、人员管理和风险管理等内容进行了较详细的介绍。

习题

1. 什么是项目管理？项目进度管理中如何进行任务分解？
2. 如何有效地对管理信息系统开发进度进行控制？
3. 管理信息系统开发项目管理包括哪些内容？如何进行成本控制？
4. 简述质量管理与项目质量管理的差别？
5. 管理信息系统开发过程中为什么要对文档进行管理？
6. 管理信息系统开发过程中会产生哪些文档？
7. 管理信息系统开发的项目团队包括哪些成员？他们各有什么职责？
8. 什么是管理信息系统的风险管理？为什么要进行风险管理？
9. 管理信息系统开发过程中，对于风险管理可以采取哪些策略？

第十章

管理信息系统的使用与企业管理

第一节　信息系统的组织管理平台

信息系统植根于组织，服务于管理，因此构建信息系统是必须了解它的服务对象，掌握相关的组织和管理的知识。

信息是创新的原始驱动力，有效的创新竞争战略离不开对企业内外信息资源的充分开发和有效利用，离不开对企业本身、竞争对手和客户三者关系的准确把握。然而，现代化的大规模生产方式却导致企业管理层次过多，以致切断了企业内外的许多联系。据估计，企业每增加一个管理层次，信息沟通效率就要降低20%~25%。随着信息技术的飞速发展和竞争环境的急剧变化，企业重组（Business Reengineering，BR）已成为企业创新竞争战略的核心。

一、组织设计的相关理论

信息技术的发展，促使现代化技术手段被广泛地应用于组织管理中，为了适应这些信息系统组织势必对其结构进行调整，对组织结构加以设计，以便更好地与信息系统相配合，发挥其功能，从而提高管理的效率与水平。

（一）组织设计的概念

所谓的组织结构是指组织的框架体系，是对完成组织目标的人员、工作、技术和信息所作的制度性安排。一般包括三个方面：①组织结构决定了组织中的正式报告关系，包括职权层级的数目和主管人员的管理幅度；②组织结构确定了将个体组合成部门、部门再组合成整个组织的方式；③组织结构包含了确保跨部门沟通、协作与整合的制度设计。

（二）组织设计的内容

组织设计是一个动态的工作过程，包含了众多的工作内容。科学地进行组织设计，要根据组织设计的内在规律性有步骤的进行，才能取得良好效果。组织设计可能三种情况：①新建的企业需要进行组织结构设计；②原有组织结构出现较大的问题或企业的目标发生变化，需要对原有组织结构进行重新评价和设计；③组织结构需要进行局部的调整和完善。

尽管组织结构日益复杂、类型演化越来越多，但任何一个组织结构都存在三个相互联系的问题：即职权如何划分；部门如何确立；管理层次如何划分。由于组织内外环境的变化影响着这三个相互关联的问题，使得组织结构的形式始终围绕这三个问题发展变化。因此，要进行组织结构的设计，首先要正确处理这三个问题。

（三）组织设计的重点

（1）组织的目标性：使组织内各部门在组织整体经营目标下能充分发挥能力而达成各自目标。

（2）组织的成长性：考虑组织的业绩经营与持续成长。

（3）组织的稳定性：随着组织成长而逐步调整组织结构是必要的，但经常的组织权责、程序变更将使员工信心动摇。

（4）组织的简单性：组织的简单将有助于内部协调与人力分配。

（5）组织的弹性：保持基本形态，又能配合各种环境条件的变化。

（6）组织的均衡性：各部门业务量的均衡，将有助于内部的平衡与分工。

（7）指挥的统一性：一人同时接受两位以上主管管理，将使其产生无所适从的感觉。

（8）权责明确化：权责或职责不清将使工作发生重复或遗漏、推诿现象，易使员工产生挫折感。

（9）作业制度化：明确的制度与标准作业可减少摸索时间。

二、组织信息化与组织重构

（一）组织重构的概念

信息的流转和控制过程总是与企业的组织结构紧密相依的，信息过程的优化，必须伴之以企业组织的优化。组织变革也是企业环境变化的要求。信息技术在企业的应用正在使企业的组织结构从垂直型向水平型、从层级式向网络式转变。组织重构就是对企业组织运营体系的系统性整改，包括业务流程、作业制度、部门设置、岗位设置、人员调整、支撑运营的管理制度（如绩效考核、财务制度、行政制度等）。其目的就是通过改善现有的业务流程、组织结构和制度，提高企业各环节的能力和运作标准。

（二）组织重构的操作步骤

组织在信息化的过程中，必须相应地将其组织结构实行流程化的组织重构：即以客户需求为导向，改善其整体组织运营体系，按行业标准和企业能力设定流程改善目标并实现流程再造设计，以改善的流程为依据划分和建立组织结构，建立支撑流程和组织运行的各种作业标准、指导书、表单及制度。

组织重构可以按照下列的操作步骤进行：

（1）按合理作业量、提高作业效率、便于控制的原则，在将流程划分出环节的基础上来设置岗位；

（2）按客户需求量和岗位平均作业能力，以各环节均衡匹配的原则，保证总作业能力满足客户需求的前提下，设置各岗位的人员数量；

（3）按环节的关联性、阶段成果的可控性，设置部门及管理岗位；

（4）按部门内人员的数量、作业复杂程度，设置辅助管理岗位；

（5）以流程为导向，按响应时间、响应质量、响应成本、岗位职责设计各岗位的职务说明书和绩效考核与激励方案；

（6）以支撑业务流程、组织能力及实现运营目标为准则，设计人力、财务、行政管理制度，并规范响应时间、响应内容、响应质量、响应成本及相应的奖惩措施。

（三）基于流程的组织结构模式

在竞争日益激烈的今天，变化成为唯一不变的真理，组织变革是未来企业适应竞争、求得生存的必经之路。基于流程的组织结构模式将业务流程重组的思想与组织变革结合起来，对企业的组织结构模式提出了大胆的改革构想。目前提出的基于流程的组织结构模式主要有三种：

1. 三部分模式。

这是一种可能的基于流程的组织模式，分为三个部分，即流程和职能的维度构筑成基本骨架、顶层管理团队和信息技术平台。施乐公司采用这种模式构建了新的组织结构（如图 10 – 1 所示），改变原有的典型的职能制的组织结构，帮助企业重新确立在全球文档处理市场领先者的地位。

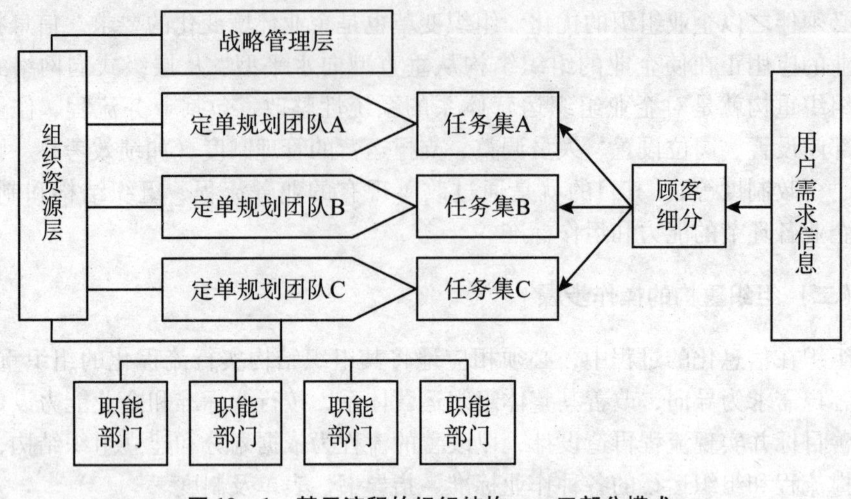

图 10－1　基于流程的组织结构——三部分模式

2. 层次模式。

基于流程的组织结构可分为两层，即中心控制层和技术实施层。中心控制层作为组织结构的最高层，它集中了战略管理、人力资源管理、财务管理、合同管理和信息建设与管理等重要管理功能，其作用就是把握组织变革的关键因素。技术实施层是基于知识技能把各领域的专家或知识型人才划归重要技术部门，技术部门不仅作为完成任务的主体结构，同时也作为资源、技术和人员整合优化配置的基础及标准。

也有学者将基于流程的组织层次模式分为三层，即由总经理、职能经理和流程经理三层组成（如图 10－2 所示）。

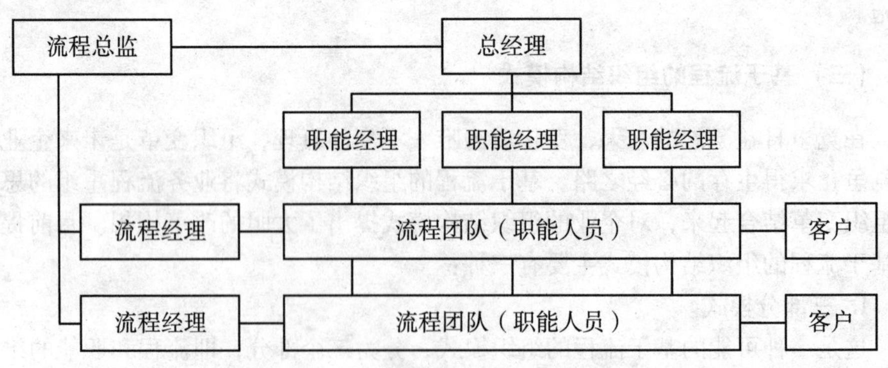

图 10－2　基于流程的组织结构——三层模式

3. 流程网络模式。

基于流程的组织是由一系列关键流程、辅助流程以及它们的各级子流程有机互动地组合在一起的流程网络。流程的客观存在性可以用流程网络形式而不是传统的组织图形式来描述组织结构模式。根据这个全新的组织描述，可以勾画出新的组织结构模式（如图 10 - 3 所示）。流程是一些互动的子流程系统的集合，同样，它们也可能从属于一个或几个上级流程，各流程之间彼此分享共同的目标。

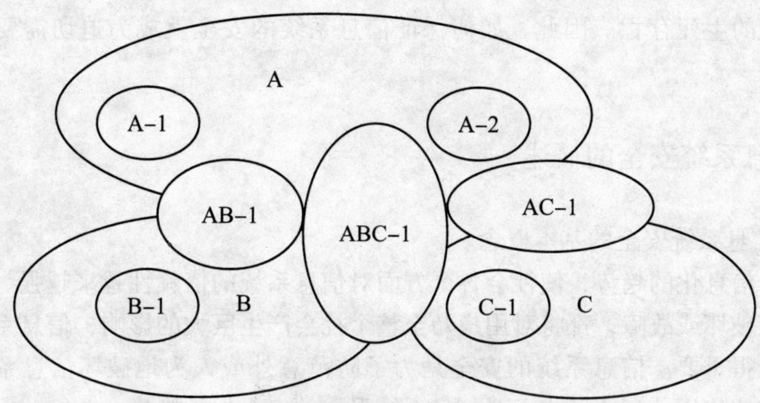

图 10 - 3 基于流程的组织结构——流程网络模式

在新的流程网络型组织中，组织原有的组织结构不见了，所剩下的只是流程以及流程之间的联系。图中 A、B、C 表示主流程，A - 1、B - 1 则是相应的主流程下的子流程，AB - 1、AC - 1、ABC - 1 则是数个上级流程所共有的下级子流程。基于流程的组织结构与基于职能的组织结构相比，其组织结构趋于扁平化，管理层级减少，撤除了一些检查或重复工作的职位，并放宽了总部对地区一级的集中控制。

组织结构设计主要是对组织内部进行分工，把各个部分进行协调，同时产生新的组织结构模式。组织的信息化将传统的金字塔型组织结构变为网络化、扁平化、柔性化的组织结构，从而提高组织结构效率，增强竞争能力。组织运作的中心是流程本身，因此，组织管理技术变革所引起的组织结构改变也应是围绕流程来设计。

第二节 信息系统安全管理

信息化是 21 世纪的一个重要特征，信息对人们的生产方式和生活方式产生了非常巨大的作用。信息系统是基于计算机系统和通信系统的十分复杂的现代信息资源网络系统，计算机系统和通信系统的结合，使具有动态、随机和瞬时发生等特性的信息传输和处理跨越了地理位置的障碍实现了全球互通互联。信息系统具有系统开放性、资源共享性、介质存储高密性、数据互访性、信息聚生性、保密困难性、介质剩磁效应性、电磁泄漏性、通信网络的脆弱性等。这些特性都与信息系统的安全性密切相关，决定了信息系统的不安全特质，对其安全构成了潜在的危险。这些特性如果被利用，系统的资源就将会受到很大损失，甚至关系到企业组织的生死存亡。因此，如何保证信息系统的安全就成为迫切需要解决的问题。

一、信息系统安全的概述

1. 信息系统安全的基本概念。

社会信息化的趋势，使社会各个方面对信息系统的依赖性越来越强。信息系统的任何破坏或故障，都将对用户乃至整个社会产生巨大的影响，信息系统的安全日益显得重要。信息系统的安全是为了防范意外或人为地破坏信息系统的运行，或非法使用信息资源，而对信息系统采取的安全保护措施。

2. 信息系统安全性的相关因素。

（1）硬件及物理因素：指系统硬件及环境的安全可靠，包括机房设施、计算机主体、存储系统、辅助设备、数据通讯设施以及信息存储介质的安全性。

（2）软件因素：软件的非法删改、复制与窃取将使系统的软件受到损失，并可能造成泄密。计算机网络病毒也是以软件为手段侵入系统进行破坏的。

（3）数据因素：指数据信息在存储和传递过程中的安全性，这是计算机犯罪的主攻核心，是必须加以安全和保密的重点。

（4）人为及管理因素：涉及工作人员的素质、责任心，以及严密的行政管理制度和法律法规，以防范人为的主动因素直接对系统安全所造成的威胁。

（5）电磁波因素：计算机系统及其控制的信息和数据传输通道，在工作过程中都会产生电磁波辐射，在一定地理范围内用无线电接收机很容易检测并接收到，这就有可能造成信息通过电磁辐射而泄漏。另外，空间电磁波也可能对系统产生电磁干扰，影响系统正常运行。

（6）自然及不可抗拒因素：指地震、火灾、水灾、风暴以及社会暴力或战争等，这些因素将直接地危害信息系统实体的安全。

3. 信息系统安全管理的目标。

随着信息技术的发展，信息系统在运行操作、管理控制、经营管理计划、战略决策等社会经济活动各个层面的应用范围不断扩大，发挥着越来越大的作用。信息系统中处理和存储的，既有日常业务处理信息、技术经济信息，也有涉及企业或政府高层计划、决策信息，其中相当部分是属于极为重要并有保密要求的。

信息系统安全管理的目标就是：保证信息系统在有充分保护的安全环境中运行，由可靠的操作人员按规范使用计算机系统、网络系统、数据库系统和应用系统，系统符合安全标准。它的主要安全指标包括：物理过程与人员安全、机密性、可计算性、访问控制、完整性、可用性、质量保证、互操作性等。

二、信息系统安全内容

1. 物理安全。

物理安全是指在物理媒介上对存储和传输的信息加以保护，是整个网络安全系统的前提。物理安全主要包括环境安全、设备安全、媒体安全等方面，如机房不达标、设备缺乏保护和存在管理漏洞等。处理秘密信息的系统中心机房应采用有效的技术防范措施，重要的系统还应配备警卫人员进行区域保护。

2. 运行安全。

运行安全主要包括备份与恢复、病毒的检测与消除、电磁兼容等。涉密系统的主要设备、软件、数据、电源等应有备份，并具有在较短时间内恢复系统运行的能力。应采用国家有关主管部门批准的查毒杀毒软件适时查毒杀毒，包括服务器和客户端的查毒杀毒。

3. 信息安全。

确保信息的保密性、完整性、可用性和抗抵赖性是信息安全保密的中心任务。信息安全的因素有信息传输线路不安全、存储保护技术有弱点及使用管理不严格等。

4. 安全保密管理。

涉密计算机信息系统的安全保密管理包括各级管理组织机构、管理制度和管理技术三个方面。要通过组建完整的安全管理组织机构，设置安全保密管理人员，制定严格的安全保密管理制度，利用先进的安全保密管理技术对整个涉密计算机信息系统进行管理。

三、安全技术

信息在一个组织中是极端重要的，因此，企业必须竭尽全力去保护自己的信息。于是，企业将采取安全措施来保护自己的信息。当然，若安全措施过多会妨碍员工正常的工作，造成公司收入下降，安全措施太少又会使系统容易受到攻击。目前比较成熟的安全技术主要有以下几类：身份识别技术、访问控制技术、数据加密技术、防火墙技术和数字签名技术。

（一）身份识别技术

计算机系统安全机制的主要目标是控制对信息的访问。身份识别技术可以分为三类：（1）你所知道的某些信息，比如存取款需要取款人知道自己的银行密码；（2）你所持有证明身份的证件，如个人手中的身份证，进出安全检查的通行证等；（3）一些个人特征，例如每个人的指纹、DNA、签名笔迹或者其他外形特征等。

1. 口令识别。

用户名/口令是最常见一种身份识别技术，也是认证技术中最实用、简单、广泛的一种。自计算机问世以来，密码就被广泛使用。你可以用密码保护一个计算机系统、一台计算机、一个文件夹，但是密码并不是保护计算机系统的好方法。人们常常会忘记密码，所以他们不得不换用新密码或者找回原来的密码。

2. 个人持证。

将表明个人身份的信息存储到磁卡、USB-Key 等中。所保存的信息一般是一次性永久写入的，相应修改其中的信息很困难。

3. 个人特征。

个人身上的很多特征是独一无二的，人们转而向生物测定学寻求方法，使用人类的外表特征（如指纹、视网膜的血管脉络、声音甚至是呼吸）作为密码。这些特征中有的相对简单，很容易被模仿；有的则比较复杂，需要特殊的技术才能识别，很难被模仿，如指纹阅读技术，你的指纹被存储在数据库中，当你出现时，扫描你的指纹，与数据库中的样本对比，如果彼此匹配，系统才允许你进入。

（二）访问控制技术

身份识别的目的是防止入侵者非法侵入系统，但其对系统的合法用户的破坏却无能为力。目前对系统用户非授权的访问控制主要有 2 种类型，即任意访问控制和强制访问控制。

任意访问控制是指用户可以随意在系统中访问规定对象，通常包括目录式访问控制、访问控制表、访问控制矩阵和面向过程的访问控制等。强制访问控制是指用户和文件都有固定的安全属性，由系统管理员按照严格程序设置，不允许用户修改。如果系统设置的用户安全属性不允许用户访问某个文件，那么不论用户是否是该文件的拥有者都不能进行访问。

任意访问控制的优点是方便用户，强制访问控制则通过无法回避的访问限制来防止对系统的非法入侵。对安全性要求较低的系统通常采用任意访问控制和强制访问控制相结合的方法；安全要求较高的部分采用强制访问控制。

（三）数据加密技术

数据加密技术即密码学，就是隐藏文件的内容，目的是为了防止合法接收者之外的人获取机密信息。加密是目前解决身份认证、系统鉴别和信息交换的重要技术措施。需要加密的原始数据称为明文，明文经过加密后的数据称为密文。把明文变成密文的过程称为加密，在这个过程中使用变换方法称为加密算法；反之，将密文变成明文的过程称为解密，使用的变换方法称为解密算法。加密技术一般可以分为 3 种：

（1）按从明文到密文的操作方式分为置换密码和易位密码。置换是将明文的每个元素转化成其他元素，易位是将明文中的元素的位置进行改变。在置换密码中，每个或每组字母由另外一个或一组密文字母所替换。易位密码只对明文字母重新排列，但不隐藏它们。

（2）按对明文的处理方式分为分组密码和序列密码。分组密码也叫块密码，将明文分成固定长度的数据块，然后对数据进行加密，输出密文块。而序列密码每次处理明文的一位，然后对位进行加密，输出的也是一位的密文。

（3）按加密解密过程中使用的密钥的个数分为对称密码和非对称密码。如果在加密解密过程中，加密密钥和解密密钥一样，这样的加密技术称为对称密码，常规密码或单密钥密码；如果加密密钥和解密密钥不相同，这样的加密技术称为非对称密码，公钥密码或双密钥密码。

（四）防火墙技术

防火墙是网络中保护网络安全一种重要技术，它是一个由硬件和软件两部分组成的网络节点，用以将内部网与互联网隔离，保护内部网中的信息、资源等不受来自互联网中非法用户的侵犯。它控制内部网与互联网之间的所有数据流量，控制和防止内部网中有价值数据流入互联网，也控制和防止来自互联网的无用垃圾和有害数据流入内部网。简单地说，防火墙成为一个进出内部网的信息都必须经过的限制点。它只允许授权信息通过，而其本身不能被渗透。其目标是使入侵者要么无法进入内部系统，要么即使进入也带不走有价值的东西。

防火墙具有保障内部网络安全、记录和审计安全事件、隔离内部网络、自身防攻击机能和支持其他 Internet 服务特性的功能。但是，防火墙技术不能防范绕过防火墙的攻击，也无法阻止病毒及内部的攻击。

防火墙对进入网络的每条信息都进行检查。只有当这条信息有“正确的”标记才能进入网络，否则防火墙会阻挡其入内。目前基于防火墙技术的产品主要有 2 大类，一类是安全路由器，一类是防火墙路由器和软件系统。安全路由器的功能主要是对通过路由器的信息包（如基于下列信息组的 IP 包：IP 原地址、IP 目的地址、TCP 或 UDP 原端口、TCP 或 UDP 目的端口等）进行过滤，以滤去不需要或有害的信息包。

（五）数字签名技术

在网络中为了识别消息的真实性和完整性，使用了数字签名，它类似于日常生活中的手写签名或者印章。数字签名技术是解决网络通信中发生否认、伪造、冒充、篡改等问题的安全技术，主要包括接收者核实发送者对报文的签名、发送方无法否认他的签名、接收者不能伪造对报文的签名等方面。

数字证书相当于平时生活中使用的身份证，是互联网通信中标志通信各方身份信息的一系列数据，提供了一种在 Internet 上验证身份的方式。它是由权威机构——CA 机构，又称为证书授权（Certificate Authority）中心发行的，人们可以在网上用它来识别对方的身份。数字证书是一个经证书授权中心数字签名的包含公开密钥拥有者信息以及公开密钥的文件。最简单的证书包含一个公开密钥、名称以及证书授权中心的数字签名。使用了数字证书，即使信息发送者发送的信息在网上被他人截获，甚至丢失了个人的账户、密码等信息，仍可以保证其账户、资金安全。

四、信息系统安全管理的措施

针对信息系统所面临的安全威胁，组织在管理上应该以预防为主，采取有效的安全保护措施。信息系统的安全保护措施包括技术性和非技术性两大类：一是技术性安全措施——是指通过采取与系统直接相关的技术手段防止安全事故的发生；二是非技术性安全措施——是指利用行政管理、法制保证和其他物理措施等防止安全事故的发生，它不受信息系统的控制，是施加于信息系统之上的。

（一）技术性安全措施

1. 建立技术控制模型。

技术控制模型建立在保护计算机系统和弥补技术漏洞的基础上，建立物理环境技术控制模型、软件程序控制模型、网络通信控制模型和信息安全控制模型。

2. 确定技术控制体系。

以法规形式确定信息系统安全等级技术标准，根据不同的要求，建立分层次的访问权限认证系统。跟踪密码技术、系统扫描安全检查技术、网络攻击监控技术、信息内容监控技术、审计跟踪技术及证据搜集、认定等安全技术的研究成果，确定本系统的技术控制体系。

3. 经常备份数据、异地存放数据。

正如常言所说，预防胜过治疗。要防止组织的信息丢失，最简单也是最基本的方法就是把文件进行备份。异地存放数据，可以使信息系统在遭受毁灭性打击的时候，仍然可以保全数据。遭受"9·11"灾难的许多美国公司的信息系统被彻底摧毁，而这些公司中的95%在灾难过后很快地又把信息系统重建起来，这得益于数据的异地存储。

4. 采用先进的安全技术。

使用身份识别技术，根据使用者的不同的身份给予不同的权限。针对系统的合法用户，使用访问控制技术控制非授权的访问。应用杀毒软件来防病毒，使用防火墙软件来防止黑客攻击，虽然它们不能使你的信息系统绝对安全，但却是保护信息安全不可或缺的一道屏障。利用数字加密技术隐藏文件内容，与数字签名技术一起确保了文件在网络通信过程中的安全。

（二）非技术性安全措施

无论在信息系统的建设、应用和管理方面，都要建立一套科学的严格的管理制度和操作规程。

1. 建立安全稽核体系。

计算机安全稽核是系统安全工程的主要内容，人们常用安全稽核来验证系统安全方面的脆弱性，评价风险程度（损失程度），从而有针对性地采取安全措施。计算机安全稽核分内部稽核和外部稽核两类。内部稽核主要靠系统内部提供的功能来实现，其主要任务是稽核系统内部数据处理情况和系统运行情况。外部稽核是对各种安全规章和措施进行稽核。

安全稽核的目的是保持数据的正确性、可靠性、真实性和可使用性，识别系统内部正在发生的活动变化，保障系统的安全可靠。计算机安全稽核在防止计算机犯罪、威慑计算机犯罪分子、侦破案件、检查事故发生的可能性和原因、保障系统正常运行等方面都有着极其重要的作用。

2. 建立安全监察体制。

计算机信息系统安全保护存在的问题是：无特定的机构来监督、检查系统的安全情况，只对系统产品安全性能进行评价、认证，对最容易出问题的计算机应用过程的安全管理工作只有要求而无监督。鉴于这一点，信息产业部在《计算机信息系统安全保护条例》中设置了安全监察专门章节，这一章节对计算机信息系统的安全保护的法律监督作用做了描述。

安全监察分内部主动监察和外部强制监察两种。内部主动监察主要由系统安全负责人、内部审计师、系统分析员、程序员等组成的监察队伍实施。主要职责是根据国家和行业的有关法律、法规和标准规范，制定防止非授权或越权存取数据、使用计算机的制度和措施，制定安全系统的分析、设计、测试和评价标准和方法，制定计算机设备、程序和数据实体保护措施以及各类应急计划等。

外部强制监察是指信息计算机管理监察部门根据法律赋予的权力，对计算机信息系统行使安全检查、监督和处罚等功能。主要职责是检查、指导和监督系统的实体安全、环境安全、软件安全、网络安全及信息安全，协助制订和实施系统的安全计划和安全教育，检查督促落实国家颁布的有关系统设计、机房标准及安全组织建立和安全人员培训，负责处理涉及计算机信息系统安全的事件，协同有关部门侦破计算机犯罪案件。

五、信息安全法的规范

为实现网络系统安全，国际标准化组织为开放系统定义了七层网络协议，该协议在 OSI（Open System Interconnection，开放系统互连）内补充定义了各种安全要素，对系统的安全控制提出了指导和限制，描述了系统的安全服务、安全机制和安全管理，并给出了 OSI 网络层次、安全服务和安全机制之间的关系。这一协议是实施网络安全技术的依据。

信息系统安全既是十分重要和复杂的技术问题，也是社会经济问题。信息系统的有效运行必须有一套完整的保护机制。国务院、公安部等有关单位从 1994 年起制定发布了《中华人民共和国计算机信息系统安全保护条例》等一系列信息系统安全方面的法规。这些法规主要涉及信息系统安全保护、国际联网管理、商用密码管理、计算机病毒防治和安全产品检测与销售五个方面。

我国政府非常重视信息安全管理工作，除了已颁布的法规外，还出台了具体的实施细则，如操作系统安全评估标准、网络安全管理规范、数据库系统安全评估标准、计算机病毒以及有害数据防治管理制度等。随着信息系统管理工作的法规化和规范化工作不断加强，必将推动广大公众的信息安全意识，使信息系统应用进入良好的法制化保护环境。

目前，我国信息安全工作由公安部计算机司主抓，信息化政策法规由信息产业部发布。

第三节　战略管理

20 世纪 80 年代中期，随着市场变化频繁，竞争日益激烈，信息技术在一些企业的应用取得了巨大的成功，为企业的经营战略的分析与决策提供有力的支持，极大地促进了企业的发展。此时，人们开始关注如何从战略上应用信息技术，战略信息系统（Strategic Information System，SIS）的概念开始出现，并引起人们的高度兴趣和重视，得到广泛的研究。

一、战略管理与战略信息系统

（一）战略管理

"战略"一词的希腊语是 strategos，意思是"将军指挥军队的艺术"，原是一个军事术语。它并不是"空的东西"，也不是"虚无"，而是直接左右企业能否持续发展和持续盈利最重要的决策参照系。战略管理是指企业确定其使命，根据组织外部环境和内部条件设定企业的战略目标，为保证目标的正确落实和实现进行谋划，并依靠企业内部能力将这种谋划和决策付诸实施，以及在实施过程中进行控制的一个动态管理过程。

企业战略指导企业的全部活动，而全部管理活动的重点是制定战略和实施战略。制定战略和实施战略的关键都在于对企业外部环境的变化进行分析，对企业的内部条件和素质进行审核，并以此为前提确定企业的战略目标。战略管理的任务，就在于通过战略制定、战略实施和日常管理，在保持这种动态平衡的条件下，实现企业的战略目标。

美国的经济战略学者迈克尔·波特早在 20 世纪 80 年代就开始研究信息技术与战略的关系，并在产业结构和竞争战略分析基础上阐述了信息技术战略应用的重要意义。因此，企业战略管理过程中关注信息技术，即战略信息系统，是十分必要的。

（二）战略信息系统

1. 战略信息系统的概念。

在信息技术急速发展和社会竞争日趋激烈的环境下，一个组织如何充分有效地开发利用信息资源以增强竞争实力、获取竞争优势的战略，即面向竞争的信息管理战略。战略信息系统就是在面向竞争的信息管理战略指引下，基于 MIS，DSS 和 OAS 的基础上发展起来的。到目前为止，还没有一个能被人们普遍接受的定义。

（1）1988 年，SIS 研究先驱、美国学者查尔斯·惠兹曼（Charles Wiseman）为战略信息系统下了一个较有代表性的定义："一个成功的战略信息系统是指，运用信息技术来支持或体现企业竞争战略和企业计划，使企业获得或维持竞争优势，或削弱对手的竞争优势"。

（2）劳东（Laudon）所下的定义更加具体："战略信息系统是通过生成新产

品和服务，改变与客户和供应商的关系，或者通过改变公司内部的运作方式，以使公司具有竞争优势的信息系统”。

(3) 1992 年，Liang 和 Tang 提出，一个战略信息系统必须至少具备三个特点：①系统连接多个实体，能给这些实体带来直接效益，并促进竞争。“连接多个实体”的特征将战略信息系统限定为特定的分布式信息系统，如企业间信息系统（IOS）。②系统能带来明显的效益，这种效益并不一定是战略性的；③系统能影响企业间的竞争，可能会给行业以及产业结构带来一定程度的影响。

SIS 是根据竞争发展的需要把现代信息技术与经营管理思想结合在一起的产物。基于 SIS 的企业全面信息化并不仅仅意味着企业信息交流方式的变革，同时带来组织结构、业务流程、管理模式的重整乃至经营方式的改变，为企业竞争与发展带来新的机会。SIS 的目的在于改变人们对信息系统和信息资源的传统认识与理解，通过改变组织的业务结构和经营特性来提高企业竞争能力。为适应组织竞争环境的不断变化，在许多场合下 SIS 只是通过网络联结起来的“虚拟信息系统”，其结构和功能灵活多变。

2. 战略信息系统的类型。

(1) 竞争系统。

竞争性的战略信息系统以信息科技为基础，提供独特的服务，或是锁住客户或供货商，以增加企业的竞争力，从而获取市场。它通常具有两个特性：一是由一个企业负责其系统开发，并以改进该企业竞争力为目的；二是保密进行，以防竞争者有类似系统而丧失竞争优势。

(2) 合作系统。

由于企业若能迅速取得与交换可靠的信息，并加以整合运用，就有可能取得竞争优势，这促使产生了另一种类型的战略信息系统，就是合作系统，即由两个以上的公司所共享的一套信息系统，它能让使用者获取竞争优势。因此，一般亦称之为跨组织信息系统（inter - organizational information system：IOS）。

(3) 改变组织工作方式的系统。

通过改变组织内部工作方式，也能提高组织的竞争力，此为第三类型的战略信息系统。麦克法兰（MaFarlan）与麦坎尼（Mckenney）建议企业采用信息系统改变组织结构与管理控制战略，以获取竞争利益。对于不同的环境，企业有不同的做法：

①处于竞争激烈的环境，成本导向的企业的做法：采用信息系统以减低人工成本；有效的使用工厂设备；降低存货水准。

②处于产品分化为主的企业做法：缩短开发新产品的前置时间；改良产品特性；向客户提供便利的订货方式。

二、战略信息系统的重要性

战略信息系统对企业战略管理有着重要的意义。通过分析战略信息系统的各种定义，总结人们对战略信息系统的研究成果，可以看出，战略信息系统具有以下作用：

1. 战略信息系统为企业的战略提供有力支持和保证。

战略信息系统是信息技术的战略应用，它与过去人们应用信息技术的简单模式（如提高效率、减轻人的劳动、辅助决策等）不同，而是将信息技术与企业的经营战略集成在一起，辅助经营战略的实现，或者为经营战略的实施提供新的方案。

2. 促进企业的各种信息系统与企业经营战略形成协同效应。

战略信息系统能从企业整体的经营绩效出发，审视信息系统，促进企业的各种信息系统与企业经营战略形成协同效应，赢得竞争优势。企业在信息系统建设的过程中形成不同层次的信息系统：操作层面上的事务处理系统，管理层面上的管理信息系统、办公自动化系统等；在战略层面上的支持企业战略决策的信息系统。处于不同层面上的信息系统很少考虑企业整体的经营绩效，造成了信息系统建设与企业战略性经营脱节。而在战略信息系统概念的指导下，只要能给企业带来长远的竞争优势，就是具有战略价值的信息系统，因而容易与企业经营战略形成协同效应。

3. 提高企业对内外部信息资源的利用，增强企业综合创新能力。

信息技术的广泛应用，使企业信息化程度不断提高，以业务部门为中心的信息系统建设不断加强，但这些部门间的业务管理系统往往未能有机地形成企业信息系统的整体集成，出现了一个个“信息孤岛”，使内部管理效率低下，不能实现业务流程的规范化和信息共享。SIS 的基本功能就在于构建企业的集成信息系统，能够消除部门间的彼此封闭，使企业内部信息共享，管理变为有序化、规范化，从而提高整体运作效率。同时，它不但注重内部信息的管理，更注重外部信息的开发利用，形成完善的竞争情报系统。战略决策直接影响企业的市场竞争力，SIS 能够满足企业组织扁平化的要求，构建企业与雇员、企业与顾客、企业与合作伙伴的关系，把企业的战略决策层和基层职员、市场和用户直接联系起来，减少纵向管理层次，加强横向管理互动，从而使非集中化的、即时性的创造性科学决策成为可能。综合创新能力是企业获得新的盈利点的关键途径，SIS 的建立，使企业对内外信息资源能够充分利用，成为创新的原始驱动力，形成有效的、差异化的创新战略，从而加强对市场的迅速反应能力和降低运营成本，给企业带来增值利润。SIS 的不断调整和完善，能使企业保持长久的战略优势。

4. 战略信息系统能不断调整组织管理模式，提高企业整体运作效率。

随着信息网络技术的发展，信息系统对于企业的生存发展至关重要，其中战略信息系统通常随着组织的生产、服务、内部业务的变化来改变组织，并驱动其产生新的行为和竞争力。面向企业的管理问题，是信息系统根本目的所在，应用SIS，往往会引起企业业务流程的重组，管理模式的重组，经营方式的变革及企业结构的调整。因此，SIS 的结构必须与企业结构、业务流程以及管理模式的发展变化相适应。业务流程的优化、机构的重组以及管理手段的变革，能大大提高企业运作的效率，降低成本，缩短生产周期，减少库存数量，极大地改善服务质量，提高利润率。战略信息系统是一种重要的战略资源，是保证企业获得竞争优势的基础。

对于企业而言，战略信息系统是十分重要的。但是，并非任何用于管理的信息系统都称之为战略信息系统，只有当信息系统能直接支持或影响企业的经营战略，并帮助企业获得竞争优势，或削弱了竞争对手的优势时，才能认为该信息系统是战略信息系统。

三、企业实施战略信息系统应具备的条件

企业成功的实施战略信息系统，通常需要有三个推手：竞争需求的拉动、信息技术的推动和不断变革的管理模式的助力。

（一）竞争需求的拉动

1. 创新性。

创新是企业最重要的竞争能力。对于企业来说，除了产品设计和生产工艺的创新外企业的创新还应该包括观念更新、组织再造和业务重组，即综合创新。从英特尔到微软，从北大方正到青岛海尔，无数成功企业的事例证明，不断更新和提高的知识是竞争优势的原始源泉，而综合创新能力则是推动企业发展的真正动力和最强大的竞争武器。

2. 时间要素。

现代企业生产和发展的重要条件之一，就是缩短产品生产周期，加快产品上市。瞬息万变的市场需求，使企业的竞争战略从扩大生产规模、降低生产成本、改进产品质量，演变到以提高市场反应速度为中心的竞争战略上来。借助“虚拟企业”这一模式，企业可以把不同地区的资源迅速组合成为一种依靠电子手段联系、超越空间约束、统一指挥的经营实体，从而使企业以最快的速度推出高质量、低成本、多样化的新产品。虚拟企业的实现需要依靠先进的网络技术才能帮

助企业使功能上的不完整性、组织结构上的非永久性和地域上的分散性，通过信息集成和管理，发挥资源的总体效益，增强企业的竞争能力，这最终将促成 SIS 在企业中的应用。

（二）信息技术的推动

SIS 是各种信息技术的战略应用，要求企业信息化的基本实现，所涉及的现代信息技术有：面向对象技术、数据仓库技术、Internet 和 Intranet 技术等。

1. 面向对象技术。

敏捷性企业所具有的业务流程重组和组织机构重建的动态特性，对企业信息系统提出了更高的技术要求。面向对象技术的出现正好满足了企业重组的动态变化特性。面向对象技术本身的封装性、继承性、多形性、层级性、动态链接性、可重复利用性等特点，使一个系统不仅具有可缩放性和可维护性，而且还能满足敏捷性管理的低成本、高质量、短周期和小批量以及灵活性和可靠性等各种不同需求，从而使以面向对象技术为开发工具的 SIS 能为企业提供迅速响应市场变化的竞争实力。

2. 数据仓库技术。

信息时代的到来，企业的竞争实质上就是信息的竞争。作为企业的管理决策者，掌握的信息当然是越准确、全面、高效越好。数据仓库技术将企业内各种跨平台的分散数据经过重新组合和加工，构成面向决策的数据仓库，使最终用户可以在数据仓库的基础上进行深层的数据挖掘、多维数据分析、动态查询等，开发利用有战略意义的信息资源。数据仓库是为管理决策者服务，它的目标是从大量杂乱无章的历史数据和汇总数据中获取有价值的信息，用于支持高层决策分析，强化企业的竞争优势。因此，数据仓库技术也是企业 SIS 的重要支持工具。

3. Internet 和 Intranet 技术。

Internet 的商业化，使企业的信息管理方式得到了极大的扩展。在企业的信息生产、发布、收集和处理能力及效率得到了极大提高的同时，企业间的关系也出现了多重性。它们之间可能既是合作伙伴，又是竞争对手。随着全球信息基础结构的建设和社会信息环境日益走向网络化、数字化，企业之间跨机构或跨国合作的机会和范围都大大增加。

企业内联网（Intranet）利用 Internet 的 Web 模型作为标准平台，通过 Intranet，使企业将以往分散的信息结构由“信息孤岛”变成了一个有机统一的“信息大陆”，这样，不仅可在企业内部实现以 Web 为中心的更加方便灵活的信息发布与交换方式以及更加迅捷的协同作业，而且由于 Web 服务器与数据库的成功连接，使得从企业外部也可以及时访问企业的主干数据库。因此，利用 Intranet 很容易构筑起能够对竞争环境作出快速反应的 SIS，增强竞争实力。

（三）不断变革的管理模式的助力

信息技术的蓬勃发展和竞争环境的急剧变化，既给企业经营管理带来了更多、更大、更为严峻的挑战，同时也带来了许多新的机遇，并促进了企业生产经营与组织管理模式的变革。这种变革为企业 SIS 体制的形成奠定了基础。目前推广采用的经营管理模式企业资源规划及计算机集成制造系统为 SIS 的形成提供了有力的支持和保证。

1. ERP 为 SIS 的形成提供支持。

企业资源规划源于 MRP，又在传统的 MRP Ⅱ 基础上，吸收了准时生产（JIT）和全面质量管理（TQC）等先进的管理思想，是一种面向企业供应链的管理模式，它可对供应链上的所有环节进行有效的管理，并通过这些环节的紧密联系以及协同与平衡，实现全球范围内的多企业、多地域跨国经营合作。由此可见，ERP 与 SIS 的思想是一致的，它将为企业 SIS 的形成提供有力的支持。

2. CIMS 形成了 SIS 的内核。

计算机集成制造系统是随着计算机辅助设计与制造的发展而产生的。它是在信息技术自动化技术与制造的基础上，通过计算机技术把分散在产品设计制造过程中各种孤立的自动化子系统有机地集成起来，形成适用于多品种、小批量生产，实现整体效益的集成化和智能化制造系统。CIMS 能使产品的管理决策过程、设计开发过程、加工制造过程、质量控制过程等通过计算机网络合理地联结为一个整体，保证信息在企业内部的一致性、共享性、及时性和可靠性，实现企业生产、管理、决策的智能化，达到优质高效的目标。CIMS 强调将企业生产经营的各个环节（如市场需求、产品开发、加工制造、质量控制、销售服务、人事与财务管理等）统一起来，注重对企业生产经营各环节信息的采集、处理和传递，进而实现物资、人员、资金、组织和经营管理的集成，最终使物流、人流、资金流、信息流实现整体优化运行，以此提高企业的竞争实力。CIMS 为 SIS 奠定了认识上的基础，形成了企业 SIS 的内核。

四、战略信息系统的应用

（一）SIS 在国内外企业中的应用

随着市场竞争加剧和信息技术的高速发展，各种信息系统相继被开发，并被部分企业所采用，并从中获利，从而建立起自己的竞争优势。如今，越来越多的企业纷纷将自己的目光投向信息系统的建设，期望通过先进的技术手段立足于市场。SIS 是在企业原有的信息系统基础上发展起来的，能使这些信息系统各自的功能和作用得到充分利用，支持企业的竞争战略。

美、日等发达国家企业界于20世纪80年代后期掀起了建设战略信息系统的热潮。美国航空公司、美国城市银行、联邦快递、沃尔玛、日本花王公司等都是应用SIS的成功案例。进入90年代，日本企业的建设热情高于美国，当时正在运用和正在开发战略信息系统的企业达到23.4%，正在研究中的为27.2%，今后要研究的为41.6%，许多企业在原来信息系统基础上成立了“SIS开发委员会”等机构，以推动和组织SIS的建设。在国外，不仅一些大企业进行SIS的整合，就是中小企业也在采取简便的方式进行战略信息系统化的工作，以便与大企业抗衡，保持自身的生存。SIS已成为企业信息管理的热点。

信息化战略规划的一般阶段分为四个，即数据处理阶段、管理信息阶段、战略信息系统阶段、全球网络系统阶段。目前，我国绝大多数企业尚处在第一阶段，比较而言，大型企业信息化水平较高，已有90%以上的企业建设了企业内联网，近四成的企业建立了ERP系统；八成的企业使用了财务管理软件，建设了企业外部网站；少数企业建设了CRM（客户关系管理）系统和SCM（供应链管理系统），正在向更高阶段过渡。现在SIS在我国还处于探索阶段，敢于全面整合系统建设和投资开发的企业还为数不多，然而，随着信息化建设的不断深入和企业管理模式的推动，会有越来越多的企业尝试到SIS建设带来的巨大利益和竞争优势。

（二）SIS的应用软件

由于战略管理的重要性，以“支持或改变企业战略”为己任的战略信息系统的重要性是不言而喻的。因此在西方发达国家，战略信息系统软件产品所具有的巨大市场潜力已得到业界广泛认同，许多业界领先的管理软件厂商已推出或正在研制此类产品。在1999年第三季度，国际领先的制造业软件产品厂商SAP公司推出了业界第一个战略信息系统产品，最近几年，IBM公司、安德森咨询公司、欧洲数据库顾问公司也推出多种战略信息系统规划（SISP），其他软件产品厂商像ORACLE、SAS、INCOME也相继推出了其战略信息系统产品。国外厂商一般都对于战略信息系统产品给予了很高的期望，例如SAP将其战略信息系统产品定位为继其ERP产品之后的“新一代企业管理软件”，是“革命性”的产品。ORACLE在白皮书中定位其战略信息系统产品为“解放ERP潜力”的产品。在产业界，将战略信息系统称为“战略性企业管理系统”的本身，表明了它区别于现在的各“非战略性企业管理系统”的“新一代的”、“革命性的”产品的特征。可以认为战略信息系统代表了管理软件发展的新趋势，是产业发展的重要的战略方向。但由于战略信息系统产品对于实施企业本身的素质要求较高，同时对于相应的支持与咨询能力都要求较高，国外厂商一般将其定位为企业管理软件中的“高端产品”，目前主要在北美、欧洲等发达国家销售。

在我国，各企业管理软件厂商及其以ERP为代表的各“非战略性企业管理系统”软件产品已逐步成熟，产品趋同性趋势明显，产业竞争日趋激烈，因此，研发新技术与新产品，寻求产业的新的突破点的内在动力是十分强烈的。我国安邦科技等企业也已推出了SIS系统集成解决方案。

第四节　信息系统与CIO

一、CIO的概述

（一）CIO的产生背景

随着市场竞争日益激烈，“知己知彼，百战不殆”成为越来越多企业运筹帷幄的关键。这句古老的中国谚语传递了信息在企业运营中的重要作用。实际上，企业运营过程是信息的流转过程，是一个信息不断产生、传递、分析到最后删除的过程。因此，对信息进行的有效管理，即是对企业运营的高效管理。于是，首席信息官（Chief Information Office，CIO）应运而生，这是市场、企业、技术共同作用的产物。

1. 信息技术的发展是CIO产生的基础。

随着全球经济一体化和国际贸易自由化的发展，信息技术的影响已经逐步渗透到社会经济的各个环节，信息技术的高速发展，尤其是互联网技术的普及，极大地提高了社会生产力，也冲击了生产关系的变革。信息技术革命的来临，促使企业必须从整体上来认识信息技术对企业业务前景的影响，新技术带来的新机会将改变竞争格局。信息技术的应用已从局部性应用上升为整体性、战略性应用，企业需要在互联网、电子商务、经济全球化的新环境中来寻找新的战略立足点，企业的信息化工程成为整体性行为，涉及组织的各个方面，过去的技术主管已经无法胜任相应的协调工作。这时，企业就迫切需要一位能从战略上认识企业未来机会的角色，来进行全局性的协调，于是催生出CIO。

2. 市场竞争的加剧是CIO产生的关键。

网络经济时代，“快鱼吃慢鱼”成为新的市场规律，差异化和低成本战略成为企业首先关注的指导思想。市场竞争逐渐由个体竞争向协同竞争发展，企业之间的竞争很大程度上是供应链之间的竞争。企业要在市场竞争中立于不败之地，就必须完成供应链上的资源整合和实现协同商务。资源整合是进行供应链的总量控制，系统的核心管理能力在于对宏观资源的协调与平衡，分析企业内外的竞争关系，在供应链上进行资源的合理分配，能形成总量的竞争优势。协同商务是更具体的执行系统，涉及供应链中大量的资金、物料、生产的调度，以及与第三方物流的合作。这一切对企业的 IT 管理提出了挑战，迫切需要 IT 的领导者从单纯的技术管理进入到决策管理层，对 IT 的管理要从信息技术、信息资源和信息体制三个战略层面去统辖。

3. 客户需求的变化是 CIO 产生的源泉。

知识经济时代，顾客需求由大众化向个性化转变，传统贸易的时间和空间随着电子商务的出现发生了改变，厂商开始直接面对广大的顾客。企业制胜的关键在于如何快速地满足客户的个性化需求。以客户为中心的观念成为企业的核心发展战略。随着信息化进程加快，CRM 成为企业加强管理、获得更强竞争力的迫切需要。一些企业相继运用 ERP 系统为企业生产经营管理发挥作用后，开始把目光盯在 CRM 系统上，期望能够在信息技术的帮助下，成功地进行客户管理和客户挖掘，分析市场环境因素，提高客户满意度。市场变化、客户变化的速度都超出企业家的想象，销售管理的灵活性和适应性能否成功体现出来，与能否及时为客户提供需求的信息管理有极大的关系。顾客需求的这种变化，迫使企业必须从战略层面加强信息管理。

4. 企业变革的需求是 CIO 产生的动因。

社会经济环境的不断变化，使得多层组织向扁平化组织结构转变，信息技术的发展促进了这一进程。首先，中间管理层被缩减，现代信息技术使操作执行层与决策层能直接沟通。其次，信息化加强了高层管理的控制能力。企业引入信息系统之后，信息技术的应用使上下级之间的沟通与联系更为方便，中层管理机构功能将逐渐减少，相应地企业高层管理的控制能力将会大大加强，CIO 的出现成为必然。再其次，改进了组织绩效。信息技术使得一个组织只需更少的人员既可完成与过去同样的工作量，从而提高了组织的工作效率。最后，扁平化的网络组织能对市场环境变化作出快速反应，通过社会化协作和契约关系，组织的边界被扩大，在建立起组织要素与外部环境要素互动关系的基础上，向顾客提供优质的产品或服务。总之，企业信息化促进了组织变革，而组织的重构也使得企业信息化能够顺利推进，CIO 正是现代企业变革催生的又一新生事物。

CIO 是信息化进程发展到一定阶段后出现的新角色，是信息在技术因素、人文因素和经济因素综合之下的资源管理的新职位，是政府部门、企事业单位信息化的领跑者。美国许多大企业设立了 CIO，目的就是希望通过对信息进行很好的管理，从而建立竞争优势，最终帮助企业达到成功。目前，世界上已有 100 多个国家和地区确立了 CIO 制度。《财富》世界 500 强企业中全部实行了 CIO 体制。企业 CIO 虽然起源于政府 CIO，但其无论在数量上还是发展速度上都已经超越了政府部门的 CIO。作为信息化革命中各种新技术、新思维与新理念碰撞产生的新概念，CIO 的诞生标志着信息化建设与应用人才的地位的提高。

（二）CIO 的定义

CIO 即首席信息官或信息主管，是一种与公司中其他的最高层管理人，如首席执政官（CEO）、首席财务官（CFO）一类职务相对应，而权力比 CEO 小的职务。美国企业的 CIO 相当于副总经理直接对最高决策者负责。

首次提出 CIO 概念的是工商企业界。1981 年，美国波士顿第一国民银行经理辛诺（Williamr Synnott）和坎布里奇研究与规划公司经理戈拉伯（Williamh Grube）二人在《信息资源管理：80 年代的机会和战略》中给 CIO 下了一个明确的定义："CIO 是负责制定公司的信息政策、标准、程序的方法，并对全公司的信息资源进行管理和控制的高级行政管理人员。"

美国 *CIO* 杂志对 CIO 的定义是："CIO 是负责一个公司信息技术和系统所有领域的高级官员。他们通过指导对信息技术的利用来支持公司的目标。他们具备技术和业务过程两方面的知识，具有多功能的概念，常常是将组织技术调配战略与业务战略紧密结合在一起的最佳人选。他们通过沟通、集成和组织来实现信息资源整合并给企业带来平衡和利益。"

自从 CXO 的职务制度引入中国以来，大多数 CXO 都找到了在中国的对应职务，唯独 CIO 例外。一个很重要的原因是因为中国的企业内从来就没有类似的职能。随着企业信息化的逐步推进，很多企业开始设置 CIO 或者类似的职务，而这类职务的职责，似乎就想当然地变成了信息化。也正是因为信息化与信息技术的天然联系，CIO 在很多人眼中就变成了负责信息技术和企业信息系统的人，或简单地说，就是管技术的人。实际上 CIO 的职责是负责管理企业的信息。广义的信息既可以指运营数据，也可以指各种运营文件信息，包括已有的和潜在的。而管理这些信息，应该是指管理信息的整个生命周期，从其产生、传递、分析、存储到最后删除，CIO 的工作重点是如何管理信息。

二、CIO 在现代组织中的地位与作用

1. 服务提供者。

以 CIO 为代表的信息部门，为企业内部各部门提供服务，这些服务包括：传统的文档服务，搭建网络平台，开发信息系统，提供硬件维修服务，安装有关软件，处理有关数据等。

2. 业务使能者。

CIO 能够增强业务部门的能力，起到业务使能者的作用。CIO 可以通过观察业务部门的工作流程，诊断出各业务部门的弊病，找出瓶颈所在。借助现代信息

技术，CIO 实现了对流程进行优化。

3. 变革的代理人。

CIO 处在企业变革的浪尖上，是企业变革的火车头，是企业变革的代理人。CIO 的工作处在传统管理与现代管理的交汇点上，是企业矛盾的集中点。无论是流程的优化，部门功能的优化，还是企业全局的改进与完善，CIO 是传统管理方式、方法与现代管理理念的斗争点。

4. 战略思想家。

相当多的 CIO 来自信息行业或者说以信息作为自己的专业背景，但已有近一半的 CIO 是来自企业的诸如施工经理以及服务、生产制造或者是市场营销的领导。特别当 CIO 的汇报关系面向决策层时，有的甚至本身就是决策层的成员，作为对企业远期目标的支持与规划，以及对企业组织结构的深刻影响，使处于变革管理焦点的 CIO 成为战略思想家。

5. 公司执行官。

CIO 既是战略思想家，也是企业决策层的顾问，能够在战略层面为企业产品或服务开发以及市场营销起着积极作用，利用现代信息技术为商业带来机遇时，CIO 就成为企业 CEO 或者 COO 的最佳人选，因为 CIO 具备企业全局的观点。

6. 商务合作伙伴。

CIO 不仅是企业内部的技术专家、顾问、变革代言人、决策成员，等等，他们的作用不断变化，从企业内部走向企业外部，在整个企业生态系统中担当着这些责任，是“虚拟企业”或战略企业联盟中的重要角色。在企业联盟中的 CIO，是网络社区里的工作者，其任务和作用是在顾客、供应商与合作伙伴之间搭建系统、传送服务，为他们提供合适的矩阵式网络协作环境。但是，企业内部的供应链管理、厂商控制、数据中心操作、客户信息收集分析传播和网络安全仍然是完整的企业信息化及信息技术环境的基石。

三、CIO 应具备的素质

1. 管理经验。

CIO 首先是一个管理者，CIO 必须对本行业的发展背景有全面的了解，熟悉商业流程，理解行业和企业的业务组织流程、发展趋势，对企业管理的目标有明确的认识，对经营决策和竞争环境的基本情况有充分的掌握，并且有丰富的管理实践经验。例如 CIO 听到客户抱怨开发票的时间太长，基于其对企业里所有与开发票有关流程的了解，解决方案就不可能局限于购买更快的打印机。一般地，一个成功的 CIO，至少需要 5 ~ 8 年的管理经验积累。

2. 具备信息系统规划设计的专业技能。

CIO 应该通晓信息技术，具备为企业经营管理推荐与开发新技术的能力，对信息技术的发展动向及其对企业的影响有敏锐的洞察力，富有远见和技术创新精神。一个合格的 CIO 首先应该考虑的是，业务流程上的每个环节应当如何正确地运用信息来解决业务问题，而不是如何应用信息技术本身。因而，不是说计算机专业人士就能胜任首席信息官一职。CIO 能够利用自身的 IT 能力和优势解决业务问题的同时控制成本和风险，识别、判断和评估新的技术发展对企业业务的适用性。

3. 经营头脑。

CIO 要有精明的商业经营头脑和良好的判断力，以提高企业的效益和竞争力为目标。CIO 需要了解信息技术何时何地何种情况下在哪些方面能为达成这一目标起到关键作用，能够把信息技术投资及时转变成对企业的回报。

4. 信息素养。

CIO 应具有强烈的信息意识和较高的信息分析能力，能够为企业高层的战略决策发挥信息支持作用。特别是对来自外界环境的大量模糊、零碎而杂乱的信息，要有高度的判别能力和信息挖掘的能力，具有战略思维结合务实作风。

5. 应变能力。

面对日新月异的信息技术和急剧变化的竞争环境，CIO 要有较强的应变能力，能够抓住转瞬即逝的机遇，对各种变化作出迅捷及时的反应。CIO 还应有良好的心理素质，能承担得起来自技术和环境变化的压力，具有敢于迎接各种困难和挑战的勇气。

6. 表达能力。

CIO 必须具备良好的口头和文字表达能力，能够把看起来是莫测高深的信息技术向高层管理决策者和基层业务人员都解释清楚，消除企业中的“高技术恐惧症”。特别是对于非技术型用户，要尽量避免采用技术性术语。

7. 沟通协调能力。

CIO 是企业信息流的规划者，应该具备协调沟通的能力。企业信息化改革所面临的问题是全方位的，涉及企业中的方方面面，需要不同的部门协同工作。因此，CIO 要善于沟通、理解内部非技术部门和员工的需求，协调企业内部各层次、各部门、各环节的关系以及企业与其协作伙伴的关系。若 CIO 不擅长沟通，那么他们的许多优秀计划和项目可能很容易半途而废。良好的人际关系和广泛的亲和能力，善于对话和沟通，能够适应企业的文化和传统，使信息技术与管理体制相得益彰。

8. 领导能力。

CIO 应具有卓越的领导能力和高超的组织技能，要有领导威信和支配企业信息资源的权力。既能指挥信息部门的工作，也能对企业的信息政策和策略起领导作用。能建立一个有效的信息资源管理班子，集中管理信息系统和应用程序，协调企业上下级资源。能按质按量、在规定的时间和预算内完成多个 IT 项目的概念设计、项目启动和项目竣工。

四、CIO 的职责

CIO 视为企业信息化的推动者，首先因为 CIO 是进入企业决策圈的角色，有义务对企业的长期发展负责，通过组织起一支专业队伍来完成其使命，而整合外部资源也是其中之一。可以从 4 个层面来分析 CIO 的职责：战略层面、执行层面、变革层面、沟通层面，如图 10－4 所示。

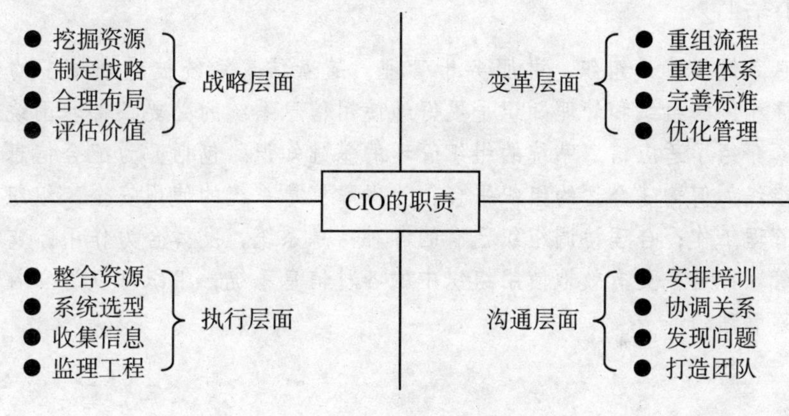

图 10－4 CIO 的职责

1. 战略层面。

CIO 的职责是挖掘企业的信息资源、制定企业信息化战略、为企业信息化合理布局、评估信息化对企业的价值等。信息资源规划是 CIO 的首要职责，信息化的第一步应该是信息资源规划而不是产品选型。

2. 执行层面。

CIO 负责信息流、物流、资金流的整合，完成信息系统的选型实施。CIO 最根本也是最重要的职责就是为企业决策提供所需的切实可靠的信息，有效地帮助企业制定长期发展战略。CIO 需要对 IT 部门进行有效的管理，将 IT 切实置于可以支持或引导业务需要的地位；正确地规划 IT 的发展战略，构思与促进技术远见，确保企业的 IT 技术资源源远流长。更为重要的是要担当起电子商务管理，以及信息工程的监理工作。

3. 变革层面。

协助企业完成业务流程重组，运用信息管理技术重建企业的决策体系和执行体系，同时要对信息编码和商务流程统一标准。不仅要推动企业信息化的软硬环境优化，而且要为 CEO 当好参谋，与各高层管理者一起促进企业内外部商务环境的改善。CIO 需要紧跟所有的最新技术的发展，联络科技与商务战略，保证企业在技术上的竞争优势，并将其迅速转化为业务发展的动力。

4. 沟通层面。

CIO 需要协调沟通上下级关系，打造优秀的 IT 团队。建立并保持积极的 IT 文化，与所有阶层培植良好的关系。安排企业信息化方面的培训，发现信息运用的瓶颈，观察研究企业运作中的信息流及其作用。

本章小结

信息系统根植于组织，并服务于管理，随着信息系统被越来越多的组织采用，掌握相关的组织和管理知识是更好地使用信息系统的必要条件。围绕这一问题，本章介绍了适应信息系统的组织管理的基础知识。包括：为配合信息系统的使用，组织如何构建合适的组织平台；为保障信息系统的使用安全，组织如何展开安全管理工作；合理协调组织已有的各种信息系统，发挥合力作用，支持组织的战略管理；为了更有效地使用组织中的各种信息系统，组织可以设立首席信息官来统筹管理。

习题

1. 什么是组织设计？组织设计包括哪些内容？
2. 组织如何进行组织重构？
3. 组织为什么要进行信息安全管理？信息安全管理包括哪些内容？
4. 什么是战略信息系统？组织实施战略信息系统应具备什么条件？
5. 何谓 CIO？简要解释 CIO 产生的背景？
6. CIO 应该具备哪些素质？

|附录|

案例分析

——库存管理信息系统的分析与设计

一、问题的提出

1. 开发背景。

××厂是我国的一家老加工企业，随着改革的深入和经济的发展，该厂的生产任务日益繁重，从而对库存管理的要求也更加严格。在传统的手工管理时期，一种物品由进货到发货，要经过若干环节，且由于物品的规格型号繁多，加之业务人员素质较低等因素，造成物品供应效率低下，严重地影响了企业的正常生产。同时由于库房与管理部门之间的信息交流困难，造成库存严重积压，极大地影响了企业的资金周转速度，另外也使得物资管理、数据汇总成为了一大难题。

当今该厂的竞争压力越来越大，企业要想生存，就必须在各个方面加强管理，并要求企业有更高的信息化集成，能够对企业的整体资源进行集成管理。现代企业都意识到，企业的竞争是综合实力的竞争，要求企业有更强的资金实力，更快的市场响应速度。这就要求企业各部门之间统一计划，协调生产步骤，汇总信息，调配集团内部资源，实现既要独立，又要统一的资源共享管理。随着信息技术的发展，该厂为了提高库存周转率，加快资金周转速度，决定开发“库存管理信息系统”。

2. 项目目标。

充分利用现有的设备，采用 VB6.0 作为开发工具，利用 ACCESS 数据库建立一个高效、准确、操作方便，具有专业的查询、更新及统计功能的微机管理信息系统，以满足工作人员进行综合的、模糊的查询及更新要求，从而更加方便地管理库存物品。该系统的开发与建立会极大程度提高管理人员、工作人员的工作效率。

二、对现有系统进行需求调查

需求调查是信息系统分析与设计的基础。要开发并实施一个完整的信息系统，必须首先理解用户的需求，并形成系统需求说明书。在此基础上才能进行系统分析、系统设计和程序编码等工作。该厂在需求调查过程中发放了 8 种调查表，要求相关人员对其进行逐条逐项的填写，从而实现对现行系统的业务流程的详细调查。

1. 现行系统业务流程。

通过大量的调查，我们了解到当前该厂的业务流程如下：各车间向商品供应部门提出对某种商品的需求计划，仓库将相应的商品发放给各车间，一般要经过计划、库房管理等流程。其业务流程图如图 1 所示。

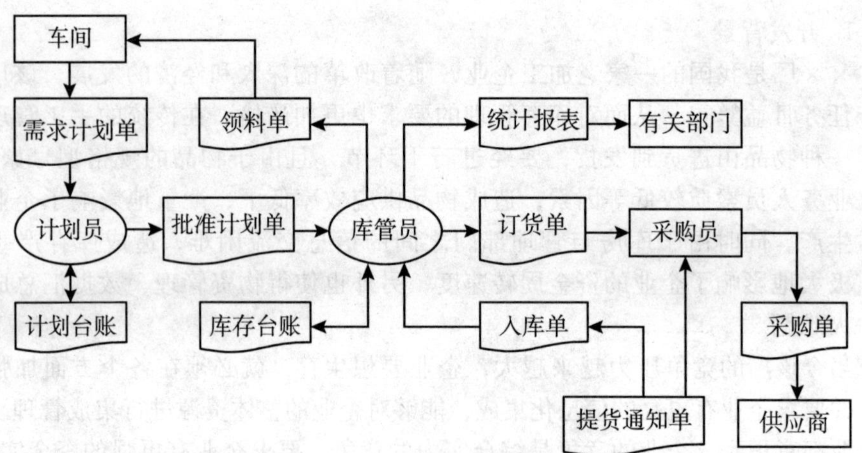

图 1 业务流程

2. 现行系统存在的问题。

由于采用的是手工管理，账目繁多，加之几个仓库之间距离较远，库管员、计划员和有关部门相互之间的信息交流困难，使得物资供应效率低下，影响生产。同时每月的月末报表会耗费大量的人力，且由于手工处理容易造成失误，从而影响了数据的效率和准确率，造成了不必要的损失。因此，该厂必须建立相应的库存管理信息系统，使其能根据市场情况，及时、合理地采购所需商品，同时又能科学地对商品进行管理，统筹安排人力、物力、财力，有效地改善当前管理的混乱状况。

库存管理是企业管理的重要组成部分。在企业生产经营活动中，库存管理既必须保证生产车间对原材料、零部件需求，又直接影响采购、销售部门的购、销活动。为盘活企业流动资金，加快资金周转，在保障供给的前提下，最大限度地降低商品的库存量，节省企业流动资金的占用。根据对该厂的库存管理情况所作的调查和参考有关资料，发现目前该厂在库存管理方面存在着如下问题：

（1）不能及时获得库存信息。在企业运作过程中，库管员必须获知各种商品当前的库存量，在库存数量小于商品的最低库存限度的时候，通知采购员向供应商进行订货；在库存数量大于商品的最高库存限度的时候，即商品积压的时候，应该停止商品的进货活动。但在实际操作中，由于商品的种类多、数量大，需要进行仔细地核算，这不仅费时，而且易出错，从而影响企业快速有效地运转。

（2）库存信息不够准确。库管员根据各种入库单、批准计划单和领料单进行商品的入库、出库操作后，要随时修改商品的库存信息和出库、入库信息，以便反映库存状况。工作中的主要问题是：由于商品种类多、数量大、出库入库操作频繁等原因，造成库存记录和实际库存量通常达不到严格一致，因而需要通过盘点来纠正差错，这既耽误时间，又增加了工作量。

（3）无法及时了解车间对库存商品的需求情况。在需求计划单下达后，由于库存商品与车间的关系复杂，根据计划员的个人经验给各车间分配所需商品时，常缺少入库、出库和相关信息，致使车间在缺少该商品的时候才知道需要该产品，若此时如果库存量不足，将会导致车间的停产。无法及时了解车间对库存商品的需求情况会使企业的生产和销售环节发生混乱，使企业无法正常的运作。

市场需求日益多样化和个性化，产品更新换代的周期越来越短，这就要求企业必须改变库存管理现状，以适应时代的要求。

3. 企业新库存管理系统的特点。

因为传统企业库存管理存在以上的问题难以适应现代库存管理要求，所以现代新的企业库存管理系统要具有以下的特点：

（1）科学的库存管理流程。存货的种类不同，所涉及的业务环节及它们所组成的业务流程也各有差异。一般而言，库存业务包括入库处理、存货管理和出库处理三个主要部分。通畅的业务流程是保障高效库存管理的基础，应具备优化、无冗余、并行作业的基本属性。企业库存管理系统对企业的业务流程进行流程再造，使其更加通畅，提高企业在同行业中的竞争力。

（2）商品代码化管理。代码问题，严格说是一个科学管理的问题，设计出一个好的代码方案对于系统的开发工作是一件极为有利的事情。代码设计得好可以使很多机器处理变得十分方便，还可以把一些现阶段计算机很难处理的工作变成很简单的工作。

由于库存商品种类繁多，在库存管理过程中极易发生混乱的问题。IT技术与层次编码技术的结合为商品的高效管理提供了可能。这种编码技术对所有库存商品按照层次和类别赋予唯一的编码。它是区分不同商品的最主要的标准，具有易读和易记的特点，使得管理者只需知道商品的编码，就可以了解该商品的有关信息，以便在每日的繁杂管理中，保持规范、有序的状态。

（3）库存异常报警。当库存数量小于商品的最低库存限度的时候，系统发出警报，提醒管理人员应该通知采购员向供应商进行订货；在库存数量大于商品的最高库存限度的时候，即商品积压的时候，系统也会发出警报，提醒管理人员应该通知采购员停止商品的进货活动。也就是说企业库存管理信息系统既能防止商品供应滞后于车间的需求，也能防止商品过早地生产和进货，以免增加库存。对企业的生产起了保障作用，同时节省了企业的流动资金。

三、系统分析

系统分析的任务是在全面调查的基础上，通过对现行管理业务的分析，提出系统的目标要求和功能分析的总体逻辑模型。

1. 数据流程图。

根据系统调查阶段的数据资料，并依据用户的要求，确定该厂信息系统的基本功能和工作过程如下：

首先车间科室提出需求计划，库房管理员根据库存情况，决定是否需购货，如不需购货则通知车间前来取货，否则库房管理员通知采购员购货，当货物到达后进行入库处理并通知车间科室前来取货。

根据相应的功能要求，我们绘制系统的数据流程图，如图2所示。

2. 数据字典。

数据字典是对描述数据流程图中的数据项、数据流、数据存储、加工处理逻辑等组成部分的严格定义，表1～表5是本系统的数据字典（由于篇幅原因，在此仅给出部分）。

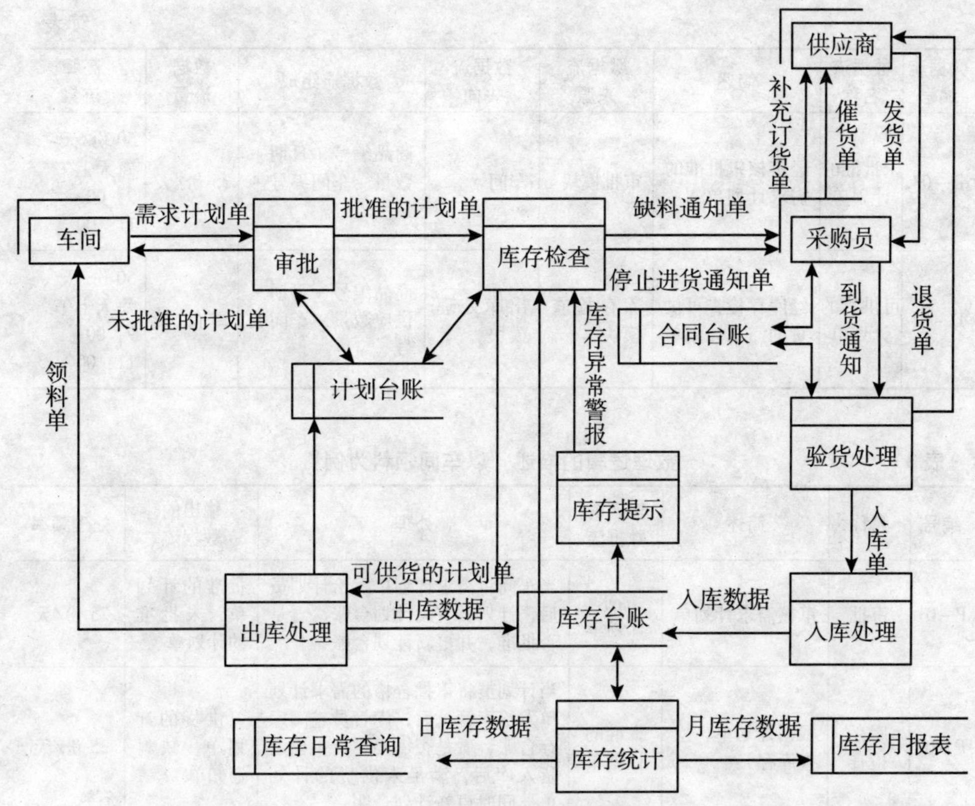

图 2　库存管理数据流程

表 1　　数据项的描述（以需求计划单为例）

数据项编号	数据项名称	别名	简述	类型	长度	取值范围
I-01	商品编号	无	某种商品的编号	字符型	4 位	"0001"～"9999"
I-02	车间编号	无	某车间的编号	字符型	2 位	"01"～"99"
I-03	需求数量	实际需求数量	车间对某种商品的需求数量	数值型	5 位整数	00000～99999

表 2　　数据流的描述（以计划单为例）

数据流编号	数据流名称	简述	数据流来源	数据流去向	数据流组成	数据流量	高峰流量
D-01	需求计划单	车间开出的需求计划单	车间	审批模块	商品编号＋日期＋需求数量＋车间编号	25 份/天	50 份/天 每天上午 9：00－11：00
D-02	批准的计划单	经审核批准的需求计划单	审批模块	库存检查模块	商品编号＋日期＋数量＋车间编号＋经手人	25 份/天	50 份/天 每天上午 9：00－11：00

续表

数据流编号	数据流名称	简述	数据流来源	数据流去向	数据流组成	数据流量	高峰流量
D－03	未批准的计划单	经审核未批准的需求计划单	审批模块	车间	商品编号＋日期＋数量＋车间编号＋经手人	25份/天	50份/天 每天上午9：00－11：00
D－04	可供货的计划单	经库存检查可供货的需求计划单	库存检查模块	出库处理模块	商品编号＋日期＋供应数量＋车间编号	25份/天	50份/天 每天上午9：00－11：00

表3　　数理逻辑的描述（以车间领料为例）

编号	名称	简述	输入的数据流	处理	输出的数据流	处理频率
P－01	审批	审核需求计划单	需求计划单	当车间将需求计划单发给计划员后，计划员查阅计划台账，看是否批准，并更新计划台账	批准的计划单，未批准的计划单	25份/天
P－02	库存检查	根据计划单，检查库存	批准的计划单	当计划员将审批合格的需求计划单发给库管员后，库管员查阅库存台账，看是否需要定货；当定货入库后，满足未供货的计划单，同时更新计划台账	可供货的计划单，缺料通知单	25份/天
P－03	验货处理	库管员检验购置商品的质量	到货通知	库管员接到到货通知后，查阅合同台账，依照合同要求对购置的商品进行检验，看是否入库	入库单，退货单	25笔/天
P－04	入库处理	对购置的商品进行入库处理	入库单	库管员将验货合格的商品进行入库处理，并更新库存台账	入库数据	25笔/天
P－05	出库处理	对所需的商品进行出库处理	可供货的计划单	库管员根据可供货计划单发领料单到车间，并更新库存台账及计划台账	领料单，出库数据	25笔/天

表4　　数据存储的描述

编号	名称	简述	数据存储组成	关键字	相关联的处理
F－01	计划台账	记录商品计划的状态	计划编号＋车间编号＋商品编号＋数量＋日期＋计划状态	计划编号	P－01
F－02	库存台账	记录商品出入库的明细账	商品编号＋单价＋库存量	商品编号	P－02，P－04，P－05，P－06，P－07

表 5　　外部实体的描述

编号	名称	简述	输入的数据流	输出的数据流
S－01	车间	领用库存商品	D－03，D－14	D－01
S－02	供应商	供应所需商品	D－06，D－07，D－10	D－08

四、系统设计

1. 系统功能结构设计。

库存管理信息系统的目标是保障企业生产所需的所有商品供给，并通过有效的管理，提高库存周转率，降低资金占用。我们根据系统分析结果，得出本系统的功能结构图如图 3 所示。

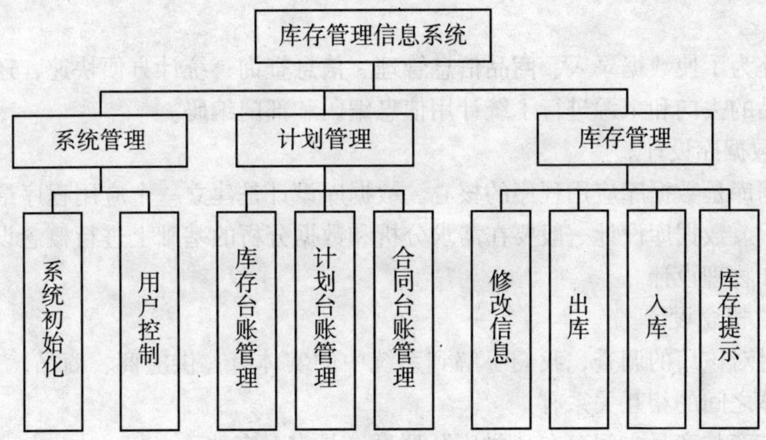

图 3　功能结构

计划管理的主要功能是根据各生产部门上报的生产、维修及工程用料计划与已有的采购合同计划和库存情况等信息建立数据库，并及时根据生产计划的变更，修改商品计划，生成商品采购清单。

库存管理模块中的各子模块都由数据录入、修改、删除、查询等模块构成。其中数据录入模块包括对商品库存文件的数据录入、商品购入文件的数据录入、商品出库文件的录入；数据修改是对上述三种文件中的数据进行修改；数据删除同数据修改基本上是一样的，只不过这里是将记录从相应的数据库文件中删除掉。

2. 系统配置方案。

根据开发时期计算机市场的性能价格比和本系统的实际情况，选择了 P4 微机及 Access 数据库管理系统。

3. 代码设计。

根据行业标准，所有商品分为19大类（两位数字），每大类又分为若干小类（两位数字），在小类中根据商品规格型号的不同以卡号（四位数字）再进行区分。设计方案如图4所示。

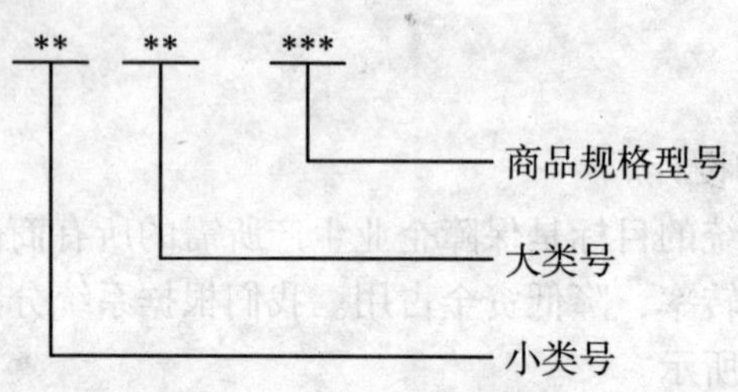

图4　商品代码设计方案

此外为了使数据录入、商品信息管理、信息查询、统计方便快速，还根据需要对商品的去向和来源进行了统计用信息编码和部门编码。

4. 数据库设计。

数据库是数据库应用程序的核心。数据库设计是建立一个应用程序最重要的步骤之一。数据库设计一般要在需求分析和数据分析的基础上进行概念设计、逻辑设计和物理设计。

(1) 概念设计。

经过对该厂的调查，我们了解到系统中的实体有：供应商、商品、车间等，这些实体之间的相互关系有：

供应商与商品之间存在“供应”联系，是多对多的。

商品与领用单位之间存在“出库”联系，该联系为多对多的。

每个实体的属性分别是：

供应商：供应商编号，名称，地址，电话，传真，银行账号

商品：商品编号，名称，类别，规格，单价，单位，库存量，存放位置，用途

车间：车间编号，名称，联系人，电话

画出库存管理的E－R图如图5所示。

(2) 逻辑设计。

逻辑设计的任务是根据DBMS的特征把概念结构转换为相应的逻辑结构。概念设计所得到的E－R模型，是独立于DBMS的，这里的转换就是把表示概念结构的E－R图转换成关系模型的逻辑结构。将图5转换为规范的关系模式：

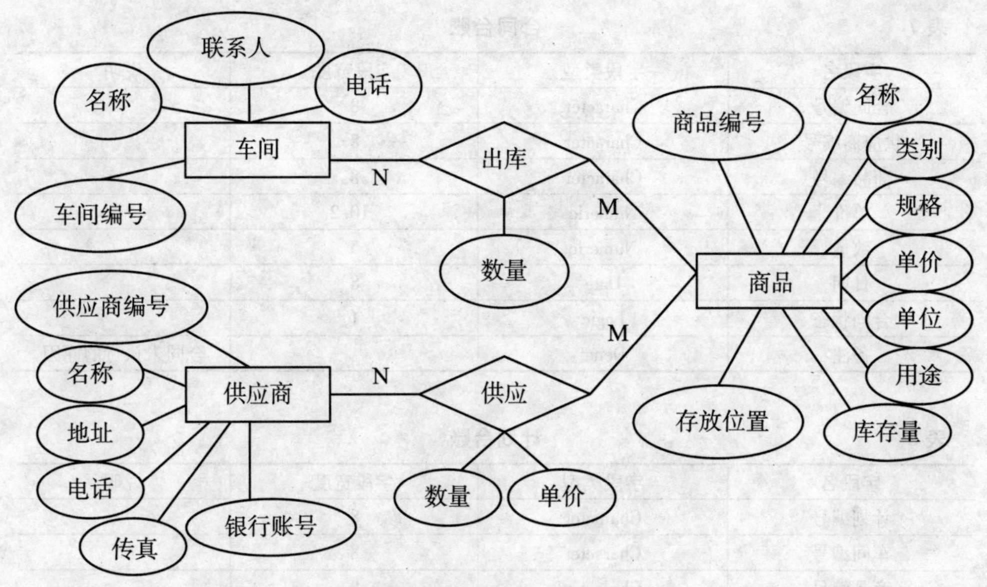

图5　库存管理 E－R 图

供应商（供应商编号，名称，地址，电话，传真，银行账号）

商品（商品编号，名称，类别，规格，单价，单位，库存量，存放位置，用途）

供应（供应商编号，商品编号，数量，单价）

车间（车间编号，名称，联系人，电话）

出库（商品编号，车间编号，数量）

（3）物理设计。

物理设计的目的是根据具体 DBMS 的特征，确定数据库的物理结构（存储结构）。关系数据库的物理设计任务包括两个方面，一是确定所有数据库文件的名称及其所含字段的名称、类型和宽度；二是确定各数据库文件需要建立的索引，在什么字段上建立索引等。各表结构如表 6 ~ 表 12 所示。

表6　库存台账

字段名	字段类型	字段宽度	说明
商品编号	Character	8	
购入单价	Numeric	10.2	
库存数量	Numeric	5	库存数量

表 7　　合同台账

字段名	字段类型	字段宽度	说明
合同编号	Character	8	
供应商编号	Character	8	
商品编号	Character	8	
单价	Numeric	10. 2	
数量	Numeric	5	
日期	Date	8	
合同状态	Logic	1	
备注	Demo		合同未执行的原因

表 8　　计划台账

字段名	字段类型	字段宽度	说明
计划编号	Character	8	
车间编号	Character	8	
商品编号	Character	8	
数量	Numeric	5	
日期	Date	8	
是否定货	Logic	1	
是否到货	Logic	1	
是否取货	Logic	1	

表 9　　供应商信息

字段名	字段类型	字段宽度	说明
供应商编号	Character	8	
名称	Character	40	
地址	Character	50	
电话	Character	20	
传真	Character	20	
银行账号	Character	20	

表 10　　商品信息

字段名	字段类型	字段宽度	说明
商品编号	Character	8	
名称	Character	20	
类别	Character	8	
规格	Character	8	
单价	Numeric	10. 2	
单位	Character	8	
存放位置	Character	50	
用途	Demo		

表 11 车间信息

字段名	字段类型	字段宽度	说明
车间编号	Character	8	
名称	Character	20	
联系人	Character	10	车间的联系人
电话	Character	20	联系人的电话

表 12 用户信息

字段名	字段类型	字段宽度	说明
用户名	Character	20	用户登录时的名称
密码	Character	20	用户登录时的密码
权限	Character	8	用户的权限

5. 系统处理流程设计。

该厂的库存管理信息系统包括：计划管理、库房管理等子系统，系统运行流程图如图 6 所示。

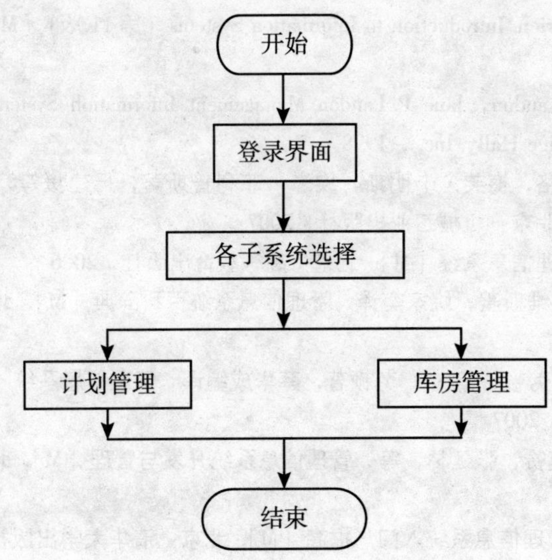

图 6 库存管理系统流程图

参考文献

[1] 薛华成. 管理信息系统（第5版）[M]. 北京：清华大学出版社，2007

[2] 黄梯云. 管理信息系统（第4版）[M]. 北京：高等教育出版社，2009

[3] 滕佳东. 管理信息系统 [M]. 大连：东北财经大学出版社，2002

[4] James A. O'Brien. Introduction to Information Systems（第11版）[M]. 北京：高等教育出版社，2002

[5] Kenneth C. Laudon，Jane P. Landon. Management Information Systems：Organization and Technology [M]. Prentice Hall，Inc.，1998

[6] 斯蒂芬·哈格，梅芙·卡明斯，埃米·菲利普斯著，严建援等，编译. 信息时代的管理信息系统 [M]. 北京：机械工业出版社，2007

[7] 刘仲英. 管理信息系统 [M]. 北京：高等教育出版社，2006

[8] 戈登·B. 戴维斯著，姚家奕译. 管理信息系统百科辞典 [M]. 北京：对外经济贸易大学出版社，2003

[9] 肯尼斯·C. 劳顿，简·P. 劳顿著，薛华成编译. 管理信息系统（第9版）[M]. 北京：机械工业出版社，2007

[10] 张立厚，莫赞，张延林，等. 管理信息系统开发与管理 [M]. 北京：清华大学出版社，2008

[11] 王知强. 管理信息系统入门与提高 [M]. 北京：清华大学出版社，2005

[12] 朱顺泉. 管理信息系统原理及应用 [M]. 北京：机械工业出版社，2005

[13] 李红. 管理信息系统 [M]. 北京：经济科学出版社，2002

[14] 吴琮璠，谢清佳. 管理信息系统 [M]. 上海：复旦大学出版社，2003

[15] 易荣华. 管理信息系统 [M]. 北京：高等教育出版社，2001

[16] 周少华，王小丰. 管理信息系统 [M]. 长沙：湖南大学出版社，2003

[17] 李宇宁，贾文玉. 企业信息化初阶 [M]. 北京：电子工业出版社，2004

[18] 陈余年. 信息系统工程 [M]. 北京：石油工业出版社，2003

[19] 斯蒂芬·P. 罗宾斯. 管理学（第四版）[M]. 北京：中国人民大学出版社，1997

［20］罗鸿．企业资源计划（ERP）教程［M］．北京：电子工业出版社，2006

［21］周玉清．ERP 理论、方法与实践［M］．北京：电子工业出版社，2006

［22］斯蒂芬·哈伍德著，吴昌秀译．ERP 实施流程：企业如何实施 ERP［M］．北京：清华大学出版社，2005

［23］宋远方，成栋．管理信息系统［M］．北京：中国人民大学出版社，2004

［24］倪志伟，李锋刚，毛雪岷．智能管理技术方法［M］．北京：科学出版社，2007

［25］常晋义．管理信息系统——原理、方法与应用［M］．北京：高等教育出版社，2005

［26］王恒山，许晓兵，陈荔等．管理信息系统［M］．北京：机械工业出版社，2008

［27］劳东，葛新权，等．管理信息系统精要（第 6 版）［M］．北京：中国人民大学出版社，2006

［28］章祥苏等．管理信息系统的系统理论与规划方法［M］．北京：科学出版社，2001

［29］姜旭平．信息系统开发方法、策略、技术、工具与发展［M］．北京：清华大学出版社，1997

［30］陈广宇等．管理信息系统应用与开发［M］．北京：中国人民公安大学出版社，2000

［31］刘小卉．物流管理信息系统［M］．上海：复旦大学出版社，2006

［32］王微怡，王晓平．物流信息系统规划与建设［M］．北京：北京大学出版社，2007

［33］琚春华，蒋长兵，彭扬．现代物流信息系统［M］．北京：科学出版社，2005

［34］甘仞初．信息系统分析与设计［M］．北京：高等教育出版社，2003

［35］王延飞，王林兰，祁延莉，等．经营战略信息管理［M］．北京：北京大学出版社，2005

［36］霍国庆．企业战略信息管理［M］．北京：科学出版社，2001

［37］萨师渲，玉珊．数据库系统概论［M］．北京：高等教育出版社，1993

［38］彭木根．数据仓库技术与实现［M］．北京：电子工业出版社，2002

［39］徐洁磐．数据仓库与决策支持系统［M］．北京：科学出版社，2005

［40］张润彤，郑丰．电子商务［M］．北京：清华大学出版社，2006

［41］管有庆，王晓军，董小燕．电子商务安全技术［M］．北京：北京邮电大学出版社，2005

［42］吴吉义，殷建民．信息系统项目管理案例分析教程［M］．北京：电子工业出版社，2006

［43］王强．IT 软件项目管理［M］．北京：清华大学出版社，2004

［44］玛丽安娜·布罗德本特，埃伦·S. 基齐斯著，杨波译．新型 CIO 领导［M］．北京：商务印书馆，2008

［45］姚乐，刘继承．CIO 综合修炼［M］．北京：电子工业出版社，2009